Homework.
4/17
Page 73 #3
282 E

Zielsprache: Deutsch

ZIELSPRACHE: DEUTSCH

Ellin S. Feld

COLUMBIA UNIVERSITY

Ellen von Nardroff

UPSALA COLLEGE

MACMILLAN PUBLISHING CO., INC.

NEW YORK

COLLIER MACMILLAN PUBLISHERS

LONDON

Copyright © 1981. Macmillan Publishing Co., Inc.

Printed in the United States of America

Macmillan Publishing Co., Inc.
866 Third Avenue, New York, New York 10022

Collier Macmillan Canada, Ltd.

Library of Congress Cataloging in Publication Data

Feld, Ellin S
  Zielsprache: Deutsch.

  Includes index.
  1. German language—Grammar—1950– I. Von Nardroff, Ellen, joint author. II. Title.
PF3112.F42   438.2′421   80–20679

Printing: 4 5 6 7 8   Year: 4 5 6 7 8

ISBN   0-02-336810-1

Illustrations by Hal Barnell
Interior design by Trowbridge Graphic Design
Title page photograph, students in Heidelberg, by Reichmann,
  Monkmeyer Press Photo Service

Acknowledgments

For their helpful suggestions and very willing assistance we would like to thank our colleagues Christian-Albrecht Gollub, Eckhard Kuhn-Osius, James Schultz and Howard Stern, all of Columbia University, and Wallace Sue of Michigan State University. For more dedication than any authors should expect we would like to express our gratitude to our editor, Elaine Goldman Irizarry, of Macmillan Publishing Co., Inc. Finally, our special thanks go to Lucie Karcic who started us on the way.

To
Ernscht, Milt, Alfred, Elizabeth, Mike and Peter

PREFACE

Textbooks for first year German courses all tend to contain the same basic grammatical information: nouns are declined; verbs are conjugated; adjectives are provided with endings. But this is really only the beginning. The real job of language teaching is not to present forms but to excite the students' eagerness to use these forms. Of what use is the dative case if the student has nothing to say? Of what use are adjectives if the student has no interest in speaking German? To a large extent, of course, the students' interest must be generated by the individual teacher in the classroom. Yet we, in writing this textbook, have tried to do our part too. We have aimed for liveliness and variety in the pedagogical approach as well as in the topics for the dialogs and readings.

This book offers a systematic yet varied and flexible method for teaching the language. Each chapter contains large numbers of practice exercises of many different kinds, providing ample opportunity for the full and integrated development of all the language skills. Particular emphasis is placed on oral communication, both controlled and free, in the conviction that students are most eager to learn when they are most actively involved.

Each chapter is built around a situation close to the students' own experience: waiting to be admitted to a graduate school; contending with a sexist personnel manager when applying for a job; being stood up on a date. We have included lively, up-to-date vocabulary with occasional appropriate colloquialisms. In the reading selections, which introduce various aspects of the life and culture of the German speaking peoples, we have again limited ourselves to those topics that will be of immediate interest to American students. We hope some of our choices will prove to be thought provoking, others humorous, many both.

The 18 lessons can easily be covered in one academic year. They provide a solid foundation in the most important structures of the language, omit those that are better left for later stages of language learning, and treat passively those that are, for this stage, more important for reading knowledge than for active use. There are five review lessons distributed throughout the book. They contain no new material and can be used at the discretion of the instructor.

LESSON ORGANIZATION

Each lesson comprises the following sections:

AUSGANGSPUNKT

The lesson begins with a dialog presenting a situation from daily life, using the new vocabulary for the lesson and illustrating the grammatical features that are to be described and practiced. These dialogs are not meant to be memorized. They are merely intended to illustrate the use of the material in a context. A colloquial English translation of each dialog is provided.

LOCKERUNGSÜBUNGEN

In these exercises, which are intended for oral practice, the material in the dialog is broken down into smaller units. This gives the students the opportunity to familiarize themselves with the vocabulary, idiomatic usages and some of the grammatical constructions in advance of the explanations that follow in the next section. Many of these exercises are in the form of sets of questions on the dialog material (some simple *ja/nein* questions, some content questions prompted by visual cues in the form of drawings, etc.). The format of these question groups changes in the course of the book to accommodate the growing competency of the students. This section of the lesson closes with a **Fragebogen** consisting of questions designed to elicit more personal information, responses and reactions.

ERKLÄRUNGEN UND ÜBUNGEN

In each lesson the analysis of grammatical forms is divided into small units interspersed with short exercises. We have aimed here for clarity and conciseness in the explanations; the **Übungen** reinforce what has just been explained. These short oral exercises are followed, when appropriate, by further exercises that review related material learned earlier.

ZUM LESEN

The reading texts offer the American student some insights into what the German speaking peoples are really like. The subjects run the gamut from very light to quite serious, although most combine a bit of each. The selections incorporate material from the rest of the lesson and introduce, through the **Übungen zum Lesestück,** some important vocabulary into active use.

AM ZIEL: SCHRIFTLICHE ÜBUNGEN

A large variety of exercise types reinforces and further integrates what has been learned in the current and previous lessons. The exercises for every lesson include among others: a series of pictures depicting situations from the dialog, which students are asked to describe, as well as translation and composition exercises.

WORTSCHATZ

This final listing of vocabulary consists of the active lexical items introduced in the lesson, all of which have been previously practiced in many settings and combinations.

RÜCKBLICKE

The five review lessons are distributed at appropriate stages of the students' progress. The objective in these sections is to put the forms to use. Through guided dialog and composition techniques the students are given the opportunity of using the material of previous lessons in new settings.

VORSTUFE

A guide to pronunciation as well as a practice section comprising useful phrases, expressions and greetings for everyday use is contained in the **Vorstufe** of this book. Instructors will find this a useful component in the first days of the course; students can be referred to it for reference whenever the need arises. Pronunciation practice is also available to students in the first segment of each laboratory lesson.

APPENDIX

The appendix contains tables of basic verb conjugations, noun, pronoun and adjective declensions as well as other lists that serve as a useful reference.

SUPPLEMENTARY MATERIALS

The following additional materials are available to complement the textbook:

1. A tape program designed to use the language laboratory to its best advantage. There are two fifteen minute tape segments for each lesson. The first is intended expressly for pronunciation practice. The second sets up a variety of practice situations to improve aural comprehension skills.

2. A workbook providing extra exercises for vocabulary review, grammar practice

and composition work; the workbook also contains the exercise material and work sheets for the language laboratory program.

3. A teacher's manual containing the language laboratory scripts, a key to the workbook exercises, and some suggestions for the use of the textbook.

We have tried to do our part, to provide a textbook that will engage the students' active interest in learning German. We hope also to have written a textbook that will enable teachers to do their part as well—a book that, through its own variety and flexibility, will encourage teachers to expand on the material provided in response to the particular interests of their own students.

E.S.F.
E.v.N.

CONTENTS

Lektion sieben

Rückblick V–VII

Lektion acht

Lektion neun

Lektion zehn

203 Rückblick VIII–X

Lektion elf

Lektion zwölf

Lektion dreizehn

265 Rückblick XI–XIII

Lektion vierzehn

Lektion fünfzehn

Lektion sechzehn

VORSTUFE

I. PRONUNCIATION

We have all met people who speak our language with a heavy foreign accent, and although we can usually understand what they are saying, it certainly requires more effort on our part. There are also times when we have actually misunderstood a person with a foreign accent because of mispronunciation or unnatural intonation. It is important, therefore, in learning German, to come as close to native pronunciation and intonation as possible, primarily so that you will be easily understood. It is also important for you to develop the ability to discriminate sounds so that you can understand spoken German. The best way to achieve these goals is by imitating your instructor and the native voices you will hear on the tapes. After your instructor has introduced you to the sounds described below, you can use this section for reference and review. Each tape lesson will help you practice sounds and intonation with particular emphasis on sound discrimination.

In this section we have attempted to describe the sounds as far as possible. In the case of sounds that have English equivalents, we give English examples. There are some sounds for which there are no exact English equivalents; in those cases we give examples of English sounds that are similar and attempt to describe the differences. In the case of sounds that have no close English equivalents, we have attempted to describe the sounds or the way they should be formed. Some of these latter sounds may be difficult for you to produce at first, but with careful listening and imitating, they will soon become second nature to you.

A. STRESS

In German, as in English, the major stress in a word is usually on the so-called stem syllable, which in most cases is the first syllable in the word. There are, however, some exceptions (unstressed prefixes that you will soon learn to recognize) and irregularities (often in foreign words). In examples in this section a small dot below a word indicates primary stress on a syllable other than the first, eg., **System**. These marks are *not* part of the spelling of the word.

B. VOWELS

All German simple vowels (**a, e, i, o, u, ä, ö, ü**) are unslurred, that is, they do not glide from one sound to another in the course of being pronounced. The mouth and jaw are kept in one position from the beginning to the end of the sound. By contrast, English vowel sounds often glide. If you pronounce the English word "came," for example, you will notice that you move your mouth and change the vowel sound into something resembling an "ee" before you finish pronouncing it. If you try to say the word "lobe," you will find that you glide into a "oo" or "u" before finishing it.

German vowels can be long or short, and German spelling is quite consistent in indicating whether a vowel is long or short, the only exceptions being a few monosyllabic words and some foreign words. You will learn the exceptions as you get to them.

Normally, vowels are long if they are:
1. doubled (**Boot**)
2. followed by an **h** (**Bahn**); the **h** itself is not pronounced after a vowel
3. followed by a single consonant (**Tage**)
4. in final position, except –**e** (**prima, Safari**)

Vowels are short if they are:
1. followed by more than one consonant (**Bank**)
2. in an unaccented prefix, and usually in other unaccented syllables (**betreten**)

long **a:** close to English *ah!* but with the mouth open wider

kam   *(came)*
da   *(there)*
nahm   *(took)*

short **a:** a short and very clipped version of the long **a,** close to the *u* in English *hut*

Mann   *(man)*
fast   *(almost)*
kann   *(can)*

unstressed **e:** like the *e* in *the* when spoken before a word beginning with a consonant, not a vowel (as in *the boy,* not as in *the end*); occurs only in unstressed syllables, including final **e**

Danke! *(Thanks!)*
Name   *(name)*
haben   *(to have)*

long **e:** like the *ay* in English *say,* but without the final glide into the "ee" sound

gehen   *(to go)*
nehmen   *(to take)*
geben   *(to give)*

short **e:** like the *e* in *bed*

es   *(it)*
Ende   *(end)*
kennt   *(knows)*
nett   *(nice)*

long **i** (sometimes spelled **ie**): like the *i* in *machine*, but with the mouth open wider

Tina   (name)
ihn   *(him)*
die   *(the)*

short **i:** like the *i* in *fit*

ist   *(is)*
bitte   *(please)*
nimm   *(take)*
finden   *(to find)*

long **o:** like the *o* in *so*, but without the glide and with lips more rounded

oben   *(upstairs)*
ohne   *(without)*
Boot   *(boat)*
Monat   *(month)*

short **o:** less open that *o* in *got*, with lips more rounded

kommen   *(to come)*
kosten   *(to cost)*
oft   *(often)*
hoffen   *(to hope)*

long **u:** like *oo* in *boot*

gut   *(good)*
tun   *(to do)*
du   *(you)*
Hut   *(hat)*

short **u:** like the *u* in *put*

unten   *(downstairs)*
dumm   *(stupid)*

Bus	*(bus)*
um	*(at; around)*

The so-called umlauted vowels are modifications of **a, o,** and **u.** They are also clear vowels that do not glide, and they can be long or short.

long **ä:** similar to the *a* in *share* but broader

käme	*(would come)*
Hähne	*(roosters)*
gäbe	*(would give)*

short **ä:** identical to the German short **e** as in **nett**

Hände	*(hands)*
Gäste	*(guests)*
hätte	*(would have)*

long **ö:** no English equivalent; pronounce the long **e** as in **gehen,** and then round your lips and keep your tongue in the same position

mögen	*(to like)*
töten	*(to kill)*
Töne	*(tones)*

short **ö:** no English equivalent; pronounce short **e** as in **nett,** then round your lips and keep your tongue in the same position

öffnen	*(to open)*
können	*(to be able to)*

long **ü:** no English equivalent; pronounce long **i** as in **ihn,** then round your lips and keep your tongue in the same position

müde	*(tired)*
üben	*(to practice)*
Übung	*(exercise)*

short **ü:** no English equivalent; pronounce short **i** as in **nimm,** then round your lips and keep your tongue in the same position

müssen	*(to have to)*
küssen	*(to kiss)*
fünf	*(five)*

C. DIPHTHONGS

German has only three diphthongs (vowels that have a glide from one sound to another).

au: like the *ou* in *house*

> **bauen** *(to build)*
> **Haus** *(house)*
> **kaufen** *(to buy)*
> **auf** *(on)*

ei (also sometimes spelled **ai**): like the *i* in *like*

> **ein** *(a, an)*
> **nein** *(no)*
> **Mai** *(May)*
> **mein** *(my)*

eu, äu: like the *oi* in *coin*

> **heute** *(today)*
> **neu** *(new)*
> **neun** *(nine)*
> **Häute** *(skins)*

D. CONSONANTS

The following consonants are pronounced in German exactly as they are in English:
f, h, k, m, n, p, t, and **x.**

b, d, and **g:** also identical with English (the **g** is always hard, as in *get*), except
that in final position they tend toward **p, t** and **k,** respectively

Bahn	*(railroad)*	**das**	*(the, that)*	**gehen**	*(to go)*
Bett	*(bed)*	**dumm**	*(dumb)*	**genau**	*(exactly)*
ob	*(whether)*	**und**	*(and)*	**Tag**	*(day)*
		Kind	*(child)*	**genug**	*(enough)*

Exception: final **-ig** has quite a different sound, like the **ch** in **ich** and will
be discussed below with the **ch**-sounds

j: like the English *y* in *yodel*

> **ja** *(yes)*
> **Jacke** *(jacket)*
> **jung** *(young)*

s: before vowels like the *z* in *zoo;* otherwise like *s* in *say*

sagen	*(to say)*	**das**	*(the, that)*
so	*(so)*	**Haus**	*(house)*
sieben	*(seven)*	**Gast**	*(guest)*
Käse	*(cheese)*		

ss (written as *β* at the end of a syllable, before a consonant and after a long vowel or diphthong): always like *s* in *say*

müssen	*(to have to)*	**muβ**	*(must)*
Tasse	*(cup)*	**eβt**	*(eat!)*
essen	*(to eat)*	**Füβe**	*(feet)*

v: like *f* in *father;* in many nouns of foreign origin like *v* in *vase*

von	*(from)*	**Vase**	*(vase)*
Vieh	*(animals; cattle)*	**Vulkạn**	*(volcano)*

w: like English *v*

was	*(what)*
wie	*(how)*
wann	*(when)*
Wagen	*(car)*

y: a vowel sound in German, like **ü**

Systẹm	*(system)*

z: like the *ts* in *nuts*

Zoo	*(zoo)*
zu	*(too)*
zehn	*(ten)*
zwei	*(two)*

There are two consonants that you will have to practice because they sound quite different from their English counterparts.

l: always pronounced with the tip of the tongue behind the upper front teeth; because of the sound it produces that way, it is referred to as the liquid *l*

lieben	*(to love)*	**lesen**	*(to read)*
alle	*(all)*	**toll!**	*(great!)*
fallen	*(to fall)*	**Onkel**	*(uncle)*

r: called the uvular *r* and produced by making a gargling sound while keeping the tongue behind the lower front teeth

drei	*(three)*
rennen	*(to run)*
Rose	*(rose)*
lernen	*(to learn)*

In final position the **r** is slurred so that there is no actual gargle sound; in other words, it stops just short of the gargle. In some cases it is somewhat like the British pronunciation of the *er* in *father*.

hier	*(here)*	**Winter**	*(winter)*
wir	*(we)*	**dieser**	*(this)*
vier	*(four)*		

E. CONSONANT CLUSTERS

Of the great many consonant clusters in German, only one is of any problem to those learning the language: **ch**. The pronunciation of **ch** depends on whether it follows a front vowel (a vowel whose sound is produced more in front of the mouth: **e, i, ei, eu, äu, ä, ö, ü**) or a back vowel (one whose sound is produced in the back of the mouth: **a, o, u, au**)

ch after front vowels: if you place your pencil between your teeth so that the point protrudes on one side of your face and the eraser end on the other and then blow air out through your open teeth, you will achieve the correct sound for this **ch**. Another technique you may find helpful is to say the name *Hubert* or *Hugh*, but stop before you actually say the *u*, and at that point blow air out through your open teeth.

ich	*(I)*	**möchte**	*(would like)*
reich	*(rich)*	**Nächte**	*(nights)*
Küche	*(kitchen)*		

Note: **-ig** in final position in a word has the same pronunciation as the **ch** just described

wenig	*(little)*
wichtig	*(important)*
richtig	*(right)*

ch after back vowels: the **ch** is made by blowing air out of the throat

auch	*(also)*
Buch	*(book)*
Woche	*(week)*
lachen	*(to laugh)*

ch at the beginning of a word: does not often occur in this position; mostly found in foreign words that will have to be dealt with individually

chs: pronounced like *ks*

> **sechs**   *(six)*
> **wachsen**   *(to wax, grow)*
> **nächst**   *(next)*

gn, kn, pf and **ps:** both letters in each cluster are pronounced individually

> **Gnade**   *(mercy)*
> **knacken**   *(to crack)*
> **Pfund**   *(pound)*
> **Psyche**   *(psyche)*

ck and **dt:** pronounced as one sound, in each case like the sound of the second letter in each combination

> **meckern**   *(to gripe)*   **sandte**   *(sent)*
> **Ecke**   *(corner)*   **wandte**   *(turned)*

ph: like *f*

> **Physik**   *(physics)*

qu: like *kv*, with both the *k* and *v* pronounced

> **Qualität** *(quality)*   **Quelle**   *(source)*

sp and **st:** at the beginning of a syllable, the **s** in these two combinations sounds like English *sh*

> **spielen**   *(to play)*   **stehen**   *(to stand)*
> **sprechen**   *(to speak)*   **verstehen** *(to understand)*
> **versprechen** *(to promise)*   **Stadt**   *(city)*

sch: like English *sh*

> **schön**   *(beautiful)*
> **deutsch**   *(German)*
> **waschen**   *(to wash)*

th: like a *t*

> **Thomas**   *(Thomas)*
> **Theater** *(theater)*

tz: same pronunciation as the German **z** alone

> **sitzen** *(to sit)*
> **jetzt** *(now)*

II. PRACTICE

The following pronunciation practice contains phrases and expressions that you will be hearing and using regularly. Try to perfect your pronunciation and understanding of them.

Before you begin to put words together into phrases and sentences, you should note that German, in contrast to English, tends not to run connected words together. If you say the following sentence in English, pausing between each word, you will hear a slight clicking sound, called a glottal stop, before the vowel in each of the first three words: *I . . . am . . . in . . . trouble.* If you say the same sentence quickly, the words are run in, and the clicking sound is heard only before *I.* In German phrases and sentences glottal stops are always produced before every word that starts with a vowel: **er auch.** Even a vowel after a prefix is pronounced with a glottal stop: **er•obern.** Imitate your instructor and the voices on the tapes to get used to this pronunciation feature.

GREETINGS AND OTHER NICETIES

Guten Morgen!	*Good morning!*
Guten Tag!	*Hello!*
Guten Abend!	*Hello! Good evening!*
Gute Nacht!	*Good night!*
Hallo!	*Hello!* (Usually on the telephone)
Auf Wiedersehen!	*Goodbye!*
Danke.	*Thank you.*
Bitte.	*You're welcome.*
Wie geht's?	*How are you?*
Danke, gut, und Ihnen?	*Thank you, (I'm) fine, and you?*
Danke, auch gut.	*Thank you, I'm fine too.*
Schönes Wochenende. —Ihnen auch.	*Have a nice weekend. —You too.*
Bis später.	*See you later.*
Bis bald.	*See you soon.*
Viel Vergnügen!	*Have a good time!*

EXPRESSIONS OF APPROVAL

richtig	*correct*
toll	*great*
wunderbar	*wonderful*
großartig	*marvelous, splendid*
einmalig	*exceptional, outstanding*
prima	*top notch*
Spitze	*great, tops*
sehr gut	*very good*

... AND DISAPPROVAL

falsch	*wrong*
schrecklich	*terrible*
furchtbar	*awful*
miserabel	*miserable*
unglaublich	*unbelievable*
Quatsch	*nonsense*
Unsinn	*nonsense*
blöd	*dumb*

THE NUMBERS 1–20

eins	(1)	elf	(11)
zwei	(2)	zwölf	(12)
drei	(3)	dreizehn	(13)
vier	(4)	vierzehn	(14)
fünf	(5)	fünfzehn	(15)
sechs	(6)	sechzehn	(16)
sieben	(7)	siebzehn	(17)
acht	(8)	achtzehn	(18)
neun	(9)	neunzehn	(19)
zehn	(10)	zwanzig	(20)

USEFUL PHRASES FOR GETTING ALONG AND AROUND

Lernen Sie jetzt Deutsch?	*Are you learning German now?*
Sprechen Sie deutsch?	*Do you speak German?*
Ja, ich spreche deutsch.	*Yes, I speak German.*
Verstehen Sie mich?	*Do you understand me?*
Ja, ich verstehe Sie.	*Yes, I understand you.*
Nein, ich verstehe Sie nicht.	*No, I don't understand you.*
Wiederholen Sie das bitte.	*Please repeat that.*
Sie sprechen zu schnell.	*You're speaking too quickly.*
Bitte sprechen Sie langsam (nicht so schnell).	*Please speak slowly (not so quickly).*
Verzeihung.	*Excuse me.*
Wie bitte?	*Pardon me?*
Alle zusammen.	*All together.*
Noch einmal, bitte.	*Once again, please.*
Lesen Sie.	*Read.*
Schreiben Sie.	*Write.*
Was ist das?	*What is that?*
Wie sagt man auf deutsch ...?	*How do you say in German ...?*

After studying the phrases above, you should be able to understand the following conversation. Read it aloud for practice.

A: Guten Tag, wie geht's?

B: Danke, gut, und Ihnen?

A: Danke, auch gut. Lernen Sie jetzt Deutsch?

B: Wie bitte?

A: Verstehen Sie mich nicht?

B: Nein, ich verstehe Sie nicht. Sie sprechen zu schnell. Wie sagt man auf deutsch „slowly"?

A: „Langsam".

B: Bitte, sprechen Sie langsam.

A: L e r n e n   S i e   D e u t s c h?

B: Wunderbar! Ich verstehe Sie jetzt. Ja, ich lerne Deutsch.

A: Prima! Sie sprechen gut. Hier kommt mein Bus. Auf Wiedersehen.

B: Auf Wiedersehen. Schönes Wochenende.

A: Danke, Ihnen auch.

Zielsprache: Deutsch

LEKTION EINS

GRAMMATISCHE ZIELPUNKTE

Nouns and Their Articles • Personal Pronouns and *man* • Present Tense of Verbs • Meanings of the Present Tense • Word Order • The Adverb *gern* • Flavoring Particles: *denn* and *doch*

AUSGANGSPUNKT (Starting Point)

Professor Schneider ist O.K., aber Professor Bauer . . .

Universität Saarbrücken. Eine Studentin geht in ein Büro. Dort arbeitet ein Mann. Sie fragt:

Studentin: Verzeihung, sind Sie Professor Schneider?
Mann: Nein, leider nicht. Ich bin nur sein Assistent.
Studentin: Wo liest Professor Schneider? Ich bin neu hier.
Mann: Zimmer vier. Übrigens, mein Name ist Arnold Weber. Heißen Sie nicht Elisabeth Müller?
Studentin: Nein, das ist meine Freundin. Also dann, vielen Dank und auf Wiedersehen.
Mann: Tschüß! —Hm, nicht sehr freundlich!

Peter Hansen, ein Student, sitzt im Hörsaal. Er spricht mit Sabine Hoffmann.

Peter: Das Seminar von Professor Bauer ist doch stinklangweilig. Findest du nicht auch?
Sabine: Genau. Woher kommt er denn?
Peter: Er ist aus München. Das hört man doch.
Sabine: Professor Schneider ist aber O.K. Seine Vorlesung ist wirklich interessant.
Peter: Was tun wir nachher?
Sabine: Ingrid und ich fahren in die Stadt. Vielleicht gehen wir ins Kino. Der alte King-Kong-Film spielt. Oder in die neue Diskothek. Ingrid tanzt doch so gern. Kommst du mit?
Peter: Ja, gern. Hoffentlich habt ihr Geld. Ich bin nämlich pleite.
Sabine: Das macht nichts. Ingrid hat immer viel Geld.

Ist die Vorlesung langweilig oder interessant? *German Information Center*

Professor Schneider Is O.K., but Professor Bauer . . .

Saarbrücken University. A student walks into an office. A man is working there. She asks:

Student: Excuse me, are you Professor Schneider?
Man: Sorry, no. I'm just his assistant.
Student: Where is Professor Schneider lecturing? I'm new here.
Man: Room 4. By the way, my name is Arnold Weber. Aren't you Elisabeth Müller?
Student: No, that's my friend. Well then, thanks a lot. 'Bye.
Man: So long! —Hm, not very friendly!

Peter Hansen, a student, is sitting in the lecture hall. He's talking to Sabine Hoffmann.

Peter: Professor Bauer's seminar sure is boring as hell. Don't you think so?
Sabine: You said it! Where's he from?
Peter: He's from Munich. You sure can hear it.
Sabine: But Professor Schneider is O.K. His course is really interesting.
Peter: What are we doing afterwards?
Sabine: Ingrid and I are driving downtown. Maybe we'll go to the movies. The old King Kong movie is playing. Or maybe to the new discotheque. Ingrid really likes to dance. Are you coming along?
Peter: Yes, I'd like to. I hope you've got money. The fact is, I'm broke.
Sabine: That's no problem. Ingrid always has a lot of money.

▶ LOCKERUNGSÜBUNGEN (Warm-up Exercises)

A. *Listen to the statement; then answer the question, as in the model.*

> **MODEL:** *Teacher:* Das ist der Professor. Wer ist das?
> *Student:* **Das ist der Professor.**

1. Das ist der Professor.   Wer *(who)* ist das?
2. Er heißt Schneider.   Wie heißt er? *(What's his name?)*
3. Er kommt aus Bonn.   Woher kommt er?
4. Er ist Professor.   Was ist er?
5. Er ist interessant.   Wie *(how)* ist er?

6. Das ist die Studentin.	Wer ist das?
7. Sie heißt Ingrid Wagner.	Wie heißt sie?
8. Sie kommt aus Berlin.	Woher kommt sie?
9. Sie ist Studentin.	Was ist sie?
10. Sie tanzt gern.	Was tut sie gern?
11. Sie hat viel Geld.	Was hat sie?

12. Das ist die Universität.	Was ist das?
13. Sie heißt Universität Saarbrücken.	Wie heißt sie?
14. Sie ist in Saarbrücken.	Wo ist sie?

15. Das ist das Kino.	Was ist das?
16. Es heißt Apollo.	Wie heißt es?
17. Es ist in Saarbrücken.	Wo ist es?
18. Dort spielt „King Kong".	Was spielt dort?
19. Der Film ist interessant.	Wie ist der Film?

20. Das ist die Diskothek.	Was ist das?
21. Sie heißt Super-Disco.	Wie heißt sie?
22. Sie ist in Saarbrücken.	Wo ist sie?
23. Ingrid und Sabine tanzen dort.	Was tun Ingrid und Sabine dort?
24. Peter tanzt nicht.	Wer tanzt nicht?
25. Er findet die Diskothek langweilig.	Wie findet er die Diskothek?

B. *Listen and then answer the question affirmatively, as in the model.*

> **MODEL:** *Teacher:* Die Universität ist in Saarbrücken. Ist sie in Saarbrücken?
> *Student:* **Ja, sie ist in Saarbrücken.**

1. Die Universität ist in Saarbrücken.	Ist sie in Saarbrücken?
2. Die Studentin geht in ein Büro.	Geht sie in ein Büro?
3. Der Mann arbeitet dort.	Arbeitet er dort?
4. Der Mann ist der Assistent.	Ist er der Assistent?
5. Die Studentin ist neu hier.	Ist sie neu hier?
6. Professor Schneider liest in Zimmer vier.	Liest er in Zimmer vier?
7. Der Assistent heißt Arnold Weber.	Heißt er Arnold Weber?
8. Peter und Sabine sitzen im Hörsaal.	Sitzen sie im Hörsaal?

9. Peter ist Student.   Ist er Student?
10. Peter spricht mit Sabine.   Spricht er mit Sabine?
11. Peter ist Sabines Freund.   Ist er Sabines Freund?
12. Sabine ist Studentin.   Ist sie Studentin?
13. Die Studentin heißt Sabine Hoffmann.   Heißt sie Sabine Hoffmann?
14. Sabine ist Ingrids Freundin.   Ist sie Ingrids Freundin?
15. Die Vorlesung ist interessant.   Ist sie interessant?
16. Das Seminar ist wirklich langweilig.   Ist es wirklich langweilig?
17. Professor Bauer kommt aus München.   Kommt er aus München?
18. Man hört das.   Hört man das?
19. Sabine findet Professor Schneider inter-   Findet sie Professor Schneider interessant?
    essant.
20. Sabine fährt nachher in die Stadt.   Fährt sie nachher in die Stadt?
21. Ingrid fährt auch in die Stadt.   Fährt sie auch in die Stadt?
22. Ingrid und Sabine fahren in die Stadt.   Fahren sie in die Stadt?
23. Sabine und Ingrid gehen vielleicht ins   Gehen sie vielleicht ins Kino?
    Kino.
24. Das Kino ist in Saarbrücken.   Ist es in Saarbrücken?
25. Der Film heißt „King Kong".   Heißt er „King Kong"?
26. Der Film ist alt.   Ist er alt?
27. Ingrid tanzt gern.   Tanzt sie gern?
28. Peter kommt mit.   Kommt er mit?
29. Peter ist pleite.   Ist er pleite?
30. Ingrid hat immer viel Geld.   Hat sie immer viel Geld?

C. *Listen and then answer the question negatively, as in the model.*

> **MODEL:**   *Teacher:* Die Universität ist nicht in Amerika. Ist sie in Amerika?
> *Student:* **Nein, sie ist nicht in Amerika.**

1. Die Universität ist nicht in Amerika.   Ist sie in Amerika?
2. Der Assistent ist nicht neu hier.   Ist er neu hier?
3. Die Studentin ist nicht sehr freundlich.   Ist sie sehr freundlich?
4. Das Kino ist nicht in Berlin.   Ist es in Berlin?
5. Ingrid ist nicht im Hörsaal.   Ist sie im Hörsaal?
6. Der Film ist nicht langweilig.   Ist er langweilig?
7. Ingrid ist nicht pleite.   Ist sie pleite?
8. Professor Bauer liest nicht im Hörsaal.   Liest er im Hörsaal?
9. Peter ist nicht neu hier.   Ist er neu hier?
10. Peter ist nicht gern im Seminar.   Ist er gern im Seminar?
11. Professor Bauer ist nicht interessant.   Ist er interessant?
12. Professor Bauer kommt nicht aus Berlin.   Kommt er aus Berlin?
13. Peter kommt nicht aus München.   Kommt er aus München?
14. Professor Schneider ist nicht langweilig.   Ist er langweilig?

FRAGEBOGEN (Questionnaire)

Teacher:	*Student:*
1. Ich heiße *(teacher's name).* Wie heißen Sie?	Ich heiße *(name).*
2. Ich bin (Professor, Professorin). Was sind Sie?	Ich bin (Student, Studentin).
3. Ich komme aus *(city).* Woher kommen Sie?	Ich komme aus *(city).*
4. Ich bin in *(city).* Wo sind Sie?	Ich bin in *(city).*

Now introduce yourself to your neighbor, giving your name, your occupation (student), where you come from, and ask for the same information from him or her.

ERKLÄRUNGEN UND ÜBUNGEN
(Explanations and Exercises)

I. NOUNS AND THEIR ARTICLES

A. CAPITALIZATION
Nouns in German are always capitalized.

> Eine **Studentin** geht in ein **Büro.**   *A student walks into an office.*

B. THE DEFINITE ARTICLE
Note the difference in the following three groups of nouns:

MASCULINE	FEMININE	NEUTER
der Student	**die** Studentin*	**das** Mädchen *(girl)*
der Film	**die** Universität	**das** Kino
der Hörsaal	**die** Diskothek	**das** Seminar

* German can sometimes add an **-in** suffix to form the feminine of a noun referring to a living being: **der Student, die Studentin; der Professor, die Professorin; der Freund, die Freundin.**

English uses only one definite article *(the)* for all nouns. German, however, has three different forms of the definite article to distinguish three different noun genders: **der** is the article for masculine nouns, **die** for feminines, and **das** for neuters.

For most nouns referring to living beings, this "grammatical" gender coincides with the "natural" gender of the noun [i.e., **der** Mann *(man),* **die** Frau *(woman),* etc.]. Note, however, in the chart above, that **Mädchen** *(girl)* is not feminine, as you might expect, but neuter. Inanimate objects and abstract ideas are also classified according to gender; they, too, can be masculine, feminine or neuter. Since it is not possible to guess the gender of a noun by any logical means, you will need to learn each noun with its definite article, as listed in the vocabularies.

ÜBUNG

1. *Restate the sentence, substituting each new masculine noun given.*

Ist der Assistent neu? (Film, Student, Professor)

2. *Now do the same, substituting each new feminine noun.*

Das ist die Diskothek. (Universität, Lektion, Studentin)

3. *Now substitute each new neuter noun.*

Wo ist das Büro? (Geld, Seminar, Mädchen, Kino)

4. *Substitute each new noun with the correct form of the definite article.*
Hier ist der Student. (Geld, Universität, Mädchen, Studentin, Assistent, Diskothek, Professor, Kino, Büro, Seminar)

C. THE INDEFINITE ARTICLE

In English the indefinite article has only one form: *a (an).* Notice the indefinite article in German for the three genders:

MASCULINE	FEMININE	NEUTER
ein Student	eine Studentin	ein Mädchen
ein Film	eine Universität	ein Kino
ein Hörsaal	eine Diskothek	ein Seminar

ÜBUNG

Change the definite article in each sentence to an indefinite article.

1. Der Student sitzt im Hörsaal.   **2.** Der Professor kommt mit.   **3.** Der Mann arbeitet hier. **4.** Die Studentin spricht mit Sabine.   **5.** Die Vorlesung ist nicht immer langweilig.   **6.** Die

Professorin liest dort. **7.** Das Mädchen sitzt hier. **8.** Das Seminar ist nicht immer interessant. **9.** Das Kino ist dort.

D. USE OF THE DEFINITE AND INDEFINITE ARTICLES

For the most part, German uses the definite and indefinite article the way English does. One exception, however, occurs when identifying a person's nationality, religion or occupation; whereas English uses the indefinite article, German omits it.

> Ingrid ist **Studentin.**   *Ingrid is a student.*
> Er ist **Amerikaner.**   *He is an American.*
> Ich bin **Katholik.**   *I am a Catholic.*

Other exceptions in the use of the articles will be explained as they occur.

ÜBUNG

1. *Substitute each new masculine noun given.*

Ist das ein Name? (Film, Hörsaal, Name)

2. *Now substitute the new feminine noun.*

Das ist eine Lektion. (Diskothek, Universität, Vorlesung)

3. *Now substitute the new neuter noun.*

Hier ist ein Kino. (Büro, Seminar, Zimmer)

4. *Substitute each new noun with the correct form of the indefinite article.*

Das ist ein Büro. (Lektion, Seminar, Hörsaal, Diskothek, Film, Büro, Universität, Name, Zimmer, Vorlesung)

II. PRONOUNS

A. PERSONAL PRONOUNS

1. Forms

The German personal pronouns are:

SINGULAR	PLURAL
ich *(I)*	wir *(we)*
du *(you,* familiar singular)	ihr *(you,* familiar plural)
er *(he, it)*	sie *(they)*
sie *(she, it)*	Sie *(you,* formal, singular and plural)
es *(it)*	

Note the following contrasts with English usage:

The pronoun **ich** is not capitalized unless it is the first element in a sentence.

In German there are three different pronouns equivalent to the English pronoun *you:*

> **du** (familiar singular) is used when addressing one friend, relative, child, animal or God.
>
> **ihr** (familiar plural) is used when addressing two or more friends, relatives, children or animals.
>
> **Sie** (formal, singular and plural) is used in all other cases. This pronoun is always capitalized.

Until recently, the familiar forms of address (**du** and **ihr**) were reserved, in the case of friends, only for close relationships of long standing. Currently, young people, especially students, tend to use the familiar forms among themselves much more readily. Never use familiar forms to address strangers, older people (except for relatives), passing acquaintances, salespersons, or service persons.

ÜBUNG

Which of the three forms of address would you use in addressing the following?

1. Peter und Ingrid
2. Professor Bauer
3. Sabine
4. Fido, der Pudel
5. Herr und Frau Müller
6. der Elefant im Zoo
7. der Automechaniker
8. Hänsel und Gretel

2. Agreement

The German pronoun must always agree in gender with the noun it replaces. The pronoun **er** is used when referring to a masculine noun; **sie** replaces a feminine noun; **es** replaces a neuter noun. There is no distinction as to gender in the plural: **sie** *(they)* is used for all genders.

> **Der Student** heißt Peter Hansen.   **Er** heißt Peter Hansen.
> **Der Film** ist gut.   **Er** ist gut.
> **Die Studentin** geht ins Kino.   **Sie** geht ins Kino.
> **Die Universität** ist in Saarbrücken.   **Sie** ist in Saarbrücken.
> **Das Kino** heißt Apollo.   **Es** heißt Apollo.
> **Der Hörsaal und das Büro** sind neu.   **Sie** sind neu.

ÜBUNG

Substitute a pronoun for the noun in each sentence.

> **MODEL:** Der Student kommt mit.
> **Er kommt mit.**

1. Der Hörsaal ist neu.
2. Der Professor liest hier.
3. Der Film ist langweilig.
4. Der Student ist freundlich.
5. Die Universität ist alt.
6. Die Stadt ist pleite.
7. Die Studentin tanzt gern.
8. Die Diskothek ist in Saarbrücken.
9. Das Kino heißt Apollo.
10. Das Büro ist neu.
11. Das Zimmer ist auch neu.
12. Das Seminar ist langweilig.
13. Sabine und Ingrid tanzen gern.
14. Der Student und die Studentin arbeiten hier.
15. Der Professor und die Vorlesung sind langweilig.
16. Der Hörsaal und das Büro sind neu.
17. Der Film heißt „King Kong“.
18. Das Zimmer ist O.K.
19. Die Stadt ist langweilig.
20. Das Seminar ist interessant.
21. Der Assistent und der Professor sind hier.
22. Die Studentin ist nicht pleite.
23. Der Professor ist O.K.
24. Das Kino und die Diskothek sind in Saarbrücken.

B. THE PRONOUN *MAN*

The pronoun **man** (equivalent to the English indefinite pronoun *one*) always takes a third-person singular verb form. Because the English equivalent *one* is rather stilted, **man** is translated into English in a number of ways depending on the context.

> **Man** hört das immer. *You always hear that.*
> **Man** tut das nicht. *People don't do that.* [or] *That is not done.*

III. PRESENT TENSE OF VERBS

The infinitive (dictionary form) of a German verb ends in **-en,** sometimes in **-n.**

> gehen *(to go)*   tun *(to do)*

The stem of a verb is the infinitive minus the **-en** or **-n.**

A. REGULAR VERBS

German verbs are conjugated in the present tense by adding personal endings (shown below in boldface) to the stem.

gehen *(to go)*

ich	gehe	*I*	*go*
du	gehst	*you*	*go*
er, sie, es	geht	*he, she, it*	*goes*
wir	gehen	*we*	*go*
ihr	geht	*you*	*go*
sie	gehen	*they*	*go*
Sie	gehen	*you*	*go*

Note: In all of our conjugations the formal pronoun **Sie** is placed after the third-person plural **sie** *(they)* since the personal endings for both are always identical. The pronouns **sie** meaning *she* and **sie** meaning *they* can be distinguished from each other by the ending on the verb.

If the infinitive of a verb ends in **-n**, only **-n** (rather than **-en**) is added to the stem as the personal ending in the first- and third-person plural as well as the formal **Sie**. Otherwise the personal endings remain the same.

tun *(to do)*

ich	tue	wir	tun
du	tust	ihr	tut
er, sie, es	tut	sie	tun
		Sie	tun

ÜBUNG

Substitute the verbs in parentheses.

1. ich komme (gehen, hören, fragen, spielen, tun)
2. du kommst (gehen, hören, fragen, spielen, tun)
3. er (sie, es) kommt (gehen, hören, fragen, spielen, tun)
4. wir kommen (gehen, hören, fragen, spielen, tun)
5. ihr kommt (gehen, hören, fragen, spielen, tun)
6. sie kommen (gehen, hören, fragen, spielen, tun)
7. man kommt (gehen, hören, fragen, spielen, tun)

B. REGULAR VERBS: STEM ENDING IN *-T, -D,* OR A CONSONANT CLUSTER

If the stem of a verb ends in **-t, -d,** or some combinations of consonants (**öffnen,** *to open*), in order to facilitate pronunciation, an additional **-e-** is added before the personal ending in the second-person singular, third-person singular, and the second-person plural (i.e., before **-st** and **-t** endings).

landen *(to land)*

ich	lande	wir	landen
du	landest	ihr	landet
er, sie, es	landet	sie	landen
		Sie	landen

ÜBUNG

Substitute the verbs in parentheses.

1. ich finde (arbeiten, landen, öffnen)
2. du findest (arbeiten, landen, öffnen)

3. er (sie, es) findet (arbeiten, landen, öffnen)
4. wir finden (arbeiten, landen, öffnen)
5. ihr findet (arbeiten, landen, öffnen)
6. sie finden (arbeiten, landen, öffnen)
7. man findet (arbeiten, landen, öffnen)

C. REGULAR VERBS: STEM ENDING IN A SIBILANT

If the stem of a verb ends in a sibilant (**s, ss, ß, tz, z**), the second-person singular (**du**-form) adds only **-t** (rather than **-st**) to the stem.

sitzen *(to sit)*

ich	sitze	wir	sitzen
du	sitzt	ihr	sitzt
er, sie, es	sitzt	sie	sitzen
		Sie	sitzen

ÜBUNG

Substitute the verbs in parentheses.

1. ich sitze (heißen, tanzen, sitzen)
2. du sitzt (heißen, tanzen, sitzen)
3. er (sie, es) sitzt (heißen, tanzen, sitzen)
4. wir sitzen (heißen, tanzen, sitzen)
5. ihr sitzt (heißen, tanzen, sitzen)
6. sie sitzen (heißen, tanzen, sitzen)
7. man sitzt (heißen, tanzen, sitzen)

D. VERBS WITH STEM VARIATIONS

A limited number of German verbs have stem variations in the present tense. Several have appeared in this lesson.

sprechen: Er **spricht** mit Sabine Hoffmann.
lesen: Wo **liest** Professor Schneider?
fahren: Sabine **fährt** in die Stadt.

These variations in the stem occur *only* in the second-person singular and third-person singular, and they follow a very specific pattern:

a will only change to **ä** (fahren: du **fährst**, er **fährt**)
e will only change to **i** or **ie** (sprechen: du **sprichst**, er **spricht**; lesen: du **liest**, er **liest**)

It should be noted that not every verb with an **a** or an **e** in the stem undergoes these changes. Verbs that do are listed in the lesson vocabularies with their stem changes in parentheses. The following conjugation of **sprechen** will show the pattern that these verbs follow:

sprechen *(to speak)*

ich	spreche	wir	sprechen
du	**sprichst**	ihr	sprecht
er, sie, es	**spricht**	sie	sprechen
		Sie	sprechen

ÜBUNG

Substitute the verbs in parentheses.

1. ich spreche (fahren, lesen, sprechen)
2. du sprichst (fahren, lesen, sprechen)
3. er (sie, es) spricht (fahren, lesen, sprechen)
4. wir sprechen (fahren, lesen, sprechen)
5. ihr sprecht (fahren, lesen, sprechen)
6. sie sprechen (fahren, lesen, sprechen)
7. man spricht (fahren, lesen, sprechen)

E. IRREGULAR VERBS *HABEN* AND *SEIN*

The verbs **haben** *(to have)* and **sein** *(to be)* are irregular in the present tense and have to be learned individually.

haben				**sein**			
ich	**habe**	wir	**haben**	ich	**bin**	wir	**sind**
du	**hast**	ihr	**habt**	du	**bist**	ihr	**seid**
er, sie, es	**hat**	sie	**haben**	er, sie, es	**ist**	sie	**sind**
		Sie	**haben**			Sie	**sind**

ÜBUNG 1

Answer the following questions, using each of the subjects.

1. Wer hat Geld? (ich, du, er, der Assistent, Sabine, sie [*she*], wir, Ingrid und ich, ihr, sie [*they*], Peter und Sabine, Sie [*you*])
2. Wer ist neu hier? (ich, du, er, die Studentin, Elisabeth, sie [*she*], wir, Peter und ich, ihr, sie [*they*], Anna und Peter, Sie [*you*])

ÜBUNG 2

Verb Review: Restate, changing the original pronoun as indicated.

> **MODEL:** Ich komme mit. (wir)
> **Wir kommen mit.**

1. Ich habe Geld. (sie: *they*)
2. Sie sind pleite. (ich)
3. Wir fahren in die Stadt. (er)
4. Tanzt sie gern? (du)
5. Sie heißen Schmidt. (die Studentin)
6. Ich tue das. (Sabine und Ingrid)
7. Wir spielen Tennis. (sie: *she*)
8. Lesen Sie hier? (der Professor)
9. Findest du das interessant? (ihr)
10. Heißt sie Sabine? (du)
11. Sie sprechen mit Ingrid. (er)
12. Sie sind langweilig. (sie: *she*)
13. Ich arbeite dort. (der Assistent)
14. Haben Sie Geld? (du)

IV. MEANINGS OF THE PRESENT TENSE

Whereas English has several ways of expressing present time depending on the context, German has only one.

Er **fährt** in die Stadt.
$\begin{cases} \textit{He \textbf{drives} to town.} \text{ (simple present tense)} \\ \textit{He \textbf{is driving} to town.} \text{ (progressive present tense)} \\ \textit{He \textbf{does drive} to town.} \text{ (emphatic present tense)} \end{cases}$

The one German form, therefore, can be the equivalent of all three English uses. When translating a German sentence into English, use the English form that best suits the context.

> Professor Schneider **liest** immer in Zimmer vier.
> *Professor Schneider always **lectures** in Room 4.*
> Der alte King-Kong-Film **spielt**.
> *The old King Kong film **is playing**.*
> Ja, er **kommt** aus München.
> *Yes, he **does come** from Munich.*

German even uses the present tense where English indicates a future meaning, especially if there is an adverb implying future time in the sentence.

> Ich **fahre** nachher in die Stadt.
> *I **am going to drive** (**will drive**) to town afterwards.*

ÜBUNG

Translate the following sentences into German.

1. Yes, I work here.
2. No, he's in Room 4.
3. I'm talking to Sabine.
4. She's lecturing here.
5. We're driving to town.
6. They're going to the movies.
7. Yes, I do hear that.
8. Yes, he does have money.
9. Yes, they do come from Munich.
10. I'll come along.

V. WORD ORDER

A. STATEMENTS

The most important fact to remember about German word order in a simple statement is that the verb is <u>always</u> the second element. Normally the subject will
precede the verb.

Ingrid und ich fahren in die Stadt.
   (S)   (V)

Er spricht mit Sabine Hoffmann.
(S)   (V)

If, for reasons of style or emphasis, some element other than the subject comes
first, the verb will remain as the second element, and the subject then follows
the verb.

Hoffentlich habt ihr Geld.
            (V) (S)

Vielleicht gehen wir ins Kino.
           (V)   (S)

Certain words like ja *(yes)*, nein *(no)*, übrigens *(by the way)*, and Verzeihung *(excuse
me)* are set off by commas, do not count as elements, and therefore do not affect
the word order.

Nein, das ist meine Freundin.
      (S) (V)

Ja, ich bin sein Assistent.
    (S) (V)

Verzeihung, ich bin neu hier.
            (S) (V)

ÜBUNG

Begin each of the following sentences with the italicized element.

1. Die Universität ist *hier*.
2. Ein Student sitzt *im Hörsaal*.
3. Wir tun das *vielleicht*.
4. Ich fahre *nachher* in die Stadt.
5. Ihr habt *hoffentlich* viel Geld.
6. Professor Schneider liest *in Zimmer vier*.
7. Sie ist auch *im Seminar*.
8. Man hört *das*.

B. QUESTIONS

1. With Question Words

When a question begins with a question word [wie *(how)*, was *(what)*, wer *(who)*,
wo *(where)*, woher *(from where)* etc.], the verb is placed immediately after the
question word.

Was **tun** wir nachher?
Wo **liest** Professor Schneider?

ÜBUNG

Make questions of the following statements by using the question word supplied.

> **MODEL:** Professor Schneider liest in Zimmer vier. (wer)
> **Wer liest in Zimmer vier?**

1. Der Assistent arbeitet hier. (wer) **2.** Professor Bauer geht in die Diskothek. (wer)
3. Professor Schneider ist pleite. (wer) **4.** Die Universität ist in New York. (wo) **5.** Der
Film spielt in Berlin. (wo) **6.** Der Professor liest dort im Hörsaal. (wo) **7.** Ingrid hat Geld.
(was) **8.** Das ist ein Film. (was) **9.** Peter ist Student. (was) **10.** Der Professor kommt aus
München. (woher) **11.** Hans kommt aus Frankfurt. (woher) **12.** Der Gangster kommt aus
Hamburg. (woher) **13.** Der Film ist interessant. (wie) **14.** Der Professor ist freundlich.
(wie) **15.** Das Seminar ist langweilig. (wie) **16.** Die Studentin heißt Sabine. (wie)

2. Without Question Words

If there is no question word, the verb is the first element, and the subject comes
right after it.

> **Kommst du mit?**
> **Sind Sie Professor Schneider?**

ÜBUNG

Change the following statements into questions.

1. Die Universität ist in Hamburg.
2. Peter spricht mit Sabine.
3. Der Film ist langweilig.
4. Professor Bauer geht in die Diskothek.
5. Ihr habt Geld.
6. Der Assistent tanzt gern.

VI. THE ADVERB *GERN*

The word **gern** is an adverb meaning *gladly*. It is frequently used in combination
with a verb and then means *to like to* (do whatever the verb expresses). Its position
is usually after the verb.

> Ingrid tanzt **gern**.   *Ingrid likes to dance.*
> Er ist **gern** im Seminar.   *He likes being in the seminar.*

ÜBUNG

Restate the following sentences, adding **gern**.

> **MODEL:** Er spricht mit Sabine.
> **Er spricht gern mit Sabine.**

1. Sie gehen in die Diskothek.
2. Peter kommt mit.
3. Sie fährt nach Saarbrücken.
4. Wir spielen Tennis.
5. Ich spreche mit Professor Schneider.

VII. FLAVORING PARTICLES: *DENN* AND *DOCH*

German colloquial speech is peppered with particles that add a particular flavor to a statement or question, but which often defy translation. You will gradually get a feel for these words after you have heard them used frequently. Two of them, **denn** and **doch,** occur in the dialog of this lesson.

The particle **denn** is used mostly in questions and indicates the speaker's interest (or sometimes annoyance). In German as in English, the stress in these questions is on the verb.

> Woher **kommt** er denn?   *Where does he **come** from?*
> Was **tust** du denn?   *What are you **doing**?*

The particle **doch** is often used to add extra emphasis to an assertion. The same idea can usually be conveyed colloquially in English by the word *sure.*

> Das Seminar von Professor Bauer ist **doch** stinklangweilig.
>   *Professor Bauer's seminar sure is boring as hell.*
> Das hört man **doch.**   *You sure can hear it.*

 **ZUM LESEN** (For Reading)

Was ist typisch deutsch?[1]

In der Karikatur ist der typische Deutsche[2] ein dicker[3] Mann. Er hat Lederhosen[4] an[5] und einen Bierkrug[6] in der Hand. Er heißt Hans und wohnt[7] in einem Dorf[8] im Gebirge.[9] Er singt und jodelt gern. Aber nach[10] der Statistik ist

1. typically German	5. on	8. village
2. the German (man)	6. beer stein	9. mountains
3. fat	7. lives	10. according to
4. leather breeches		

Wer ist typisch deutsch? *German Information Center*

der typische Deutsche ziemlich[11] schlank.[12] Er trinkt[13] gern Bier, aber nicht viel
mehr als[14] ein Belgier[15] oder Engländer. Er wohnt in einer Stadt und arbeitet in
einem Büro. Dort ist das Jodeln[16] verboten.[17] Der statistische Deutsche hat vielleicht
Hosen[18] an, aber keine[19] Lederhosen. Übrigens, er heißt nicht Hans, sondern[20]
wahrscheinlich[21] Elisabeth. Deutschland hat nämlich mehr Frauen[22] als Männer.[23]
Was ist typisch deutsch? Die beste Antwort[24] ist, der typische Deutsche existiert
nicht.

11. quite	16. yodeling	21. probably
12. slim	17. prohibited	22. women
13. drinks	18. trousers	23. men
14. more than	19. no	24. answer
15. Belgian	20. but (rather)	

ÜBUNGEN ZUM LESESTÜCK
(Exercises on the Reading Text)

A. *Answer in complete German sentences.*

1. Ist der typische Deutsche in der Karikatur schlank?   **2.** Was trinkt er gern?   **3.** Wie heißt er?   **4.** Ist der statistische Deutsche dick?   **5.** Heißt der statistische Deutsche Hans?   **6.** Ist der statistische Deutsche ein Mann oder eine Frau?   **7.** Wie heißt sie?   **8.** Existiert der typische Deutsche?

B. *Supply the appropriate words to complete the following brief summary of the* Lesestück.

In der Karikatur heißt der typische _____ Hans. Er _____ in einem Dorf. Er trinkt viel _____. Er _____ und jodelt gern. Der statistische Deutsche ist nicht dick, sondern _____. Er _____ in einer Stadt und _____ in einem Büro. Er _____ nicht Hans, sondern wahrscheinlich Elisabeth.

AM ZIEL: SCHRIFTLICHE ÜBUNGEN
(At the Goal: Written Exercises)

A. *The following pictures depict situations from the dialog. Write sentences describing each of the situations.*

B. *Form sentences using each of the following cue words.*

> **MODEL:** Leider / haben / er / kein Geld.
> **Leider hat er kein Geld.**

1. Er / wohnen / in München.
2. Heißen / sie *(she)* / Elisabeth?
3. Hoffentlich / haben / er / Geld.
4. Der typische Amerikaner / existieren / nicht.
5. Was / tun / sie *(she)* / in Bonn?
6. Vielleicht / arbeiten / er.
7. Wir / sein / im Hörsaal.
8. Wie / machen / man / das?
9. Lesen / er / in Zimmer vier?
10. Wie alt / sein / du?

C. *Rewrite the following sentences, correcting the misinformation and beginning each with a pronoun in place of the noun.*

1. Peter hat viel Geld. 2. Peter sitzt im Büro. 3. Ingrid ist immer pleite. 4. Professor Bauer kommt aus Amerika. 5. Ingrid und Sabine gehen in die neue Bar. 6. Der Assistent kommt mit. 7. Sabine findet das Seminar von Professor Bauer interessant.

D. *Translate into English; then recall the German from your English translation.*

1. Hoffentlich kommt Professor Bauer nicht. 2. Verzeihung, wohnen Sie nicht auch in New York? 3. Sie findet das Seminar immer langweilig. 4. Vielleicht gehe ich nachher ins Kino. 5. In England trinkt man auch viel Bier. 6. Leider ist die Stadt pleite. 7. Übrigens, er arbeitet auch in München. 8. Kommen Sie mit?—Gern. 9. Wo spielt der alte King-Kong-Film? 10. Existiert der typische Student?

E. *Translate into German.*

1. Excuse me, are you new here? 2. The university doesn't have much money. 3. The office is (over) there, Room 4. 4. She likes to talk to (**mit**) Peter. 5. Is he coming along?

6. Do you hear that (**das**)? **7.** Unfortunately, I am broke. Are you broke too? **8.** By the way, do you play tennis? **9.** Who is lecturing in Room 4? **10.** Are you an American?

F. *Answer the following questions in paragraph form as a composition.*

1. Wie heißen Sie? **2.** Woher kommen Sie? **3.** Ist das eine Stadt oder ein Dorf? **4.** Sind Sie Student oder Studentin? **5.** Arbeiten Sie auch? **6.** Haben Sie viel Geld? **7.** Sprechen Sie gut deutsch? **8.** Ist der Deutschprofessor (die Deutschprofessorin) langweilig?

 **WORTSCHATZ** (Vocabulary)

A small dot indicates primary stress on a syllable other than the first: **der Amerikaner.**

aber but	
also! well!	
alt old	
Amerika America	
der Amerikaner the American	
arbeiten to work	
der Assistent assistant	
auch also, too	
aus from	
das Bier beer	
das Büro office	
der Dank thanks	
vielen Dank! thanks a lot!	
dann then	
das that	
der Deutsche the German	
dick fat; thick	
die Diskothek discotheque	
doch surely, certainly	
das Dorf village	
dort there	
existieren to exist	
fahren (ä) to drive; ride, go	
der Film film, movie	
finden to find	
fragen to ask	
die Frau woman; wife	
der Freund friend	
freundlich friendly, kind	
gehen to go	

das Geld money	
genau exactly	
gern gladly	
haben to have	
heißen to be called, be named	
hier here	
hoffentlich I hope, hopefully	
hören to hear	
der Hörsaal lecture hall	
im in the	
immer always	
in in, into, to	
ins into the	
interessant interesting	
ja yes	
jodeln to yodel	
die Karikatur caricature	
der Katholik Catholic	
das Kino movie theater	
kommen to come	
landen to land	
langweilig boring	
leider unfortunately	
die Lektion lesson	
lesen (ie) to read; lecture	
machen to make, do	
das macht nichts that's no problem	

das Mädchen girl	
man one	
der Mann man; husband	
mein my	
mit with; along	
nachher afterward	
der Name name	
nämlich the fact is, you see	
nein no	
neu new	
nicht not	
nichts nothing	
nur only	
oder or	
öffnen to open	
pleite *(coll.)* broke	
der Professor professor	
schlank slim, thin	
sehr very	
sein to be	
sein his	
das Seminar seminar	
singen to sing	
sitzen to sit	
sondern but rather	
spielen to play	
sprechen (i) to talk	
die Stadt city	
statistisch statistical	
stinklangweilig *(coll.)* very boring	

der **Studẹnt** student
tanzen to dance
trinken to drink
tschüß! so long!
tun to do
typisch typical
übrigens by the way
und and
die **Universität** university
Verzẹihung! excuse me!

viel much, a lot
viellẹicht perhaps, maybe
vier four
von of, from
die **Vorlesung** lecture class
wahrschẹinlich probably
was what
wer who
wie how

wiedersehen to see again
auf Wiedersehen! good-bye!
wirklich really
wo where
woher from where
wohnen to live
das **Zimmer** room

LEKTION
ZWEI

GRAMMATISCHE ZIELPUNKTE

Nominative Case • Accusative Case • Personal Pronouns: Nominative and Accusative • Interrogative Pronouns • *werden* • Negation: *kein* and *nicht*

AUSGANGSPUNKT

Wasserleitung oder Psychologie?

Frau Schmidt geht durch ein Geschäft. Sie kommt um eine Ecke und trifft Herrn Meyer. Er sieht sie und sagt:

Herr Meyer: Guten Tag, Frau Schmidt. Kennen Sie mich noch?
Frau Schmidt: Ja natürlich, Herr Meyer. Wie geht's?*
Herr Meyer: Danke, gut.
Frau Schmidt: Und was macht die Familie?
Herr Meyer: Mein Sohn Martin ist gerade auf Urlaub zu Hause.
Frau Schmidt: Das ist aber schön. Studiert er nicht Psychologie?
Herr Meyer: Nein, leider noch nicht. Er hat noch keinen Studienplatz. Momentan arbeitet er als Taxifahrer in Frankfurt. Vielleicht nächstes Semester.
Frau Schmidt: Das Problem kennen wir auch. Meine Tochter Ulrike studiert nämlich Medizin, und da geht's* ja auch nicht ohne den Numerus clausus.
Herr Meyer: Ja, die Jugend hat es heute schwer.
Frau Schmidt: Bestimmt.
Herr Meyer: Manchmal sage ich: warum wird Martin nicht Klempner? Das ist ein ordentlicher Beruf. Und man verdient genug. Aber für ein Handwerk ist Martin zu ungeschickt. Und das Seelenleben interessiert ihn einfach mehr als die Wasserleitung.
Frau Schmidt: *(lacht)* Wie schade! Na, hoffentlich hat er bald mehr Glück.

* In colloquial speech the pronoun **es** is often contracted as shown when it follows the verb.

Die Wasserleitung interessiert sie momentan mehr als das Seelenleben. *German Information Center*

Plumbing or Psychology?

Mrs. Schmidt is walking through a store. She comes around a corner and meets Mr. Meyer. He sees her and says:

Mr. Meyer: Hello, Mrs. Schmidt. Do you remember me?

Mrs. Schmidt: Yes, of course, Mr. Meyer. How are you?

Mr. Meyer: Fine, thank you.

Mrs. Schmidt: And how's the family doing?

Mr. Meyer: My son Martin is home on vacation right now.

Mrs. Schmidt: That's very nice. Isn't he studying psychology?

Mr. Meyer: No, not yet, unfortunately. He still hasn't been admitted. At the moment he's working as a taxi driver in Frankfurt. Maybe next semester.

Mrs. Schmidt: We know that problem too. You know, my daughter Ulrike is studying medicine, and you can't get around the *numerus clausus** there either.

Mr. Meyer: Yes, the young people are having a tough time these days.

Mrs. Schmidt: They certainly are.

Mr. Meyer: Sometimes I say: Why doesn't Martin become a plumber? That's a respectable occupation. And they make enough money. But Martin is too clumsy for a skilled trade. And emotions simply interest him more than water pipes.

Mrs. Schmidt: *(laughs)* What a shame! Well, I hope he has better luck soon.

* *numerus clausus,* Latin term meaning "limited number," used to refer, in this case, to the quota system in effect at German universities in certain very crowded fields (see the *Lesestück* in this lesson).

➤ LOCKERUNGSÜBUNGEN

A. *Listen to the statement; then answer the question, as in the model.*

> **MODEL:** *Teacher:* Das is der Mann. Wer ist das?
> *Student:* **Das ist der Mann.**

1. Das ist der Mann.   Wer ist das?
2. Wir kennen den Mann.   Wen kennen wir?
3. Er heißt Herr Meyer.   Wie heißt er?
4. Frau Schmidt trifft Herrn   Wen trifft Frau Schmidt?
   Meyer.
5. Sie kennt ihn.   Wen kennt sie?
6. Herr Meyer hat einen   Was hat Herr Meyer?
   Sohn.

7. Das ist die Frau. Wer ist das?
8. Wir kennen die Frau. Wen kennen wir?
9. Sie heißt Frau Schmidt. Wie heißt sie?
10. Herr Meyer sieht Frau Schmidt. Wen sieht Herr Meyer?
11. Er kennt sie. Wen kennt er?
12. Frau Schmidt hat eine Tochter. Was hat Frau Schmidt?

13. Das ist das Kino. Was ist das?
14. Wir kennen das Kino. Was kennen wir?
15. Es heißt Apollo. Wie heißt es?
16. Wir sehen das Kino. Was sehen wir?
17. Saarbrücken hat ein Kino. Was hat Saarbrücken?

18. Das ist Ulrike Schmidt. Wer ist das?
19. Sie ist schon Studentin. Was ist sie schon?
20. Sie hat einen Studienplatz. Was hat sie?
21. Sie studiert Medizin. Was studiert sie?

22. Das ist Martin Meyer. Wer ist das?
23. Er ist momentan Taxifahrer. Was ist er momentan?
24. Er studiert bald Psychologie. Was studiert er bald?
25. Die Wasserleitung interessiert ihn einfach nicht. Was interessiert ihn einfach nicht?

B. *Listen and then answer the question affirmatively, as in the model.*

  MODEL: *Teacher:* Frau Schmidt geht durch ein Geschäft. Geht sie durch ein Geschäft?
    Student: **Ja, sie geht durch ein Geschäft.**

1. Frau Schmidt geht durch ein Geschäft. Geht sie durch ein Geschäft?
2. Frau Schmidt kommt um die Ecke. Kommt sie um die Ecke?
3. Frau Schmidt trifft Herrn Meyer. Trifft sie Herrn Meyer?
4. Herr Meyer sieht Frau Schmidt. Sieht er sie?
5. Frau Schmidt kennt Herrn Meyer. Kennt sie ihn?
6. Martin Meyer hat gerade Urlaub. Hat er gerade Urlaub?
7. Martin Meyer ist zu Hause. Ist er zu Hause?

8. Er arbeitet als Taxifahrer.	Arbeitet er als Taxifahrer?
9. Ulrike Schmidt studiert Medizin.	Studiert sie Medizin?
10. Die Jugend hat es schwer.	Hat die Jugend es schwer?
11. Klempner ist ein ordentlicher Beruf.	Ist Klempner ein ordentlicher Beruf?
12. Der Klempner verdient genug.	Verdient er genug?
13. Martin ist zu ungeschickt.	Ist er zu ungeschickt?
14. Martin hat ein Problem.	Hat er ein Problem?
15. Das Seelenleben interessiert ihn.	Interessiert es ihn?
16. Frau Schmidt lacht.	Lacht sie?

C. *Listen and then answer the question negatively, as in the model.*

> **MODEL:** *Teacher:* Ulrike geht nicht durch ein Geschäft. Geht sie durch ein Geschäft?
> *Student:* **Nein, sie geht nicht durch ein Geschäft.**

1. Ulrike geht nicht durch ein Geschäft.	Geht sie durch ein Geschäft?
2. Martin Meyer kommt nicht um die Ecke.	Kommt er um die Ecke?
3. Frau Schmidt ist nicht zu Hause.	Ist sie zu Hause?
4. Ulrike studiert nicht Mathematik.	Studiert sie Mathematik?
5. Ulrike ist nicht ungeschickt.	Ist sie ungeschickt?
6. Martin wird nicht Klempner.	Wird er Klempner?
7. Die Wasserleitung interessiert ihn nicht.	Interessiert die Wasserleitung ihn?
8. Das Handwerk interessiert ihn nicht.	Interessiert das Handwerk ihn?
9. Frau Schmidt hat keinen Sohn.	Hat sie einen Sohn?
10. Herr Meyer hat keine Tochter.	Hat er eine Tochter?
11. Ulrike hat keinen Urlaub.	Hat sie Urlaub?
12. Martin hat keinen Studienplatz.	Hat er einen Studienplatz?
13. Martin hat kein Glück.	Hat er Glück?
14. Ulrike verdient kein Geld.	Verdient sie Geld?

D. *Listen as the instructor asks the following questions about particular students in your class. Be prepared to answer them.*

1. Wer ist das?
2. Was ist er (sie)?
3. Wie heißt er (sie)?
4. Hat er (sie) einen Studienplatz?
5. Kennen Sie ihn (sie)?

Now ask your neighbor the same questions about one of the students in your class.

FRAGEBOGEN

1. Wie heißen Sie?
2. Was sind Sie?
3. Haben Sie einen Studienplatz?
4. Studieren Sie gern?
5. Arbeiten Sie gern?
6. Haben Sie es schwer?

7. Sind Sie ungeschickt?   **10.** Haben Sie ein Seelenleben?
8. Ist Deutsch schwer?   **11.** Kennen Sie Sigmund Freud?
9. Haben Sie Glück?

Now several students in the class will interview one student. Be prepared to ask these questions or to be interviewed yourself.

➡ ERKLÄRUNGEN UND ÜBUNGEN

I. CASE

A noun can have various functions in a sentence (subject, object, etc.). Depending on its function, the German noun will be in one of four different cases, and often the form of the definite or indefinite article changes with the case. Pronouns, since they are used in place of nouns, also serve in these same functions and also often change their forms with the case. In this lesson we will consider only two of the German cases, the nominative and the accusative.

A. THE NOMINATIVE CASE

1. The Definite and Indefinite Articles

The definite and indefinite article forms you learned in the last lesson are the nominative case forms.

MASCULINE	FEMININE	NEUTER
der Student	die Universität	das Kino
ein Student	eine Universität	ein Kino

2. Uses of the Nominative Case

The nominative case is used for the subject of the sentence, i.e., the person or thing that is performing the action.

> **Der Klempner** verdient genug.   *The plumber earns enough.*
> **Ein Klempner** verdient genug.   *A plumber earns enough.*
>
> **Die Familie** wohnt hier.   *The family lives here.*
> **Eine Familie** wohnt hier.   *A family lives here.*

Das Geschäft ist um die Ecke.   *The shop is around the corner.*
Ein Geschäft ist um die Ecke.   *A shop is around the corner.*

It is also used for the predicate nominative, i.e., the predicate noun or pronoun after the verbs **sein** *(to be)*, **bleiben** *(to remain)*, **heißen** *(to be called)*, and **werden** *(to become)*.

Martin Meyer ist **der Taxifahrer.**   *Martin Meyer is the taxi driver.*
Das bleibt **ein Problem.**   *That remains a problem.*

ÜBUNG

Change the indefinite article for each predicate nominative to a definite article.

First for these masculine nouns:

1. Das ist ein Hörsaal.
2. Das ist ein Film.
3. Das ist ein Beruf.
4. Das ist ein Name.

Now for these feminine nouns:

5. Das ist eine Universität.
6. Das ist eine Wasserleitung.
7. Das ist eine Stadt.
8. Das ist eine Diskothek.

Now for these neuter nouns:

9. Das ist ein Büro.
10. Das ist ein Geschäft.
11. Das ist ein Problem.
12. Das ist ein Kino.

The following group contains nouns of all three genders:

13. Das ist eine Diskothek.
14. Das ist ein Problem.
15. Das ist ein Film.
16. Das ist ein Name.
17. Das ist eine Universität.
18. Das ist ein Geschäft.

B. THE ACCUSATIVE CASE

1. The Definite and Indefinite Articles

Only masculine nouns change the form of the definite and indefinite article in the accusative case.

MASCULINE	FEMININE	NEUTER
den Klempner	**die** Tochter	**das** Kind *(child)*
einen Klempner	**eine** Tochter	**ein** Kind

2. Weak Nouns

In most instances the German noun itself does not change its form when it is used in the accusative case (**der Mann, den Mann**). There are a few masculine nouns, however, that add **-n** or **-en** when they are used in a case other than the nominative. These are called weak nouns, and in this category are the following nouns that you have already had:

NOMINATIVE	ACCUSATIVE
der Student	den Studenten
der Herr	den Herrn
der Assistent	den Assistenten
der Name	den Namen

Beginning with this lesson all weak nouns will be indicated in the vocabularies by *(wk.)* after the noun.

3. The Accusative Case for the Direct Object of the Verb

In German the direct object of the verb is in the accusative case. In the example, "She is studying medicine," the direct object is *medicine*. The direct object is the person or thing that the subject "sees," "does," "gives," "studies," etc.

Er hat **den Bierkrug**.   *He has the beer mug.*
Er hat **einen Bierkrug**.   *He has a beer mug.*

Wir kennen **den Assistenten** hier.   *We know the assistant here.*
Wir kennen **einen Assistenten** hier.   *We know an assistant here.*

Herr Meyer trifft **die Frau**.   *Mr. Meyer meets the woman.*
Herr Meyer trifft **eine Frau**.   *Mr. Meyer meets a woman.*

Er findet **das Handwerk** langweilig.   *He finds the trade boring.*
Er findet **ein Handwerk** langweilig.   *He finds a trade boring.*

ÜBUNG 1

1. *Substitute the new masculine noun for the original accusative object.*

   Kennst du den Film nicht? (Taxifahrer, Professor, Klempner, Sohn, Assistent, Student, Herr)

2. *Substitute the new feminine noun given.*

   Finden Sie die Stadt interessant? (Lektion, Universität, Vorlesung, Wasserleitung)

3. *Substitute the new neuter noun.*

   Kennst du das Dorf nicht? (Geschäft, Mädchen, Problem, Kino)

4. *Substitute the new noun in the following sentence, watching the gender in each case.*

Kennst du den Professor nicht? (Tochter, Freundin, Mädchen, Problem, Kino, Assistent, Geschäft, Herr, Universität, Student, Taxifahrer)

ÜBUNG 2

Using the nouns provided, construct statements, as in the model.

> MODEL: Amerikaner
> **Das ist der Amerikaner.**
> **Ich kenne den Amerikaner.**

1. *Masculine nouns:* Taxifahrer / Professor / Klempner / Sohn / Assistent / Student / Herr

2. *Feminine nouns:* Tochter / Amerikanerin / Studentin / Universität

3. *Neuter nouns:* Kino / Mädchen / Geschäft / Zimmer

ÜBUNG 3

1. *Substitute the new masculine noun for the original accusative object.*

Was interessiert einen Professor? (Klempner, Taxifahrer, Amerikaner, Student, Assistent)

2. *Substitute the new feminine noun given.*

Kennen Sie hier eine Studentin? (Professorin, Diskothek, Familie, Frau)

3. *Substitute the new neuter noun given.*

Er hat hier ein Zimmer. (Seminar, Geschäft, Haus, Büro)

4. *Do the same with the following sentence, watching the gender in each case.*

Kennt er hier einen Professor? (Geschäft, Klempner, Diskothek, Taxifahrer, Professorin, Familie, Assistent)

ÜBUNG 4

Using the nouns provided, construct questions and answers, as in the model.

> MODEL: Professor
> **Verdient ein Professor genug?**
> **Wir fragen einen Professor.**

1. *First use these masculine nouns:*

Klempner / Taxifahrer / Amerikaner / Assistent

2. *Now use these feminine nouns:*

Professorin / Amerikanerin / Taxifahrerin / Klempnerin

3. *Now construct questions and answers as in the model, using the following neuter nouns:*

> **MODEL:** Zimmer
> **Wo ist hier ein Zimmer?**
> **Da um die Ecke finden Sie ein Zimmer.**

Kino / Büro / Geschäft / Seminar

ÜBUNG 5

Was beschreibe ich? (*What am I describing?*) *You will be given several clues. Tell the instructor what is being described.*

> **MODEL:** Frau / wohnt in Amerika
> **Sie beschreiben eine Amerikanerin.**

1. Mann / die Wasserleitung interessiert ihn
2. Frau / arbeitet an der Universität
3. Mann / studiert an der Universität
4. Zimmer / ein Assistent arbeitet dort
5. Zimmer / Studenten hören eine Vorlesung dort

4. Accusative for the Object of Some Prepositions

The accusative case is always used after the following prepositions: **durch** *(through)*, **für** *(for)*, **gegen** *(against)*, **ohne** *(without)*, **um** *(around)*.

> **durch:** Frau Schmidt geht **durch das Geschäft.**
> *Mrs. Schmidt is walking through the store.*
> **für:** **Für ein Handwerk** ist Martin zu ungeschickt.
> *Martin is too clumsy for a skilled trade.*
> **gegen:** Er hat nichts **gegen den Klempner.**
> *He has nothing against the plumber.*
> **ohne:** Es geht nicht **ohne den Numerus clausus.**
> *It is not possible without the numerus clausus.*
> **um:** Sie kommt **um die Ecke.**
> *She comes around the corner.*

In colloquial German you will often hear the following contractions:

> **durchs** (durch das)
> **fürs** (für das)
> **ums** (um das)

ÜBUNG

Substitute each new prepositional object for the one in the original sentence.

1. Martin hat nichts gegen den Beruf. (Numerus clausus, Handwerk, Familie, Kind, Frau, Professor)
2. Das ist ein Problem für einen Taxifahrer. (Familie, Mädchen, Kind, Klempner, Universität, Assistent)
3. Es geht nicht ohne den Numerus clausus. (Assistent, Kind, Familie, Jugend, Klempner)
4. Sie geht durch die Stadt. (Geschäft, Universität, Büro, Hörsaal, Dorf)
5. Er fährt um die Ecke. (Stadt, Universität, Dorf, Kino)

II. PERSONAL PRONOUNS

The personal pronouns you learned in *Lektion Eins* are the nominative case forms. Note that several of the pronouns remain the same in the accusative while others change.

NOMINATIVE	ACCUSATIVE
ich *(I)*	mich *(me)*
du *(you)*	dich *(you)*
er *(he)*	ihn *(him)*
sie *(she)*	sie *(her)*
es *(it)*	es *(it)*
wir *(we)*	uns *(us)*
ihr *(you)*	euch *(you)*
sie *(they)*	sie *(them)*
Sie *(you)*	Sie *(you)*

The following examples illustrate the use of the pronouns in the nominative and accusative cases.

> *Nominative:* **Ich** finde Professor Schneider interessant. *(subject)*
> **Er** geht ins Kino. *(subject)*
> *Accusative:* Guten Tag, Frau Schmidt. Kennen Sie **mich** noch? *(direct object)*
> Wie schön für **ihn**. *(object of* **für***)*

As in the nominative case, the pronoun in the accusative case must also agree in gender with the noun to which it refers.

> Das Seelenleben interessiert **ihn** (den Sohn).
> Er hat **ihn** (den Bierkrug) in der Hand.
> Ich arbeite für **sie** (die Familie).

ÜBUNG 1

Replace the original pronoun with each of those given in parentheses.

1. Medizin interessiert mich. (him, them, us, you [*formal*], me, you [*fam. sing.*])
2. Frau Martin kennt ihn nicht. (her, them, him, you [*fam. pl.*], me)
3. Für uns ist das langweilig. (me, her, them, him, you [*formal*], us)

ÜBUNG 2

Substitute a pronoun for both the subject and direct object.

> MODEL: Der Student findet den Bierkrug.
> **Er findet ihn.**

1. Das Seminar interessiert den Studenten. 2. Der Professor fragt den Klempner. 3. Frau Schmidt trifft Herrn Meyer. 4. Die Studentin fragt den Professor. 5. Der Professor findet Frau Schmidt interessant. 6. Der Taxifahrer kennt die Stadt. 7. Der Klempner findet die Wasserleitung nicht. 8. Die Studentin hört die Vorlesung. 9. Der Mann trinkt das Bier. 10. Die Professorin findet das Semester langweilig. 11. Die Jugend kennt das Problem. 12. Frau Schmidt verdient das Geld. 13. Der Student sieht Ulrike und Martin. 14. Sabine kennt den Sohn und die Tochter. 15. Die Studentin fragt den Professor und den Assistenten. 16. Frau Schmidt kennt Herrn Meyer und Martin. 17. Hört der Student den Professor? 18. Herr und Frau Meyer sehen Frau Schmidt und Ulrike. 19. Sabine kennt die Diskothek. 20. Die Tochter sieht das Problem. 21. Verdient der Mann das Geld?

III. INTERROGATIVE PRONOUNS

The interrogative pronouns (English *who, whom, what*) are:

	FOR PERSONS (ALL GENDERS)	FOR THINGS (ALL GENDERS)
NOMINATIVE	wer	was
ACCUSATIVE	wen	was

Wer ist das? *Who is that?*
Wen kennen Sie? *Whom do you know?*
Für **wen** ist das interessant? *For whom is that interesting?*

Was ist das? *What is that?*
Was hat Herr Meyer? *What does Mr. Meyer have?*

ÜBUNG 1

Form questions from the following statements by substituting an interrogative pronoun for the subject noun in each.

> MODEL: Martin ist ungeschickt.
> **Wer ist ungeschickt?**
> Das Seminar interessiert ihn nicht.
> **Was interessiert ihn nicht?**

1. Frau Schmidt ist freundlich.
2. Meine Tochter ist pleite.
3. Mein Sohn kommt mit.
4. Herr Meyer sieht sie.
5. Das Bier ist gut.
6. Die Vorlesung interessiert sie nicht.
7. Das Geschäft ist hier.
8. Die Diskothek existiert nicht mehr.

ÜBUNG 2

Now substitute an interrogative for the object noun in each case.

> MODEL: Er kennt die Stadt.
> **Was kennt er?**
> Er sieht Frau Meyer.
> **Wen sieht er?**

1. Er spielt gern Tennis.
2. Sie trinkt gern Bier.
3. Er findet die Wasserleitung nicht.
4. Er hat Glück.
5. Sie treffen eine Freundin.
6. Er fragt den Assistenten.
7. Sie kennt die Familie.
8. Sie hören den Professor.

IV. THE IRREGULAR VERB *WERDEN*

The verb **werden** *(to become, get)* is irregular in its present tense.

ich	**werde**	wir	**werden**
du	**wirst**	ihr	**werdet**
er, sie, es	**wird**	sie	**werden**
		Sie	**werden**

ÜBUNG

Substitute the new subjects given.

Ich werde zu dick. (wir, Professor Schneider, das Kind, ihr, Herr und Frau Meyer, ich, Sabine, du, Ulrike und ich, Sie [*you*])

V. NEGATION: *KEIN* AND *NICHT*

There are several ways of making a negative statement in German.

A. *kein*

Kein is generally used to negate a predicate noun (nominative) or a noun object that has an indefinite article; occasionally it will also negate a noun subject. It is the equivalent of the English *not a, not any, no.* It precedes the noun and has the same declensional endings as **ein.**

	MASCULINE	FEMININE	NEUTER
NOMINATIVE	kein Professor	keine Stadt	kein Handwerk
ACCUSATIVE	keinen Professor	keine Stadt	kein Handwerk

POSITIVE	NEGATIVE
Frau Schmidt hat **eine Tochter.** *Mrs. Schmidt has a daughter.*	Herr Meyer hat **keine Tochter.** *Mr. Meyer doesn't have a daughter.*
Ingrid hat immer **Geld.** *Ingrid always has money.*	Peter hat **kein Geld.** *Peter has no money.* [or] *Peter hasn't any money.*
Peter ist **Student.** *Peter is a student.*	Martin ist **kein Student.** *Martin is not a student.*

ÜBUNG:

Answer the following questions negatively.

> MODEL: Trinkt er Bier?
> **Nein, er trinkt kein Bier.**

1. Ist er Student?
2. Ist er Klempner?
3. Ist das ein Bierkrug?
4. Ist das ein Hörsaal?
5. Ist das eine Diskothek?
6. Ist das eine Wasserleitung?
7. Ist sie Studentin?
8. Ist sie Professorin?
9. Ist das ein Problem?
10. Ist das ein Geschäft?
11. Ist das ein Handwerk?
12. Ist das ein Büro?
13. Kennt sie einen Klempner?
14. Hat er einen Studienplatz?
15. Kennt er einen Taxifahrer?
16. Kennt sie einen Studenten?
17. Hat die Stadt eine Diskothek?
18. Kennt er eine Studentin?
19. Hat Herr Meyer eine Tochter?
20. Hat das Haus eine Wasserleitung?
21. Hat die Stadt ein Kino?
22. Hat er ein Geschäft?
23. Verdient sie Geld?
24. Hat er Glück?

B. *NICHT*

For all other negations **nicht** is used. Its position in the sentence depends on what it is negating. For the time being, the following general rules will suffice:

If **nicht** is negating a particular word or phrase (with the exception of the verb), it precedes that word or phrase.

> Frau Schmidt ist **nicht zu Hause.** *Mrs. Schmidt is not at home.*
> Martin Meyer ist **nicht geschickt.** *Martin Meyer is not skillfull.*
> Martin Meyer kommt **nicht um die Ecke.** *Martin Meyer is not coming around the corner.*

If **nicht** is negating the verb or entire predicate, it is placed at the end of the clause.

> Die Wasserleitung interessiert ihn **nicht.** *Water pipes do not interest him.*

ÜBUNG

Answer the following questions negatively, as in the model.

> MODEL: Ist die Stadt pleite?
> **Nein, die Stadt ist nicht pleite.**

1. Ist die Universität in Stuttgart?
2. Ist die Studentin freundlich?
3. Ist der Film langweilig?
4. Kommt er aus Berlin?
5. Ist Sabine pleite?
6. Tanzt er gern?
7. Kennt er das Problem?
8. Hört man das?
9. Spielt der King-Kong-Film?
10. Interessiert das Seelenleben den Klempner?

Die Universitäten haben mehr Studienbewerber als Studienplätze. *German Information Center*

➡ ZUM LESEN

Der Numerus clausus

Deutschland und Amerika haben heute ein Problem: die Universitäten[1] haben mehr Studienbewerber[2] als Studienplätze[3] für Medizin, Veterinärmedizin, Zahnmedizin[4] und Psychologie. Es geht leider nicht ohne einen Numerus clausus. Wer bekommt[5] in Deutschland einen Studienplatz? Ein Computer bestimmt[6] das

5 durch ein Punktesystem.[7] Wer studiert wo, und wer studiert was? Ein Computer bestimmt auch das. Der Studienbewerber bekommt Punkte für Noten,[8] Wartezeit[9]

1. universities	4. dentistry
2. university applicants	5. gets
3. openings (at a university)	6. determines

7. point system
8. grades
9. waiting time

und Lebenserfahrung.[10] Das Resultat[11] ist manchmal ziemlich komisch[12] oder unrealistisch. Da ist zum Beispiel[13] die Geschichte[14] von einer Großmutter.[15] Sie ist
65 (fünfundsechzig) Jahre[16] alt und will[17] Medizin studieren. Sie bekommt einen
10 Studienplatz. Warum?[18] Sie hat mehr Punkte für Lebenserfahrung als die anderen[19]
Studienbewerber. Die Jugend protestiert[20] gegen das System. Kein Wunder![21]

10. life experience	14. story	18. why
11. result	15. grandmother	19. other
12. funny	16. years	20. protests
13. for example	17. wants to	21. wonder

 **ÜBUNGEN ZUM LESESTÜCK**

A. *Answer in complete German sentences.*

1. Hat man in Deutschland einen Numerus clausus für Medizin? **2.** Wie bekommt man
in Deutschland einen Studienplatz? **3.** Wie ist das Resultat manchmal? **4.** Bekommt die
Großmutter einen Studienplatz? **5.** Was will sie studieren? **6.** Wie alt ist sie? **7.** Wer
protestiert gegen das System? **8.** Ist das ein Wunder?

B. *Supply the appropriate words to complete the following brief summary of the* Lesestück.

In _____hat man einen Numerus clausus für Psychologie. Ein _____bestimmt
durch ein Punktesystem, wer studiert. Manchmal ist _____ _____ komisch und
_____. Eine _____, 65 _____alt, _____ einen Studienplatz. Sie hat _____Punkte
für Lebenserfahrung als die anderen Studienbewerber. Natürlich _____ die Jugend gegen
das System. Kein _____!

➡ AM ZIEL: SCHRIFTLICHE ÜBUNGEN

A. *The following pictures depict situations from the dialog. Write sentences describing each of the situations.*

B. *Rewrite the following sentences, correcting the misinformation.*

1. Frau Schmidt geht durch einen Hörsaal. **2.** Frau Schmidt trifft den Professor. **3.** Martin Meyer arbeitet als Klempner in München. **4.** Die Wasserleitung interessiert ihn mehr als das Seelenleben. **5.** Ulrike Schmidt ist Klempnerin. **6.** Martin Meyer sitzt gerade im Hörsaal. **7.** Frau Schmidt sagt: „Wie geht's? Und was macht die Wasserleitung?" **8.** Ein Klempner ist immer pleite.

C. *Form sentences using each of the cue words. Watch word order as well as forms of pronouns, verbs, nouns, articles,* **kein.**

1. Kennen / Sie / der Taxifahrer / nicht?
2. Sie *(she)* / gehen / durch / das Seminar / und / treffen / der Student.
3. Manchmal / geht's / nicht / ohne / ein Klempner.
4. Er / fahren / durch / ein Dorf.
5. Er / haben / kein Studienplatz / und / kein Glück / und / keine Freundin.
6. Sie *(she)* / haben / kein Beruf / und / kein Glück / und / kein Freund.
7. Leider / ich / kennen / der Student / nicht.
8. Die Diskothek / interessieren / ich.

D. *Translate into English; then recall the German from your English translation.*

1. Natürlich spiele ich Tennis. **2.** Hoffentlich kennt sie mich noch. **3.** Warum wirst du nicht Taxifahrer? Dann verdienst du genug Geld. **4.** Interessiert es dich nicht? Wie schade! **5.** Warum hat die Jugend es heute so schwer? **6.** Sie sind nicht ungeschickt, aber das Handwerk interessiert sie einfach nicht. **7.** Ohne einen Computer geht's manchmal nicht. **8.** Warum lachen Sie? Leider ist das wirklich ein Problem. **9.** Nächstes Semester habe ich vielleicht mehr Glück. **10.** Übrigens, hat sie schon *(already)* einen Beruf? —Nein, leider noch nicht.

E. *Translate into German.*

1. Sometimes a plumber earns more than a professor. **2.** German is no problem for me. **3.** Young people (**die Jugend**, *singular*) simply don't read enough. **4.** For a computer the problem is simple; for me it is difficult. **5.** I hope we'll find the discotheque. **6.** The movie theater is just around the corner. **7.** Why don't you come along? Or are you broke? **8.** We earn enough, but we get no vacation. **9.** The movie doesn't interest her; she finds it boring. **10.** Afterwards we'll go through the store.

F. *Answer the following questions in paragraph form as a composition.*

1. Was will Martin Meyer studieren? **2.** Hat er schon einen Studienplatz? **3.** Wann bekommt er vielleicht einen Studienplatz? **4.** Wo ist Martin gerade? **5.** Als was arbeitet er momentan? **6.** Warum wird Martin nicht Klempner? **7.** Was interessiert ihn mehr als die Wasserleitung? **8.** Hat Martin es schwer?

➡ WORTSCHATZ

	als as a	der **Computer** computer
die	**anderen** the others	**da** there
	bald soon	**Danke!** Thank you!
	bekommen to get, receive	(das) **Deutschland** Germany
der	**Beruf** occupation, profession	die **Ecke** corner
	beschreiben to describe	**einfach** simple
	bestimmen to determine, decide	die **Familie** family
	bestimmt! certainly!	**Frau** Mrs.
der	**Bierkrug** beer mug	**gehen** to go
	bleiben to stay, remain	**es geht (nicht)** it is (not) possible; it will (not) work
		wie geht's? how are you?

	genug enough
	gerade just, right now
das	**Geschäft** store
das	**Glück** luck
die	**Großmutter** grandmother
	gut good; well
das	**Handwerk** (skilled) trade
das	**Haus** house
	zu Hause at home
der	**Herr** (*wk.:* **-n**) gentleman
	Herr Mr.
	heute today; these days
	interessieren to interest

das **Jahr,** *pl.* **die Jahre**   year
die **Jugend** *(sing.)*   young people, youth
kein   no, not a, not any
kennen   to know, be acquainted with
das **Kind**   child
der **Klempner**   plumber
komisch   funny
lachen   to laugh
das **Leben**   life
die **Lebenserfahrung**   life experience
manchmal   sometimes
die **Mathematik**   mathematics
die **Medizin**   medical science, medicine
mehr (als)   more (than)
momentan   at the moment
na!   well!
nächst–   next
natürlich   of course, naturally
noch   still, yet
noch nicht   not yet
der **Numerus clausus**
numerus clausus
("limited number")

ohne   without
ordentlich   respectable, decent
der **Platz**   place
das **Problem**   problem
protestieren   to protest
die **Psychologie**   psychology
der **Punkt,** *pl.* **die Punkte**   point
das **Punktesystem**   point system
das **Resultat**   result
sagen   to say
schade!   too bad!
wie schade!   what a shame, pity!
schön   nice
schwer   difficult, hard; heavy
es schwer haben   to have a tough time
das **Seelenleben**   emotions *(psych.)*
sehen (ie)   to see
das **Semester**   semester
der **Sohn**   son
der **Studienbewerber**   university (college) applicant

der **Studienplatz**   opening for student at a university
studieren   to study
das **System**   system
der **Tag**   day
Guten Tag!   Hello!
der **Taxifahrer**   taxi driver
die **Tochter**   daughter
treffen (i)   to meet
ungeschickt   clumsy
unrealistisch   unrealistic
der **Urlaub**   vacation
auf Urlaub   on vacation
verdienen   to earn
warum   why
das **Wasser**   water
die **Wasserleitung**   water pipes, plumbing
werden (i)   to become
will   wants (to)
das **Wunder**   miracle
ziemlich   quite
zu   too

LEKTION
DREI

➡ GRAMMATISCHE ZIELPUNKTE

Modal Auxiliaries • Imperatives • Additional Use of the Present Tense • The Particle *mal*

➡ AUSGANGSPUNKT

Tante Irene muß warten...

Polizist: Junger Mann, hier dürfen Sie nicht halten oder parken.

Udo: Warum nicht, Herr Wachtmeister?

Polizist: Schauen Sie mal auf das Schild da. Oder können Sie nicht lesen? Bushaltestelle. Wollen Sie vielleicht einen Strafzettel?

Udo: Nein, danke. Ich muß aber meine Tante am Zug abholen. Und ich möchte doch pünktlich sein. Sonst muß die nette alte Dame warten.

Polizist: Ja, ja, die Ausrede kenne ich. Fahren Sie um die Ecke. Dort ist ein Parkplatz. Dort kann man parken, so lange man will.

Udo: Tag, Tante Irene, wartest du schon lange? Gib mir doch den Koffer.

Tante: Kannst du nie pünktlich sein, Udo? Müßt ihr jungen Leute immer zu spät kommen?

Udo: Entschuldige bitte, sei nicht böse, Tante. Direkt vor dem Bahnhof will ich parken. Da muß ein Bulle kommen. Ich soll auf den Parkplatz. Fast fünf Minuten von hier.

Tante: Ja, ja, mach Schluß, Udo. Ich mag keine Ausreden. Komm, nimm bitte den Koffer. Gehen wir. Und bitte, fahr heute nicht so schnell.

Udo: Mensch, Tante, du bist mal wieder ein richtiger Sauertopf!

Wollen Sie vielleicht einen Strafzettel? *German Information Center*

Aunt Irene Has to Wait . . .

Policeman: Young man, you're not allowed to stop or park here.

Udo: Why not, officer?

Policeman: Just take a look at the sign there. Or can't you read? Bus stop. Maybe you want a ticket?

Udo: No, thanks. But I have to pick up my aunt at the train. And I'd like to be on time. Otherwise the nice old lady will have to wait.

Policeman: Yeah, sure. I know that excuse. Drive around the corner. There's a parking lot there. You can park there for as long as you want.

Udo: Hi, Aunt Irene. Have you been waiting long? Give me the suitcase.

Aunt Irene: Can't you ever be on time, Udo? Do you young people always have to be late?

Udo: Sorry, don't be mad, Aunt Irene. I'm about to park right in front of the station. Then a cop has to come along. Says to go to a parking lot . . . almost five minutes from here.

Aunt Irene: Yes, yes, enough of that, Udo. I don't like excuses. Come on, please take the suitcase. Let's go. And please don't drive so fast today.

Udo: Boy, Aunt Irene, you're being a real grouch again.

➡ LOCKERUNGSÜBUNGEN

A. *Listen to the statement; then answer the question as in previous lessons.*

1. Hier sehen wir Tante Irene. Wen sehen wir hier?

2. Sie muß sehr lange warten. Wie lange muß sie warten?

3. Sie ist böse. Wie ist sie?

4. Sie mag keine Ausreden. Was mag sie nicht?

5. Sie ist heute ein Sauertopf. Was ist sie heute?

6. Hier sehen wir Udo. Wen sehen wir hier?
7. Udo ist ein junger Mann. Was ist er?
8. Er möchte parken. Was möchte er tun?
9. Er muß seine Tante abho- Wen muß er abholen?
    len.
10. Er will nicht zu spät kom- Was will er nicht tun?
    men.

11. Hier sehen wir den Poli- Wen sehen wir hier?
    zisten.
12. Er ist nicht sehr nett. Wie ist er?
13. Er fragt Udo: „Können Was fragt er ihn?
    Sie nicht lesen?"
14. Er will Udo einen Straf- Was will er Udo geben?
    zettel geben.
15. Er kennt die Ausrede. Was kennt er?

16. Hier sehen wir ein Schild. Was sehen wir hier?
17. Hier möchte Udo parken. Wer möchte hier parken?
18. Hier darf man nicht Wo darf man nicht parken?
    parken.
19. Hier darf man nicht hal- Was darf man hier nicht tun?
    ten.
20. Das ist eine Bushalte- Was ist das?
    stelle.

21. Hier sehen wir einen Was sehen wir hier?
    Parkplatz.
22. Der Parkplatz ist um die Wo ist er?
    Ecke.
23. Hier darf man parken, so Was darf man hier tun?
    lange man will.
24. Hier soll Udo parken. Wer soll hier parken?

B. *Answer the following questions affirmatively.*

1. Kann Udo lesen?
2. Soll Udo auf das Schild schauen?
3. Ist das eine Bushaltestelle?
4. Will Udo vor dem Bahnhof parken?
5. Muß Udo Tante Irene am Zug abholen?
6. Möchte er pünktlich sein?
7. Muß die nette alte Dame warten?

8. Kennt der Polizist die Ausrede?
9. Soll Udo auf den Parkplatz fahren?
10. Fährt Udo um die Ecke?
11. Ist dort ein Parkplatz?
12. Kann man dort parken, so lange man will?
13. Kommt Udo zu spät?

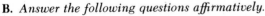

14. Wartet die Tante schon lange?   17. Ist die Tante heute ein Sauertopf?
15. Nimmt Udo den Koffer?   18. Ist der Polizist ein Sauertopf?
16. Ist die Tante böse?

C. *Answer the following questions negatively. Be careful in your choice of* **nicht** *or* **kein**.

1. Muß Udo die Tante am Bus abholen?   8. Kann Udo pünktlich sein?
2. Darf Udo direkt vor dem Bahnhof   9. Ist Tante Irene jung?
   parken?   10. Ist Udo alt?
3. Sieht Udo das Schild?   11. Ist Tante Irene nett?
4. Ist der Polizist nett?   12. Will die Tante eine Ausrede hören?
5. Will Udo einen Strafzettel?   13. Soll Udo heute schnell fahren?
6. Will Udo zu spät kommen?   14. Ist Udo ein Sauertopf?
7. Bekommt Udo einen Strafzettel?

D. *Answer the following questions according to the first example in each group.*

1. Kann ich hier parken?   3. Kann ich hier bleiben?
   Ja, hier können Sie parken.   4. Kann ich hier warten?
2. Kann ich hier sitzen?   5. Kann ich hier halten?

6. Kann ich das trinken?   8. Kann ich das haben?
   Ja, das kannst du trinken.   9. Kann ich das machen?
7. Kann ich das nehmen?   10. Kann ich das tun?

11. Wo möchten Sie halten?   13. Wo möchten Sie sitzen?
    Ich möchte hier halten.   14. Wo möchten Sie studieren?
12. Wo möchten Sie arbeiten?   15. Wo möchten Sie warten?

E. *Listen to the statement; then answer the question, as in the first sentence.*

1. Die Tante sagt: „Fahr nicht zu schnell." Was sagt sie?
   Sie sagt: „Fahr nicht zu schnell."
2. Udo sagt: „Gib mir den Koffer." Was sagt er?
3. Die Tante sagt: „Komm nicht zu spät." Was sagt sie?
4. Der Student sagt: „Gib mir einen Bierkrug." Was sagt er?
5. Die Tante sagt: „Nimm den Koffer." Was sagt sie?

F. *Follow the same procedure for the following group.*

1. Der Polizist sagt: „Schauen Sie auf das Schild." Was sagt er?
   Er sagt: „Schauen Sie auf das Schild."
2. Der Professor sagt: „Lesen Sie die Lektion." Was sagt er?

3. Herr Braun sagt: „Fragen Sie einen Klempner." Was sagt er?
4. Der Polizist sagt: „Parken Sie nicht an der Bushaltestelle." Was sagt er?
5. Der Mann sagt: „Fahren Sie um die Ecke." Was sagt er?
6. Frau Schmidt sagt: „Geben Sie mir ein Bier." Was sagt sie?
7. Der Professor sagt: „Kommen Sie nachher ins Büro." Was sagt er?

FRAGEBOGEN

1. Haben Sie eine Tante?
2. Wie heißt sie?
3. Ist sie nett oder ein Sauertopf?
4. Bekommen Sie manchmal einen Strafzettel?
5. Fahren Sie gern schnell?
6. Sind Sie immer pünktlich?
7. Hat die Universität (das College) einen Parkplatz?
8. Ist der Deutschprofessor (die Deutschprofessorin) immer pünktlich?
9. Ist der Professor (die Professorin) ein Sauertopf?
10. Kennen Sie einen Sauertopf?

➡ ERKLÄRUNGEN UND ÜBUNGEN

I. MODAL AUXILIARIES

A. MEANINGS OF THE MODALS

Look at the difference between these two sentences:

> *He is parking here.*
> *He wants to park here.*

In the first sentence, the verb indicates an action being performed by the subject; in the second sentence, the verb indicates how the subject relates to the action. The inflected (conjugated) verb *wants to* is called a modal (mode, manner) auxiliary (helping verb); the verb expressing the actual action, *park*, is a dependent infinitive.

German, like English, has a set of modal auxiliaries. In English the idea conveyed by a modal can often be expressed in several different ways. For example, we can say either "you are allowed to sit here" or "you are permitted to sit here" or "you may sit here." All of these convey the same "mode," i.e., *permission*, for which German uses the modal **dürfen.** It is preferable, therefore, to learn the meaning of each German modal in terms of the general "mode" it conveys rather than in terms of a specific English equivalent.

Following are the six German modal auxiliaries, given with their general meanings as well as with some of their specific English equivalents. Notice in the examples that the dependent infinitive in the German sentences is placed at the end of the clause.

dürfen: permission *(to be allowed to, to be permitted to, may)*
Darf ich hier **parken?** *May I park here?*
Hier **dürfen** Sie nicht **halten.** *You are not allowed to stop here.*

können: ability *(to be able to, can)*
Können Sie nicht **lesen?** *Can't you read?*

mögen: liking *(to like [to])**
Ich **mag** keine Ausreden. *I don't like excuses.*
Ich **mag** das nicht **lesen.** *I don't like to read that.*

müssen: necessity *(to have to, must)*
Ich **muß** meine Tante am Zug **abholen.** *I have to pick up my aunt at the train.*

sollen: obligation *(to be supposed to); also* hearsay *(is said to be)*
Ich **soll** auf den Parkplatz **fahren.** *I'm to (supposed to) go to the parking lot.*
Es **soll** interessant **sein.** *It is supposed to be (said to be) interesting.*

wollen: wish, desire, intention *(to want [to], intend to)*
Wollen Sie einen Strafzettel? *Do you want a ticket?*
Direkt vor dem Bahnhof **will** ich **parken.** *I'm about to park right in front of the station.*

* The modal **mögen** is used less often than the other modals. German has a number of more commonly used ways of expressing *to like (to)* (see **gern** in *Lektion Eins,* for example). However, in the subjunctive it occurs frequently and means *would like.* The subjunctive conjugation is given below.

B. PRESENT TENSE CONJUGATION OF THE MODAL AUXILIARIES
The present tense of the modals follows a different pattern from other verbs you have learned. The singular of each, except for **sollen,** has a stem-vowel change (indicated in parentheses next to the infinitive below); the first-person and third-person singular have no personal endings. The plural of each modal, however, is conjugated like all regular verbs.

	dürfen (a)	**können** (a)	**mögen** (a)
ich	darf	kann	mag
du	darfst	kannst	magst
er, sie, es	darf	kann	mag
wir	dürfen	können	mögen
ihr	dürft	könnt	mögt
sie	dürfen	können	mögen
Sie	dürfen	können	mögen

	müssen (u)	**sollen** (-)	**wollen** (i)
ich	muß	soll	will
du	mußt	sollst	willst
er, sie, es	muß	soll	will
wir	müssen	sollen	wollen
ihr	müßt	sollt	wollt
sie	müssen	sollen	wollen
Sie	müssen	sollen	wollen

Since the present subjunctive of **mögen** is used so frequently, it is necessary to learn the forms:

ich	möchte	*I*	*would like*
du	möchtest	*you*	*would like*
er, sie, es	möchte	*he, she, it*	*would like*
wir	möchten	*we*	*would like*
ihr	möchtet	*you*	*would like*
sie	möchten	*they*	*would like*
Sie	möchten	*you*	*would like*

ÜBUNG 1

Substitute each of the following subjects in turn: ***ich, er, sie*** *(they).*

1. Wir können hier parken.
2. Wir dürfen nicht schnell fahren.
3. Wir sollen den Amerikaner abholen.
4. Wir müssen bald Schluß machen.
5. Wir mögen keine Ausreden hören.
6. Wir wollen in die Stadt fahren.
7. Wir möchten pünktlich sein.

ÜBUNG 2

Answer affirmatively, using first ***du*** *and then* ***Sie.***

    MODEL: Soll ich hier warten?
        Ja, du sollst hier warten.
        Ja, Sie sollen hier warten.

1. Kann ich hier parken?   3. Muß ich um die Ecke fahren?
2. Darf ich den Koffer nehmen?   4. Soll ich es tun?

ÜBUNG 3

*Answer affirmatively, using **ihr** in your response.*

> MODEL: Sollen wir die Tante abholen?
> **Ja, ihr sollt die Tante abholen.**

1. Dürfen wir es sehen?   3. Müssen wir heute Schluß machen?
2. Können wir hier parken?   4. Sollen wir in die Stadt fahren?

ÜBUNG 4

Restate each sentence, using the modal given in parentheses.

> MODEL: Kommt er nie pünktlich? (können)
> **Kann er nie pünktlich kommen?**

1. Ich mache bald Schluß. (**müssen**)
2. Sie ist langweilig. (**können**)
3. Wir fahren nicht schnell. (**sollen**)
4. Wird er Klempner? (**wollen**)
5. Parkst du immer hier? (**dürfen**)
6. Seid ihr nie pünktlich? (**können**)

ÜBUNG 5

Substitute the German for the modals given in English.

1. Hier kann er parken. *is supposed to / is allowed to / would like to / has to*
2. Ich darf hier nicht halten. *do not want to / cannot / would not like to*
3. Wir können nicht schnell fahren. *are not supposed to / are not allowed to / wouldn't like to / do not want to*
4. Sie will den Koffer nehmen. *can / would like to / has to / is supposed to*

C. OMISSION OF THE DEPENDENT INFINITIVE

As you have seen, the modal auxiliaries are used, in most cases, with a dependent infinitive. This infinitive may be omitted, however, when its meaning is clear from the context.

> Ich soll auf den Parkplatz.   *I'm supposed to go to the parking lot.*
> Wollen Sie einen Strafzettel?   *Do you want a ticket?*

II. IMPERATIVES

In German commands or requests, the verb is always in first position. The punctuation can be either a period or an exclamation point. There are several ways of expressing the imperatives, depending on who is being addressed.

> **Schau** auf das Schild da, Udo. (singular familiar)
> **Schaut** auf das Schild da, Kinder *(kids).* (plural familiar)
> **Schauen Sie** auf das Schild da, junger Mann. (formal)

A. SINGULAR FAMILIAR (FOR PERSONS ADDRESSED AS *DU*)

> **Fahr** heute nicht so schnell. *Don't drive so fast today.*
> **Entschuldige** bitte, Tante Irene. *Please excuse me, Aunt Irene.*
> **Sei** nicht böse. *Don't be angry.*

As the above examples show, the pronoun **du** is not expressed in a singular familiar command. For most verbs the stem of the infinitive expresses the imperative. An -e ending is optional in most cases but <u>must</u> be used on stems ending in -t, -d, -ig, and -m or -n in combination with other consonants (e.g., **öffnen**). **Sei** never adds -e.

The only exceptions to the formation described above are verbs that have present tense vowel changes from -e- to -ie- or -i- (e.g., **sprechen, lesen, geben, nehmen**). In the singular familiar imperative this vowel change is incorporated and no ending is added.

> **Gib** mir den schweren Koffer. *Give me the heavy suitcase.*
> **Sprich** nicht so schnell. *Don't talk so fast.*
> **Lies** das Schild da. *Read the sign there.*
> **Nimm** den Koffer. *Take the suitcase.*

ÜBUNG

Answer the following questions affirmatively, using a singular familiar command.

> **MODEL:** Soll ich das Bier trinken?
> **Ja, trink das Bier.**

1. Soll ich um die Ecke fahren?
2. Soll ich hier parken?
3. Soll ich hier warten?
4. Soll ich ins Kino gehen?
5. Soll ich gegen das System protestieren?
6. Soll ich nett sein?
7. Soll ich den Koffer nehmen?
8. Soll ich mit dem Professor sprechen?
9. Soll ich das Schild lesen?
10. Soll ich Sabine das Geld geben?

B. PLURAL FAMILIAR (FOR PERSONS ADDRESSED AS *IHR*)

Geht in Zimmer vier.　*Go to Room 4.*
Fahrt um die Ecke.　*Drive around the corner.*
Nehmt Peter mit.　*Take Peter along.*
Seid nicht böse.　*Don't be angry.*
Arbeitet nicht so schwer.　*Don't work so hard.*

As these examples show, the pronoun **ihr** is not expressed in the familiar plural command. For all verbs the imperative form is identical with the second-person plural form.

ÜBUNG

Answer the following questions affirmatively, using a plural familiar command.

> **MODEL:** Sollen wir das Bier trinken?
> **Ja, trinkt das Bier.**

1. Sollen wir um die Ecke fahren?
2. Sollen wir hier warten?
3. Sollen wir ins Kino gehen?
4. Sollen wir gegen das System protestieren?
5. Sollen wir nett sein?
6. Sollen wir den Koffer nehmen?
7. Sollen wir mit Peter sprechen?
8. Sollen wir das Schild lesen?

C. FORMAL (FOR PERSONS ADDRESSED AS *SIE*)

Fahren Sie um die Ecke.　*Drive around the corner.*
Schauen Sie mal auf das Schild da.　*Look at the sign over there.*

From the above examples you can see that the formal command looks like the present tense form, except that the word order is inverted (verb before the subject).

The verb **sein** is the only exception. It has a special form for the formal command.

> **Seien Sie** nicht böse.　*Don't be angry.*

ÜBUNG

Answer the following questions affirmatively, using a formal command.

> **MODEL:** Soll ich das Bier trinken?
> **Ja, trinken Sie das Bier.**

1. Soll ich um die Ecke fahren?
2. Soll ich hier parken?
3. Soll ich ins Kino gehen?
4. Soll ich nett sein?
5. Soll ich den Koffer nehmen?
6. Soll ich Sabine das Geld geben?

D. FIRST-PERSON PLURAL (ENGLISH "LET'S . . .")

Gehen wir. *Let's go.*
Machen wir Schluß. *Let's stop.*

This imperative is exactly like the present tense form, but the word order is inverted.

ÜBUNG 1

Answer the following questions affirmatively, using a first-person plural command.

> **MODEL:** Sollen wir hier parken?
> **Ja, parken wir hier.**

1. Sollen wir Sabine fragen?
2. Sollen wir um die Ecke fahren?
3. Sollen wir auf den Parkplatz fahren?
4. Sollen wir hier warten?

ÜBUNG 2

Imperative Review: Form the imperative indicated in parentheses.

> **MODEL:** gehen / auf Urlaub (wir-form)
> **Gehen wir auf Urlaub.**

1. nehmen / das Geld (**du**-form)
2. fragen / den Polizisten (**Sie**-form)
3. halten / nicht hier (**du**-form)
4. lesen / es wieder (**du**-form)
5. schauen / auf das Schild (**ihr**-form)
6. trinken / ein Bier (**wir**-form)
7. fahren / um die Ecke (**du**-form)
8. gehen / in die Diskothek (**wir**-form)
9. warten / vor dem Bahnhof (**ihr**-form)
10. geben / Udo den Koffer (**du**-form)
11. arbeiten / nicht so schwer (**ihr**-form)
12. sein / nicht böse (**Sie**-form)

III. ADDITIONAL USE OF THE PRESENT TENSE

English uses the present perfect tense for an action started in the past but still going on in the present; German uses the present tense, often accompanied by **schon.**

> **Wartest du** schon lange? *Have you been waiting long?*

ÜBUNG

Translate the following sentences.

1. She has been driving for a long time.
2. I've been talking too long.
3. Has he been working long?
4. Have you known him long?

IV. THE PARTICLE *MAL*

In a statement the word **mal** indicates resignation; English generally allows a tone of voice to convey the same feeling.

Du bist **mal** wieder ein richtiger Sauertopf.   *You're being a real grouch again.*

The use of the particle **mal** in an imperative intensifies the command or request. English conveys the same intensification by tone of voice or sometimes by the word *just.*

Schau **mal** auf das Schild dort.   *Just take a look at the sign there.*

 **ZUM LESEN**

Ausreden

Es ist immer gut, wenn man intelligente Ausreden findet. Ein Professor weiß[1] natürlich nicht, was eine Ausrede ist. Man soll[2] eine Liste[3] für jede[4] Situation haben. Dann kann man immer die richtige[5] Ausrede finden. Dann kann man auch variieren.[6] Zum Beispiel:

Man ist für die Deutschklasse nicht vorbereitet:[7]

1. Meine Mutter ist krank.[8] Sie kann nichts tun, sie liegt[9] im Bett.[10] Ich muß die Arbeit machen, kochen,[11] putzen. . . [12]
2. Mein Freund (meine Freundin) hat mein Deutschbuch.[13] Er (sie) ist heute nicht da.
3. Mein Hund[14] (meine Katze,[15] mein Krokodil) hat mein Deutschbuch zerrissen.[16]
4. Ich hatte[17] zu viel Hausarbeit für Mathematik (Biologie, Chemie, Englisch, Geschichte,[18] usw. (und so weiter).[19]
5. Ich hatte Kopfschmerzen.[20]
6. Ich habe heute ein Examen in Biologie (Physik, Geschichte, Spanisch, usw.).

1. knows	8. sick	15. cat
2. should	9. is lying	16. **hat. . .zerrissen** tore
3. list	10. bed	17. had
4. each, every	11. cook	18. history
5. correct	12. clean	19. et cetera
6. make variations	13. German textbook	20. headache
7. prepared	14. dog	

Leider hat mein Krokodil mein Deutschbuch zerrissen. *Christian-Albrecht Gollub*

Oder, man war[21] *in der letzten*[22] *Deutschklasse nicht da:*

1. Der Bus kommt immer zu früh.[23]
2. Mein Auto[24] ist kaputt.[25]
3. Manchmal steht[26] da ein Polizeiwagen[27] mit Radar. Man kann dann wirklich nur 55 (fünfundfünfzig) Meilen fahren. Und das ist natürlich nicht schnell genug.
4. Mein Wecker[28] ist kaputt.
5. Ich war abends[29] in einer Diskothek. Mein Freund (meine Freundin) will immer in die Diskothek, und am nächsten Morgen. . .[30]
6. Ich habe eine Tante. Eine nette alte Dame, 65 (fünfundsechzig) Jahre alt. Sie hatte Geburtstag. . .[31]

21. was	25. broken down	29. in the evening
22. last	26. is standing	30. morning
23. early	27. police car	31. birthday
24. car	28. alarm clock	

und so weiter!

Manchmal sagt aber der Professor: „Die Ausrede kenne ich." Oder: „Können Sie keine bessere Ausrede finden?" Das ist natürlich immer ein Risiko.[32]

32. risk

 ## ÜBUNGEN ZUM LESESTÜCK

A. *Supply the missing word by selecting two or more appropriate syllables from among the following. (Do not forget to capitalize nouns.) Each syllable can be used only once.*

ar – au – aus – beit – burts – de – ge – ge – gen – gen – kat – li – lie – mut – po – re – schich – tag – te – ter – to – wa – ze – zei

1. Meine _____ ist krank. **2.** Sie muß im Bett _____. **3.** Ich muß die _____ machen. **4.** Meine _____ hat mein Deutschbuch zerrissen. **5.** Ich habe heute ein Examen in _____. **6.** Das _____ ist kaputt. **7.** Fahr nicht so schnell. Dort steht ein _____. **8.** Meine Tante hatte _____. **9.** Ich habe eine _____ für jede Situation.

B. *Rewrite the following sentences, making sense out of the nonsense.*

1. Er kann einen Wecker für jede Situation finden.   **2.** Mein Krokodil ist krank und tanzt im Bett. **3.** Leider hat der Taxifahrer mein Deutschbuch zerrissen.   **4.** Dort kommt ein Klempner mit Radar. Fahr nicht so schnell.   **5.** Haben Sie heute ein Examen in Ausreden? **6.** Leider komme ich immer zu spät zur Deutschklasse. Mein Seelenleben ist kaputt. **7.** Meine Mutter ist krank. Ich habe viel Geld.   **8.** Meine Tante hatte eine Wasserleitung. Sie ist 65 Jahre alt.

➡ AM ZIEL: SCHRIFTLICHE ÜBUNGEN

A. *The following pictures depict situations from the dialog. Write sentences describing each of the situations.*

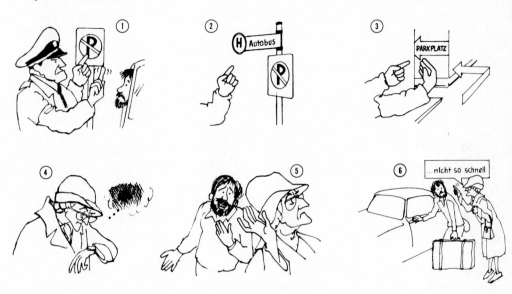

B. *Correct the misinformation.*

1. Udo möchte einen Strafzettel haben.   **2.** Tante Irene wartet nicht lange.   **3.** Udo muß den Klempner abholen.   **4.** Die Tante ist jung und freundlich.   **5.** Udo kommt pünktlich. **6.** Tante Irene nimmt den Koffer.   **7.** Vor dem Bahnhof ist ein Parkplatz.   **8.** Tante Irene sagt: „Gib mir doch den Koffer, Udo."   **9.** Der Parkplatz ist fünf Kilometer von hier.

C. *Form sentences, using each of the cue words. Watch verb forms and word order.*

1. Martin Meyer / wollen / studieren / Psychologie.
2. Momentan / müssen / arbeiten / sie / als Taxifahrerin.
3. Ein Klempner / und / ein Taxifahrer / können / verdienen / viel Geld.
4. Hier / dürfen / parken / wir / nicht.
5. Professor Bauer / sollen / sein / langweilig.
6. Du / müssen / fahren / um die Ecke.
7. Ich / möchte / abholen / meine Tante. / Leider / ich / können / nicht.
8. Können / sein / ihr / nicht / pünktlich?

D. *Translate into English. Then recall the German from your English translation.*

1. Ich muß hier parken, sonst komme ich zu spät.   **2.** Warum will er nicht Klempner werden?   **3.** Entschuldigen Sie bitte, wo ist hier ein Parkplatz?   **4.** Gehen wir in die Stadt. Ich möchte die neue Diskothek sehen.   **5.** Natürlich ist sein Auto nicht kaputt. Das ist nur eine Ausrede.   **6.** Das kann nicht Professor Bauer sein, das muß Professor Schmidt sein. **7.** Komm mit, wir gehen ins Kino. Oder willst du nicht?   **8.** Sieh mal auf das Schild da. Oder kannst du nicht lesen?   **9.** Soll er Tante Irene am Bus abholen?   **10.** Fahren Sie nicht so schnell. Dort kommt ein Polizeiwagen.   **11.** Wie lange wartest du schon?

E. *Translate into German.*

1. When are you supposed to pick them up?   **2.** I have to be on time; otherwise they have to wait.   **3.** He must be very clumsy.   **4.** Would you like to be (become) a taxi driver? **5.** Excuses don't interest me.   **6.** Let's go to the movies; "King Kong" is playing.   **7.** You (**man**) are not allowed to talk here.   **8.** She wants to study history.   **9.** Please take the suitcase, Udo. It is very heavy.   **10.** Where is the bus stop? Ask a policeman.

F. *Write a ten-sentence composition based on the dialog. In each sentence use the words given. You will have to rearrange the word order, add articles, change verb forms, etc.*

1. Udo / Tante / am Bahnhof / abholen / wollen.
2. möchte / sein *(to be)* / pünktlich / er.
3. Tante Irene / nicht / gern / warten.
4. Udo / parken / wollen / direkt / vor dem Bahnhof.
5. Polizist / sagen: / man / hier / nicht / parken / dürfen.
6. Udo / sagen: / pünktlich / ich / möchte / sein *(to be)*.
7. Polizist / sagen: / das / Ausrede / sein *(to be)*.
8. aber / keine Ausrede / das / sein *(to be);* / Udo / wirklich / abholen / Tante Irene / müssen.
9. Udo / zum Parkplatz / müssen / fahren.
10. Tante / müssen / warten, / und / sie / böse / werden.

 **WORTSCHATZ**

abholen to pick up, go and get	**das Auto** car	**das Buch** book
die Arbeit work	**der Bahnhof** railroad station	**der Bulle** *(wk.) (coll.)* cop
die Ausrede, *pl.* **die Ausreden** excuse	**das Bett** bed	**der Bus** bus
	bitte! please!	**die Bushaltestelle** bus stop
	böse angry, mad	**da** then, at that moment

die **Dame** lady
das **Deutschbuch** German textbook
direkt directly
entschuldigen to excuse
das **Examen** exam
fünf five
geben (i) to give
der **Geburtstag** birthday
sie hat Geburtstag it's her birthday
die **Geschichte** history; story
halten (ä) to stop
die **Haltestelle** stop (bus, streetcar)
jede every, each
jung young
kaputt broken
die **Katze** cat
der **Koffer** suitcase
krank sick
das **Krokodil** crocodile
lange long (a long time)

die **Leute** *(pl.)* people
liegen to lie
der **Mensch** *(wk.)* human being
Mensch! Man! Boy!
die **Minute,** *pl.* **die Minuten** minute
mir to me
die **Mutter** mother
nehmen (nimmt) to take
nett nice
nie never
parken to park
der **Parkplatz** parking lot, spot
der **Polizeiwagen** police car
der **Polizist** *(wk.)* policeman
pünktlich punctual, on time
richtig real; correct, right
der **Sauertopf** *(coll.)* grouch
schauen to look
das **Schild** sign

der **Schluß** end
mach Schluß! enough! stop!
schnell fast, quick
schon already
die **Situation** situation
so so; as
sonst otherwise
spät late
stehen to stand
der **Strafzettel** (traffic) ticket
die **Tante** aunt
vor in front of
der **Wachtmeister** police officer
warten to wait
der **Wecker** alarm clock
wieder again
zerrissen: hat zerrissen tore
der **Zug** train

LEKTION VIER

GRAMMATISCHE ZIELPUNKTE

Dative Case • Word Order of Direct and Indirect Objects • Interrogative Pronoun *wer:* Dative Case • The Verb *wissen*

AUSGANGSPUNKT

Sie will einen Taschenrechner...

Nach dem Mittagessen. Renate und Annette kommen aus einem Restaurant.

Renate: Ich muß nach Stuttgart. Meine Schwester hat morgen Geburtstag. Ich möchte ihr einen Taschenrechner kaufen. Kommst du mit?

Annette: Was will sie denn mit einem Taschenrechner? Sie ist doch erst sieben.

Renate: Was weiß ich! Sie träumt auch von einer Digitaluhr mit Kalender, einem Computer, einem Elektronenmikroskop, einer Spiegelreflexkamera...

Annette: Will sie sonst noch etwas?

Renate: Vielleicht ein Raumschiff. —Das Kaufhaus hat ein Sonderangebot für Taschenrechner.

Annette: Gut, gehen wir.

Im Kaufhaus. Renate fragt einen Verkäufer:

Renate: Verzeihung, wo gibt es Taschenrechner?

Verkäufer: Stock vier. Da gibt es Kassettenspieler, Tonbandgeräte und auch Taschenrechner. Dort rechts ist die Rolltreppe. Dort links geht's zum Fahrstuhl.

Renate: Ich danke Ihnen.

Annette: Was will das Fräulein Einstein nur mit dem Ding?

Renate: Sie will das Ding haben, sie hat Geburtstag, also schenke ich es ihr. Sonst muß ich ihr immer beim Einmaleins helfen.

Annette: Ah, jetzt verstehe ich. Klasse! Kauf dem Wunderkind einen Taschenrechner!

„Was will sie denn mit einem Taschenrechner?" *German Information Center*

She Wants a Pocket Calculator...

After lunch. Renate and Annette are coming out of a restaurant.

Renate: I have to go to Stuttgart. Tomorrow is my sister's birthday. I'd like to buy her a pocket calculator. Do you want to come along?

Annette: What on earth does she want with a pocket calculator? She's only seven.

Renate: How do I know? She also dreams of having a digital watch with a calendar, a computer, an electron microscope, a reflex camera...

Annette: Anything else?

Renate: Maybe a space ship. —The department store is having a special on pocket calculators.

Annette: Good, let's go.

In the department store. Renate asks a salesman:

Renate: Excuse me, where are the pocket calculators?

Salesman: Fifth* floor. Cassette players, tape recorders and also pocket calculators are there. Over there to the right is the escalator. Over to the left is the way to the elevator.

Renate: Thank you.

Annette: What does Miss Einstein want with the thing?

Renate: She wants it, it's her birthday, so I'm giving it to her. Otherwise I always have to help her with her multiplication tables.

Annette: Oh, now I understand. Fabulous! Buy the child prodigy a pocket calculator!

* In Germany numbering begins with the first floor above the ground floor. Thus, the Germans' fourth floor would be our fifth.

➡ LOCKERUNGSÜBUNGEN

A. *Listen to the statement; then answer the question as in previous lessons.*

1. Das ist Renates Schwester.   Wer ist das?

2. Sie ist erst sieben Jahre alt.   Wie alt ist sie?

3. Sie möchte einen Taschenrechner.   Was möchte sie?

4. Sie will auch eine Kamera.   Was will sie auch?

5. Sie hat morgen Geburtstag.   Was hat sie morgen?

6. Das ist Renate.   Wer ist das?
7. Sie kommt aus einem Re-   Woher kommt sie?
   staurant.
8. Sie fährt nach Stuttgart.   Wohin fährt sie?
9. Sie möchte der Schwester   Was möchte sie tun?
   etwas kaufen.
10. Sie möchte der Schwester   Wem möchte sie einen Ta-
    einen Taschenrechner   schenrechner kaufen?
    kaufen.
11. Sie muß der Schwester   Wem muß sie helfen?
    helfen.

12. Das ist das Kaufhaus.   Was ist das?
13. Es hat ein Sonderange-   Was hat es?
    bot.
14. Das Kaufhaus hat eine   Was hat das Kaufhaus?
    Rolltreppe.
15. Das Kaufhaus hat auch   Was hat das Kaufhaus auch?
    einen Fahrstuhl.
16. Der Fahrstuhl ist links.   Wo ist der Fahrstuhl?
17. Die Rolltreppe ist rechts.   Wo ist die Rolltreppe?

18. Das ist ein Raumschiff.   Was ist das?
19. Die Astronautin ist im   Wer ist im Raumschiff?
    Raumschiff.
20. Renates Schwester   Wer möchte ein Raumschiff?
    möchte ein Raumschiff.
21. Renates Schwester   Was träumt sie?
    träumt, sie ist im Raum-
    schiff.
22. Das Raumschiff fährt zum   Wohin fährt es?
    Mars.

B. *Answer the following questions affirmatively.*

1. Kommen Renate und Annette aus einem Restaurant?
2. Ist es nach dem Mittagessen?
3. Muß Renate nach Stuttgart?
4. Hat Renates Schwester morgen Geburtstag?
5. Möchte Renate ihr einen Taschenrechner kaufen?
6. Kommt Annette mit?
7. Ist Renates Schwester erst sieben?
8. Träumt sie von einer Digitaluhr?
9. Träumt sie von einem Computer?

10. Träumt sie von einem Mikroskop?
11. Träumt sie von einer Kamera?
12. Will sie sonst noch etwas?
13. Will sie auch ein Raumschiff?
14. Hat das Kaufhaus ein Sonderangebot?
15. Kann man im Kaufhaus einen Kassettenspieler kaufen?
16. Kann man im Kaufhaus ein Tonbandgerät kaufen?
17. Ist die Rolltreppe rechts?
18. Ist der Fahrstuhl links?
19. Dankt Renate dem Verkäufer?
20. Muß Renate der Schwester beim Einmaleins helfen?
21. Schenkt Renate dem Wunderkind einen Taschenrechner?

C. *Answer the following questions negatively. Be careful in your choice of* **nicht** *or* **kein.**

1. Kommen Renate und Annette aus dem Hörsaal?
2. Sitzen Renate und Annette beim Mittagessen?
3. Hat Renates Schwester heute Geburtstag?
4. Ist sie vier?
5. Fährt Renate nach Berlin?
6. Will Renates Schwester ein Krokodil?
7. Ist sie eine Astronautin?
8. Träumt Renates Schwester vom Einmaleins?
9. Hat das Kaufhaus ein Sonderangebot für Wecker?
10. Ist die Rolltreppe links?
11. Ist der Fahrstuhl rechts?

D. *Respond to the statement with a question, as in the first example.*

1. Sie möchte einen Kassettenspieler.
   Was will sie denn mit einem Kassetspieler?
2. Sie möchte einen Taschenrechner.
3. Sie möchte einen Wecker.
4. Sie möchte ein Raumschiff.
5. Sie möchte ein Mikroskop.
6. Sie möchte ein Krokodil.

E. *Respond to the statement with a question, as in the first example.*

1. Sie möchte eine Digitaluhr.
   Was will sie denn mit einer Digitaluhr?
2. Sie möchte eine Kamera.
3. Sie möchte eine Katze.
4. Sie möchte eine Uhr.
5. Sie möchte eine Taschenkamera.

F. *Listen to the statement; then answer the question, as in the first example.*

1. Sie will Udo eine Kamera kaufen.   Was will sie tun?
   Sie will ihm eine Kamera kaufen.
2. Sie will Udo eine Uhr kaufen.   Was will sie tun?

3. Sie will Udo ein Krokodil schenken.   Was will sie tun?
4. Sie will Udo bei der Arbeit helfen.   Was will sie tun?
5. Sie will Udo beim Einmaleins helfen.   Was will sie tun?

G. *Do the same with the following, according to the model in the first example.*

1. Udo will Tante Irene eine Katze schenken.   Was will er tun?
   Er will ihr eine Katze schenken.
2. Udo will Tante Irene eine Digitaluhr schenken.   Was will er tun?
3. Udo will Tante Irene einen Kassettenspieler schenken.   Was will er tun?
4. Udo will Tante Irene eine Kamera kaufen.   Was will er tun?
5. Udo will Tante Irene ein Auto kaufen.   Was will er tun?

H. *Answer the question as in the first example, using the cues given in parentheses.*

Wer hat morgen Geburtstag? (Renates Schwester)
Renates Schwester hat morgen Geburtstag.
(Tante Irene, meine Großmutter, die nette alte Dame, der Verkäufer)

I. *Answer the following questions, as in the first example.*

1. Wo geht's zum Fahrstuhl?
   Dort links geht's zum Fahrstuhl.
2. Wo geht's zum Parkplatz?
3. Wo geht's zum Bahnhof?
4. Wo geht's zum Büro?
5. Wo geht's zum Kino?

J. *Follow the pattern set in the first example.*

1. Wo geht's zur Rolltreppe?
   Hier geht's zur Rolltreppe.
2. Wo geht's zur Universität?
3. Wo geht's zur Diskothek?
4. Wo geht's zur Stadt?

K. *Answer the following questions negatively, as in the first example.*

1. Gibt es hier eine Rolltreppe?
   Nein, hier gibt es keine Rolltreppe.
2. Gibt es hier eine Haltestelle?
3. Gibt es hier einen Fahrstuhl?
4. Gibt es hier einen Parkplatz?
5. Gibt es hier ein Büro?
6. Gibt es hier ein Sonderangebot?

FRAGEBOGEN

1. Essen Sie gern in einem Restaurant? Wo ist es? *(city)* Wie heißt es?
2. Essen Sie bei McDonald's? Gern?
3. Haben Sie eine Schwester? Wie heißt sie? Helfen Sie ihr beim Einmaleins?
4. Haben Sie einen Bruder *(brother)*? Wie heißt er? Helfen Sie ihm beim Einmaleins?
5. Haben Sie oder möchten Sie eine Digitaluhr? Mit Kalender? Ein Elektronenmikroskop? Eine Spiegelreflexkamera?

6. Träumen Sie von einem Raumschiff?
7. Hat das College (die Universität) einen Fahrstuhl oder eine Rolltreppe?
8. Helfen Sie gern einem Freund oder einer Freundin?

➡ ERKLÄRUNGEN UND ÜBUNGEN

I. DATIVE CASE

A. FORMS OF THE DEFINITE AND INDEFINITE ARTICLE

In the dative case all three genders have a change in the definite and indefinite article forms.

MASCULINE	FEMININE	NEUTER
dem Mann	**der** Tante	**dem** Kind
einem Mann	**einer** Tante	**einem** Kind

The nouns themselves do not change except in the case of weak nouns which add the same **-n** or **-en** ending used in the accusative case.

NOM.	der Student	der Polizist	der Herr
ACC.	den Studenten	den Polizisten	den Herrn
DAT.	dem Studenten	dem Polizisten	dem Herrn

B. USE OF THE DATIVE CASE

1. The Indirect Object of the Verb

Compare the following two German sentences:

> (a) Ich kaufe einen Taschenrechner.
> *I am buying a pocket calculator.*
> (b) Ich kaufe dem Kind einen Taschenrechner.
> *I am buying the child a pocket calculator.*
> [or] *I am buying a pocket calculator for the child.*

In sentence (a) the verb has only one object (**einen Taschenrechner**). It answers the question: *what* (am I buying); it is, therefore, the direct object and is in the accusative case.

In sentence (b) the verb has two objects, a direct and an indirect object. The indirect object answers the question: *for whom* or *to whom* (is something done, given or said)—in this case, the person for whom the calculator is being bought. The indirect object is in the dative case.

English, which has no clear case indicators, must show the function of the indirect object in one of two ways: by placing it before the direct object, or by using it with the preposition *for* or *to* and placing it after the direct object [see the two translations of sentence (b) above]. In German sentence (b) the forms of the articles indicate very clearly which is the direct and which is the indirect object. German never uses a preposition with the indirect object, nor is it so restricted as to position. For example, either the direct or the indirect object can be placed first in the sentence for emphasis, since the declensional endings show the function of each noun.

> **Dem Mann** gibt der Polizist einen Strafzettel.
> **Einen Strafzettel** gibt der Polizist dem Mann.
>
> *The policeman is giving the man a ticket.*

ÜBUNG 1

Listen to the following sentences and identify the indirect object in each.

1. Sie möchten dem Professor einen Wecker schenken.
2. Dem Amerikaner können sie keinen Studienplatz geben.
3. Den Koffer sollen wir dem Taxifahrer geben.
4. Er will dem Mann einen Strafzettel geben.
5. Dem Verkäufer wollen sie keinen Urlaub geben.
6. Das Krokodil möchte er dem Polizisten schenken.
7. Kaufen wir der Tante ein Krokodil.
8. Der Großmutter schenke ich immer Geld.
9. Was möchten sie der Familie schenken?
10. Den Studienplatz wollen sie der Amerikanerin geben.

ÜBUNG 2

Substitute the new noun for the original indirect object.

1. Ich will dem Sohn etwas schenken. (Amerikaner, Professor, Herr, Assistent, Kind, Mädchen)
2. Ich will der Familie etwas schenken. (Tochter, Großmutter, Assistentin, Tante)

ÜBUNG 3

Wem soll er es sagen? (*Whom should he tell it to?*) *The following clues will help you guess the person whom he should tell. Follow the model.*

> MODEL: Mann / er fährt ein Taxi.
> **Er soll es dem Taxifahrer sagen.**

1. Mann / die Wasserleitung interessiert ihn
2. Frau / sie heißt Irene und ist ein Sauertopf
3. Mann / er arbeitet im Kaufhaus
4. Frau / sie fährt ein Taxi
5. Mann / er ist aus Amerika
6. Mann / er liest im Hörsaal an der Universität
7. Frau / sie ist 65 Jahre alt und will Medizin studieren
8. Mann / er studiert an der Universität

ÜBUNG 4

Substitute the new indirect object.

1. Einem Verkäufer darfst du das nicht sagen. (Professor, Polizist, Student, Kind, Mädchen)
2. Einer Studentin darfst du das nicht sagen. (Taxifahrerin, Feministin, Verkäuferin, Tennisspielerin)

2. The Object of Some Prepositions

The dative case is always used after the following prepositions:

aus *(out of, from)*
Renate und Annette kommen **aus einem Restaurant.**
Renate and Annette are coming out of a restaurant.

außer *(besides)*
Was will sie **außer einem Taschenrechner?**
What does she want besides a pocket calculator?

bei *(with, near, at)*
Sonst muß ich ihr **beim* (bei dem) Einmaleins** helfen.
Otherwise I have to help her with her multiplication tables.

mit *(with)*
Was will sie denn **mit einem Taschenrechner?**
What on earth does she want with a pocket calculator?

nach *(after; to* [with names of cities, states, countries]; *according to)*
Nach dem Mittagessen gehen sie in die Stadt.   *After lunch they go downtown.*
Ich fahre **nach Saarbrücken.**   *I'm going to Saarbrücken.*

seit *(for* [with time expressions]*, since)*
Seit einem Jahr wohnt sie in Stuttgart.
For a year she's been living in Stuttgart.

von *(of, from)*
Sie träumt **von einem Computer.**   *She is dreaming of (having) a computer.*
Der Bus fährt **von Stuttgart** nach Frankfurt.   *The bus goes from Stuttgart to Frankfurt.*

zu *(to)*
Hier geht's **zum* (zu dem) Fahrstuhl.**   *Here's the way to the elevator.*

* Some combinations of prepositions and definite articles can be and usually are contracted:

bei dem: **beim**	zu dem: **zum**	
von dem: **vom**	zu der: **zur**	

ÜBUNG 1

Substitute the new noun for the original prepositional object.

1. Renate und Annette kommen aus dem Restaurant. (Universität, Hörsaal, Kaufhaus, Diskothek)
2. Was möchten Sie außer einem Computer? (Kamera, Bier, Uhr, Taschenrechner, Radio)
3. Er kann uns bei der Arbeit helfen. (Einmaleins, Lektion, Examen)
4. Was willst du denn mit einem Taschenrechner? (Krokodil, Kamera, Computer, Digitaluhr)
5. Nach dem Mittagessen möchte sie ein Bier. (Vorlesung, Examen, Film)
6. Seit dem Urlaub ist sie zu Hause. (Examen, Mittagessen)
7. Sie träumt von einem Computer. (Kamera, Raumschiff, Digitaluhr, Krokodil)
8. Dort links geht's zum Fahrstuhl. (Rolltreppe, Geschäft, Parkplatz)

ÜBUNG 2

Preposition Review: It is important that you remember which prepositions take the dative case and which take the accusative. Make phrases of the following elements by using the nouns with the correct definite articles. Use contractions whenever possible.

> **MODEL:** mit / Freundin
> **mit der Freundin**

1. ohne / Ding, Uhr
2. nach / Lektion, Essen
3. zu / Hotel, Rolltreppe
4. gegen / Karikatur, Resultat
5. mit / Frau, Kind
6. für / Freund, Verkäuferin
7. durch / Dorf, Stadt
8. aus / Hörsaal, Restaurant
9. bei / Arbeit, Einmaleins
10. um / Ecke, Geschäft
11. seit / Examen, Geburtstag
12. von / Tante, Professor

3. Object of Some Verbs

When a verb has only one object, that object is normally in the accusative case.

> Er hat **keinen Wecker**. *He has no alarm clock.*

There is a small group of German verbs, however, that have their only object in the dative case. Of this group you have had only two:

> **helfen** *(to help)*
> Er **hilft dem Klempner** bei der Arbeit. *He's helping the plumber with the work.*
>
> **danken** *(to thank)*
> Sie **dankt dem Verkäufer**. *She thanks the salesman.*

The object is in the dative case even if the verb is a dependent infinitive.

> Sie will **der Schwester** nicht helfen. *She doesn't want to help her sister.*
> Wir möchten **dem Verkäufer** danken. *We would like to thank the salesman.*

ÜBUNG

Substitute the new dative object indicated in parentheses.

1. Rudolf dankt dem Professor. (Amerikaner, Verkäuferin, Taxifahrer, Kind, Klempner, Großmutter, Assistent, Student, Tante)
2. Wollen Sie dem Mann helfen? (Taxifahrer, Mädchen, Studienbewerber, Dame, Amerikaner, Polizist, Tante, Assistent, Kind)

C. THE PERSONAL PRONOUNS: DATIVE CASE

Most of the personal pronouns change their form in the dative case. For the sake of review and comparison we list the pronouns in the three cases you have had so far. The dative forms are in boldface.

NOM.	ich	du	er	sie	es	wir	ihr	sie	Sie
ACC.	mich	dich	ihn	sie	es	uns	euch	sie	Sie
DAT.	**mir**	**dir**	**ihm**	**ihr**	**ihm**	**uns**	**euch**	**ihnen**	**Ihnen**

Remember that a German pronoun must agree in gender and number with the noun to which it refers.

> Ich schenke **dem Kind** die Kamera.
> Ich schenke **ihm** die Kamera.

Dative pronouns have, of course, the same functions as dative nouns: indirect object, object of dative case prepositions, and sole object of certain verbs (**helfen, danken,** etc.).

Indirect Object:	Ich gebe **ihm** den Koffer.
Prepositional Object:	Ich will mit **ihm** in die Diskothek gehen.
Object of Dative Verb:	Ich helfe **ihr** bei der Arbeit.

ÜBUNG

Replace the pronoun object with the one cued in English.

1. Sie fährt mit dir nach Stuttgart. (*them, her, me, us, you* [fam. pl.], *him, you* [formal])
2. Sie helfen uns bei der Arbeit. (*me, her, him, them, us*)
3. Er will ihnen eine Kamera schenken. (*us, you* [fam. sing.], *her, me, you* [fam. pl.], *him*)

II. WORD ORDER OF DIRECT AND INDIRECT OBJECTS

As you have seen, either a direct or an indirect object of a verb may be placed first in a sentence for emphasis.

Der Tante schenkt sie einen Koffer.   *She is giving her aunt a suitcase.*
Mir sagt sie nichts.   *She says nothing to me.*
Einen Koffer kann sie ihm nicht geben.   *She can't give him a suitcase.*

However, when both objects are to be placed together in the predicate of the sentence (after the inflected verb), there are specific rules that govern their relative position. The simplest way to remember the word order rule for verb objects is to concentrate on the direct object (i.e., the accusative form): if the accusative object is a noun it comes second; if the accusative object is a pronoun it comes first. The following examples show the direct object in boldface.

Geben wir dem Professor **einen Wecker.**   *Let's give the professor an alarm clock.*
Geben wir **ihn** dem Professor.   *Let's give it to the professor.*
Geben wir **ihn** ihm.   *Let's give it to him.*

ÜBUNG 1

Answer each of the following questions affirmatively, replacing the dative object with a pronoun, as in the model.

MODEL: Sollen wir dem Amerikaner ein Deutschbuch geben?
        Ja, geben wir ihm ein Deutschbuch.

1. Sollen wir dem Polizisten eine Ausrede geben?
2. Sollen wir dem Professor das Resultat geben?
3. Sollen wir dem Kind das Geld geben?

4. Sollen wir der Tennisspielerin einen Punkt geben?
5. Sollen wir der Großmutter einen Studienplatz geben?
6. Sollen wir der Tante eine Kamera geben?
7. Sollen wir Sabine und Hans einen Bierkrug geben?
8. Sollen wir Tante Irene und Onkel Fritz einen Wecker geben?
9. Sollen wir Hans und Udo Geld geben?

ÜBUNG 2

Answer the following questions affirmatively, replacing the accusative object with a pronoun, as in the model.

> MODEL: Sollen wir dem Taxifahrer den Koffer geben?
> **Ja, geben wir ihn dem Taxifahrer.**

1. Sollen wir dem Professor den Parkplatz geben?
2. Sollen wir dem Kind den Taschenrechner geben?
3. Sollen wir Tante Irene den Wecker geben?
4. Sollen wir der Verkäuferin das Geld geben?
5. Sollen wir dem Studenten das Examen geben?
6. Sollen wir dem Professor das Resultat geben?
7. Sollen wir dem Kind die Uhr geben?
8. Sollen wir der Tante die Kamera geben?
9. Sollen wir der Familie die Katze geben?

III. INTERROGATIVE PRONOUN *WER:* DATIVE CASE

The forms of the interrogative pronoun for persons (**wer**) resemble those of the masculine definite article.

NOMINATIVE	wer
ACCUSATIVE	wen
DATIVE	wem

The dative form is used in questions when the interrogative pronoun is the indirect object of the verb, the object of a dative case preposition, or the object of a verb that takes the dative (**helfen, danken,** etc.).

> **Wem** schenkst du den Koffer?   *To whom are you giving the suitcase?*
> Mit **wem** fährt sie in die Stadt?   *With whom is she driving downtown?*
> **Wem** hilft er?   *Whom is he helping?*

ÜBUNG

Assume you have heard everything in the following statements except the dative object. You, therefore, ask a question after each statement, as in the model.

MODEL: Er kauft der Schwester einen Wecker.
Wem kauft er einen Wecker?

1. Er gibt dem Mann einen Strafzettel.
2. Sie schenkt der Tochter ein Auto.
3. Er will mir helfen.
4. Sie möchte dem Verkäufer danken.
5. Sie fährt mit Sabine in die Stadt.
6. Sie geht jetzt zu Ulrike.

IV. THE VERB *WISSEN*

The verb **wissen** means *to know* (a fact). In the present tense it has an irregular conjugation that resembles that of the modal auxiliaries: a vowel change in the singular and no personal endings in the first- and third-person singular.

ich	**weiß**	wir	**wissen**
du	**weißt**	ihr	**wißt**
er, sie, es	**weiß**	sie	**wissen**
		Sie	**wissen**

ÜBUNG

Change the subject of the following sentence, as indicated.

Ich weiß nichts vom Seelenleben. (Ingrid, Peter, er, wir, Peter und ich, sie und ich, Peter und Sabine, sie [*they*], du, ihr, ich, Sie)

 **ZUM LESEN**

Die deutsche Sprache[1]

Die deutsche Sprache ist, wie[2] Englisch, eine germanische[3] Sprache. Deutsch und Englisch gehören[4] zu einer Familie und sind verwandt.[5] Die beiden[6] Sprachen haben viele ähnliche[7] Wörter.[8] Raten[9] Sie mal, was diese[10] Wörter

1. language	5. related	8. words
2. like	6. the two	9. guess
3. Germanic	7. similar	10. these
4. belong		

Deutsch und Englisch sind verwandt. *Ellin Feld*

bedeuten:[11] die Butter, das Land, das Hotel, die Lampe, die Bank, der Hunger,
5   der Winter, singen, bringen, fallen, blond, braun, intelligent, normal, kalt, warm.
In der englischen Sprache gibt es auch deutsche Wörter: Kindergarten, Wurst,
Dachshund, gemütlich, Realpolitik, Gesundheit, Weltanschauung, Gestalt, Wiener
Schnitzel. Hamburger, Frankfurter und Wiener sind aus Deutschland importiert.
Sogar[12] das Wort *dollar* kommt von dem deutschen Wort „Taler", dem Namen

11. mean   12. even

10   einer Münze.[13] Viele deutsche Wörter kommen aus dem Amerikanischen.[14] Sie
kennen schon den Computer und die Digitaluhr. Die jungen Leute, besonders
die Teenager, tragen[15] gern Jeans und T-Shirts, und der Klempner trägt Overalls.
Der Manager ißt[16] gern Beefsteak. Man tanzt auf einer Party, hat viele Drinks,
und nachher ißt man noch schnell einen Big Mäc. Es gibt auch französische[17] Wörter,
15   wie z.B. (zum Beispiel) das Restaurant, elegant, die Toilette, die Serviette.[18]

In der Bundesrepublik Deutschland (BRD)[19] und in der Deutschen Demokratischen Republik (DDR)[20] spricht man deutsch (natürlich!), und auch in
Österreich[21] und einem Teil[22] der Schweiz.[23] Deutsch ist dort die Landessprache.[24]
In diesen Ländern[25] gibt es auch viele Dialekte. Für einen Hamburger[26] ist es
20   schwer, einen Münchner, einen Wiener oder einen Züricher zu verstehen, und
umgekehrt.[27] Aber alle haben eine Sprache gemeinsam:[28] das Hochdeutsch.[29] Man
lernt[30] und spricht es in der Schule,[31] man hört es im Radio und im Fernsehen,[32]
und es ist die Schriftsprache.[33] Und Sie lernen natürlich Hochdeutsch, und jeder
Deutsche, Österreicher und Schweizer kann Sie verstehen.

13. of a coin	20. German Democratic Republic (East Germany)	27. vice versa
14. American language		28. in common
15. wear		29. High German (standard form of the language)
16. eats	21. Austria	
17. French	22. part	
18. napkin	23. of Switzerland	30. learns
19. Federal Republic of Germany (West Germany)	24. official language	31. school
	25. countries	32. television
	26. resident of Hamburg	33. written language

➤ ÜBUNGEN ZUM LESESTÜCK

A. *Answer in complete German sentences.*

1. Wieso *(in what way)* sind Englisch
   und Deutsch verwandt?
2. Woher kommt der Hamburger?
3. Woher kommt das Wort *dollar?*
4. Was trägt ein Teenager gern?
5. Was ißt man nach einer Party?

6. Kennen Sie das Wort „Gesundheit"?
7. Wo hört man nur Hochdeutsch?
8. Lernen Sie einen Dialekt?
9. Kann ein Österreicher oder ein
   Schweizer Sie verstehen?

B. *Complete the following sentences by selecting an appropriate word from the list below.*

der Berliner	die Serviette	der Dialekt	das Restaurant	die Berlinerin
die Bank	die Wienerin	die Toilette	blond	französisch
der Hunger	die Japanerin	amerikanisch	kalt	elegant

1. Er ißt viel; er hat immer _____.
2. Sie hat viel Geld. Sie bringt es zur _____.
3. Beim Mittagessen muß man eine _____ haben.
4. Er hat viel Geld; er ißt immer in einem _____.
5. Das Hotel heißt „Ritz"; es ist sehr _____.
6. Im Winter ist es _____.
7. Er spricht kein Hochdeutsch; er spricht einen _____.
8. Das Wort „Toilette" ist _____.
9. Das Wort „Party" ist _____.
10. Sie kommt aus Berlin; sie ist _____.

➡ AM ZIEL: SCHRIFTLICHE ÜBUNGEN

A. *The following pictures depict situations from the dialog. Write sentences describing each of the situations.*

B. *Rewrite the following sentences, replacing the noun objects (but not names) by pronouns. Make any necessary word order changes.*

1. Ursula kauft der Schwester die Digitaluhr. **2.** Renate fragt den Verkäufer: „Wo ist der Fahrstuhl?" **3.** Tante Irene gibt Udo den Koffer. **4.** Dank dem Polizisten, Max. **5.** Ich muß dem Professor das Mikroskop geben. **6.** Sie will das Ding haben. **7.** Das Kind will dem Klempner helfen. **8.** Frau Schmidt gibt Ursula die Kamera.

C. *Supply the correct preposition to suit the context.*

1. Ursula und Renate fahren _____Stuttgart. **2.** Peter und Sabine kommen _____ einer Diskothek. **3.** _____ der Vorlesung wollen Sabine und Ingrid in die Stadt fahren. **4.** Was kann man _____ dem Ding machen? **5.** _____ die Ecke ist ein Parkplatz. **6.** _____ wem spricht der Professor? **7.** Er hat nichts _____ den Numerus clausus, er hat ja schon einen Studienplatz. **8.** Renate und Annette helfen mir _____ der Arbeit. **9.** Sie kommen morgen _____ mir, ich habe Geburtstag. **10.** Deutsch und Englisch gehören _____ einer Familie.

D. *Translate into German.*

1. Excuse me, which is the way to the hotel? **2.** Help him; he is so clumsy. **3.** After a party I always have to eat something. **4.** His birthday is tomorrow. Let's buy him a radio. **5.** The bus doesn't go (**fahren**) to the university. **6.** Where is the bathroom? Over there, to the left. **7.** Udo and Sabine, why are you waiting here? **8.** He's getting fat; he eats too much. **9.** Can you understand me? —No, you speak too fast. **10.** He is living with (**bei**) a friend.

E. *Translate into English; then recall the German from your English translation.*

1. Mit einem Computer ist das kein Problem, aber hier gibt es keinen Computer. **2.** Bringen Sie Tante Irene und mir ein Bier. **3.** Warum könnt ihr es ihr nicht sagen? **4.** Mit einem Elektronenmikroskop kann man es sehen. **5.** Wem wollt ihr das schenken? **6.** Ist das richtig? —Ich weiß nicht; fragen wir den Professor. **7.** Sollen wir nach der Vorlesung Poker spielen? **8.** Morgen habe ich ein Examen. Vielleicht habe ich Glück. **9.** Leider kann ich Ihnen nicht helfen; ich kenne die Stadt auch nicht. **10.** Nach einem Urlaub in Deutschland ist Deutsch nicht mehr so schwer.

F. *Write an imaginary conversation between Renate and her little sister Christine. For each sentence use the cue words given. Add articles where necessary; use correct verb forms, word order, pronoun forms, etc.*

Christine: Können / du / ich / beim / Einmaleins / helfen?
Renate: Warum / ich / müssen / du / immer / helfen?
Christine: Einmaleins / schwer / sein *(to be)*. / Ich / kein / Computer / haben.
Renate: Du / haben / bald / Geburtstag. / Sollen / ich / du / Taschenrechner / schenken? / Kaufhaus / haben / Sonderangebot.

Christine: Klasse! / Du / haben / viel / Geld?

Renate: Warum / du / fragen?

Christine: Ich / möchte / auch / haben / Kassettenspieler / und / Digitaluhr.

Renate: Und / vielleicht / auch / Tonbandgerät / und / Kamera / und / Radio?
Leider / mein Name / nicht / sein *(to be)* / Rockefeller.

Christine: Wie schade! / Vielleicht / Tante Irene / kaufen / ich / Kassettenspieler.

Renate: Bestimmt! / Tante Irene / sehr nett / sein *(to be)* / und / sie / wahrscheinlich / du / Raumschiff / schenken.

Christine: O.K.! / Kaufen *(command)* / ich / nur / Taschenrechner.

➡ WORTSCHATZ

amerikanisch American
die **Bank** bank
der **Big Mäc** Big Mac
bringen to bring, take
(somewhere)
danken *(dat.)* to thank
deutsch German
der **Dialekt** dialect
die **Digitaluhr** digital clock,
watch
das **Ding** thing, object
das **Einmaleins** multiplication tables
elegant elegant
das **Elektronenmikroskop**
electron microscope
englisch English
erst only
das **Essen** meal
essen (i) to eat
etwas something
der **Fahrstuhl** elevator
das **Fernsehen** television
französisch French
(das) **Fräulein** Miss
geben: es gibt *(+ acc.)*
there is, are
gehören zu to belong to,
be part of
die **Gesundheit** health
Gesundheit! Bless you!
der **Hamburger** hamburger
helfen (i) *(dat.)* to help

das **Hochdeutsch** standard
German
das **Hotel** hotel
der **Hunger** hunger
Hunger haben to be
hungry
importiert imported
die **Jeans** *(pl.)* jeans
jetzt now
der **Kalender** calendar
kalt cold
die **Kamera** camera
der **Kassettenspieler** cassette
player
kaufen to buy
das **Kaufhaus** department
store
Klasse! great!
lernen to learn
links (to the) left
das **Mikroskop** microscope
der **Mittag** noon
das **Mittagessen** lunch
morgen tomorrow
der **Österreicher** the Austrian
die **Party** party
das **Radio** radio
das **Raumschiff** space ship
rechts (to the) right
das **Restaurant** restaurant
die **Rolltreppe** escalator
schenken to give (as a
gift)

das **Schiff** ship
die **Schule** school
der **Schweizer** the Swiss
die **Schwester** sister
die **Serviette** napkin
sieben seven
das **Sonderangebot** special
(sale)
sonst noch etwas? anything else?
die **Spiegelreflexkamera** reflex camera
der **Stock** storey, floor
der **Taschenrechner** pocket
calculator
der **Teenager** teenager
der **Teil** part
die **Toilette** bathroom, toilet
das **Tonbandgerät** tape recorder
tragen (ä) to wear
träumen to dream
die **Treppe** staircase, stairs
das **T-Shirt** T-shirt
die **Uhr** clock, watch
der **Verkäufer** salesman
verstehen to understand
verwandt related
wieso in what way
der **Winter** winter
wissen to know (as a fact)
wohin where (to)
das **Wort**, *pl.* die **Wörter**
word

RÜCKBLICK I-IV

Was Sie jetzt können

A. *You are interested in getting some information about a certain student. Ask your friend:*

what the student's name is
where he (she) is from
where he (she) lives
how old he (she) is
if he (she) has a girlfriend (boyfriend) / has a lot of money / works / likes to play tennis /
   is nice / has a car

B. *Now that you have all of this information about him (her), you approach him (her) and, after excusing yourself, you start a conversation, saying or asking the following:*

your name . . .
he (she) doesn't know you
but you want to meet *(kennenlernen)* him (her)
you must talk to him (her)
if he (she) speaks German
you find German difficult
if he (she) can perhaps help you
if he (she) plays tennis
if he (she) would like to play tennis with you
the tennis court *(der Tennisplatz)* is only five minutes from here
unfortunately you don't have a car
if he (she) wants to come with you

C. *Asking for help and information.*

> **MODEL:** You'd like to go to a movie; you ask where a movie theater is.
> **Verzeihung, ich möchte ins Kino gehen. Wo ist hier ein Kino?**

1. You can't find the escalator; you ask where it is.
2. You're supposed to pick up your friend; you ask where the station is.
3. You'd like to buy a tape recorder; you ask where you can buy one.
4. You want to take *(fahren mit)* the bus; you ask where the bus stop is.
5. The water pipe is broken; you ask where the plumber lives.

6. Your (my: *mein*) pocket calculator is broken; you ask if there is a computer here.
7. You are new in Saarbrücken; you ask where a hotel is.
8. You can't speak German; you ask who speaks English.
9. You have to go to Professor Müller's seminar; you ask where it is.
10. You don't have a napkin; you ask for one.
11. You are hungry and would like to eat; you ask where a restaurant is.
12. You can't walk *(gehen)*; you ask where the elevator is.

D. *Ask your friend:*

why he (she) wants to buy a pocket calculator / has to go to the station / is not allowed to park here
whom he (she) is supposed to pick up at the station
if he (she) would like to go to a party with you / can say the word „Spiegelreflexkamera" / can help you
if an Austrian can understand German

E. *Tell your friend:*

unfortunately you have to drive to Stuttgart / have to work / are not allowed to drink beer / can't wait / can't tell it to him (her)
now you are supposed to work
can understand him (her)
you always have to wait
you always have to speak German
you can never be on time
are never allowed to help them
can never understand them

F. *Supply a stimulus for each of the following responses:*

1. Nein, Psychologie.   2. Nein, ich finde das Seelenleben stinklangweilig.   3. Nein, Deutsch ist viel zu schwer.   4. Nein, ich trinke nie Bier.   5. Nein, ich esse nicht gern Steak. 6. Nein, der Film interessiert mich nicht.   7. Nein, für Tennis bin ich zu ungeschickt. 8. Nein, mein Auto ist kaputt.   9. Nein, in die Diskothek gehe ich nie.   10. Nein, ich habe kein Problem.   11. Nein, ich bin nicht krank.   12. Wieso bin ich nicht normal oder ein Sauertopf??

G. *Your friend complains he (she) is getting too fat. Tell him (her):*

to play more tennis	to dance more
not to eat so much	to go to *(in)* a disco
not to wear jeans	to take pills *(Pillen)*
not to drink so much beer	fat is sexy *(sexy)*
not to drive so often	

H. *Your professor complains he (she) is too thin. Tell him (her):*

not to play so much tennis	to stay home
to eat more	to eat more pancakes *(Pfannkuchen)*
to drink more beer	one can never be too thin
not to work so much	thin is sexy

I. *Composition. You are a private detective, and you write a report on a suspicious person you've been observing. Your description should include the following information:*

name of man or woman / lives in / comes from / always nice and friendly / is fat and eats a lot / always wears jeans and T-shirts / drives fast and never parks correctly / says is a student and studies medicine / has a lot of money / likes to dance / likes to drink beer / doesn't like to work and is never on time / laughs a lot / is clumsy / speaks German and understands French / likes to walk through the department store / always asks a salesman: "Do you have a special today?" / always drives around the bank / sometimes gets a ticket; never protests and never gets angry; always says "I thank you, officer." / has a tape recorder and camera / is probably a bank robber *(der Bankräuber)* or perhaps a terrorist *(der Terrorist)*

LEKTION FÜNF

➤ GRAMMATISCHE ZIELPUNKTE

Coordinating Conjunctions • Subordinating Conjunctions • Indirect Questions • *ein*-Words: *kein* and the Possessive Adjectives

➤ AUSGANGSPUNKT

Onkel Norbert hat einen Porsche . . .

Heiko, ein Student, besucht seinen reichen Onkel.

Heiko: Ich habe eine Bitte, Onkel Norbert. Ich muß heute abend nach Dudweiler, denn unser Dekan hält dort einen Vortrag. Kannst du mir deinen Wagen leihen?

Onkel: Was, schon wieder? Darf ich fragen, was mit deinem Käfer los ist?

Heiko: Mein VW ist in der Werkstatt. Die Bremse funktioniert nicht richtig, und der Anlasser, und die Gangschaltung . . . Der Mechaniker weiß nicht, ob er ihn noch reparieren kann.

Onkel: Verkauf doch das Museumsstück! Warum gibt dein Vater dir seinen BMW nicht?

Heiko: Weil ich ein „Rennfahrer" bin! Und „noch zu jung". Ich habe meinen Führerschein schon fast ein Jahr!

Onkel: Deine Mutter . . .

Heiko: Wenn ich ihren Mercedes nur ansehe, wird sie nervös.

Onkel: Du weißt, daß mein Porsche schon sehr alt ist . . .

Heiko: Selbstverständlich fahre ich vorsichtig und langsam.

Onkel: Kannst du nicht mit dem Fahrrad fahren?

Heiko: Bei dem Verkehr?

Onkel: Na, wenn es unbedingt sein muß . . . Hier ist der Autoschlüssel.

Heiko: Danke, Onkel! Und Benzin kaufe ich auch. An der Tankstelle, wo du Stammkunde bist.

Mit dem Fahrrad? Bei dem Verkehr? *Elaine G. Irizarry*

Uncle Norbert Has a Porsche . . .

Heiko, a student, pays a visit to his rich uncle.

Heiko: I have a request, Uncle Norbert. I have to go to Dudweiler tonight because our dean is giving a lecture there. Can you lend me your car?

Uncle: What, again? May I ask what's wrong with your beetle?

Heiko: My VW (Volkswagen) is at the service station. The brakes aren't working right, and the starter, and the gear shift . . . The mechanic doesn't know if he can fix it any more.

Uncle: Sell the museum piece. Why doesn't your father give you his BMW?

Heiko: Because I'm a "speeder" and "still too young." I've had my driver's license for almost a year now!

Uncle: Your mother . . .

Heiko: If I just look at her Mercedes she gets nervous.

Uncle: You know that my Porsche is very old.

Heiko: Of course, I'll drive carefully and slowly.

Uncle: Can't you go by bike?

Heiko: With all that traffic?

Uncle: Well, if it's absolutely necessary . . . Here's the car key.

Heiko: Thanks, Uncle Norbert. And I'll buy some gas too. At the filling station where you're a regular customer.

". . . und Benzin kaufe ich auch." *Ellin Feld*

➡ LOCKERUNGSÜBUNGEN

A. *Listen to the statement; then answer the question.*

1. Das ist Heiko.   Wer ist das?
2. Er hat einen Volkswagen (VW).   Was hat er?
3. Er trägt Jeans und ein T-Shirt.   Was trägt er?
4. Er besucht seinen Onkel.   Wen besucht er?

5. Das ist Heikos VW.   Was ist das?
6. Sein Wagen ist sehr alt.   Wie alt ist sein Wagen?
7. Heikos Wagen ist in der Werkstatt.   Wo ist Heikos Wagen?
8. Die Bremse funktioniert nicht.   Was funktioniert nicht?

9. Das ist der Mechaniker.   Wer ist das?
10. Er arbeitet in der Werkstatt.   Wo arbeitet er?
11. Er repariert Heikos Wagen.   Was tut er?
12. Er trägt Overalls.   Was trägt er?

13. Das ist Heikos Mutter.   Wer ist das?
14. Sie hat einen Mercedes.   Was hat sie?
15. Ihr Wagen ist neu.   Wie ist ihr Wagen?
16. Sie will Heiko ihren Wagen nicht leihen.   Was will sie nicht tun?

17. Das ist Heikos Vater.   Wer ist das?
18. Er fährt einen BMW.   Was fährt er?
19. Sein Wagen ist neu.   Wie ist sein Wagen?
20. Er gibt Heiko seinen Wagen nicht.   Was tut er nicht?

B. *Answer the following questions affirmatively.*

1. Besucht Heiko seinen Onkel?
2. Ist sein Onkel reich?
3. Hat Heiko eine Bitte?
4. Muß er heute abend nach Dudweiler?
5. Will er Onkel Norberts Porsche leihen?
6. Hält der Dekan in Dudweiler einen Vortrag?
7. Hat Heiko einen Käfer?

8. Ist der Käfer ein Volkswagen?
9. Ist Heikos VW in der Werkstatt?
10. Fragt der Onkel: „Was ist mit deinem Käfer los?"
11. Ist Heikos Wagen fast kaputt?
12. Ist Heikos Wagen ein Museumsstück?
13. Soll Heiko das Museumsstück verkaufen?
14. Sagt Heikos Vater, daß Heiko ein Rennfahrer ist?
15. Sagt sein Vater, daß er noch zu jung ist?
16. Hat Heiko einen Führerschein?
17. Hat er ihn schon fast ein Jahr?
18. Wird Heikos Mutter nervös?
19. Will Heiko vorsichtig und langsam fahren?
20. Gibt der Onkel ihm den Autoschlüssel?
21. Will Heiko Benzin an der Tankstelle kaufen?
22. Ist Heikos Onkel dort Stammkunde?

C. *Answer the following questions negatively.*

1. Ist Heikos Onkel pleite?
2. Fährt Heiko heute abend nach Stuttgart?
3. Will er in Dudweiler ins Kino gehen?
4. Hält Heiko in Dudweiler einen Vortrag?
5. Hat Heiko einen BMW?
6. Ist Heikos Käfer neu?
7. Funktioniert die Bremse richtig?
8. Funktioniert der Anlasser?
9. Funktioniert die Gangschaltung?
10. Hat Heikos Vater einen Cadillac?
11. Hat Heikos Mutter einen Käfer?
12. Ist Onkel Norberts Porsche neu?
13. Will Heiko heute abend schnell und ungeschickt fahren?
14. Will Heiko mit dem Fahrrad nach Dudweiler fahren?
15. Will Heiko in Dudweiler Benzin kaufen?

D. *You do not know the answer to any of the following questions. Answer them, therefore, as in the model.*

> MODEL: Wo ist er?
> **Ich weiß nicht, wo er ist.**

1. Wo ist die Tankstelle?
2. Wer ist das?
3. Was ist los?
4. Wen besucht Heiko?
5. Wie schnell fährt ein Porsche?
6. Warum verkauft er seinen Käfer?

E. *You do not know the answer to the following questions either. Answer them, therefore, as in the model.*

> MODEL: Fährt sie einen BMW?
> **Ich weiß nicht, ob sie einen BMW fährt.**

1. Ist die Gangschaltung kaputt?
2. Funktioniert die Bremse?
3. Hat er einen Führerschein?
4. Muß es unbedingt sein?

F. *Respond to the following statements, as in the model.*

> MODEL: Sie fährt vorsichtig.
> **Ich weiß, daß sie vorsichtig fährt.**

1. Er hat kein Fahrrad. 3. Er hält einen Vortrag.
2. Sie haben einen Porsche. 4. Sie hat keinen Führerschein.

G. *Answer the following questions, as in the first example of each group.*

1. Wo ist mein Porsche?
   Dort ist dein Porsche, Onkel.
2. Wo ist mein Führerschein?
3. Wo ist mein Autoschlüssel?
4. Wo ist mein Fahrrad?
5. Wo ist mein Tonbandgerät?
6. Wo ist mein Zimmer?

7. Wo ist meine Uhr?
   Dort ist deine Uhr, Onkel.
8. Wo ist meine Serviette?
9. Wo ist meine Kamera?
10. Wo ist meine Katze?
11. Wo ist meine Tochter?

12. Wo ist mein Porsche?
    Dort ist Ihr Porsche, Herr Müller.
13. Wo ist mein Autoschlüssel?
14. Wo ist mein Führerschein?
15. Wo ist mein Sohn?
16. Wo ist mein Fahrrad?

17. Wo ist meine Uhr?
    Dort ist Ihre Uhr, Herr Müller.
18. Wo ist meine Kamera?
19. Wo ist meine Tochter?
20. Wo ist meine Frau?

FRAGEBOGEN

1. Haben Sie einen reichen Onkel?
   Wenn ja, wie heißt er? Wo wohnt er? Hat er einen Porsche?
   Ist er ein Sauertopf?
2. Haben Sie eine reiche Tante?
   Wenn ja, wie heißt sie? Wo wohnt sie? Hat sie einen Porsche?
   Ist sie ein Sauertopf?
3. Haben Sie ein Auto?
   Wenn ja, ist es ein BMW? Funktioniert es gut?
4. Haben Sie einen Führerschein?
5. Können Sie einen Wagen reparieren?
6. Wenn Sie einen Wagen haben:
   Fahren Sie immer vorsichtig und langsam?
   Haben Sie eine Tankstelle, wo Sie Stammkunde sind?
   Funktioniert Ihre Bremse?
   Wissen Sie immer, wo Ihr Autoschlüssel ist?
   Darf man Ihren Wagen leihen?
7. Wenn Sie keinen Wagen haben:
   Fahren Sie gern mit dem Fahrrad? Oder haben Sie auch kein Fahrrad?
   Was sagt Ihr Vater oder Ihre Mutter, wenn Sie das Auto leihen wollen?
   Ist Ihr Vater (Ihre Mutter) ein Rennfahrer (eine Rennfahrerin)?
   Können Sie von einem Freund oder einer Freundin einen Wagen leihen?
8. Kennen Sie Hertz oder Avis? Kann man bei ihnen ein Auto kaufen?

ERKLÄRUNGEN UND ÜBUNGEN

I. COORDINATING CONJUNCTIONS

The following are coordinating conjunctions:

und *(and)*		**denn** *(for, because)*	
aber *(but)*		**oder** *(or)*	

Coordinating conjunctions are used to connect two independent clauses, i.e., clauses that can function by themselves as complete sentences. They are not considered part of either of the two clauses, and do not, therefore, affect the word order of either. If the second clause contains a subject, a comma is used before the coordinating conjunction.

> Ich muß heute abend nach Dudweiler, **denn** unser Dekan hält dort einen Vortrag.
> *I have to go to Dudweiler tonight because our dean is giving a lecture there.*
> Der Dekan hält einen Vortrag, **und** Heiko will ihn hören.
> *The dean is giving a lecture, and Heiko wants to hear him.*

ÜBUNG
Connect the following sentence pairs by using the conjunction supplied for each.

1. Der Polizist kommt. Ich muß auf den Parkplatz. (**und**)
2. Er muß nach Dudweiler. Er hat keinen Wagen. (**aber**)
3. Der Wagen ist in der Werkstatt. Er funktioniert nicht. (**denn**)
4. Er muß einen Wagen leihen. Er kann nicht nach Dudweiler. (**oder**)

II. SUBORDINATING CONJUNCTIONS

The following are the subordinating conjunctions you have had:

ob *(whether, if)*		**wenn** *(when, whenever, if)*	
daß *(that)*		**weil** *(because, since)*	

A. WORD ORDER
Subordinating conjunctions introduce dependent clauses, i.e., clauses that cannot function individually as complete sentences. In a German dependent clause the conjugated form of the verb is the last element. All dependent clauses are set off by commas.

Du weißt, **daß** mein Porsche sehr alt **ist**.
You know that my Porsche is very old.
Du kannst den Wagen haben, **wenn** es unbedingt nötig **ist**.
You can have the car if it's absolutely necessary.

ÜBUNG 1

Connect the following sentence pairs with the conjunction **weil.**

1. Er möchte meinen Wagen leihen. Sein Wagen funktioniert nicht.
2. Ich muß nach Dudweiler. Der Dekan hält dort einen Vortrag.
3. Ich kaufe ihr einen Taschenrechner. Sie hat morgen Geburtstag.
4. Ich fahre nach Stuttgart. Das Kaufhaus hat ein Sonderangebot.

ÜBUNG 2

Connect the following sentence pairs with the conjunction **wenn.**

1. Ich kaufe Benzin. Du gibst mir Geld.
2. Die Tante wird böse. Ich komme zu spät.
3. Schenk ihr das Ding. Sie will es haben.
4. Er will Psychologie studieren. Er bekommt einen Studienplatz.

ÜBUNG 3

Connect the following sentence pairs with the conjunction given in parentheses. Note whether the conjunction is coordinating or subordinating.

1. Ich fahre vorsichtig. Meine Mutter wird sonst nervös. **(denn)**
2. Er kauft Benzin. Dann fährt er nach Dudweiler. **(und)**
3. Er will den Wagen leihen. Sein Onkel gibt ihn ihm. **(wenn)**
4. Sein Wagen ist O.K. Sein Seelenleben ist kaputt. **(aber)**
5. Ich kann nicht mit dem Fahrrad fahren. Es ist zu spät. **(weil)**
6. Wir müssen seinen Wagen schnell reparieren. Er wird böse. **(oder)**

B. OMISSION OF *DASS*

As in English, the conjunction **daß** *(that)* is sometimes omitted, in which case the clause is no longer subordinate and has normal word order, i.e., conjugated verb form in second position. Note the difference in the following examples:

Du weißt, **daß** mein Porsche sehr alt **ist**.
Du weißt, mein Porsche **ist** sehr alt.

ÜBUNG

Restate the following sentences, inserting **daß** *before the second clause in each.*

1. Er weiß, die Tante wird sehr nervös.
2. Du weißt, ein Mechaniker verdient genug.

3. Sie weiß, es muß unbedingt sein.
4. Sie wissen, Peter ist pleite.
5. Sie wissen, Professor Bauer kommt aus München.

C. SUBORDINATE CLAUSE PRECEDING MAIN CLAUSE

In the sentences you have seen and practiced so far, the subordinate clause has been the second clause in the sentence. It can also be first, however. Notice the word order when that occurs:

> Wenn ich ihren Mercedes nur ansehe, **wird** sie nervös.
> *If I just look at her Mercedes she gets nervous.*
> Weil ich ein Rennfahrer bin, **gibt** mein Vater mir den Wagen nicht.
> *Because I'm a speeder my father won't give me the car.*

In this situation the subordinate clause is considered to be the first element, and the verb in the main (independent) clause is the second element, as it must always be.

ÜBUNG

Restate the following sentences, reversing the order of the clauses.

1. Ich komme nicht mit, weil ich pleite bin.
2. Er kann studieren, wenn er einen Studienplatz bekommt.
3. Sie arbeitet als Taxifahrerin, weil sie keinen Studienplatz hat.
4. Er weiß ganz genau, daß mein Wagen nicht funktioniert.
5. Ich darf nicht fahren, weil ich keinen Führerschein habe.

III. INDIRECT QUESTIONS

Question words (**was, wie, warum, wo,** etc.) function as subordinating conjunctions in indirect questions. The verb, which in a direct question is placed right after the question word, is the last element in the indirect question. Note the verb positions in the following examples:

DIRECT QUESTION	INDIRECT QUESTION
Wo **ist** er?	Ich weiß nicht, wo er **ist.**
Was **ist** mit deinem Käfer los?	Darf ich fragen, was mit deinem Käfer los **ist?**
Wie schnell **fährt** ein Porsche?	Er möchte wissen, wie schnell ein Porsche **fährt.**

If the direct question has no question word, the subordinate conjunction **ob** *(whether, if)* is used to introduce the indirect form of the question.

DIRECT QUESTION	INDIRECT QUESTION
Kann er den Wagen reparieren?	Ich weiß nicht, **ob er den Wagen reparieren kann.**
Can he repair the car?	*I don't know if he can repair the car.*

ÜBUNG 1

Restate each of the following questions as an indirect question, beginning with: **Frag ihn, ...** *, as in the model.*

> MODEL: Wann kommt er zu uns?
> **Frag ihn, wann er zu uns kommt.**

1. Wo ist sie?
2. Wen besucht Heiko?
3. Was ist los?
4. Warum verkauft er seinen Käfer?
5. Wie schnell fährt ein Porsche?

ÜBUNG 2

Restate each of the following questions, as in the model.

> MODEL: Tanzt er gern?
> **Frag ihn, ob er gern tanzt.**

1. Fährt er einen Porsche?
2. Funktioniert die Bremse?
3. Hat sie einen Führerschein?
4. Muß es unbedingt sein?
5. Ist sein Wagen kaputt?

IV. *EIN*-WORDS: *KEIN* AND THE POSSESSIVE ADJECTIVES

The following are possessive adjectives. They are used before a noun to indicate a relationship (in English: *my car, her job*, etc.).

mein	*my*	unser	*our*
dein	*your* (fam. sing.)	euer	*your* (fam. pl.)
sein	*his, its*	ihr	*their*
ihr	*her, its*	Ihr	*your* (formal)

The possessive adjectives and **kein** are called **ein**-words because their endings, in all the cases and genders, are identical with those of the indefinite article and, like the indefinite article, they agree in case and gender with the noun that follows.

The following declension table shows the forms of the indefinite article, as well as **mein** and **unser.**

	MASCULINE	FEMININE	NEUTER
NOMINATIVE	ein Wagen mein Wagen unser Wagen	eine Tante meine Tante uns(e)re Tante	ein Auto mein Auto unser Auto
ACCUSATIVE	einen Wagen meinen Wagen uns(e)ren Wagen	eine Tante meine Tante uns(e)re Tante	ein Auto mein Auto unser Auto
DATIVE	einem Wagen meinem Wagen uns(e)rem Wagen	einer Tante meiner Tante uns(e)rer Tante	einem Auto meinem Auto uns(e)rem Auto

Note: In colloquial German the **-e-** in **unser** and **euer** is normally dropped when declensional endings are added.

The following sentences illustrate the use of the indefinite article and **ein**-words in several different cases and genders.

> **Unser Dekan** hält heute **einen Vortrag.**
> Kannst du mir **deinen Wagen** leihen?
> Was ist mit **seinem Käfer** los?
> **Meine Mutter** wird nervös, wenn ich **ihren Mercedes** nur ansehe.
> Ich habe **keinen Führerschein.**

ÜBUNG

Answer the following questions affirmatively, using a possessive adjective appropriate to the context.

> **MODEL:** Ist das dein Kassettenspieler?
> **Ja, das ist mein Kassettenspieler.**

1. Ist das dein Käfer?
2. Ist das Renates Käfer?
3. Ist das Heikos Käfer?
4. Ist das euer Käfer?
5. Ist das Herrn und Frau Schmidts Käfer?
6. Ist das deine Katze?
7. Ist das Renates Katze?
8. Ist das Udos Katze?
9. Ist das eure Katze?
10. Ist das Herrn und Frau Schmidts Katze?
11. Ist das dein Auto?
12. Ist das Irenes Auto?
13. Ist das Onkel Norberts Auto?
14. Ist das euer Auto?

15. Ist das Herrn und Frau Schmidts Auto?
16. Hast du deinen Schlüssel?
17. Hast du Renates Schlüssel?
18. Hast du Heikos Schlüssel?
19. Hast du unseren Schlüssel?
20. Hast du Herrn und Frau Schmidts Schlüssel?
21. Hast du deine Kamera?
22. Hast du Renates Kamera?
23. Hast du Martins Kamera?
24. Hast du unsere Kamera?
25. Hast du Herrn und Frau Schmidts Kamera?
26. Hast du dein Tonbandgerät?
27. Hast du Renates Tonbandgerät?
28. Hast du Peters Tonbandgerät?
29. Hast du unser Tonbandgerät?
30. Hast du Herrn und Frau Schmidts Tonbandgerät?
31. Kann ich mit deinem Käfer fahren?
32. Kann ich mit Renates Käfer fahren?
33. Kann ich mit Heikos Käfer fahren?
34. Kann ich mit eurem Käfer fahren?
35. Kann ich mit Herrn und Frau Schmidts Käfer fahren?
36. Kommt ihr zu meiner Party?
37. Kommt ihr zu Renates Party?
38. Kommt ihr zu Heikos Party?
39. Kommt ihr zu unserer Party?
40. Kommt ihr zu Herrn und Frau Schmidts Party?
41. Willst du mit meinem Auto fahren?
42. Willst du mit Renates Auto fahren?
43. Willst du mit Heikos Auto fahren?
44. Willst du mit unserem Auto fahren?
45. Willst du mit Herrn und Frau Schmidts Auto fahren?

Ein Statussymbol *Mercedes-Benz*

Kein Statussymbol, aber praktisch. *Ellin Feld*

 **ZUM LESEN**

Die Deutschen[1] und ihr Auto

Der Deutsche liebt[2] sein Auto. Es spielt eine große[3] Rolle[4] in seinem Leben. Das Auto ist nicht nur hauptsächlich[5] ein Transportmittel[6] wie[7] in Amerika; es ist fast ein Familienmitglied.[8] Der Deutsche behandelt[9] sein Auto wie ein Kind. Sogar das Autowaschen[10] ist manchmal ein richtiges Ritual.

5   In Deutschland ist das Auto ein Statussymbol. Eine teure[11] Limousine[12]

1. the Germans	5. mainly	9. treats
2. loves	6. means of transportation	10. car washing
3. big	7. as	11. expensive
4. role	8. family member	12. sedan

oder ein rassiger[13] Sportwagen zeigt,[14] wer oder was man ist. Es ist nicht sehr wichtig,[15] daß ein Wagen groß ist. Aber er muß PS,[16] eine gute Konstruktion und Qualität haben. Man fährt gern schnell und oft[17] gewagt[18] (das sagen die Amerikaner, wenn sie Deutschland besuchen). Auf der Autobahn[19] muß man zeigen, wie gut man fährt und wie schnell der Wagen ist. Das Überholen[20] ist eine Prestigesache:[21] es ist eine Beleidigung,[22] wenn ein kleiner[23] Volkswagen oder ein Kombiwagen[24] einen Mercedes oder einen BMW überholt.

Das Automobil hat eine große Tradition in Deutschland. Ein Deutscher, Nikolaus August Otto, hat 1876 den ersten Viertakt-Motor[25] gebaut,[26] den sogenannten[27] Ottomotor. Der Dieselmotor hat seinen Namen von einem deutschen Ingenieur,[28] Rudolf Diesel. Der Wankelmotor ist nach seinem Erfinder,[29] Felix Wankel, genannt. Noch heute, nach mehr als hundert (100) Jahren, ist der Ottomotor der normale Motor für das Auto. Deutsche Autos sind in der ganzen Welt[30] beliebt,[31] und der Automobilexport ist ein wichtiger Faktor in der deutschen Wirtschaft.[32]

Und der Deutsche, ja, der Deutsche liebt sein Auto und spielt gern den Rennfahrer.

13. snappy	20. passing	27. so-called
14. shows	21. matter of prestige	28. engineer
15. important	22. insult	29. inventor
16. horse power (HP)	23. small	30. all over the world
17. often	24. station wagon	31. popular
18. hazardously	25. four-stroke engine	32. economy
19. highway	26. **hat ... gebaut** built	

▶ ÜBUNGEN ZUM LESESTÜCK

A. *Answer in complete German sentences.*

1. Ist das Auto in Deutschland hauptsächlich ein Transportmittel? **2.** Wie behandelt der Deutsche sein Auto? **3.** Was ist sogar ein Ritual? **4.** Was ist das Auto in Deutschland? **5.** Ist es wichtig, daß ein Wagen groß ist? **6.** Was zeigt eine teure Limousine? **7.** Was sagen die Amerikaner, wenn sie Deutschland besuchen? **8.** Was ist eine Beleidigung? **9.** Wo sind die deutschen Autos beliebt? **10.** Was tut der Deutsche gern?

B. *Correct the misinformation.*

1. Der Deutsche mag sein Auto nicht. **2.** Auf der Autobahn muß man zeigen, wie nervös man ist und wie alt der Wagen ist. **3.** In Deutschland ist das Überholen ein Problem. **4.** Es ist ein Wunder, wenn ein Kombiwagen ein Fahrrad überholt. **5.** Der Dieselmotor hat seinen Namen von einem deutschen Klempner. **6.** Felix Wankel ist ein Taxifahrer. **7.** Es ist sehr wichtig, daß ein Wagen groß ist, und er muß Radio, eine gute Wasserleitung und Toilette haben. **8.** Der Big-Mäc-Import ist wichtig für die deutsche Wirtschaft.

➡ AM ZIEL: SCHRIFTLICHE ÜBUNGEN

A. *The following pictures depict situations from the dialog. Write sentences describing each situation.*

B. *You overhear the following conversation and then want to report it to a friend. Tell your friend exactly what Heiko and his uncle said or asked, beginning each sentence with such introductory clauses as* **Heiko fragt seinen Onkel, ob ...** *or* **Onkel Norbert sagt ihm, daß ...** *In cases where conjunctions are supplied in parentheses, use those conjunctions to connect the two sentences. The retelling would begin as follows:*

Heiko fragt seinen Onkel, ob er ihm seinen Wagen leihen kann. Der Onkel fragt ihn, ...

Heiko: Onkel Norbert, kannst du mir deinen Wagen leihen?
Onkel: Was ist mit deinem Käfer los?
Heiko: Mein VW ist in der Werkstatt. (und) Der Mechaniker kann ihn heute nicht reparieren.
Onkel: Wohin willst du fahren?
Heiko: Ich muß nach Dudweiler. (weil) Unser Dekan hält dort einen Vortrag.
Onkel: Warum gibt deine Mutter dir ihren Mercedes nicht?

Heiko: Sie tut das nicht gern. (weil) Ich bin zu jung.
Onkel: Fährst du schnell?
Heiko: Ich fahre immer vorsichtig und langsam.
Onkel: Hast du Geld? (denn) Du mußt Benzin kaufen.
Heiko: Ich bin leider pleite.
Onkel: Ohne Benzin geht es nur mit dem Fahrrad.

C. *Supply the possessive adjective that best fits the context.*

Am Telefon:

Heidi: Tag, Claudia. Wie geht's dir? Und Thomas? Gut! Claudia, ich habe eine Bitte. Vielleicht
könnt ihr mir _____ BMW leihen. _____ VW ist momentan in der Werkstatt.
Und Michael kann mir _____ Mercedes nicht geben, weil er gerade heute nach
Berlin fahren muß. Von _____ Tochter oder _____ Sohn können wir keinen
Wagen leihen, denn sie sind nie zu Hause und haben keine Zeit für _____ Mutter
oder _____ Vater. Es ist wahrscheinlich genau so *(the same)* mit _____ Martin
und _____ Barbara. *(Pause)* . . . Was? _____ BMW ist schon wieder kaputt?
Ja, dann muß ich mit _____ Mechaniker sprechen. Vielleicht kann er _____
VW bis *(by)* morgen reparieren. Also dann, vielen Dank, Claudia. Tschüß!

D. *Translate into English; then recall the German from your English translation.*

1. Können Sie mir sagen, wer heute abend hier einen Vortrag hält?
2. „Zeigen Sie mir bitte Ihren Führerschein."
3. „Entschuldigen Sie bitte, Herr Wachtmeister, ich habe keinen Führerschein, denn ich
   bin noch zu jung."
4. Ich fahre oft mit dem Fahrrad, weil das Benzin zu teuer ist.
5. Ich weiß, daß mein VW ein Museumsstück ist, aber er fährt noch sehr gut.
6. Kannst du mir Geld leihen? Ich kann heute nicht zur Bank, weil ich meinen Onkel
   abholen muß.
7. Ich weiß nicht, warum er unbedingt Ingenieur werden will.
8. Wenn die Bremse nicht funktioniert, soll man nicht fahren.
9. Frag unseren Mechaniker, ob er die Gangschaltung noch reparieren kann.
10. Fahren Sie dort rechts um die Ecke, dort geht's zur Tankstelle.

E. *Translate into German.*

1. Why is he so nervous? —Because he can't find his car key.
2. Is that the filling station where he's (a) regular customer?
3. I would like to buy her Porsche, but it's too expensive.
4. How long have you had your driver's license?
5. There comes a police car. Drive slowly.
6. My bike is a museum piece? That's an insult!
7. I often buy gas here because it's not so expensive.

8. Can you tell me if you can repair my station wagon?
9. (The) Automobile export is important for our economy.
10. You can pick up your car tonight; I know that I can repair it.

F. *Write a composition, using the cue words below for each sentence. Supply appropriate noun preceders and verb endings. Watch word order.*

1. Heiko / besuchen / Onkel.
2. Er / fragen / Onkel, / ob / er / leihen / können / Wagen / ihm.
3. Heiko / sagen, / daß / er / heute abend / müssen / nach / Dudweiler.
4. sein *(his)* / Dekan / dort / halten / Vortrag.
5. Heiko / auch / sagen, / daß / VW / sein *(to be)* / kaputt.
6. Aber / das / sein *(to be)* / Ausreden *(pl.)*.
7. Heiko / möchte / mit / Freundin / fahren / nach / Dudweiler / in die Diskothek.
8. Sein *(his)* / VW / zu alt / sein *(to be)*, / und / man / mit / Käfer / können / fahren / nicht so schnell.
9. Heikos / Vater / ihm / nicht / geben / wollen / sein *(his)* / BMW.
10. Sein *(his)* / Mutter / ihm / wollen / nicht / geben / ihr / Mercedes.
11. Heikos Onkel / nett / sein *(to be)*, / und / er / geben / sein *(his)* / Porsche / ihm.
12. Heikos Freundin / sagen: / „Klasse! / Du / fahren / ein / Porsche.“

➡ WORTSCHATZ

der **Anlasser** starter
ansehen (ie) to look at
die **Autobahn** highway
das **Autowaschen** car washing
behandeln to treat
die **Beleidigung** insult
beliebt popular
das **Benzin** gasoline
besuchen to visit
die **Bitte** request
der **BMW** BMW
die **Bremse** brake
daß *(subord. conj.)* that
der **Dekan** dean
denn for, because
der **Dieselmotor** diesel engine
der **Erfinder** inventor
der **Export** export
das **Fahrrad** bicycle
das **Familienmitglied** family member
fast almost

der **Führerschein** driver's license
funktionieren to function, work
die **Gangschaltung** gear shift
ganz whole
gewagt hazardous, daring, bold
groß big; great
hauptsächlich mainly
heute abend tonight
der **Import** import
der **Ingenieur** engineer
der **Käfer** bug
klein small
der **Kombiwagen** station wagon
die **Konstruktion** construction
langsam slow
leihen to lend, borrow
lieben to love

die **Limousine** sedan
los: was ist los? what's wrong?
der **Mechaniker** mechanic
der **Mercedes** Mercedes
der **Motor** motor
das **Museum** museum
das **Museumsstück** museum piece
nervös nervous
ob *(subord. conj.)* whether, if
oft often
der **Onkel** uncle
der **Porsche** Porsche
die **Prestigesache** matter of prestige
die **PS (Pferdestärke)** horse power
die **Qualität** quality
reich rich

der **Rennfahrer** race driver, speeder
reparieren to repair, fix
das **Ritual** ritual
der **Schlüssel** key
selbstverständlich of course, naturally
sogar even
der **Stammkunde** *(wk.)* regular customer
das **Statussymbol** status symbol
die **Tankstelle** filling station
teuer expensive

das **Transportmittel** means of transportation
überholen to pass, overtake
unbedingt absolutely
der **Vater** father
verkaufen to sell
der **Verkehr** traffic
der **Volkswagen (VW)** VW
vorsichtig careful, cautious
der **Vortrag** lecture
einen Vortrag halten to give a lecture

der **Wagen** car
weil *(subord. conj.)* because, since
die **Welt** world
wenn *(subord. conj.)* when, whenever, if
die **Werkstatt** workshop
wichtig important
die **Wirtschaft** economy
zeigen to show

LEKTION SECHS

GRAMMATISCHE ZIELPUNKTE

Noun Plurals: Nouns with No Plural Ending; Nouns That Add *-s* • The Conversational Past: The Present Perfect Tense (Weak Verbs); The Simple Past Tense (*haben* and *sein*)

AUSGANGSPUNKT

Wer bezahlt was?

Telefongespräch. Petra möchte mit ihrem Freund Ralf sprechen. Sie wählt die Nummer, und Ralfs Telefon läutet.

Ralf: Hier Wagner.

Petra: Hallo. Ralf, bist du's?

Ralf: Ja, Tag, Petra, was gibt's Neues?

Petra: Nichts. Sag mal, warst du gestern im Kino?

Ralf: Nein, ich hatte nicht genug Geld. Mein Vater hat den Scheck noch nicht geschickt. Und ich hatte ein Examen. Hast du etwas von dem Fassbinder-Film gehört?

Petra: Gabi hat mir gesagt, er ist toll.

Ralf: Was? Gabi meckert doch sonst immer über alles!

Petra: Nein, den Film hat sie gar nicht kritisiert. Sie hat sogar die Schauspieler bewundert.

Ralf: Mensch, ich werde direkt neugierig.

Petra: Weißt du was? Übermorgen habe ich Zeit. Mein Vater ist verreist. Ich muß meinen Brüdern im Geschäft helfen. Aber am Freitag können wir vielleicht zusammen ins Kino gehen.

Ralf: Ist das eine Einladung?

Petra: Du Geizhals! Also abgemacht, ich bezahle. Ich treffe dich beim Parkplatz, wo du letztesmal gewartet hast.

Ralf: Warum nicht im Café? Die Drinks bezahle ich natürlich.

Petra: Ralf, deine Großzügigkeit ist überwältigend! Also, bis Freitag. Tschüß.

Ralf: Vielen Dank für den Anruf.

Szene aus dem Fassbinder-Film „Die Ehe der Maria Braun" *New Yorker Films*

Who Pays for What?

Telephone conversation. Petra would like to talk to her friend Ralf. She dials the number, and Ralf's telephone rings.

Ralf: Wagner speaking.

Petra: Hello. Is that you, Ralf?

Ralf: Yes. Hi, Petra. What's new?

Petra: Nothing. Say, were you at the movies yesterday?

Ralf: No, I didn't have enough money. My father hasn't sent the check yet. And I had an exam. Have you heard anything about the Fassbinder film?

Petra: Gabi told me it was great.

Ralf: What? Gabi usually gripes about everything.

Petra: No, she didn't criticize the film at all. She even admired the actors.

Ralf: Wow, now I'm getting downright curious.

Petra: You know what? I'll have some time the day after tomorrow. My father has gone on a trip. I have to help my brothers in the shop. But maybe we can go to the movies together on Friday.

Ralf: Is that an invitation?

Petra: You cheapskate! O.K., I'll pay. I'll meet you near the parking lot where you waited last time.

Ralf: Why not in the café? I'll pay for the drinks, of course.

Petra: Ralf, your generosity is overwhelming! O.K., 'til Friday, then. 'Bye!

Ralf: Thanks very much for calling.

▶ **LOCKERUNGSÜBUNGEN**

A. *Listen to the statement; then answer the question.*

1. Das ist Ralf.   Wer ist das?
2. Er ist Student und Petras   Was ist er?
   Freund.
3. Er hatte gestern ein Exa-   Wann hatte er ein Examen?
   men.
4. Er bekommt einen Tele-   Von wem bekommt er einen
   fonanruf von seiner   Telefonanruf?
   Freundin.

5. Das ist Petra.   Wer ist das?
6. Sie ist Studentin und Ralfs   Was ist sie?
   Freundin.
7. Sie möchte mit Ralf spre-   Mit wem möchte sie sprechen.   chen?
8. Ihr Vater ist verreist.   Wer ist verreist?
9. Sie hilft ihren Brüdern.   Wem hilft sie?

10. Das ist Gabi.   Wer ist das?
11. Sie ist Petras Freundin.   Was ist sie?
12. Sie meckert über alles.   Was tut sie?
13. Sie kritisiert immer alles.   Was tut sie immer?
14. Sie war gestern im Kino.   Wo war sie gestern?
15. Sie hat die Schauspieler   Wen hat sie bewundert?
    bewundert.
16. Sie sagt, die Schauspieler   Was sagt sie?
    waren gut.

17. Das ist Sepp Meyer.   Wer ist das?
18. Er ist Schauspieler.   Was ist er?
19. Viele Teenager bewun-   Wer bewundert ihn?
    dern ihn.
20. Gabi bewundert ihn   Wer bewundert ihn nicht?
    nicht.
21. Sie sagt, er ist arrogant.   Was sagt sie?
22. Sie sagt, er ist ein Sexsym-   Was sagt sie?
    bol.

B. *Answer the following questions affirmatively or negatively, as appropriate.*

1. Ist das ein Telefongespräch?
2. Möchte Petra mit ihrem Vater sprechen?
3. Wählt sie die Nummer?
4. Läutet Gabis Telefon?
5. Ist Ralf zu Hause?
6. War Ralf gestern im Kino?
7. Hat Ralf am Freitag ein Examen?
8. Ist Ralf pleite?
9. Hat sein Vater den Scheck geschickt?
10. Hat Ralf etwas von dem Film gehört?
11. Hat Gabi gesagt, der Film ist toll?
12. Meckert Gabi über alles?

13. Hat Gabi die Schauspieler bewundert?
14. Hat Gabi den Film kritisiert?
15. Wird Ralf neugierig?
16. Hat Petra heute Zeit?
17. Hat Petra übermorgen Zeit?
18. Ist ihr Vater verreist?
19. Hilft Ralf im Geschäft?
20. Muß Petra ihren Brüdern helfen?
21. Kann sie am Freitag ins Kino gehen?
22. Bekommt Ralf eine Einladung von
    Petra?
23. Ist Petra ein Geizhals?
24. Bezahlt Petra das Kino?

25. Bezahlt Petra die Drinks?
26. Will sie Ralf beim Parkplatz treffen?
27. Hat Ralf letztesmal beim Parkplatz gewartet?
28. Will Ralf Petra im Kino treffen?

29. Will Ralf Petra im Café treffen?
30. Bewundert Petra Ralfs Großzügigkeit?
31. Ist seine Großzügigkeit überwältigend?
32. Dankt er ihr für den Anruf?

C. *Answer the following questions, as in the model.*

> **MODEL:** Kennt er nur einen Amerikaner?
> **Nein, er kennt viele Amerikaner.**

1. Haben wir nur ein Examen?
2. Studiert sie nur ein Semester?
3. Haben sie nur ein Zimmer?

4. Bekommt er nur einen Strafzettel?
5. Hat sie nur einen Wagen?
6. Kennt er nur einen Mechaniker?

D. *Answer the following questions, as in the model.*

> **MODEL:** Hat er nur ein Auto?
> **Nein, er hat vier Autos.**

1. Hat die Stadt nur ein Kino?
2. Gibt es hier nur ein Café?
3. Hat Dudweiler nur ein Hotel?

4. Gibt es hier nur ein Büro?
5. Gibt es hier nur ein Restaurant?
6. Hat sie nur eine Kamera?

E. *Answer the following questions negatively, as in the model.*

> **MODEL:** Hast du es gehört?
> **Nein, ich habe es nicht gehört.**

1. Hast du es gemacht?
2. Hast du ihn gestern gefragt?

3. Hast du die Lektion gelernt?
4. Hast du gewartet?

F. *Answer the following questions affirmatively, as in the model.*

> **MODEL:** Hat er in Heidelberg studiert?
> **Ja, er hat in Heidelberg studiert.**

1. Hat die Jugend protestiert?
2. Hat die Bremse funktioniert?

3. Hat er den Film kritisiert?
4. Hat er den Wagen repariert?

G. *Answer the following questions negatively, as in the model.*

> **MODEL:** Hat sie es bezahlt?
> **Nein, sie hat es nicht bezahlt.**

1. Hat er sie besucht?
2. Hat sie es bestimmt?

3. Hat sie es verkauft?
4. Hat sie es bezahlt?

H. *Answer the following questions affirmatively, as in the model.*

> **MODEL:** Sind sie um vier gelandet?
> **Ja, sie sind um vier gelandet.**

1. Sind sie in München gelandet?
2. Ist er pünktlich gelandet?
3. Ist er gestern verreist?
4. Sind seine Brüder gestern verreist?

I. *Answer these next questions, as in the model.*

> **MODEL:** Hat er es gekauft?
> **Ich weiß nicht, ob er es gekauft hat.**

1. Hat sie gelacht?
2. Hat sie ihn besucht?
3. Hat es ihn interessiert?
4. Hat das Telefon geläutet?
5. Ist sein Vater verreist?
6. Ist er um vier gelandet?

FRAGEBOGEN

1. Hatten Sie heute ein Examen? Gestern? Wenn ja, war es schwer?
2. Gehen Sie gern mit Ihrem Freund oder Ihrer Freundin ins Café? Wer bezahlt die Drinks?
3. Wer soll im Restaurant bezahlen, der Mann oder die Frau?
4. Sind Sie ein Geizhals? Kennen Sie einen Geizhals?
5. Bekommen Sie oft einen Anruf von Ihrem Freund oder Ihrer Freundin? Nie? Manchmal?
6. Gehen Sie oft ins Kino? Warum? Warum nicht?
7. Hat Ihre Familie ein Geschäft? Wenn ja, helfen Sie manchmal im Geschäft?
8. Verreisen Sie gern? Oft?
9. Was tun Sie, wenn Sie genug Geld haben?
10. Bekommen Sie oft eine Einladung zu einer Party? Gehen Sie gern zu einer Party? Warum?
11. Was tut man auf einer Party?
12. Hat Ihr Professor oder Ihre Professorin Sie heute kritisiert? Meckert er/sie über alles? Fragen Sie ihn/sie, warum!
13. Was gibt's Neues?

 # ERKLÄRUNGEN UND ÜBUNGEN

I. NOUN PLURALS

English adds *-s* to most nouns to form the plural. (There are, of course, exceptions: *foot, feet; sheep, sheep; child, children.*) The noun preceders (articles, possessive adjectives, etc.) remain the same in the singular and plural: *the book, the books; my friend, my friends.* German indicates plurals through both the noun forms and the preceders.

A. THE NOUN

German nouns form their plurals in a variety of ways; there is no one predominant plural ending. Since the system is somewhat complex, it is best for you to learn the plural of each noun as you learn the singular and the gender. In the individual lesson vocabularies from now on, and in the end vocabulary, all nouns are listed according to a traditional system shown in the examples below. On the left is the noun as it is listed; on the right is an interpretation of the plural code signs.

EXAMPLE	INTERPRETATION	PLURAL
der Amerikaner, –	means no plural ending added	die* Amerikaner
das Restaurant, -s	means -s plural ending added	die Restaurants
der Mann, ⸚er	means -er plural ending added and umlaut on stem vowel	die Männer
die Schwester, -n	means -n plural ending added	die Schwestern

* All nouns in the nominative plural have the same definite article, **die.** Other forms of noun preceders will be explained below.

We will be giving you a few clues in this and the next three lessons to help you remember the plurals.

1. Nouns with No Plural Ending

Masculine and neuter nouns whose singular ends in **-el, -er,** or **-en** add no plural ending. A few add a stem umlaut (note **Vater** and **Bruder,** below).

der Kalender	*pl.* die Kalender
der Vater	*pl.* die Väter
der Bruder	*pl.* die Brüder
der Schlüssel	*pl.* die Schlüssel
der Wagen	*pl.* die Wagen

There are only two feminine nouns in this group. They both add an umlaut on the stem vowel.

die Mutter	*pl.* die Mütter
die Tochter	*pl.* die Töchter

All nouns with the diminutive suffix **-chen** or **-lein** belong to this group. You have had only two of these thus far:

das Mädchen	*pl.* die Mädchen
das Fräulein	*pl.* die Fräulein

Following is a list of all the nouns you have had that form their plural as described. For those that add an umlaut you will find an indication next to the noun. Since all compound nouns, i.e., nouns composed of several separate words, form their plural on the basis of the last component (for example, **der Fahrer,** *pl.* **die Fahrer; der Taxifahrer,** *pl.* **die Taxifahrer**), the list below will not include compounds.

der Amerikaner	der Klempner	der Spieler
der Anlasser	der Koffer	der Teenager
der Bewerber	das Leben	die Tochter (··)
der Bruder (··)	das Mädchen	der Vater (··)
der Computer	der Mechaniker	der Verkäufer
der Erfinder	das Mittel	der Wagen
das Essen	die Mutter (··)	das Wasser
das Examen	der Onkel	der Wecker
der Fahrer	der Österreicher	der Winter
das Fräulein	der Rechner	das Wunder
der Hamburger	der Schlüssel	der Zettel
der Käfer	der Schweizer	das Zimmer
der Kalender	das Semester	

ÜBUNG

Restate the following sentences, changing the noun subjects and their verbs to the plural.

1. Hier ist der Schlüssel.
2. Wo ist der Schauspieler?
3. Der Wagen ist kaputt.
4. Der Mechaniker repariert alles.
5. Das Zimmer ist elegant.
6. Der Strafzettel liegt da.
7. Das Examen ist schwer.
8. Die Tochter studiert Medizin.

2. Nouns That Add *-s* Plural Ending

Very few German nouns form their plural by adding **-s.** Most nouns in this group are of foreign origin:

das Auto	*pl.* die Autos
die Kamera	*pl.* die Kameras

The following list includes all the nouns in this group that you have had.

das Auto	das Kino
das Büro	die Party
das Café	das Radio
der Drink	das Restaurant
das Hotel	der Scheck
die Kamera	das T-Shirt

ÜBUNG

Restate the following sentences, changing the noun subjects and their verbs to the plural.

1. Das Kino zeigt nur Fassbinder.
2. Der Scheck ist noch nicht hier.
3. Das T-Shirt ist ja toll.
4. Die Kamera ist teuer.
5. Das Hotel kann nicht gut sein.
6. Das Auto ist kaputt.

B. THE NOUN PRECEDERS: DEFINITE ARTICLES AND *EIN*-WORDS

Articles and other noun preceders have the same form in the plural for all three genders. You will also notice, in the following paradigm, that the plural endings of the definite article and the **ein**-words are similar. The possessive adjective **unser** will serve here as a model for the declension of all **ein**-words. The indefinite article, of course, has no plural forms.

NOMINATIVE	die Koffer	unsere Koffer
ACCUSATIVE	die Koffer	unsere Koffer
DATIVE	den Koffern*	unseren Koffern*

* All nouns, except those that form their plural by adding -s, must end in -n in the dative plural. If they do not have an -n ending, they must add one.

ÜBUNG 1

*Change the noun subject and the verb to the plural. Then restate the sentence in the plural, using **unser** in place of the definite article.*

1. Der Kassettenspieler funktioniert gut.
2. Das Zimmer ist nicht groß.
3. Der Schlüssel ist im Auto.
4. Das Examen war zu schwer.
5. Das Auto fährt zu schnell.
6. Der Scheck kommt bald.
7. Das T-Shirt ist nicht teuer.
8. Der Drink ist nicht kalt.

ÜBUNG 2

*Change the noun object to the plural. Then restate the sentence in the plural, using **kein** in place of the definite article.*

1. Er will den Koffer tragen.
2. Sie kennt den Österreicher.
3. Morgen habe ich das Examen.
4. Er kennt den Teenager.
5. Kennen Sie das Hotel?
6. Schickt er den Scheck?
7. Dort finden Sie das Restaurant.
8. Sie will das T-Shirt kaufen.

ÜBUNG 3

*Change the dative noun to the plural. Then restate the sentence in the plural, using **ihr** in place of the definite article.*

1. Sie zeigen es der Tochter.
2. Sie kommen aus dem Zimmer.
3. Sie fahren mit dem Wagen.
4. Er kommt mit dem Koffer.
5. Was machen sie mit dem Scheck?
6. Um vier kommen sie aus dem Büro.
7. Sie sprechen von der Party.
8. Da kommen sie mit dem Drink.

ÜBUNG 4

Plural Review: Restate the following sentences, changing each noun and its preceder to the plural. Change the verb to the plural where necessary.

1. Haben Sie keinen Koffer?
2. Wo ist mein Schlüssel?
3. Ist das ihr T-Shirt?
4. Das Hotel hier ist sehr teuer.

5. Helfen Sie dem Amerikaner!
6. Unser Computer ist kaputt.
7. Sie kommen aus dem Kino.
8. Er spricht gern von seiner Tochter.

II. THE CONVERSATIONAL PAST

German has several past tenses. In this lesson we will treat some of the past tense forms used in conversation.

A. THE PRESENT PERFECT TENSE

In English, the choice of the past tense *(I lived, I did live, I was living)* or the present perfect *(I have lived)* depends on whether the action was completed in the past or is still applicable to the present. For actions that were over and done with in the past, English uses the past tense.

> *Did you see him when he was here? —Yes, I saw him on the last day.*

Otherwise, English uses the present perfect.

> *Have you seen him much since he moved? —Yes, I have seen him often.*

In German, the use of these two tenses depends, not on whether the action is completed, but rather on whether the sentence is part of a conversation or part of a narrative. In German conversation past events, even completed ones, are generally talked about in the present perfect tense. The narrative tense will be treated in later lessons.

All the German sentences below are in the present perfect. They have all been taken from the dialog of this lesson, i.e., a <u>conversation</u> between Petra and Ralf. The English translations of them are, in some cases, in the past tense, while others are in the present perfect, depending on the time reference, as described above.

> Gabi **hat** mir **gesagt,** er ist toll.   *Gabi **told** me it was great.*
> Sie **hat** den Film nicht **kritisiert.**   *She **did** not **criticize** the film.*
> **Hast** du etwas von dem Film **gehört?**   ***Have** you **heard** anything about the film?*
> Mein Vater **hat** den Scheck nicht **geschickt.**   *My father **has** not **sent** the check.*

As you can see from the German examples above, the present perfect tense is a compound tense, i.e., it is composed of two parts: a present tense auxiliary and a past participle.

1. The Past Participle: Weak Verbs

Weak verbs in German are equivalent to English regular verbs. They retain the same stem in all the tenses and simply add tense indicators to that stem (as in English: *love, loved, [have] loved,* as opposed to: *see, saw, [have] seen*).

The past participle formation of weak verbs follows this pattern:

> **ge** + *stem* + t   geschickt (from **schicken:** *to send*)
> gehört (from **hören:** *to hear*)

The verb **haben,** though irregular, forms its past participle the same way: **gehabt.**

Verbs with stems ending in **-t, -d,** or a difficult consonant combination add an extra **-e-** before the **-t** suffix in order to facilitate pronunciation.

> **ge** + *stem* + **et**   gelandet (from **landen:** *to land*)
> geöffnet (from **öffnen:** *to open*)

ÜBUNG

Give the past participles of the following verbs:

1. wählen	4. zeigen	7. landen
2. meckern	5. läuten	8. öffnen
3. lieben	6. arbeiten	9. haben

Exceptions:

Verbs with infinitives ending in **-ieren** omit the **ge-** prefix. Their pattern is:

> *stem* + t   kritisiert (from **kritisieren:** *to criticize*)
> repariert (from **reparieren:** *to repair*)

Verbs with unaccented prefixes (**be-, emp-, ent-, er-, ge-, ver-, zer-,** etc.) also omit the **ge-** prefix. Their pattern is:

> *stem* + t   besucht (from **besuchen:** *to visit*)
> verkauft (from **verkaufen:** *to sell*)

ÜBUNG 1

Give the past participle of each of these verbs.

1. funktionieren	4. protestieren	7. verreisen
2. kritisieren	5. bezahlen	8. entschuldigen
3. reparieren	6. bewundern	9. überholen

ÜBUNG 2

Give the past participle of each of the following verbs. All types of weak past participle formations are included.

1. bezahlen
2. warten
3. lernen
4. träumen
5. importieren
6. verreisen
7. danken
8. entschuldigen
9. landen

2. The Auxiliary

Whereas English uses one auxiliary *(to have)* for all verbs in the present perfect tense, German uses two: **haben** and **sein.** For most verbs the auxiliary is **haben.** So far you have learned only two weak verbs that use the auxiliary **sein** (**landen,** *to land;* **verreisen,** *to take a trip*). All the verb lists and vocabularies in this book will indicate verbs that use **sein.** Since this involves comparatively few verbs, you should carefully note them as they occur.

The following sample conjugations, showing the use of the two auxiliaries, will serve as models for the present perfect tense conjugations of weak verbs.

	schicken *(to send)*		**verreisen** *(to go on a trip)*
ich	habe geschickt	ich	bin verreist
du	hast geschickt	du	bist verreist
er, sie, es	hat geschickt	er, sie, es	ist verreist
wir	haben geschickt	wir	sind verreist
ihr	habt geschickt	ihr	seid verreist
sie	haben geschickt	sie	sind verreist
Sie	haben geschickt	Sie	sind verreist

3. Word Order in Independent Clauses and Questions

In independent clauses and questions the auxiliary is in the normal verb position; the past participle is the last element in the clause.

Mein Vater **hat** den Scheck nicht **geschickt.**   *My father hasn't sent the check.*
Die Concorde **ist** in London **gelandet.**   *The Concorde landed in London.*
Hat sie den Film **kritisiert?**   *Did she criticize the film?*
Wann **hat** er den Scheck **geschickt?**   *When did he send the check?*

ÜBUNG 1

Form statements in the present perfect tense, using the elements given.

> **MODEL:** ich / lange warten
> **Ich habe lange gewartet.**

1. er / hier studieren
2. ich / in Frankfurt landen
3. sie *(she)* / das bezahlen
4. sie *(they)* / Tennis spielen

5. wir / das bestimmen
6. Tante Irene / über alles meckern
7. Renate / oft verreisen
8. der Mechaniker / das Auto reparieren

ÜBUNG 2

Form questions in the present perfect tense, using the elements given.

> **MODEL:** du / das Essen bezahlen
> **Hast du das Essen bezahlt?**

1. ihr / den Scheck schicken
2. Sie / ihn kritisieren
3. sie *(they)* / viel verdienen
4. der Computer / nicht funktionieren
5. du / schwer arbeiten
6. sie *(she)* / die Kamera kaufen
7. du / in Frankfurt landen
8. er / oft verreisen

ÜBUNG 3

Form statements in the present perfect tense, beginning with the adverb.

> **MODEL:** ich / letztesmal / warten
> **Letztesmal habe ich gewartet.**

1. er / natürlich / bezahlen
2. sie *(they)* / gestern / verreisen
3. wir / immer / viel verdienen
4. der Professor / oft / mich kritisieren

ÜBUNG 4

Form questions in the present perfect tense.

> **MODEL:** warum / Gabi / meckern
> **Warum hat Gabi gemeckert?**

1. wo / du / studieren
2. was / sie *(they)* / sagen
3. wann / er / verreisen
4. wie / ihr / das machen

4. Word Order in Dependent Clauses

In dependent clauses the auxiliary is the last element; the past participle precedes it.

> Ich treffe dich beim Parkplatz, wo du letztesmal **gewartet hast.**
> *I'll meet you near the parking lot where you waited last time.*
> Ich weiß nicht, ob er es **gekauft hat.**
> *I don't know whether he bought it.*

ÜBUNG 1

*Answer the following questions, beginning each answer with: **Ich weiß nicht, ob ...**, as in the model.*

> **MODEL:** Hat er in Heidelberg studiert?
> **Ich weiß nicht, ob er in Heidelberg studiert hat.**

1. Hat sein Vater den Scheck geschickt?
2. Hat er den Film kritisiert?
3. Hat sie ihre Tante besucht?
4. Haben sie die Drinks bezahlt?
5. Haben sie ihm gedankt?
6. Hat er uns gehört?

ÜBUNG 2

Make indirect questions of the following direct questions, as in the model.

> **MODEL:** Wie lange hat er gewartet?
> **Ich weiß nicht, wie lange er gewartet hat.**

1. Wann hat er in Heidelberg studiert?
2. Wo hat sie letztesmal gewartet?
3. Wer hat ihn kritisiert?
4. Was haben sie ihn gefragt?
5. Warum haben die Leute gelacht?

B. THE SIMPLE PAST TENSE: *HABEN* AND *SEIN*

There are exceptions to the use of the present perfect as the conversational past tense. In general **haben** and **sein** are not used in the present perfect tense in conversation. Much more common for these two verbs is the simple past tense. You will notice several examples of this in the dialog of this lesson.

> **Warst** du gestern im Kino?   *Were you at the movies yesterday?*
> Nein, ich **hatte** nicht genug Geld.   *No, I didn't have enough money.*

From these examples you can see that the simple past tense is called "simple" because it consists of a single verb form.

The simple past tense conjugations of **haben** and **sein** are:

haben				sein		
ich	hatte	wir hatten		ich	war	wir waren
du	hattest	ihr hattet		du	warst	ihr wart
er, sie, es	hatte	sie hatten		er, sie, es	war	sie waren
		Sie hatten				Sie waren

ÜBUNG 1

Restate the sentence, using each new subject.

Ich hatte kein Glück. (Tante Irene, wir, Gabi und Ursula, Peter und ich, Onkel Fritz, ihr, sie [*they*], Sie, ich)

ÜBUNG 2

Restate the sentence, using each new subject.

Ich war nie zu Hause. (er, die Leute, Tante Marianne, ihr, du, sie [*she*], Onkel Klaus, wir, Sie)

Lina und Gustav planen einen Coup. (Szene aus dem Sinkel-Film) *German Information Center*

 **ZUM LESEN**

Der deutsche Film

Filmliebhaber[1] sprechen heute noch von der großen Zeit, als[2] der deutsche Film avantgardistisch war und internationales Format[3] hatte. Man erwähnt[4] Titel wie „Nosferatu", „Metropolis" oder „Das Cabinett des[5] Dr. Caligari", wenn man Beispiele für große Filmkunst[6] geben will. Damals[7] hatte der deutsche Film einen internationalen Ruf.[8] Aber nach den goldenen zwanziger Jahren[9] hat man auf der internationalen Ebene[10] nicht viel vom deutschen Film gehört. Auch die fünfziger und sechziger Jahre[11] haben nicht viele Filme für das internationale Publikum produziert. „Der deutsche Film ist tot,"[12] hat man gesagt, „er hat kein internationales Format."

1. film buffs	5. of	9. twenties
2. when	6. art of the cinema	10. level
3. stature	7. at that time	11. the fifties and sixties
4. mentions	8. reputation	12. dead

10   Aber das ist seit den siebziger Jahren anders.[13] Die internationale Presse spricht von einer neuen Generation von Regisseuren[14] aus der Bundesrepublik Deutschland. Junge Talente wie Rainer Werner Fassbinder, Werner Herzog, Volker Schlöndorff und Bernhard Sinkel gewinnen[15] Preise[16] bei den Filmfestivals.

      Aber die jungen Regisseure haben nicht nur Interesse an der jungen Genera-
15 tion. Ein interessanter Film von Sinkel hat den Titel „Lina Braake—Die Interessen der[17] Bank können nicht die Interessen sein, die[18] Lina Braake hat.“ Der Film mit dem langen Titel ist die Geschichte von zwei Menschen in einem Altersheim.[19] Eine große Bank hat Lina aus ihrem Haus gejagt.[20] Im Altersheim trifft sie einen alten Betrüger,[21] Gustav Härtling. An seinem Lebensende[22] will Gustav etwas
20 Gutes[23] tun: er und Lina planen einen Coup,[24] die Rache[25] an der Bank. Der Coup gelingt,[26] und Lina verschwindet[27] mit einer großen Summe Geld. Alle sind glücklich:[28] Lina, Gustav und—der Zuschauer.[29] Eine hilflose[30] alte Dame besiegt[31] eine arrogante große Bank. Ein Mensch protestiert gegen das System, gegen das Establishment—und gewinnt! Der Film war ein großer Erfolg.[32]
25   Es gibt noch viele importierte Filme in Deutschland, auch aus Amerika. Aber der deutsche Film kann wieder mit Hollywood konkurrieren.[33]

13. But since the seventies things have changed.	20. chased	27. disappears
14. film directors	21. swindler	28. happy
15. win	22. life's end	29. audience
16. prizes	23. something good	30. helpless
17. of the	24. caper	31. defeats
18. *here:* that	25. revenge	32. success
19. old-age home	26. is successful	33. compete

 ÜBUNGEN ZUM LESESTÜCK

A. *Complete the sentences by selecting the correct word from among those in parentheses, basing the choice on information provided in the* Lesestück. *Verbs are given in infinitive form; provide the correct form for the context.*

1. Wenn man Filme liebt, ist man ein (Mechaniker, Onkel, Filmliebhaber, Schweizer).

2. Man gibt ein Beispiel für große Filmkunst, wenn man den Titel „Metropolis“ (jodeln, wählen, verdienen, erwähnen).

3. (Heute, Morgen, Übermorgen, Damals) hatte der deutsche Film einen internationalen (Dekan, Anlasser, Ruf, Verkehr).

4. Nach den zwanziger Jahren hat man (planen, konkurrieren, fragen, sagen), daß der deutsche Film (überwältigend, toll, tot, avantgardistisch) ist.

5. Fassbinder ist (Ingenieur, Regisseur, Verkäufer, Rennfahrer).

6. Fassbinder (bekommen, verkaufen, produzieren, bezahlen) Preise bei den (Österreichern, Filmfestivals, Schweizern, Partys).

7. Lina muß im Altersheim (singen, träumen, arbeiten, wohnen).

8. Gustav und Lina (lernen, planen, bekommen, finden) einen großen Coup.

9. Weil der Coup (gelingen, gewinnen, parken, treffen), kann Lina mit viel Geld (meckern, läuten, verschwinden, gewinnen).

10. Gustav, Lina und der (Onkel, Vater, Zuschauer, Amerikaner) sind (dick, unrealistisch, krank, glücklich).

11. Lina hat gegen das System (protestieren, meckern, produzieren, bestimmen).

12. Lina ist alt und (neugierig, schlank, hilflos, langweilig), und die Bank ist groß und (ungeschickt, pleite, freundlich, arrogant).

B. *Rewrite the sentences, using the appropriate conversational past tense.*

1. Der deutsche Film ist avantgardistisch.   **2.** Man erwähnt den Titel „Nosferatu".   **3.** Der deutsche Film hat einen internationalen Ruf.   **4.** Man hört in den zwanziger Jahren viel vom deutschen Film.   **5.** Sie produzieren keine Filme für das internationale Publikum.   **6.** Man sagt, daß der deutsche Film tot ist.   **7.** Die Bank jagt Lina aus ihrem Haus.   **8.** Lina und Gustav planen einen Coup.   **9.** Lina protestiert gegen die Bank.   **10.** Der deutsche Film konkurriert wieder mit Hollywood.

➡ AM ZIEL: SCHRIFTLICHE ÜBUNGEN

A. *The following pictures depict situations in the dialog. Write sentences describing each of the situations.*

B. *The following is a description of the events in the dialog. Supply the words that best suit the context.*

Petra möchte mit ihrem _____ Ralf sprechen. Sie wählt die _____ und Ralfs Telefon _____. Ralf ist zu _____. Ralf _____ gestern nicht im Kino, weil er ein _____ hatte, und weil sein Vater den _____ noch nicht _____ _____. Ralf hat übrigens nichts von dem Fassbinder-Film _____. Petras Freundin Gabi _____ gesagt, daß der Film _____ ist, und sie _____ sonst über alles. Sie _____ sogar den Film und die _____ bewundert. Ralf wird direkt _____, wenn er das hört. Petras Vater _____ jetzt _____, und sie muß ihren _____ im _____ helfen. Aber übermorgen hat sie _____, und sie möchte mit Ralf ins _____ gehen. Er ist ein _____, und so muß Petra das Kino _____. Sie will ihn _____ Parkplatz treffen, wo er letztesmal _____ _____. Aber Ralf möchte sie im _____ treffen. Er zeigt seine _____, wenn er sagt, daß er die _____ bezahlt. Er _____ ihr für den _____.

C. *Sagen Sie Ihrem Freund, daß Ihre Mutter:*

sent a check yesterday	has repaired the car
has gone on a trip	played Tennis yesterday
bought gasoline for the beetle	has given (**schenken**) you a Porsche
criticized the Fassbinder film	

Sagen Sie Ihrer Freundin, daß Ihr Vater:

has dreamt of (having) a Mercedes	was waiting a long time
paid for the pocket calculator	has protested against the system
was at the movies	at that time did not have a computer
has always earned a lot of money	landed in New York

D. *Translate into German.*

1. How many (**wie viele**) cars did you pass today? **2.** I didn't mention that I bought two cameras. **3.** He chased them out of the house. **4.** Did the telephone ring? —I didn't hear a thing (I heard nothing). **5.** Where did they park their cars? **6.** I don't know if he can repair computers. **7.** Do you know when he went on a trip? **8.** The salesmen were very

nice, and they showed us everything.   9. The actors were good; they played very well.
10. Where did he wait yesterday?   11. We bought nothing because we had no money.
12. Have you heard from your brothers?

E. *Translate into English; then recall the German from your English translation.*

1. Die Zuschauer haben den Film bewundert.   2. Wann hat er Sie besucht?   3. Ich weiß
nicht, ob er in München oder Frankfurt gelandet ist.   4. Was hast du für die Taschenrechner
bezahlt?   5. Gestern hatte ich keine Zeit, aber heute kann ich dir helfen.   6. Damals war
Marilyn Monroe ein Sexsymbol.   7. Er ist sehr neugierig und will immer alles wissen.
8. Das Telefon hat geläutet. Hast du es nicht gehört?   9. Weißt du seine Telefonnummer?—
Nein, leider nicht.   10. Gehst du zu Gabis Party?—Nein, sie hat mir keine Einladung geschickt.

F. *Composition. You are writing in your diary about all sorts of things that went wrong
today. For each sentence use the words given below. Use the appropriate tenses and watch
word order.*

    Liebes Tagebuch!
  1. Heute / ich / nicht / sein *(to be)* / glücklich.
  2. Mein Wecker / sein *(to be)* / kaputt, / dann / sein *(to be)* / mein Auto / kaputt.
  3. Der Anlasser / nicht / funktionieren.
  4. Mein Vater / verreisen / mit / sein *(his)* Auto.
  5. Dann / ich / mich / fragen: / wie / ich / kommen / zur Universität?
  6. Mein Freund Alfred / sagen / am Telefon, / daß / er / mich / abholen *(present
    tense)*.
  7. Ich / warten / lange. / Dann / das Telefon / läuten. / Es / sein *(to be)* / Alfred.
  8. Er / fragen: / haben / du / Geld / für Benzin?
  9. Ich / sagen: / Du Geizhals, / natürlich / ich / bezahlen / das Benzin.
10. Dann / der Professor / kritisieren / mich. / Er / sagen, / daß / mein Deutsch /
    nicht / sein *(to be)* / sehr elegant.
11. Er / immer / meckern / über alles.
12. Um vier / ich / Tennis / spielen, / und / ich / spielen / schlecht.
13. Hoffentlich / gehen / morgen / alles / gut.

 **WORTSCHATZ**

abgemacht! agreed!
alles everything
das **Altersheim, -e** old-age
  home

der **Anruf, -e** telephone call
arrogant arrogant
avantgardistisch avant-
  garde

das **Beispiel, -e** example
bewundern to admire
bezahlen to pay (for)
bis until

der **Bruder,** ⁒ brother
das **Café, -s** café
der **Coup, -s** caper, coup
damals at that time, then
direkt *here:* downright, really
der **Drink, -s** drink
die **Einladung, -en** invitation
erwähnen to mention
das **Festival, -s** festival
der **Filmliebhaber, –** film buff
der **Freitag, -e** Friday
gar nicht not at all
geben: Was gibt's? What's going on?
der **Geizhals,** ⁒e cheapskate
gelingen *(dat.)* to succeed
das **Gespräch, -e** conversation
gestern yesterday
gewinnen to win
glücklich happy
die **Großzügigkeit** generosity
hilflos helpless

international international
jagen to chase
konkurrieren to compete
kritisieren to criticize
die **Kunst,** ⁒e art
läuten to ring
letztesmal last time
meckern *(coll.)* to gripe, complain
neugierig curious
die **Nummer, -n** number
planen to plan
der **Preis, -e** prize; price
produzieren to produce
das **Publikum** audience
der **Regisseur, -e** director (movie)
der **Ruf** reputation
der **Schauspieler, –** actor
der **Scheck, -s** check
schicken to send
das **Sexsymbol, -e** sex symbol
sonst usually

das **Telefon, -e** telephone
das **Telefongespräch, -e** telephone conversation
der **Titel, –** title
toll *(coll.)* great
tot dead
übermorgen the day after tomorrow
überwältigend overwhelming
verreisen (ist) to go on a trip
verschwinden (ist) to disappear
wählen to dial; choose
die **Zeit, -en** time
zusammen together
der **Zuschauer, –** spectator
die **zwanziger Jahre** *(pl.)* the twenties

LEKTION
SIEBEN

GRAMMATISCHE ZIELPUNKTE

Simple Past Tense: Modal Auxiliaries • Noun Plurals: Nouns That Add *-(e)n* • Separable Prefixes • Months of the Year and Seasons • Numbers: 0–19

AUSGANGSPUNKT

Amerika ist O.K.

Interview. Ein Austauschstudent kehrt aus den Vereinigten Staaten zurück. Eine Zeitung schickt einen Reporter zu ihm.

Reporter: Herr Gerber, warum wollten Sie im Ausland studieren?

Jan: Ich wollte die Welt kennenlernen.

Reporter: Konnten Sie vorher schon gut Englisch?

Jan: Ja, ich bin Anglist. Aber anfangs mußte ich gewaltig aufpassen. Nach zwei Wochen hatte ich dann keine Schwierigkeiten mehr.

Reporter: Ist es wahr, daß die Studenten in Amerika viele Prüfungen haben?

Jan: In einigen Vorlesungen gibt es nur ein Examen, wie bei uns. In anderen Klassen—so nennt man drüben die Vorlesungen—geben die Professoren einfach zu viele Prüfungen. Das hat mich verrückt gemacht!

Reporter: Stimmt es, daß das akademische Jahr drüben schon im September anfängt?

Jan: Ja, und es hört Ende Mai oder Anfang Juni auf. Es gibt also ein Herbst- und ein Frühlingssemester.

Reporter: Sind Sie in Amerika viel herumgereist?

Jan: Ja, im Sommer bin ich von Nebraska nach Texas getrampt. Mit Rucksack und Schlafsack. Leider mußte ich im August zurückkommen, weil man mein Visum nicht verlängern konnte.

Reporter: Möchten Sie wieder in die USA?

Jan: Totsicher! Amerika ist O.K.

Reporter: Herr Gerber, ich danke Ihnen für das Interview.

Mit Rucksack und Schlafsack *German Information Center*

America Is O.K.

Interview. An exchange student returns from the United States. A newspaper sends a reporter to him.

Reporter: Mr. Gerber, why did you want to study abroad?

Jan: I wanted to get to know the world.

Reporter: Did you know English well beforehand?

Jan: Yes, I'm an English major. But at first I had to pay close attention. Then after two weeks I had no more difficulties.

Reporter: Is it true that the students in America have a lot of tests?

Jan: In some courses there's only one examination, like here. In other classes— that's what they call the courses over there—the professors give just too many tests. That drove me crazy.

Reporter: Is it true that the academic year there begins as early as September?

Jan: Yes, and it finishes at the end of May or beginning of June. So there's a fall semester and a spring semester.

Reporter: Did you travel around much in America?

Jan: Yes, in the summer I hitchhiked from Nebraska to Texas. With backpack and sleeping bag. Unfortunately, I had to come back in August because they couldn't extend my visa.

Reporter: Would you like to go back to the U.S. again?

Jan: Dead right. America is O.K.

Reporter: Mr. Gerber, I thank you for the interview.

➡ LOCKERUNGSÜBUNGEN

A. *Listen to the statement; then answer the question.*

1. Das ist Jan Gerber. Wer ist das?
2. Er war Austauschstudent. Was war er?
3. Er war in den USA. Wo war er?
4. Er trägt einen Cowboy-Hut. Was trägt er?
5. Er hat ihn in Texas ge-kauft. Wo hat er ihn gekauft?

Howdee Pahdnuh!

6. Der Mann ist Reporter.   Was ist er?
7. Er arbeitet bei einer Zei-   Wo arbeitet er?
   tung.
8. Er interviewt Jan.   Wen interviewt er?
9. Er fragt Jan über Ame-   Was tut er?
   rika.

10. Das ist Mike.   Wer ist das?
11. Er ist Amerikaner.   Was ist er?
12. Er ist Germanist.   Was ist er?
13. Er hat viele Prüfungen.   Was hat er?
14. Die Prüfungen machen   Was tun die Prüfungen?
    ihn verrückt.
15. Die Professoren machen   Wer macht ihn auch
    ihn auch verrückt.   verrückt?

16. Das ist eine Universität in   Was ist das?
    Deutschland.
17. Das Wintersemester   Wann fängt das Winterseme-
    fängt Anfang November   ster an?
    an.
18. Das Wintersemester hört   Wann hört das Winterseme-
    Ende Februar auf.   ster auf?
19. Das Sommersemester   Wann fängt das Sommerse-
    fängt Anfang Mai an.   mester an?
20. Das Sommersemester   Wann hört das Sommerse-
    hört Ende Juli auf.   mester auf?

B. *Answer the following questions affirmatively or negatively, as appropriate.*

1. Kehrt der Austauschstudent aus Afrika zurück?
2. Kehrt Jan aus den Vereinigten Staaten zurück?
3. Kehrt er nach Deutschland zurück?
4. Ist Jan Reporter?
5. Schickt eine Zeitung einen Reporter zu ihm?
6. Wollte Jan im Ausland studieren?
7. Wollte er die Welt kennenlernen?
8. Konnte er vorher schon gut Englisch?
9. Ist er Anglist?
10. Mußte er anfangs gewaltig aufpassen?
11. Mußte er in Amerika immer gewaltig aufpassen?
12. Hatte er nach zwei Wochen noch Schwierigkeiten?
13. Gibt es in einigen Vorlesungen nur ein Examen?

14. Geben die Professoren in Amerika zu viele Prüfungen?
15. Hat das Jan verrückt gemacht?
16. Haben die Studenten in Deutschland viele Examen?
17. Fängt das akademische Jahr in Amerika im September an?
18. Hört das akademische Jahr Ende Mai oder Anfang Juni auf?
19. Gibt es ein Herbstsemester?
20. Gibt es ein Frühlingssemester?
21. Ist Jan im Winter viel herumgereist?
22. Ist er mit einem Cadillac herumgereist?
23. Ist er nach Kalifornien getrampt?
24. Ist er von Nebraska nach Texas getrampt?
25. Hat er in Hotels gewohnt?
26. Ist er mit Rucksack und Schlafsack getrampt?
27. Mußte er im August zurückkommen?
28. Durfte er bis September bleiben?
29. Konnte man sein Visum verlängern?
30. Möchte Jan wieder in die USA?
31. Dankt ihm der Reporter für das Interview?

C. *Answer the following questions affirmatively, as in the model.*

> **MODEL:** Willst du zurückkehren?
> **Ja, ich kehre zurück.**

1. Willst du sie abholen?
2. Willst du zurückkommen?
3. Willst du mitkommen?
4. Willst du in Amerika herumreisen?
5. Willst du jetzt anfangen?
6. Willst du jetzt aufhören?

D. *Answer the following questions, as in the model.*

> **MODEL:** Warum kommt er nicht mit?
> **Er kann nicht mitkommen.**

1. Warum fängt er nicht an?
2. Warum hört er nicht auf?
3. Warum kommt er nicht zurück?
4. Warum holt er seinen Onkel nicht ab?
5. Warum paßt er nicht auf?
6. Warum kehrt er nicht zurück?

E. *Answer the questions, as in the model.*

> **MODEL:** Kommt sie mit?
> **Ich weiß nicht, ob sie mitkommt.**

1. Fängt er bald an?
2. Holt er sie ab?
3. Kommt er bald zurück?
4. Reist er viel herum?
5. Kommst du mit?
6. Kehren sie zurück?

F. *The following is called one-upmanship. Proceed as in the model.*

> MODEL: Ich habe heute eine Prüfung.
> **Ich habe heute viele Prüfungen.**

1. Ich habe heute eine Klasse.
2. Ich habe eine Ausrede.
3. Ich kaufe eine Zeitung.
4. Ich habe eine Schwierigkeit.
5. Ich kenne eine Diskothek.
6. Ich habe heute eine Vorlesung.

FRAGEBOGEN

1. Möchten Sie im Ausland studieren? Warum oder warum nicht? Wo? Wo nicht?
2. Gibt es zu viele Prüfungen in Ihrer Deutschklasse?
3. Machen die Prüfungen Sie verrückt?
4. Möchten Sie in Amerika herumreisen? Warum? Warum nicht?
5. Waren Sie schon mal im Ausland? Wo?
6. Sind Sie schon mal getrampt? Wohin? Trampen Sie gern?
7. Haben Sie Schwierigkeiten mit Ihrem Professor/Ihrer Professorin? Warum oder warum nicht?
8. Braucht man ein Visum, wenn man nach Kanada fahren will? Nach China? Nach Deutschland?
9. Warum wollen Sie Deutsch lernen?
10. Was tun Sie im Sommer?
11. Interviewen Sie Ihren Professor/Ihre Professorin (z.B. woher er/sie kommt, wie alt er/sie ist, was er/sie gern ißt, trinkt, ob seine/ihre Studenten nett sind, ob er/sie ein Auto hat, ob er/sie ein Rennfahrer ist, ob er/sie Schwierigkeiten mit seinen/ihren Studenten hat, und so weiter).

➡ ERKLÄRUNGEN UND ÜBUNGEN

I. SIMPLE PAST TENSE: MODAL AUXILIARIES

In the previous lesson you learned that the conversational past tense for the verbs **haben** and **sein** is usually the simple past tense. The same applies to the modal auxiliaries. The following conjugation of **dürfen** illustrates the pattern for the modals in the simple past.

dürfen

ich	durfte	wir	durften
du	durftest	ihr	durftet
er, sie, es	durfte	sie	durften
		Sie	durften

The personal endings (shown above in bold) are added to the stem of the infinitive, minus the umlaut, if there is one. The modal **mögen** (rarely used in the past tense) has an additional stem change; note the change in the past tense form below.

INFINITIVE	THIRD PERS. SING. PAST TENSE
dürfen (permission)	er, sie, es **durfte**
können (ability)	er, sie, es **konnte**
mögen (liking)	er, sie, es **mochte**
müssen (necessity)	er, sie, es **mußte**
sollen (obligation)	er, sie, es **sollte**
wollen (wish, desire, intention)	er, sie, es **wollte**

ÜBUNG 1

Respond to the following statements, as in the model.

MODEL: Heute will ich mitkommen.
Gestern wollte ich nicht mitkommen.

1. Heute kann ich spielen.
2. Heute darf ich den Mercedes haben.
3. Heute soll ich ihr helfen.
4. Heute muß ich aufpassen.
5. Heute will ich anfangen.
6. Heute will er ihn kennenlernen.
7. Heute kann er uns besuchen.
8. Heute darf er mitkommen.
9. Heute soll sie den Scheck schicken.
10. Heute muß sie bezahlen.
11. Heute wollen wir den Wagen reparieren.
12. Heute können wir den Film sehen.
13. Heute dürfen wir jodeln.
14. Heute sollen wir hier parken.
15. Heute müssen wir arbeiten.
16. Heute wollen sie zurückkehren.
17. Heute können sie ihn interviewen.
18. Heute dürfen sie das Krokodil sehen.
19. Heute sollen sie hier parken.
20. Heute müssen sie bezahlen.

ÜBUNG 2

Replace the original modal with the one cued in English.

1. Mußtest du ihr beim Einmaleins helfen? *(did you want to; were you supposed to; were you able to; were you allowed to; did you have to)*
2. Mußten Sie ihn interviewen? *(were you able to; were you allowed to; did you have to; did you want to; were you supposed to)*

ÜBUNG 3

Modal Review: Translate the following sentences.

1. They were able to come.
2. He has to go.
3. We wanted to stay.
4. I was allowed to help.
5. They are supposed to pay attention.
6. Does she want to play?

7. Why must he always laugh?
8. You may borrow it.
9. I had to help.
10. Can she interview us?

11. We don't like it.
12. Was he supposed to be here?
13. Did you have to do that?
14. Couldn't they stay?

II. NOUN PLURALS: NOUNS THAT ADD *-(E)N*

In this lesson, we introduce a third plural group, nouns that add -(e)n to form their plural. Among these you will find:

1. most feminine nouns

> die Prüfung   *pl.* die Prüfungen
> die Woche   *pl.* die Wochen

Feminine nouns formed with an **-in** suffix add **-nen** to form their plural.

> die Freundin   *pl.* die Freundinnen

Nouns with the following suffixes are always feminine:

> **-tion** (die Situation)   **-tät** (die Universität)
> **-keit** (die Schwierigkeit)   **-schaft** (die Wirtschaft)
> **-heit** (die Krankheit)   **-ie** (die Familie)
> **-ung** (die Zeitung)   **-ette** (die Serviette)

Although these suffixes do not account for all the feminine nouns in German, they are quite common and should be committed to memory. In addition, the vast majority of nouns ending in **-e** are feminine (note, however, the weak masculine nouns that end in **-e** in the cumulative list below).

2. all weak masculine nouns

These, you will recall, are the nouns that end in **-n** or **-en** in all cases of the singular except the nominative.

> der Assistent   *pl.* die Assistenten
> der Student   *pl.* die Studenten

3. nouns ending in **-or**

> der Professor   *pl.* die Professoren

In the plural, these nouns always have the stress on the **-or** syllable.

The following list includes all nouns, introduced thus far, that form their plural by adding -**(e)n**. Nouns that are not likely to be used in the plural have been omitted. Two cannot be categorized in the groups described above and should be noted: **das Bett,** *pl.* **die Betten; das Museum,** *pl.* **die Museen.**

die Amerikanerin	die Haltestelle	die Schule
der Anglist *(weak)*	der Herr *(weak* -n), *pl.*	die Schwester
die Arbeit	die Herren	die Schwierigkeit
der Assistent *(weak)*	die Karikatur	die Serviette
die Assistentin	die Katze	die Situation
die Ausrede	die Klasse	der Stammkunde *(weak)*
die Autobahn	die Konstruktion	der Student *(weak)*
die Bank	die Lektion	die Studentin
die Beleidigung	die Limousine	die Tankstelle
das Bett	der Mensch *(weak)*	die Tante
die Bitte	die Minute	die Toilette
die Bremse	der Motor	die Treppe
der Bulle *(weak)*	das Museum, *pl.* die Mu-	die Uhr
die Dame	seen	die Universität
die Diskothek	der Name *(weak)*	die Vorlesung
die Ecke	die Nummer	die Welt
die Einladung	die Pferdestärke	die Werkstatt, *pl.* die
die Erfahrung	der Polizist *(weak)*	Werkstätten
die Familie	der Professor	die Woche
die Frau	die Professorin	die Zeit
die Freundin	die Prüfung	die Zeitung
die Geschichte	die Qualität	

ÜBUNG

Restate, changing the nouns to the plural. Since they are all subjects, you will also have to change the verb.

1. Unsere Prüfung war zu schwer.
2. Seine Ausrede ist gewagt.
3. Meine Vorlesung ist langweilig.
4. Die Studentin will helfen.
5. Die Amerikanerin spricht deutsch.
6. Deine Schwester ist zu dick.
7. Unser Professor ist O.K.
8. Der Student muß zurückkehren.

III. SEPARABLE PREFIXES

Compare the following two sentences:

> *She is coming for lunch.*
> *She is coming back for lunch.*

In the second sentence there is an additional dimension of meaning supplied by the word *back*, namely that she (the subject) has been there before. The first sentence does not imply that. The verb in the first sentence is *to come;* the verb in the second is *to come back.* There are many such two-part verbs in English (i.e., verb + complement): *to try on, to turn off, to look over,* etc. In each of these combinations the complement adds an element of specificity to the verb. Sometimes the addition of the complement completely alters the meaning of the original verb; for example, *to get up* has a totally different meaning from the original *to get.*

German has even more of these two-part verbs than English. However, whereas English places the complement after the infinitive, German has the complement attached to the infinitive as a prefix: **zurückkommen** *(to come back, return);* **aufpassen** *(to pay attention);* **abholen** *(to pick up, go and get).* The prefixes are often prepositions, adverbs, and sometimes even verbs (**kennenlernen,** *to get to know, become acquainted with*). The verbs of this type that you have had so far are:

abholen	*(to pick up, go and get)*	herumreisen	*(to travel around)*
anfangen	*(to start)*	kennenlernen	*(to get to know)*
ansehen	*(to look at)*	mitkommen	*(to come along)*
aufhören	*(to stop)*	zurückkehren	*(to return)*
aufpassen	*(to pay attention, be careful)*	zurückkommen	*(to come back, return)*

In contrast to the unaccented verbal prefixes treated in the last lesson (**ver-, ge-, er-, be-, ent-, emp-, zer-,** etc.), the prefixes we are describing here are accented, and they are called separable because under certain conditions they are separated from the verb to which they belong.

A. PREFIX SEPARATED

When a separable-prefix verb is the first or second element in the clause, the prefix is separated from the verb and placed at the end of the clause. This is the case in all present and simple past tense statements and questions, as well as in commands.

> Wann **fängt** das akademische Jahr drüben **an?** (anfangen)
> *When does the academic year begin over there?*
> Es **hört** Ende Mai oder Anfang Juni **auf.** (aufhören)
> *It ends at the end of May or beginning of June.*
> **Hol** mich um vier **ab.** (abholen) *Pick me up at four.*

ÜBUNG 1

Answer the following questions affirmatively, as in the model.

> MODEL: Kehrst du jetzt zurück?
> **Ja, ich kehre jetzt zurück.**

1. Kommst du jetzt mit?
2. Paßt du jetzt auf?
3. Fängst du jetzt an?

4. Hörst du jetzt auf?
5. Reist du jetzt herum?
6. Kommst du jetzt zurück?

ÜBUNG 2

Change the following familiar commands to formal commands.

1. Fang schon an.
2. Hol die Tante ab.
3. Komm morgen zurück.

4. Hör um vier auf.
5. Komm auch mit.
6. Paß jetzt auf.

ÜBUNG 3

Now change these formal commands to singular familiar commands.

1. Holen Sie ihn ab.
2. Fangen Sie jetzt an.

3. Hören Sie schon auf.
4. Passen Sie gut auf.

ÜBUNG 4

Change the statement to a question, as in the model.

> MODEL: Wir kehren schon zurück.
> **Kehrst du auch schon zurück?**

1. Wir hören jetzt auf.
2. Wir kommen mit.

3. Wir reisen gern in Europa herum.
4. Wir fangen jetzt an.

B. PREFIX NOT SEPARATED

When the separable-prefix verb is the last or next to last element in the clause, the prefix remains attached to the verb. This occurs when the verb is an infinitive, a past participle, or a simple tense verb in a dependent clause.

> Sind Sie viel in Amerika **herumgereist?**
> *Did you travel around much in America?*
> Leider mußte ich im August **zurückkommen.**
> *Unfortunately I had to return in August.*
> Stimmt es, daß das akademische Jahr im September **anfängt?**
> *Is it true that the academic year begins in September?*
> Er weiß, daß sie **zurückgekehrt** ist.
> *He knows that she has returned.*

ÜBUNG 1

Answer affirmatively, as in the model.

> MODEL: Hört sie pünktlich auf?
> **Ja, sie hat immer pünktlich aufgehört.**

1. Paßt sie gut auf?   3. Kehrt sie zu ihnen zurück?
2. Hört sie um vier auf?   4. Reist sie viel herum?

ÜBUNG 2

Answer the questions, as in the model.

> MODEL: Warum hört er jetzt auf?
> **Er muß jetzt aufhören.**

1. Warum kehrt er schon zurück?   3. Warum reist er so viel herum?
2. Warum fängt er so früh an?   4. Warum holt er ihn ab?

ÜBUNG 3

Respond to the statement, as in the model.

> MODEL: Sie kehrt bald zurück.
> **Weiß er, daß sie bald zurückkehrt?**

1. Sie holt ihn ab.   4. Sie fängt wieder an.
2. Sie reist viel herum.   5. Sie paßt nicht auf.
3. Sie kommt morgen zurück. 6. Sie kommt auch mit.

IV. MONTHS OF THE YEAR AND SEASONS

The months of the year and the seasons are all masculine nouns.

der Januar	der Mai	der September	der Winter
der Februar	der Juni	der Oktober	der Frühling (*but also:* das
der März	der Juli	der November	Frühjahr)
der April	der August	der Dezember	der Sommer
			der Herbst

In German the months and seasons are always used with the definite article. The expressions *in January, in February, in the summer, in the fall*, etc., are always formulated **im Januar, im Februar, im Sommer, im Herbst,** etc.

> **Im September** fängt das akademische Jahr an.
> *In September the academic year begins.*
> **Im Sommer** bin ich nach Texas getrampt.
> *In the summer I hitchhiked to Texas.*

ÜBUNG

Answer the following questions by naming the appropriate month or season, as in the model.

> MODEL: Wann fängt der Winter an?
> **Im Dezember fängt der Winter an.**

1. Wann fängt der Sommer an?
2. Wann fängt der Herbst an?
3. Wann fängt der Frühling an?
4. Wann fängt das Herbstsemester an?
5. Wann fängt das Frühlingssemester an?
6. Wann haben Sie Geburtstag?
7. Wann ist es kalt?
8. Wann ist es schön?

V. NUMBERS: 0–19

Learn the following numbers:

null (0)	fünf (5)	zehn (10)	fünfzehn (15)
eins (1)	sechs (6)	elf (11)	sechzehn (16)
zwei (2)	sieben (7)	zwölf (12)	siebzehn (17)
drei (3)	acht (8)	dreizehn (13)	achtzehn (18)
vier (4)	neun (9)	vierzehn (14)	neunzehn (19)

Note that **eins** drops the -s and functions like an indefinite article if it precedes a noun. The other numbers do not change their form.

Ein Amerikaner und **drei** Amerikanerinnen sind hier.

ÜBUNG

Wieviel (how much) ist...? Lesen Sie und geben Sie die Antwort (answer)!

1. $2 \times$ (mal) $2 = ?$
2. $3 \times 6 = ?$
3. $5 \times 3 = ?$
4. $8 \times 2 = ?$
5. $4 \times 3 = ?$
6. $5 \times 2 +$ (plus) $1 = ?$
7. $4 \times 2 -$ (minus) $1 = ?$
8. $1 \times 0 = ?$
9. $7 \times 2 = ?$
10. $4 \times 2 + 1 = ?$

 **ZUM LESEN**

Das deutsche Schulsystem

   In Deutschland sind Kinder und Jugendliche[1] von sechs bis achtzehn Jahren schulpflichtig.[2] Wenn das Kind drei oder vier Jahre alt ist, können die Eltern[3] es in einen Kindergarten[4] schicken. Das ist eine Spielschule und ein idealer Babysitter. Mit fünf Jahren kann das Kind eine Vorschule[5] besuchen.[6] Die Vorschule ist die

1. children and adolescents
2. required to attend school
3. parents
4. nursery school
5. kindergarten
6. attend

Lehrlinge in einer Fabrik *German Information Center*

5 deutsche Parallele zum amerikanischen *kindergarten.* Das Wort kommt übrigens
aus dem Deutschen (das haben Sie bestimmt gemerkt).[7] Hier haben wir einen
Fall[8] von Export und Import: Man hat den Kindergarten von Deutschland nach
Amerika importiert, hat ihn verändert,[9] und dann haben die Deutschen ihn aus
Amerika importiert und ihm einen neuen Namen gegeben.[10] Kindergarten und
10 Vorschule sind in Deutschland nicht obligatorisch.

  Mit sechs Jahren fängt die wirkliche Schulbildung[11] an, mit der
Grundschule.[12] Sie hat vier Schuljahre. Nach der Grundschule gibt es drei
Möglichkeiten:[13] fünf Jahre Hauptschule,[14] oder sechs Jahre Realschule,[15] oder neun

7. noticed
8. case
9. changed
10. **haben ... gegeben**
  gave

11. education
12. primary school
13. possibilities

14. upper classes of ele-
  mentary school
15. nonclassical secondary
  school

Jahre Gymnasium.[16] (Das Gymnasium hat nichts mit Sport zu tun!) Wenn die
Leistungen[17] und Noten[18] in der Grundschule sehr gut waren und das Kind talentiert
ist, geht es auf das Gymnasium. Die Fächer[19] dort sind: Deutsch, Englisch,
Französisch, meistens[20] auch Latein, Mathematik, Physik, Chemie, Biologie, Geschichte, Geographie, Kunst und oft auch Philosophie. Nach neun Jahren haben
die Schüler[21] eine große Prüfung, schriftlich[22] und mündlich,[23] in vielen Fächern.
Die Prüfung heißt das Abitur, und mit dem Abitur kann man eine Universität
oder Hochschule[24] besuchen.

Wenn die Schulleistungen in der Grundschule gut waren, geht man zu
einer Realschule. Dann wird man Lehrling[25] bei einer Firma,[26] einer Bank, usw.
Oder man kann noch zwei Jahre eine Fachoberschule[27] und später eine
Fachhochschule[28] besuchen. Wenn die Noten und Leistungen in der Grundschule
durchschnittlich[29] waren, geht der Schüler in die Hauptschule und wird dann Lehrling in einer Fabrik,[30] in einem Geschäft, oder bei einem Handwerker. Lehrlinge
müssen einen oder zwei Tage in der Woche die Berufsschule[31] besuchen, bis sie
achtzehn Jahre alt sind.

Das klingt[32] sehr strikt, aber es gibt natürlich andere Möglichkeiten. Oft
sieht man erst, daß ein Kind Talent hat, wenn es zwölf oder dreizehn oder vierzehn
Jahre alt ist. Dann ist es z. B. möglich, von der Hauptschule auf eine Realschule
zu gehen, oder von einer Realschule auf ein Gymnasium. Man arbeitet immer an
Reformen.

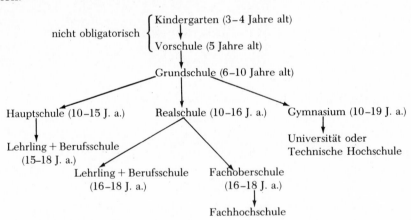

16. university preparatory school	22. written	27. senior technical high school
17. achievements	23. oral	28. polytechnic institute
18. grades	24. university-level institute	29. average
19. subjects	25. apprentice	30. factory
20. usually	26. business concern	31. vocational school
21. pupils		32. sounds

In einer deutschen Schule *German Information Center*

➡ ÜBUNGEN ZUM LESESTÜCK

A. *Complete the following descriptions by selecting the appropriate choice for each.*

1. Ulrike ist im dritten *(third)* Schuljahr. Sie besucht noch **(a)** den Kindergarten   **(b)** die Realschule   **(c)** die Grundschule   **(d)** die Universität.

2. Jürgen möchte Mechaniker werden. Er ist elf Jahre alt, und seine Noten waren nicht sehr gut. Er besucht jetzt **(a)** das Gymnasium   **(b)** die Hochschule   **(c)** die Berufsschule   **(d)** die Hauptschule.

3. Sabine ist zehn Jahre alt. Ihre Schulleistungen sind gut, und sie möchte später bei einer Bank arbeiten (aber nicht als Bankdirektor). Nächstes Jahr besucht sie **(a)** die Grundschule und wird dann Lehrling bei einer Bank   **(b)** das Gymnasium und dann die Berufsschule   **(c)** die Realschule und wird dann Lehrling bei einer Bank   **(d)** die Berufsschule und wird dann Lehrling bei einer Bank.

4. Hans ist zehn Jahre alt. Seine Schulleistungen sind sehr gut, und er ist sehr intelligent. Er möchte Professor werden. Nächstes Jahr besucht er **(a)** die Hauptschule und wird dann Lehrling **(b)** die Realschule und dann die Berufsschule **(c)** die Vorschule und dann das Gymnasium **(d)** das Gymnasium und dann die Universität.

B. *Answer in complete German sentences.*

1. Wann können die Eltern ihr Kind in den Kindergarten schicken?
2. Wie heißt die deutsche Parallele zum *kindergarten?*
3. Was ist in Deutschland nicht obligatorisch?
4. Wieviele *(how many)* Schuljahre hat die Grundschule?
5. Wieviele Möglichkeiten gibt es nach der Grundschule?
6. Wie müssen die Leistungen und Noten sein, wenn man das Gymnasium besuchen will?
7. Hat das Gymnasium etwas mit Sport zu tun?
8. Was kann man tun, wenn man das Abitur hat?
9. Welche *(which)* Schule besucht man, wenn die Noten in der Grundschule durchschnittlich waren?
10. Welche Schule besucht man, wenn man Lehrling ist?
11. Ist das Abitur nur schriftlich?

➡ AM ZIEL: SCHRIFTLICHE ÜBUNGEN

A. *The following pictures depict situations from the dialog. Write sentences describing the situations.*

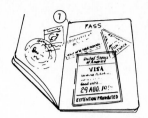

B. *Rewrite the following sentences, changing all nouns to the plural. Make any other necessary changes. (Indefinite articles are omitted in the plural.)*

1. Der Taxifahrer darf nicht bei der Bushaltestelle parken. **2.** Warum will der Student kein Examen?—Er sagt, eine Prüfung macht ihn verrückt. **3.** Wohin geht sie mit ihrer Tochter? **4.** Der Herr dort mit dem T-Shirt und der Kamera, das ist doch bestimmt der Amerikaner. **5.** Der Polizist bewundert ihre Ausrede, und sie bekommt keinen Strafzettel. **6.** Die Amerikanerin wohnt bei einer Familie in Bonn. **7.** Manchmal jodelt meine Tante gern. Vielleicht sollen wir ihr keinen Drink geben. **8.** Unser Scheck ist noch nicht da, und wir können unseren Assistenten nicht bezahlen. **9.** Der Automechaniker verdient viel, aber unser Professor verdient nicht genug. **10.** Wo geht's zur Toilette?

C. *Translate into English; then recall the German from your English translation.*

1. Ich möchte Ihre Professoren kennenlernen. **2.** Er hat lange in New York gewohnt, und jetzt spricht er wie *(like)* ein New Yorker. **3.** Leider konnte er nicht nach Moskau fahren, weil er kein Visum bekommen konnte. **4.** Bei uns hört das Frühlingssemester im Mai auf. **5.** Ich habe nicht gehört, was du gesagt hast. **6.** Anfangs konnte ich meinen Deutschprofessor einfach nicht verstehen. **7.** Er reist in der Welt herum und lernt viele Leute kennen. **8.** Dort durfte man nicht parken, weil es eine Bushaltestelle war. **9.** Können sie Englisch? Ja, sie sind Anglisten. **10.** Hör auf, du bist verrückt!

D. *Translate into German.*

1. He asked me if I wanted to buy his Porsche. **2.** I laughed and said: "Your Porsche doesn't interest me." **3.** I couldn't understand what she said. **4.** I had to sell my car because I couldn't repair it. **5.** When did the semester start?—In September. **6.** When did the exchange student return from the United States? **7.** Why didn't they extend your visa? **8.** My professor said: "You didn't pay attention. Please pay attention." **9.** The summer wasn't long enough. **10.** Unfortunately, I didn't earn enough money.

E. *Composition. Write a composition on the topic: **Jan Gerber in Amerika.** For each sentence use the words given below.*

1. Jan Gerber aus Deutschland / Austauschstudent / in Amerika / sein.
2. Er / gut / englisch / sprechen, / weil / sein / Anglist.
3. Aber / Englischprofessor / in Heidelberg / war / Engländer, / und / Jan / nicht gut / verstehen / können / Amerikaner (pl.).
4. Er / finden, / daß / Professor (pl.) / in Amerika / geben / zu viele / Prüfung (pl.), / aber / er / finden / Student (pl.) / nett.
5. In / Sommer / er / wollen / mit / sein (his) / Freund Mike / nach Florida.
6. Weil / sie / haben / kein Auto, / sie / trampen / wollen.
7. Weil / Jan / oft / essen / Hamburger / und nicht oft Steak, / er / bald / haben / genug Geld / für / ein Schlafsack / und / ein Rucksack.
8. Er / müssen / haben / Schlafsack, / denn / Hotel (pl.) / sein (to be) / zu teuer.
9. Warum / Jan / wollen / sehen / Florida?
10. Er / hören (past) / viel von Disney World, / und / er / möchte / kennenlernen / Donald Duck.

➡ WORTSCHATZ

Beginning with this lesson, verbs with separable prefixes will be shown with a bullet (•) between the prefix and the stem of the verb. This bullet is not part of the spelling of the word.

das **Abitur** final examination after the *Gymnasium*
akademisch academic
der **Anfang,** ⁼e beginning
an•fangen (ä) to begin
anfangs at the beginning
der **Anglist** (wk.), -en student of English, English major
auf•hören to stop
auf•passen to pay attention
das **Ausland** foreign countries
im Ausland abroad
der **Austauschstudent** (wk.), -en exchange student
bei uns back home, here at home
die **Berufsschule,** -n vocational school

besuchen (eine Schule) to attend (a school)
drüben over there
durchschnittlich average
einige some, a few
die **Eltern** (pl.) parents
das **Ende,** -n end
gewaltig immense
die **Grundschule,** -n primary school
das **Gymnasium,** pl. **Gymnasien** university preparatory school
die **Hauptschule,** -n upper grades of elementary school
herum•reisen (ist) to travel around

die **Hochschule,** -n university-level institute
der **Hut,** ⁼e hat
intelligent intelligent
das **Interview,** -s interview
interviewen to interview
kennen•lernen to get to know, meet
der **Kindergarten,** ⁼ nursery school
die **Klasse,** -n class
können (modal) to know (a language, etc.)
der **Lehrling,** -e apprentice
die **Leistung,** -en achievement
die **Möglichkeit,** -en possibility

mündlich   oral
nennen   to call, name
die **Note, -n**   grade, mark
obligatorisch   obligatory
die **Parallele, -n**   parallel
die **Prüfung, -en**   test, exami-
    nation
die **Realschule, -n**   nonclassical
    secondary school
der **Reporter, –**   reporter
der **Rucksack, ⁼e**   backpack
der **Schlafsack, ⁼e**   sleeping
    bag
schriftlich   written

das **Schuljahr, -e**   grade, level
die **Schwierigkeit, -en**   diffi-
    culty
später   later
der **Sport**   sport
stimmen   to be correct
totsicher!   dead right!
trampen (ist)   to hitchhike
die **Vereinigten Staaten** *(pl.)*
    the United States
verlängern   to extend
verrückt   crazy
das **Visum,** *pl.* **Visa** (*or*
    Visas)   visa

vorher   previously, before-
    hand
die **Vorschule, -n**   kindergar-
    ten
wahr   true
wieviele   how many
die **Woche, -n**   week
die **Zeitung, -en**   newspaper
zurück•kehren (ist)   to re-
    turn
zurück•kommen (ist)   to
    come back, return

RÜCKBLICK V-VII

Was Sie jetzt können

A. *Beschreiben Sie (describe) Ihren Professor. (Select from the groups below those descriptions that fit.)*

wears jeans and T-shirts, doesn't like to wear jeans, T-shirts
comes early, late, on time
boring, interesting
doesn't like excuses, loves excuses if they are intelligent
gives too much work, not enough work
is like (**wie**) a policeman, is like a father (mother) to you
never, always criticizes
never gripes about anything, always gripes about everything
often gives you an A, an F
likes to dance, doesn't know what a disco is
loves parties, never heard of a party

B. *Sie haben Ihre Hausaufgabe (homework) nicht gemacht. Erklären Sie (explain), warum nicht.*

you wanted to do your homework, but you couldn't
had to help father in store because salesman was ill
had to sell newspapers, cameras, etc.
worked till (**bis**) ten
then wanted to do your homework
but couldn't do it because you were too nervous
can't work when nervous
you know you were supposed to learn your verbs (**das Verb, -en**)
really wanted to learn them because German interests you
you hope your professor understands

C. *Sie haben eine Einladung zu einer Party, aber Sie wollen nicht gehen. Sie telefonieren und sagen:*

thanks for invitation to party
you would really like to go, but exam tomorrow and have to work
you had an F the last time, and have to get an A
also, your water pipe is broken; you are waiting; the plumber is coming

he was supposed to come at 4, now it is 5 and isn't here yet
and your cat is sick
you really can't come to the party, unfortunately
thanks for the invitation

D. *Sie sind Austauschstudent(in) in Heidelberg. Ein deutscher Reporter interviewt Sie.*
(Supply the answers by using the cues given in English.)

Reporter: Fräulein (Herr) . . . , woher kommen Sie, und wie lange sind Sie schon hier?
Sie: *(From . . . , 2 weeks.)*
Reporter: Was studieren Sie?
Sie: . . .
Reporter: Sie sprechen schon sehr gut deutsch. Wo haben Sie Deutsch gelernt?
Sie: *(In [your college town], one semester.)*
Reporter: Ein Semester? Das ist unglaublich *(unbelievable)*!
Sie: *(Your professor was very good, you had a lot of tests, your professor always criticized*
you, he/she drove you crazy, but you learned a lot.)
Reporter: Wollen Sie hier in Deutschland viel herumreisen?
Sie: *(Yes, you have traveled around a lot already, sometimes a student lends you his car,*
but gas is too expensive, you often go by bike or hitchhike.)
Reporter: Sind die Deutschen nett zu Ihnen?
Sie: *(Yes, they help you, you get invitations to parties, they lend you money when your*
father hasn't sent check yet.)
Reporter: Wie ist das Essen hier?
Sie: *(Very good, especially the hamburgers, like* [**wie**] *at home.)*
Reporter: Wenn ein(e) Amerikaner(in) das sagt, ist es ein Kompliment. Vielen Dank für
das Gespräch, Fräulein/Herr. . . .
Sie: *(You thank him too.)*

E. *Geben Sie die Fragen* (questions) *für die folgenden Antworten* (following answers).

1. Nein, aber morgen kann ich mitkommen. **2.** Ich bin nicht mit dem Fahrrad nach Texas
gefahren. **3.** Nein, mein Vater schickt mir nie Geld. **4.** Nein, mein Bruder hat kein Benzin
gekauft. **5.** Ja, ich habe die richtige Nummer gewählt. **6.** Nein, ich habe nichts von ihm
gehört. **7.** Ja, in Amerika haben die Studenten zu viele Prüfungen. **8.** Weil man mein
Visum nicht verlängern konnte. **9.** Ja, Hamburger esse ich gern. **10.** Ich weiß nicht, wann
die Vorlesung anfängt. **11.** Nein, er ist Reporter. **12.** Natürlich habe ich aufgepaßt!

F. *Write a composition about your summer vacation. Use the expressions given.*

Juni arbeiten / Juli und August herumreisen / zusammen mit Freund(in) / nicht viel
Geld / Fahrrad / Schlafsack / Rucksack / wollen etwas von Amerika sehen / leider
müssen zurückkommen / Herbstsemester anfangen / Sommer schön / jetzt viel arbeiten / weil Deutsch lernen wollen

LEKTION ACHT

 **GRAMMATISCHE ZIELPUNKTE**

The Present Perfect Tense: Strong Verbs • Noun Plurals: Nouns That Add *-e* • Infinitive Phrases • Numbers, cont'd. • Stating the Year

 # AUSGANGSPUNKT

Können Sie tippen?

Elisabeth spricht mit ihrer Freundin über ihre Pläne für die Ferien.

Ursula: Hast du schon eine Stellung für die Sommermonate gefunden?

Elisabeth: Nein, ich habe noch keine Stelle bekommen. Da hat eine Anzeige in der Zeitung gestanden: Sommerbeschäftigung für Studenten. Zoologischer Garten, muß tierliebend sein, angenehme Arbeitsbedingungen.

Ursula: Zoo, das klingt ideal.

Elisabeth: Nicht? Ich bin also ins Personalbüro gegangen. Da hat so ein netter Opa gesessen. Er hat mich gefragt, ob ich tippen kann.

Ursula: Das kann doch nicht wahr sein! Gibt es das heutzutage immer noch? Erzähl mal, was hast du ihm geantwortet?

Elisabeth: Ich habe gesagt, nein, leider nicht, aber ich kann Schreibmaschinen reparieren, habe Erfahrung in Datenverarbeitung und studiere Physik.

Ursula: Da ist er sicher vom Stuhl gefallen.

Elisabeth: Er hat mich ein bißchen pikiert angesehen. Dann hat er gemeint, ich bin überqualifiziert.

Ursula: Typisch! Wie war denn die Bezahlung?

Elisabeth: Das habe ich nicht herausgefunden.

Ursula: Gib's nicht auf. Such weiter.

Elisabeth: Ich habe heute morgen eine Anzeige gelesen: Technische Fähigkeiten erforderlich. Vielleicht ist es möglich, da was* zu bekommen.

Ursula: Ich drücke dir die Daumen. Dann klappt es sicher.

---

* **was** = colloquial form of **etwas**

. . . **muß tierliebend sein.** *German Information Center*

Can You Type?

Elisabeth is talking with her friend about her plans for the vacation.

Ursula: Have you already found a job for the summer months?

Elisabeth: No, I haven't gotten a job yet. There was an ad in the newspaper: Summer employment for students, zoo, must love animals, pleasant working conditions.

Ursula: Zoo, that sounds ideal.

Elisabeth: Doesn't it? So I went to the personnel office. There sat a nice old grandpa. He asked me whether I could type.

Ursula: That can't be true! Such a thing in this day and age? Tell me, what did you answer?

Elisabeth: I said, no, sorry, I don't, but I can repair typewriters, have experience in data processing and am studying physics.

Ursula: He must have fallen off his chair.

Elisabeth: He looked at me a little piqued. Then he said I was overqualified.

Ursula: Typical! What was the salary?

Elisabeth: I didn't find out.

Ursula: Don't give up. Keep looking.

Elisabeth: I read an ad this morning: Technical ability required. Maybe it will be possible to get something there.

Ursula: I'll keep my fingers crossed for you. That way it's sure to work out.

➡ LOCKERUNGSÜBUNGEN

A. *Listen to the statement; then answer the question.*

1. Das ist Elisabeth.   Wer ist das?
2. Sie ist Physikstudentin.   Was ist sie?
3. Sie ist tierliebend.   Wie ist sie?
4. Sie möchte im Sommer arbeiten.   Was möchte sie tun?
5. Sie hat eine Anzeige gelesen.   Was hat sie gelesen?
6. Sie sucht eine Stelle.   Was sucht sie?

7. Das ist ein Zoo.
8. Im Zoo gibt es Tiger und Krokodile.
9. Viele Leute besuchen den Zoo.
10. Elisabeth möchte im Zoo arbeiten.

Was ist das?
Was gibt es im Zoo?

Wer besucht den Zoo?
Wer möchte im Zoo arbeiten?

11. Das ist Ursula.
12. Sie ist Elisabeths Freundin.
13. Sie hat schon eine Stelle gefunden.
14. Sie drückt Elisabeth die Daumen.
15. Sie hofft, daß Elisabeth bald eine Stelle findet.

Wer ist das?
Was ist sie?
Was hat sie schon gefunden?
Was tut sie?

Was hofft sie?

16. Das ist ein Personalbüro.
17. Dort sitzt ein Herr.
18. Der Herr kann nicht tippen.

19. Er hat eine Sekretärin.
20. Sie muß tippen, weil er nicht tippen kann.

Was ist das?
Wer sitzt dort?
Was kann der Herr nicht?
Was hat er?
Warum muß sie tippen?

B. *Answer the following questions affirmatively or negatively, as appropriate.*

1. Spricht Elisabeth mit ihrem Onkel über ihre Pläne?
2. Sind es Pläne für die Wintermonate?
3. Hat Elisabeth eine Stellung bekommen?
4. Hat eine Anzeige in der Zeitung gestanden?
5. Will sie eine Sommerbeschäftigung?
6. Muß man für die Stelle im Zoo tierliebend sein?
7. Sind die Arbeitsbedingungen angenehm?
8. Klingt die Stellung ideal?
9. Ist Elisabeth ins Personalbüro gegangen?
10. Hat ein junger Mann im Personalbüro gesessen?
11. Hat da ein netter Opa gesessen?
12. Hat er gefragt, ob sie tippen kann?
13. Gibt es das heutzutage immer noch?
14. Kann Elisabeth tippen?
15. Kann Elisabeth Schreibmaschinen reparieren?

16. Hat sie Erfahrung in Datenverarbeitung?
17. Studiert sie Musik?
18. Ist der Mann vom Stuhl gefallen?
19. Hat er sie freundlich angesehen?
20. Hat der Herr Elisabeth pikiert angesehen?
21. Hat er gemeint, sie ist überqualifiziert?
22. Hat er ihr die Stelle gegeben?
23. Hat sie herausgefunden, wie die Bezahlung ist?
24. Hat Elisabeth heute morgen eine Anzeige gelesen?
25. Ist technische Fähigkeit für die Stelle erforderlich?
26. Ist es vielleicht möglich, da etwas zu bekommen?
27. Drückt Ursula ihrer Freundin die Daumen?
28. Ist Ursula pessimistisch?

C. *Listen to the statement; then answer the question, as in the model.*

> MODEL: Elisabeth spricht mit ihrer Freundin über ihre Pläne. Mit wem spricht
> sie über ihre Pläne?
> **Sie spricht mit ihrer Freundin über ihre Pläne.**

1. Elisabeth spricht mit ihrer Freundin über ihre Pläne.   Mit wem spricht sie über ihre Pläne?
2. Eine Anzeige hat in der Zeitung gestanden.   Was hat in der Zeitung gestanden?
3. Die Arbeitsbedingungen sind angenehm.   Wie sind die Arbeitsbedingungen?
4. Die Stellung klingt ideal.   Wie klingt die Stellung?
5. Elisabeth ist ins Personalbüro gegangen.   Wohin ist sie gegangen?
6. Ein netter Opa hat da gesessen.   Wer hat da gesessen?
7. Er hat sie gefragt, ob sie tippen kann.   Was hat er sie gefragt?
8. Elisabeth kann Schreibmaschinen reparieren.   Was kann Elisabeth tun?
9. Elisabeth studiert Physik.   Was studiert sie?
10. Der Herr hat sie pikiert angesehen.   Wie hat er sie angesehen?
11. Er hat gemeint, sie ist überqualifiziert.   Was hat er gemeint?
12. Elisabeth hat nicht herausgefunden, wie die Bezahlung war.   Wie war die Bezahlung?
13. Elisabeth soll es nicht aufgeben.   Was soll Elisabeth nicht tun?
14. Heute morgen hat sie eine Anzeige gelesen.   Was hat sie heute morgen gelesen?
15. Technische Fähigkeit ist für die Stellung erforderlich.   Was ist für die Stellung erforderlich?

D. *Respond according to the first example in each group.*

1. Hat er schon eine Stelle gefunden?
   Nein, er hat noch keine Stelle gefunden.
2. Hat er schon ein Zimmer gefunden?
3. Hat er schon einen Parkplatz gefunden?
4. Hat er schon einen Mechaniker gefunden?

5. Hat sie die Stelle schon bekommen?
   Nein, sie hat die Stelle noch nicht bekommen.
6. Hat er den Scheck schon bekommen?
7. Hat sie das Geld schon bekommen?
8. Hat er die Zeitung schon bekommen?

9. Er ist nach Frankfurt gegangen.
   Ist er wirklich nach Frankfurt gegangen?
10. Er ist ins Personalbüro gegangen.
11. Sie sind nach England gegangen.
12. Sie sind zum Parkplatz gegangen.

13. Hat er eine Stelle bekommen?
    Ja, er hat sicher eine Stelle bekommen.
14. Ist sie nach England gegangen?
15. Hat er die Anzeige gelesen?
16. Hat es in der Zeitung gestanden?

E. *Respond negatively, as in the first example.*

1. Ist es leicht, Deutsch zu lernen?
   Nein, es ist nicht leicht, Deutsch zu lernen.
2. Ist es schwer, eine Stelle zu finden?
3. Ist es schwer, Schreibmaschinen zu reparieren?
4. Ist es interessant, bei einer Tankstelle zu arbeiten?

5. Ist es möglich, einen Parkplatz zu bekommen?
6. Ist es Zeit anzufangen?
7. Ist es Zeit aufzuhören?
8. Ist es möglich, das herauszufinden?
9. Hat er Zeit, es zu tun?
10. Haben Sie Zeit, die Zeitung zu lesen?

FRAGEBOGEN

1. Haben Sie schon eine Stellung für die Ferien gefunden? Suchen Sie eine? Wo? Wann wollen Sie anfangen?
2. Ist es schwer, eine Stelle zu finden?
3. Möchten Sie gern in einem Zoo arbeiten? Warum, warum nicht?
4. Können Sie tippen? Wollen Sie eine Stellung, wo man tippen muß?
5. Fällt Ihr Professor vom Stuhl, wenn Sie einen Fehler *(mistake)* machen? Machen Sie viele Fehler?
6. Sieht Ihr Professor Sie manchmal pikiert an? Warum?
7. Hat heute alles geklappt? Wenn nicht, was? Warum?
8. Was können Sie reparieren?

9. Diese Anzeige steht in der Zeitung:
   Wir suchen: nette junge Dame, nicht über 19, muß elegant und attraktiv sein, blond,
   gute Figur, schlank, muß tippen.
   Was sagen Sie zu der Anzeige?
10. Sie suchen eine Stelle. Schreiben Sie eine Anzeige.

ERKLÄRUNGEN UND ÜBUNGEN

I. THE PRESENT PERFECT TENSE: STRONG VERBS

You have already learned that the present perfect tense is used as the main conversational past tense, and that it is a compound tense composed of an auxiliary and a past participle. You have also become familiar with the present perfect forms of weak verbs. In this lesson you will be introduced to the present perfect forms of strong verbs.

Strong verbs, like English irregular verbs, are those whose stems undergo changes in one or more tenses. In some of these verbs (both English and German) the stems of the infinitive and of the past participle are the same: **kommen, gekommen** *(to come, come);* **fallen, gefallen** *(to fall, fallen).* In others the two stems are different: **sprechen, gesprochen** *(to speak, spoken);* **finden, gefunden** *(to find, found).* There is no way of telling from the infinitive whether a verb is weak or strong or what the stem change for a particular verb will be. It is important, therefore, to learn which verbs are strong and what their forms are.

A. THE AUXILIARY
Like weak verbs, most strong verbs use the auxiliary **haben** to form the present perfect tense; some use **sein.** The most practical way to keep the two groups distinguished from each other is to learn which verbs use **sein.** These will always be indicated in the vocabularies as shown in the list of strong verbs given below. (It may help to know that most verbs that take **sein** in the present perfect [1] are intransitive and [2] show motion or change of condition.)

B. THE PAST PARTICIPLE
The past participle formation of strong verbs follows this pattern:

ge + *stem* + en	gefunden (from **finden,** *to find*)
	gegeben (from **geben,** *to give*)
	gesessen (from **sitzen,** *to sit*)

The only exceptions are verbs with inseparable (unaccented) prefixes. They omit the **ge-** prefix.

stem + en	verstanden (from **verstehen,** *to understand*)
	bekommen (from **bekommen,** *to get*)

The following is a list of all the strong verbs you have had, along with their past participles. Verbs that use **sein** as their auxiliary are indicated by the **ist** before the past participle. All others use **haben.** Included in the list are the strong verbs with separable prefixes. The vocabulary in each lesson from now on will give the past participle of each new strong verb.

INFINITIVE	PAST PARTICIPLE
an•fangen *(to begin)*	angefangen
an•sehen *(to look at)*	angesehen
auf•geben *(to give up)*	aufgegeben
bekommen *(to get)*	bekommen
beschreiben *(to describe)*	beschrieben
bleiben *(to remain)*	ist geblieben
essen *(to eat)*	gegessen
fahren *(to go, drive)*	ist gefahren
fallen *(to fall)*	ist gefallen
finden *(to find)*	gefunden
geben *(to give)*	gegeben
gehen *(to go)*	ist gegangen
gelingen *(to succeed)*	ist gelungen
gewinnen *(to win)*	gewonnen
halten *(to hold)*	gehalten
heißen *(to be called)*	geheißen
helfen *(to help)*	geholfen
heraus•finden *(to find out)*	herausgefunden
klingen *(to sound)*	geklungen
kommen *(to come)*	ist gekommen
leihen *(to lend, borrow)*	geliehen
lesen *(to read)*	gelesen
liegen *(to lie)*	gelegen
mit•kommen *(to come along)*	ist mitgekommen
nehmen *(to take)*	genommen

INFINITIVE	PAST PARTICIPLE
sehen *(to see)*	gesehen
sein *(to be)*	ist gewesen
singen *(to sing)*	gesungen
sitzen *(to sit)*	gesessen
sprechen *(to speak)*	gesprochen
stehen *(to stand)*	gestanden
tragen *(to wear, carry)*	getragen
treffen *(to meet)*	getroffen
trinken *(to drink)*	getrunken
tun *(to do)*	getan
verschwinden *(to disappear)*	ist verschwunden
verstehen *(to understand)*	verstanden
werden *(to become)*	ist geworden
zurück•kommen *(to return)*	ist zurückgekommen

The verb **wissen** *(to know)* has a past participle with a combination of weak and strong verb features. There is a stem change, but the -t suffix common to weak verbs is used: **gewußt.**

ÜBUNG 1

*Restate the following sentences, changing the subject in turn to **er**, **wir**, and **sie** (they).*

1. Ich habe Hamburger gegessen.
2. Ich habe eine Stellung gefunden.
3. Ich habe ihm die Zeitung gegeben.
4. Ich habe einen Vortrag gehalten.
5. Ich habe ihr beim Einmaleins geholfen.
6. Ich habe ihm den BMW geliehen.
7. Ich habe das nie getan.
8. Ich habe nie Bier getrunken.
9. Ich habe damals einen Hut getragen.
10. Ich habe lange im Garten gestanden.
11. Ich habe nie mit ihm gesprochen.
12. Ich habe lange im Personalbüro gesessen.
13. Ich habe ihn beim Parkplatz getroffen.
14. Ich habe die Anzeige gesehen.
15. Ich habe ihren Koffer genommen.
16. Ich habe die Zeitung gelesen.
17. Ich habe eine Schreibmaschine bekommen.
18. Ich habe den Preis gewonnen.
19. Ich habe ihn nicht verstanden.
20. Ich habe schon im Sommer angefangen.
21. Ich habe es nie aufgegeben.
22. Ich habe es nicht herausgefunden.
23. Ich habe es nicht gewußt.
24. Ich bin schon oft in Deutschland gewesen.
25. Ich bin dann schnell verschwunden.
26. Ich bin dann neugierig geworden.

ÜBUNG 2

Answer as in the model.

> MODEL: Ißt du oft Hamburger?
> **Ja, ich habe gestern Hamburger gegessen.**

1. Hilfst du ihr oft beim Einmaleins?
2. Leihst du ihm oft den Porsche?
3. Siehst du oft Krokodile?
4. Liest du oft die „Times"?
5. Sprichst du oft mit ihm?
6. Gewinnst du oft Geld?
7. Bekommst du oft einen Strafzettel?
8. Fängst du oft um acht an?
9. Kommst du oft spät zurück?
10. Bleibst du oft bei ihr?
11. Fährst du oft mit dem Bus?
12. Gehst du oft in die Diskothek?
13. Wirst du oft böse?
14. Kommst du oft zu spät?

ÜBUNG 3

Verb Review. Construct sentences in the present perfect tense, as in the model.

> MODEL: wir / den Onkel besuchen
> **Wir haben den Onkel besucht.**

1. Elisabeth / eine Stelle bekommen
2. wir / die Tante abholen
3. Heiko / das Auto leihen
4. Ursula und Petra / die Schreibmaschine reparieren
5. ich / das nicht herausfinden
6. du / deine Arbeit nicht tun
7. er / von dem Interview erzählen
8. Udo / auf dem Parkplatz parken
9. wir / es nicht aufgeben
10. Ulrike / schon verreisen
11. es / wieder nicht klappen
12. das Kind / gestern verschwinden
13. er / in der Klasse bleiben
14. ich / das nicht wissen
15. du / zu früh anfangen
16. es / in der Zeitung stehen
17. das / im Auto liegen
18. er / das Kino bezahlen

II. NOUN PLURALS: NOUNS THAT ADD *-E*

Some nouns form their plural by adding an -e ending. Many also add an umlaut to the **a, o,** or **u** in their stem. Most masculine nouns of one syllable are in this group.

der Platz	*pl.* die Plätze
der Tag	*pl.* die Tage
der Plan	*pl.* die Pläne
der Film	*pl.* die Filme

In addition, this group contains many neuters, polysyllabic masculines, and even a small number of monosyllabic feminines, all of which are difficult to classify. They must be learned individually.

der Monat   *pl.* die Monate
der Beruf   *pl.* die Berufe
der Vortrag   *pl.* die Vorträge
das Geschäft   *pl.* die Geschäfte
das Problem   *pl.* die Probleme
die Stadt   *pl.* die Städte

The following list includes all nouns in this group that you have had. Those that add an umlaut are indicated.

das Altersheim	das Geschäft	das Ritual
der Anfang (¨)	das Gespräch	der Sack (¨)
der Anruf	der Hörsaal (die Hörsäle)	der Sauertopf (¨)
der Bahnhof (¨)	der Hut (¨)	das Schiff
das Beispiel	der Import	der Schluß (die Schlüsse)
der Beruf	der Ingenieur	das Seminar
das Bier	das Jahr	der Sohn (¨)
der Bierkrug (¨)	das Krokodil	das Sonderangebot
der Bus (die Busse)	die Kunst (¨)	die Stadt (¨)
der Dekan	der Lehrling	das Stück
der Dialekt	das Mikroskop	der Stuhl (¨)
das Ding	der Monat	das Symbol
der Export	der Platz (¨)	das System
der Film	der Preis	der Tag
der Freund	das Problem	der Teil
der Führerschein	der Punkt	das Telefon
der Geizhals (¨)	der Regisseur	der Vortrag (¨)
das Gerät	das Resultat	der Zug (¨)

ÜBUNG

Restate the following sentences, changing all singular nouns to the plural. Make any other necessary changes.

1. Sein Film war überwältigend.
2. Die Stadt ist typisch amerikanisch.
3. Der Zug hält nicht in Dudweiler.
4. Der Tag in Frankfurt war interessant.
5. Mein Problem macht mich verrückt.
6. Er will den Stuhl kaufen.
7. Verstehen Sie den Dialekt?
8. Gibt es hier keinen Parkplatz?
9. Sie will ihren Vortrag hier halten.
10. Ich finde das Resultat interessant.
11. Er geht mit seinem Sohn nach München.
12. Nach dem Jahr in Amerika ist er zurück-gekommen.
13. Was will er mit dem Gerät?
14. Die Leute kommen aus dem Geschäft.

III. INFINITIVE PHRASES

You will recall that when a modal auxiliary is used with a dependent infinitive, the infinitive is placed at the end of the clause.

> Das **kann** doch nicht wahr **sein!** *That can't be true.*
> Ich **wollte** die Welt **kennenlernen.** *I wanted to get to know the world.*

Dependent infinitives used with most other verbs, however, must be preceded by **zu** at the end of the clause.

> Ich **finde** es schwer **zu verstehen.** *I find it difficult to understand.*
> Ich **habe** keine Zeit **zu spielen.** *I have no time to play.*

If the dependent infinitive has a separable prefix, the **zu** is placed between the prefix and the stem of the verb.

> Es war Zeit zurückzukehren. *It was time to return.*
> Ich hatte keine Zeit herumzureisen. *I had no time to travel around.*

Often the dependent infinitive is used in combination with other elements to comprise an entire infinitive phrase, which is set off by a comma.

> Ich finde es schwer, **ihn zu verstehen.**
> *I find it difficult to understand him.*
> Vielleicht ist es möglich, **da was zu bekommen.**
> *Perhaps it is possible to get something there.*

ÜBUNG

*In place of **Ich möchte**, use **Vielleicht ist es möglich**, as in the model.*

> **MODEL:** Ich möchte eine Stellung finden.
> **Vielleicht ist es möglich, eine Stellung zu finden.**

1. Ich möchte im Zoo eine Stellung bekommen.
2. Ich möchte nach Florida trampen.
3. Ich möchte bei dem Klempner Lehrling werden.
4. Ich möchte mit dem Reporter sprechen.
5. Ich möchte im Herbst in die USA fahren.
6. Ich möchte seine Telefonnummer herausfinden.
7. Ich möchte den Austauschstudenten kennenlernen.
8. Ich möchte im Sommer anfangen.

IV. NUMBERS, CONT'D.

Learn to form the remaining numbers from this pattern:

zwanzig (20)	dreißig (30)	hundertdreiunddreißig (133)
einundzwanzig (21)	vierzig (40)	zweihundert (200)
zweiundzwanzig (22)	fünfzig (50)	dreihundert (300)
dreiundzwanzig (23)	sechzig (60)	achthundert (800)
vierundzwanzig (24)	siebzig (70)	tausend (1000)
fünfundzwanzig (25)	achtzig (80)	(ein)tausendvierhundertzwanzig *or*
sechsundzwanzig (26)	neunzig (90)	vierzehnhundertzwanzig (1420)
siebenundzwanzig (27)	hundert (100)	zweitausend (2000)
achtundzwanzig (28)	hunderteins (101)	eine Million *(one million)*
neunundzwanzig (29)	hundertzwei (102)	eine Milliarde *(one billion)*

ÜBUNG

Können Sie das Einmaleins? Lesen Sie und geben Sie die Antwort.

Wieviel ist 10 mal 10?	25 mal 5?	350 mal 2?
15 mal 5?	12 mal 12?	11 mal 11?
20 mal 4?	54 mal 2?	400 mal 4?

V. STATING THE YEAR

The year of a particular event is stated in German in one of two ways:

im Jahre 1940
or simply: **1940**

German never follows the English pattern of using only the preposition *in* with the year (English: *in 1940*).

ÜBUNG

Antworten Sie auf die Fragen.

1. In welchem Jahr sind Sie geboren *(born)?*
2. Wie alt sind Sie jetzt?
3. In welchem Jahr haben Sie am College angefangen?
4. Wie alt ist Ihr Bruder? Ihre Schwester? In welchem Jahr sind sie geboren?

Lise Meitner und Otto Hahn im Labor *German Information Center*

➡ ZUM LESEN

Lise Meitner (1878–1968)

Wenn man den Namen Österreich hört, denkt[1] man an Cafés, den Charm der alten Welt, Musik und Johann Strauß, Museen und Theater, Sigmund Freud mit seinem Ich und Über-Ich, usw. Niemand[2] denkt, daß das charmante alte Wien etwas mit Kernphysik[3] zu tun hat; oder daß eine charmante Wienerin eine bekannte
5 Atomwissenschaftlerin[4] war.

1. thinks   3. nuclear physics   4. atomic scientist
2. no one

Wenn man von den Anfängen in der Atomphysik spricht, erwähnt man Namen wie Otto Hahn und Max Planck. Aber selten[5] hört man den Namen Lise Meitner. Sie wurde in Wien geboren.[6] Ihr Vater wollte, daß seine intelligente Tochter Französischlehrerin[7] an einer Mädchenschule werden sollte. Der Beruf

10 war damals akzeptabel für eine junge Dame aus guter Familie. Aber die Wissenschaft hat Lise mehr interessiert. 1907 ging[8] sie nach Berlin, und dort hat sie Vorlesungen bei Max Planck gehört. Dann hat sie viele Jahre mit Otto Hahn zusammen gearbeitet und experimentiert. In den dreißiger Jahren haben sie zusammen die Produkte der Neutronenbeschießung[9] des Urans[10] untersucht,[11] und sie entdeckten[12]

15 das Isomer U^{239}. Anfangs war Lise Meitner im Hitlerdeutschland nicht in Gefahr,[13] obwohl[14] sie jüdischer Abstammung[15] war, denn sie war Österreicherin und keine Deutsche. Aber nach 1938, nach dem Anschluß,[16] mußte sie nach Stockholm in Schweden fliehen.[17]

Hahn und ein Kollege haben dann in Berlin versucht,[18] das Produkt der

20 Neutronenbeschießung des Urans zu identifizieren. In einem wissenschaftlichen Bericht[19] veröffentlichten[20] sie, was sie gefunden hatten, aber nicht erklären[21] konnten: ein *(one)* Produkt war wahrscheinlich Barium, Atomzahl[22] 56 (die Atomzahl für Uran ist 92). In Stockholm konnte Lise Meitner den Bericht lesen, und ihre Theorie war, daß Hahn und sein Kollege den Urankern[23] durch die Beschie-

25 ßung mit Neutronen gespalten[24] hatten. Sie hat auch vorausgesagt,[25] daß eine Kettenreaktion[26] möglich ist. Bald konnte man ihre Theorie bestätigen.[27]

Lise Meitners Theorie war bahnbrechend:[28] sie hat zur Entwicklung[29] der Atombombe und des Kernreaktors[30] geführt.[31]

5. seldom	13. danger	23. uranium nucleus
6. **wurde...geboren** was born	14. although	24. split
	15. of Jewish extraction	25. predicted
7. French teacher	16. political union	26. chain reaction
8. went	17. flee	27. confirm
9. of the neutron bombardment	18. tried	28. epoch-making
	19. report	29. development
10. of uranium	20. published	30. nuclear reactor
11. studied	21. explain	31. led
12. discovered	22. atomic number	

 ## ÜBUNGEN ZUM LESESTÜCK

A. *Answer in complete German sentences.*

1. Wo und wann wurde Lise Meitner geboren? 2. Was sollte sie werden? 3. Warum sollte sie das werden? 4. Wo hat sie 1907 studiert? 5. Bei wem hat sie Vorlesungen gehört?

6. Warum war Lise Meitner vor 1938 nicht in Gefahr?   7. Was mußte sie nach 1938 tun?
8. Was hat Lise Meitner vorausgesagt?   9. Warum war ihre Theorie bahnbrechend?
10. Was hat Sigmund Freud entdeckt?

B. *Devise ten questions to be asked, based on the following imaginary conversation between Lise Meitner and her father.*

Wien, ca. 1895 A.D. *Vater Meitner, Tochter Lise*

Vater: Nun, liebe Lise, was möchtest du denn werden?
Lise: Physikerin.
Vater: Physikerin?? Aber meine liebe *(dear)* Tochter, das ist doch kein Beruf für eine junge Dame aus guter Familie!
Lise: Warum nicht, lieber Papa?
Vater: Dann mußt du zu viel denken. Das ist nicht gut für Frauen. Frauen sollen nicht zu viel denken. Frauen sollen ihre Intelligenz nicht zeigen, sonst bekommen sie keinen Mann.
Lise: Aber Papa, ich will ja keinen Mann, ich will ja Physik studieren und experimentieren.
Vater: Und wo experimentiert man? In einem Laboratorium. Und wer arbeitet in einem Laboratorium? Nur Männer *(men)*!
Lise: Und warum soll ich nicht auch in einem Laboratorium arbeiten?
Vater: Du, eine Frau, mit all den Männern? Nein, das ist unmöglich! Studier Französisch, wenn du wirklich einen Beruf haben mußt. Dann kannst du Lehrerin an einer Mädchenschule werden. Dann findest du auch vielleicht einen netten Mann aus guter Familie.
Lise: Also gut, Papa, ich studiere Französisch und dann Physik.
Der Vater sagt nichts mehr und hofft (hopes), *daß seine Tochter bald einen ordentlichen Mann findet und ihre verrückten Pläne aufgibt.*

➡ AM ZIEL: SCHRIFTLICHE ÜBUNGEN

A. *The following pictures depict situations from the dialog. Write sentences describing the situations.*

B. *Supply the missing words to complete a summary of the dialog in this lesson.*

Ursula _____ mit _____ Freundin über ihre Pläne für die _____. Sie hat noch _____ Stellung _____. In der Zeitung hat _____ _____ Anzeige _____. Sommer_____ für _____ Zoologischer _____, muß _____ sein, angenehme _____. Ursula meint, das _____ ideal. Elisabeth _____ ins _____ gegangen. Da hat so ein netter Opa _____. Er hat sie _____, ob sie ___ ___. Elisabeth kann _____ tippen, aber sie kann _____ reparieren. Sie hat auch _____ in Datenverarbeitung und sie studiert _____. Ursula meint, der Opa _____ vom Stuhl _____. Aber nein, er hat Elisabeth ein _____ pikiert _____ und hat gemeint, sie ist _____. Was die Bezahlung ist, hat sie nicht _____. Aber sie _____ es nicht auf. Sie hat _____ morgen wieder eine ___ ___: Technische _____ erforderlich. Vielleicht ist es _____, da was ___ ___. Ursula drückt ihr die _____. Hoffentlich _____ es.

C. *Make complete sentences of the following elements, adjusting the word order and adding* **zu** *with the dependent infinite where necessary.*

1. Wir haben keine Zeit / herumreisen / in Deutschland.
2. Vielleicht ist es möglich / bekommen / einen Studienplatz.
3. Es fängt an / werden / bei Professor Bauer / stinklangweilig.
4. Er will / fahren / im Sommer / nach England.
5. Es ist interessant / kennenlernen / die neuen Austauschstudenten.
6. Der Professor in Amerika muß / geben / viele Prüfungen.
7. Sie hat schon angefangen / arbeiten / im Zoo.
8. Er hat aufgehört / suchen / eine Stellung.
9. Ich sehe keine Möglichkeit / herausfinden / die Arbeitsbedingungen.

D. *Rewrite the following telephone monolog, changing all the verbs in italics to either present perfect or simple past, as appropriate.*

Uta: Bist du's, Klaus? . . . Ja, gut daß du zu Hause bist. Ich bin wirklich pikiert. Du weißt, ich *will* eine Stellung für die Ferien finden. Ich *komme* gerade von einem Interview zurück. Was? . . . Nein, die Stellung *bekomme* ich nicht. Ich *will* etwas, wo ich nicht zu schwer arbeiten muß. Da *lese* ich eine Anzeige. Was? . . . Ja, heute morgen in der Zeitung. Da *steht:* Einfache Büroarbeit, angenehme Arbeitsbedingungen. Da *telefoniere* ich, und der Mann *will* mich interviewen. Ich *meine*, er *will* sehen, wie schnell ich tippen kann. Wie, bitte? . . . Ja, in Stuttgart. Ich *fahre* also nach Stuttgart und *sitze* lange im Wartezimmer. Ich *warte* vielleicht 15 Minuten, und dann *darf* ich in sein Büro gehen. Und weißt du, was er mich *fragt?* . . . Nein, das nicht. Ob ich Erfahrung in Datenverarbeitung habe. Ich *sage* nein, daß ich nur tippen *will*. Da *sieht* er mich pikiert an und *meint*, ich bin unterqualifiziert. Einfache Büroarbeit, ha! . . .

E. *Change the nouns in the following sentences to the plural. Make any other necessary changes.*

1. Für seinen Film hat er den Preis gewonnen. 2. Die Anzeige habe ich aus der Zeitung. 3. Der Austauschstudent ist Anglist. 4. Der Professor gibt keine Prüfung. 5. Der Zuschauer kritisiert die Schauspielerin. 6. Ich gebe ihm den Schlüssel. 7. Sein Scheck kommt immer pünktlich. 8. Mein Bruder kommt bald zurück. 9. Die Schreibmaschine funktioniert nicht. 10. Der Mechaniker kann das Auto nicht reparieren. 11. Der Amerikaner muß seinen Führerschein haben.

F. *Translate into English; then recall the German from your English translation.*

1. Die Prüfung war so schwer, daß ich fast vom Stuhl gefallen bin. 2. Sehen Sie mich nicht so böse an! 3. Er wollte eine Stellung bei einer Tankstelle bekommen, aber leider hat es nicht geklappt. 4. Wenn man im Zoo arbeiten will, muß man tierliebend sein. 5. Ich weiß nicht, wann die Anzeigen in der Zeitung gestanden haben. 6. Es war nicht schwer, die Entwicklung vorauszusagen. 7. Heute ist unser Professor pünktlich zur Klasse gekommen. 8. Es ist nicht leicht, im Sommer eine Stellung mit guter Bezahlung zu bekommen, wenn man keine Erfahrung hat. 9. Sie sind ein bißchen neugierig geworden. 10. Ich habe nicht gewußt, daß er drei Monate in Frankfurt geblieben ist.

G. *Translate into German.*

1. What? You don't know who discovered America? 2. He gave it to me in July. 3. Is it possible to predict that? 4. Unfortunately, she did not come along; she had to work. 5. Do you have experience in data processing? Can you help me? 6. I didn't understand him because he spoke too fast. 7. Can you tell me what a chain reaction is? 8. I couldn't type because my typewriter was broken. 9. I fell off my bike. 10. When did your parents return from Europe?

H. *Composition. Write a dialog by constructing sentences using the following elements. Watch word order and supply any articles needed.*

Herr im Personalbüro, Student

Student: Verzeihung! / Ich / sehen *(past)* / Ihr–Anzeige: / Sommerbeschäftigung für Studenten. / Ich / sein / Philosophiestudent. / Ich / möchte / werden / Philosophieprofessor. / Mein–Familie / nicht   reich / sein. / In / Sommer / ich / müssen / verdienen / Geld.

Herr: Erfahrung / Sie / haben?

Student: In / Winter / ich / verkaufen *(past)* / Zeitung *(pl.)*. / Ich / auch / arbeiten *(past)* / im Zoo. / Ich / sehr / tierliebend / sein.

Herr: Leider / es / gibt / hier / kein–Krokodil *(pl.)*. / Sie / haben / vielleicht / Erfahrung / in Datenverarbeitung?

Student: Nein, / ich / nur / haben / Erfahrung / mit / Taschenrechner *(pl.)*.

Herr: Das / leider / sein / nicht / genug. / Was / Sie / denn / tun / können?

Student: Ich / können / reparieren / Fahrrad; / ich / können / mixen / Drink *(pl.)*; / ich / können / verstehen / Nietzsche . . .

Herr: Sie / vielleicht / können / tippen?

Student: Nicht schnell, / aber / ich / sein / intelligent, / und / ich / schnell / lernen.

Herr: Gut! / Weil / Sie / sein / intelligent, / ich / können / Sie / Bürostelle / geben.

Student: Vielen Dank! / Wann / ich / anfangen?

Herr: In / Juni.

➡ WORTSCHATZ

	akzepțabel acceptable	**die**	**Bezahlung, -en** salary, pay	**die**	**Erfahrung, -en** experience
	angenehm pleasant		**bißchen: ein bißchen** a little		**erforderlich** required
die	**Anzeige, -n** advertisement	**die**	**Datenverarbeitung** data processing		**erzählen** to tell, relate
die	**Arbeitsbedingung, -en** working condition	**der**	**Daumen, –** thumb		**experimentieren** to experiment
die	**Atombombe, -n** atom bomb		**denken, gedacht** to think	**die**	**Fähigkeit, -en** ability
	auf•geben (i), aufgegeben to give up		**drücken** to press		**fallen (ä), ist gefallen** to fall
	bahnbrechend epochmaking, trail-blazing		**die Daumen drücken** to keep one's fingers crossed	**der**	**Fehler, –** mistake
die	**Beschäftigung, -en** employment, occupation		**entdecken** to discover	**die**	**Ferien** *(pl.)* vacation
		die	**Entwicklung, -en** development		**fliehen, ist geflohen** to flee, escape
				der	**Französischlehrer, –** French teacher

führen to lead
der **Garten, -̈** garden
geboren born
  ist geboren was born
  (for someone still living)
  wurde ... geboren was born *(for someone dead)*
die **Gefahr, -en** danger
heraus•finden, herausgefunden to find out
heute morgen this morning
heutzutage nowadays, in this day and age
das **Ich** ego
ideal ideal
immer noch still
die **Intelligenz** intelligence
der **Kernreaktor, -en** nuclear reactor
die **Kettenreaktion, -en** chain reaction

klappen *(coll.)* to work out, go well
klingen, geklungen to sound
das **Laboratorium,** *pl.* **Laboratorien** laboratory
der **Lehrer, –** teacher
die **Maschine, -n** machine
meinen to say; mean
möglich possible
der **Monat, -e** month
der **Opa, -s** grandpa
das **Personal** personnel
pessimistisch pessimistic
die **Physik** physics
der **Physiker, –** physicist
pikiert piqued
der **Plan, -̈e** plan
qualifiziert qualified
die **Schreibmaschine, -n** typewriter
(das) **Schweden** Sweden
der **Sekretär, -e** secretary
sicher certainly

stehen, gestanden to stand; be, say *(in the newspaper etc.)*
die **Stelle, -n** place; job
die **Stellung, -en** job
der **Stuhl, -̈e** chair
suchen to look for
technisch technical
die **Theorie, -n** theory
tierliebend sein to love animals
tippen to type
über about; over, above
das **Über-Ich** super-ego
überqualifiziert overqualified
voraus•sagen to predict
weiter•suchen to go on looking
der **Zoo, -s** zoo
der **Zoologische Garten** zoo

LEKTION
NEUN

Puddle Wasser Lache
Bay - Die Bucht

GRAMMATISCHE ZIELPUNKTE

Accusative/Dative Prepositions • *wo* and *wohin* • Word Order of Adverbs and Adverbial Phrases • Noun Plurals: Nouns That Add *-er* • Compound Nouns • Prepositions *nach* and *in* with Countries

AUSGANGSPUNKT

Die See the Sea
Der See A LAKE
Weiher - A pond

Blockhütte oder Segelboot?

Im Wartezimmer beim Zahnarzt. Herr Fischer sitzt neben einem anderen Herrn. Sie denken nicht an Zahnschmerzen, Bohrer und Spritzen, sondern sie sprechen über den Urlaub.

Fischer: Waren Sie schon mal am Meer?

Holzer: Nein, wir fahren im Urlaub immer in die Berge.

Fischer: Und die Kinder nehmen Sie mit?

Holzer: Selbstverständlich. Wir haben eine Blockhütte in einem Bergwald gebaut. Morgens um sechs wandern wir in den Wäldern herum. Oder wir machen eine Bergtour vor dem Frühstück ... Sehr gesund!

Fischer: Und ans Meer möchten Sie nicht mal?

Holzer: Vielleicht fahren wir nächstes Jahr mit dem Wohnwagen an die Ostsee, oder ans Mittelmeer. Meine Frau behauptet, sie hat Rheuma und kann nicht mehr auf die Berge klettern.

Fischer: Ja, Sonne und warmer Sand sind gut für Rheuma. Und die Kinder können schwimmen und am Strand spielen. Und Sie können unterm Sonnenschirm sitzen und schlafen, oder segeln. *Sailing*

Holzer: Ich habe aber kein Segelboot.

Fischer: Da kann ich Ihnen aushelfen! Ich muß mein Segelboot verkaufen. Fast neu.

Holzer: Ich kann aber nicht segeln.

Fischer: Das lernt man schnell, und dann macht es Spaß.

Holzer: Warum wollen Sie denn Ihr Boot verkaufen?

Fischer: Ich werde seekrank. Das habe ich nicht gewußt, als ich es gekauft habe.

Sonne und warmer Sand sind gut für Rheuma. *German Information Center*

Log Cabin or Sailboat?

In the waiting room at the dentist's. Mr. Fischer is sitting next to another man. They're not thinking of toothaches, drills and injections but rather are talking about vacations.

Fischer: Have you ever been at the ocean?

Holzer: No, we always go to the mountains on our vacation.

Fischer: And you take the children along?

Holzer: Of course. We've built a log cabin in a mountain forest. At six in the morning we hike in the woods, or we do some hiking in the mountains before breakfast . . . very healthy.

Fischer: And you wouldn't like to go to the seashore sometime?

Holzer: Maybe next year we'll go to the Baltic or the Mediterranean in our camper. My wife claims that she has rheumatism and can't climb mountains any more.

Fischer: Yes, sun and warm sand are good for rheumatism. And the children can go swimming and play on the beach, and you can sit under an umbrella and sleep, or go sailing.

Holzer: But I have no sailboat.

Fischer: There I can help you out. I have to sell my sailboat. Practically new.

Holzer: But I don't know how to sail.

Fischer: That's easy to learn, and then it's fun.

Holzer: Why do you want to sell your boat?

Fischer: I get seasick; I didn't know that when I bought it.

➡ LOCKERUNGSÜBUNGEN

A. *Listen to the statement; then answer the question.*

1. Das ist Herr Fischer.   Wer ist das?
2. Er fährt gern ans Meer.   Wohin fährt er gern?
3. Er hat ein Segelboot.   Was hat er?
4. Er muß sein Segelboot   Was muß er tun?
   verkaufen.
5. Er muß es verkaufen,   Warum muß er es verkaufen?
   weil er seekrank wird.

6. Das ist Herr Holzer.   Wer ist das?
7. Er trägt Jeans und ein   Was trägt er?
   T-Shirt.
8. Er klettert auf einen   Was tut er?
   Berg.
9. Er findet das sehr gesund.   Wie findet er das?

10. Das ist Frau Holzer.   Wer ist das?
11. Sie hat drei Kinder.   Wie viele Kinder hat sie?
12. Ihr Mann fährt gern in   Wohin fährt ihr Mann gern?
    die Berge.
13. Er nimmt Frau und Kin-   Wen nimmt er mit?
    der mit.
14. Frau Holzer klettert   Was tut sie nicht gern?
    nicht sehr gern auf die
    Berge.
15. Sie findet eine Ausrede.   Was findet sie?
16. Sie behauptet, daß sie   Was behauptet sie?
    Rheuma hat.

17. Das ist ein Wartezimmer.   Was ist das?
18. Zwei Männer sitzen im   Wer sitzt im Wartezimmer?
    Wartezimmer.
19. Sie haben Zahnschmer-   Was haben sie?
    zen.
20. Sie sprechen nicht über   Worüber *(about what)* spre-
    die Zahnschmerzen.   chen sie nicht?

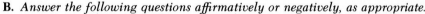

B. *Answer the following questions affirmatively or negatively, as appropriate.*

1. Sitzen die zwei Männer im Hörsaal?
2. Sitzen die Männer im Wartezimmer?
3. Denken die Männer an Zahnschmerzen?
4. Denken sie an Bohrer und Spritzen?
5. Sprechen sie über die Wasserleitung?
6. Sprechen sie über den Urlaub?
7. War Herr Holzer schon mal am Meer?
8. Fährt er im Urlaub nach Hawaii?
9. Fährt Herr Holzer immer in die Berge?
10. Nimmt er eine Freundin mit?
11. Hat Herr Holzer eine Blockhütte ge-
    baut?

12. Ist sie in einem Bergwald?
13. Wandern sie morgens um zehn in den
    Wäldern herum?
14. Machen sie vor dem Frühstück eine
    Bergtour?
15. Ist das gesund?
16. Fährt die Familie vielleicht nächstes
    Jahr an die Ostsee?
17. Fahren sie mit dem Wohnwagen?
18. Kann Frau Holzer auf die Berge klet-
    tern?
19. Behauptet Frau Holzer, sie hat Rheuma?

20. Können die Kinder im Meer schwimmen?
21. Können sie am Strand spielen?
22. Kann Herr Holzer unterm Sonnenschirm sitzen?
23. Hat Herr Holzer ein Segelboot?
24. Muß Herr Fischer sein Segelboot verkaufen?
25. Kann Herr Holzer segeln?
26. Macht es Spaß zu segeln?
27. Muß Herr Fischer sein Boot verkaufen, weil er pleite ist?
28. Wird Herr Fischer seekrank?
29. Hat er gewußt, daß er seekrank wird?
30. Ist Herrn Fischers Boot alt?

C. *Listen to the statement; then answer the question, as in the model.*

MODEL: *Teacher:* Herr Fischer und Herr Holzer sind im Wartezimmer beim Zahnarzt. Wo sind Herr Fischer und Herr Holzer?
Student: **Sie sind im Wartezimmer beim Zahnarzt.**

1. Herr Fischer und Herr Holzer sind im Wartezimmer beim Zahnarzt.
   Wo sind Herr Fischer und Herr Holzer?
2. Herr Fischer sitzt neben Herrn Holzer.
   Wo sitzt Herr Fischer?
3. Sie sprechen über den Urlaub.
   Worüber *(about what)* sprechen sie?
4. Herr Holzer fährt immer im Urlaub in die Berge.
   Wohin fährt er immer im Urlaub?
5. Er nimmt seine Kinder mit.
   Wen nimmt er mit?
6. Die Familie hat eine Blockhütte in einem Bergwald gebaut.
   Wo hat sie eine Blockhütte gebaut?
7. Morgens um sechs wandern sie in den Wäldern herum.
   Was tun sie morgens um sechs?
8. Manchmal machen sie eine Bergtour vor dem Frühstück.
   Was machen sie manchmal vor dem Frühstück?
9. Vielleicht fährt die Familie nächstes Jahr ans Meer.
   Wohin fährt sie vielleicht nächstes Jahr?
10. Frau Holzer hat Rheuma.
    Was hat Frau Holzer?
11. Sie kann nicht mehr auf die Berge klettern.
    Was kann sie nicht mehr?
12. Sonne und warmer Sand sind gut für Rheuma.
    Was ist gut für Rheuma?
13. Die Kinder können schwimmen und am Strand spielen.
    Was können die Kinder?
14. Herr Holzer kann unterm Sonnenschirm sitzen.
    Was kann Herr Holzer tun?
15. Herr Fischer will sein Segelboot verkaufen.
    Was will Herr Fischer verkaufen?
16. Er will es Herrn Holzer verkaufen.
    Wem will er es verkaufen?
17. Herr Fischer wird seekrank.
    Warum will er es verkaufen?
18. Er hat nicht gewußt, daß er seekrank wird.
    Was hat er nicht gewußt?

D. *Listen to the statement; then respond to the question, as in the model.*

> MODEL: *Teacher:* Die Kinder spielen am Strand. Wo spielen sie?
> *Student:* **Am Strand.**

1. Die Kinder spielen am Strand.	Wo spielen sie?
2. Die Katze sitzt auf dem Stuhl.	Wo sitzt sie?
3. Er sitzt unter dem Sonnenschirm.	Wo sitzt er?
4. Der Schlüssel ist im Rucksack.	Wo ist er?
5. Er trifft sie vor dem Wartezimmer.	Wo trifft er sie?
6. Mein Freund wartet vor der Tankstelle.	Wo wartet er?
7. Er wohnt in der Blockhütte.	Wo wohnt er?
8. Sie hat in einem Zoo gearbeitet.	Wo hat sie gearbeitet?
9. Die Blockhütte steht auf einem Berg.	Wo steht sie?
10. Sie arbeiten in einem Büro.	Wo arbeiten sie?
11. Er sitzt in einem Segelboot.	Wo sitzt er?
12. Er war auf einer Party.	Wo war er?
13. Es hat in einer Zeitung gestanden.	Wo hat es gestanden?

E. *Respond as in the model.*

> MODEL: *Teacher:* Sie ist in den Wald gegangen. Wohin ist sie gegangen?
> *Student:* **In den Wald.**

1. Sie ist in den Wald gegangen.	Wohin ist sie gegangen?
2. Er fährt gern an den Strand.	Wohin fährt er gern?
3. Sie ist auf den Berg geklettert.	Wohin ist sie geklettert?
4. Sie sind ans Mittelmeer gefahren.	Wohin sind sie gefahren?
5. Sie muß ins Geschäft.	Wohin muß sie?
6. Er geht in die Stadt.	Wohin geht er?
7. Sie fahren an die Ostsee.	Wohin fahren sie?

F. *Respond to the question, as in the first example.*

1. Spielst du gern im Sand?
   Ja, es macht Spaß, im Sand zu spielen.
2. Liegst du gern in der Sonne?
3. Spielst du gern am Strand?
4. Kletterst du gern auf die Berge?
5. Fährst du gern einen Porsche?
6. Schwimmst du gern im Meer?

G. *Answer negatively, as in the first example.*

1. Macht es Spaß, seekrank zu werden?
   Nein, es macht keinen Spaß, seekrank zu werden.
2. Macht es Spaß, pleite zu sein?
3. Macht es Spaß, zum Zahnarzt zu gehen?
4. Macht es Spaß, eine Stelle zu suchen?
5. Macht es Spaß, eine Prüfung zu haben?
6. Macht es Spaß, einen Strafzettel zu bekommen?

7. Macht es Spaß, eine Spritze zu bekommen?

8. Macht es Spaß, lange im Wartezimmer zu sitzen?

FRAGEBOGEN

1. Gehen Sie gern zum Zahnarzt? Wie oft gehen Sie?
2. Bekommen Sie gern eine Spritze?
3. Warum geht man zum Zahnarzt?
4. Muß man bei Ihrem Zahnarzt lange im Wartezimmer sitzen?
5. Waren Sie schon mal am Meer? Wenn ja, hat es Spaß gemacht, im Meer zu schwimmen?
6. Können Sie schwimmen? Schwimmen Sie gern?
7. Wissen Sie, ob Sie seekrank werden?
8. Können Sie segeln? Haben Sie ein Segelboot? Macht es Spaß zu segeln?
9. Macht es Spaß, morgens um sechs zu wandern?
10. Was machen Sie vor dem Frühstück?
11. Wohin möchten Sie in den Winterferien fahren? In den Sommerferien?

 **ERKLÄRUNGEN UND ÜBUNGEN**

I. ACCUSATIVE/DATIVE PREPOSITIONS

In previous lessons you learned that there is a group of prepositions whose objects are always in the accusative case (**durch, für, gegen, ohne, um**) and that there is another group whose objects are always in the dative case (**aus, außer, bei, mit, nach, seit, von, zu**). We now come to a third group, prepositions whose objects are sometimes in the dative and sometimes in the accusative case. The choice is not arbitrary; it is made on the basis of use and will be explained below.

A. ACCUSATIVE/DATIVE PREPOSITIONS AND THEIR MEANINGS

an	*at, to, on* (a vertical surface)
auf	*on* (a horizontal surface), *to, at*
hinter	*behind*
in	*in, into, to*
neben	*next to*
über	*over, above, across*
unter	*under, among*
vor	*in front of, before*
zwischen	*between*

B. USE OF ACCUSATIVE/DATIVE PREPOSITIONS

1. In Phrases Dealing with Location

If you examine the meanings of these prepositions, you will see that they all refer to relative position (of one object or person to another). Look closely at the following sentences:

> *The cat was lying under the table.*
> *The cat walked around under the table.*

In spite of the difference in the verbs of these two sentences (one showing stationary position and the other showing motion), both sentences show the cat as not changing its location with respect to the table, i.e., it remains in both cases *under the table.*

Now compare these two sentences:

> *The cat was walking around under the table.*
> *The cat left my side and walked under the table.*

This time there is a definite difference between the two sentences with regard to the area of the cat's activity. In the first sentence the cat's movement is restricted to the space under the table, while in the second sentence the cat changes its location with respect to the table, i.e., it started out somewhere else and ended up under the table.

In English the prepositional phrase remains the same (i.e., *under the table*) for all of the above examples. The difference is made clear only by the remaining context. German makes the difference clear by the choice of the case used after the preposition. If there is no change in spatial relationship between the persons and/or things, the dative case is used after the preposition.

> Er sitzt **im (in dem) Zimmer.** *He is sitting in the room.*
> Er geht **im (in dem) Zimmer** herum. *He is walking around in the room.*

If there is a change in spatial relationship between the persons and/or things, i.e., movement to a new place, then the accusative case is used after the preposition.

> Er geht **ins (in das) Zimmer.** *He walks into the room.*
> Wir fahren immer **in die Berge.** *We always go to the mountains.*

Notice how the case after the preposition in the following sentences makes the difference in meaning clear and causes a different translation for the same preposition in each sentence.

> Er wandert **in den Bergen** herum. *(dative)* *He is hiking in the mountains.*
> Er wandert **in die Berge.** *(accusative)* *He is hiking to the mountains.*

The following accusative/dative prepositions are commonly contracted in the combinations shown:

in dem   im
an dem   am
in das   ins
an das   ans
auf das aufs

In colloquial speech, however, you will hear additional contractions used as well: **hinter dem = hinterm, unter dem = unterm, vor das = vors,** etc.

ÜBUNG 1

Substitute the new nouns provided.

 1. Ich war gestern im Zoo. (Wald, Vortrag, Kaufhaus, Personalbüro, Kino)
 2. Ich war gestern in der Diskothek. (Stadt, Blockhütte, Werkstatt, Vorlesung)
 3. Gehen Sie oft in den Zoo? (Wald, Garten, Hörsaal)
 4. Gehen Sie oft ins Café? (Ausland, Kino, Restaurant)
 5. Gehen Sie oft in die Diskothek? (Stadt, Werkstatt, Vorlesung)
 6. Er steht dort neben dem Bus. (Wohnwagen, Reporter, Fahrstuhl, Schild, Café)
 7. Er steht dort neben der Bushaltestelle. (Bank, Rolltreppe, Tankstelle)
 8. Stellen Sie *(put)* es dorthin neben den Wagen. (Koffer, Bierkrug, Stuhl, Schirm)
 9. Stellen Sie es dorthin neben das Telefon. (Radio, Bett, Fahrrad, Auto)
10. Stellen Sie es dorthin neben die Uhr. (Schreibmaschine, Zeitung, Kamera, Treppe)

ÜBUNG 2

Answer the questions negatively, as in the model.

> MODEL: Willst du in den Zoo gehen?
> **Nein, ich war gestern im Zoo.**

 1. Willst du in den Wald gehen?
 2. Willst du in den Zoo gehen?
 3. Willst du an den Strand gehen?
 4. Willst du auf den Berg klettern?
 5. Willst du ins Museum gehen?
 6. Willst du ins Kino gehen?
 7. Willst du ins Kaufhaus gehen?
 8. Willst du ans Wasser gehen?
 9. Willst du in die Diskothek gehen?
10. Willst du in die Stadt gehen?
11. Willst du auf eine Bergtour gehen?
12. Willst du an die Tankstelle gehen?

ÜBUNG 3

Respond to the questions, as in the model.

> MODEL: Ist Rudi im Zoo?
> **Ja, er ist um acht in den Zoo gegangen.**

1. Ist Uta im Kindergarten?	7. Ist Heinz im Kino?
2. Ist Martin im Zoo?	8. Ist Martin im Büro?
3. Ist Sabine im Hörsaal?	9. Ist Annette in der Vorlesung?
4. Ist Jan am Bahnhof?	10. Ist Renate in der Schule?
5. Ist Waldo im Bett?	11. Ist Rudi in der Diskothek?
6. Ist Christa im Geschäft?	12. Ist Udo in der Stadt?

ÜBUNG 4

Change the verb in each sentence to the one indicated in parentheses. Change the case after the preposition if necessary.

1. Er geht ins Bett. (liegen)
2. Sie fährt vor den Bahnhof. (warten)
3. Wir holen ihn am Bahnhof ab. (treffen)
4. Wir wollen ans Meer gehen. (bleiben)
5. Die Kinder spielen hinter der Blockhütte. (sitzen)
6. Um acht will er auf den Berg klettern. (sein)
7. Sie finden es neben dem Segelboot. (stellen)
8. Du kannst unter dem Sonnenschirm liegen. (schlafen)

2. In Phrases Dealing with Time

When the object of an accusative/dative preposition denotes time, the object is always in the dative case.

> **Im Sommer** bin ich nach Texas getrampt.
> *In the summer I hitchhiked to Texas.*

ÜBUNG

Restate the sentence, substituting each new noun given.

1. Vor dem Winter will ich sie besuchen. (Sommer, Herbst, Frühling, Semester, Festival, Jahresende)
2. Vor der Prüfung will ich sie besuchen. (Party, Arbeit, Vorlesung)

3. In Figurative Meanings

In many idiomatic expressions the accusative/dative prepositions have figurative meanings rather than the literal ones given above. In those cases the rules described above for determining the case do not apply. Instead the case should be learned for each idiom. It will help you to know, however, that in such idioms **über** always takes the accusative and **auf** usually does, too.

> Sie sprechen **über den Urlaub.** *They're talking about the vacation.*

ÜBUNG

Substitute the new prepositional object.

1. Denk doch nicht mehr an den Ingenieur. (Hunger, Plan, Cadillac, Coup)
2. Denk doch nicht mehr an das Interview. (Abitur, Problem, Examen)
3. Denk doch nicht mehr an die Prüfung. (Situation, Beleidigung, Atombombe)
4. Die Herren sprechen über den Zahnarzt. (Urlaub, Wald, Wohnwagen, Strand)
5. Die Herren sprechen über das Segelboot. (Meer, Geschäft, Resultat, Problem)
6. Die Herren sprechen über die Bergtour. (Blockhütte, Ostsee, Atombombe, Wirtschaft)

II. *WO* AND *WOHIN*

English no longer makes the distinction that it once made between *where* and *whither, where* referring to stationary position and *whither* to movement away from a given place. Current usage is:

> *Where are you?*
> *Where are you going? (Whither goest thou?)*

German retains the old distinction that English has given up: **wo** refers to stationary position; **wohin** to movement away.

> **Wo** sind Sie?   *Where are you?*
> **Wohin** gehen Sie?   *Where are you going?*

The interrogative **wo** clearly calls for the dative case after the prepositions just explained, whereas **wohin** calls for the accusative.

ÜBUNG

*Form questions using **wo** or **wohin**, as appropriate.*

> **MODEL:** Herr Holzer war in den Bergen.
> **Wo war er?**
> Er will ins Ausland fahren.
> **Wohin will er fahren?**

1. Herr Fischer war am Meer.
2. Sie stellen es neben den Stuhl.
3. Sie sitzen im Wartezimmer.
4. Die Katze liegt unter meinem Stuhl.
5. Sie fährt hinter den Bahnhof.
6. Die Kinder spielen am Strand.
7. Er möchte an die Ostsee.
8. Wir fahren in die Berge.

III. WORD ORDER OF ADVERBS AND ADVERBIAL PHRASES

In German an adverb or adverbial phrase can be the first element in the sentence.

Im Sommer möchte ich herumreisen.   *In the summer I would like to travel around.*
Im Winter möchte ich nach Florida.   *In the winter I'd like to go to Florida.*

It can also come after the subject-verb complex.

Ich möchte **im Sommer** herumreisen.

When several adverbs or adverbial phrases come together after the subject-verb complex, the adverb of *time* precedes the adverb of *place*.

Wir fahren **im Urlaub in die Berge.**   *We go to the mountains on our vacation.*
             T   **P**

ÜBUNG

Begin each sentence with the subject.

1. Nächstes Jahr fahren wir an die Ostsee.
2. Auf die Berge kann sie nicht mehr klettern.
3. Um sechs gehen wir in den Wald.
4. Im Urlaub fahren wir in die Berge.
5. Im Sommer bin ich nach Texas getrampt.
6. Heute abend will sie in die Diskothek.

When two adverbs of time occur, the more general one is first, and the more specific one second.

           (general)   (specific)
Wir fahren **heute abend um acht** nach Dietzenbach.

   We are going to Dietzenbach tonight at eight.

ÜBUNG

Begin each sentence with the subject.

1. Heute wollte er um sechs auf die Berge klettern.
2. Nächstes Jahr wollen wir im September ans Mittelmeer.
3. Morgen soll ich sie um sechs abholen.
4. Heute abend hält unser Dekan um acht einen Vortrag.

Other adverbs (such as *manner*) usually are placed after *time* and before *place*.

Vielleicht fahren wir **nächstes Jahr mit dem Wohnwagen an die Ostsee.**
                T   **M**   **P**

Maybe next year we'll drive to the Baltic in our camper.

ÜBUNG

Begin each sentence with the subject.

1. Im Hotel hat er lange mit uns gesprochen.
2. Heute ist er ohne mich nach Stuttgart gefahren.
3. Im Sommer bin ich mit dem Rucksack nach Texas getrampt.
4. Mit dem Wohnwagen fahren wir nächstes Jahr an die Ostsee.

IV. NOUN PLURALS: NOUNS THAT ADD *-ER*

We now come to the last type of plural formation, the addition of an **-er** ending. All nouns in this group also add an umlaut to the stem vowel **a, o, u,** or **au.** Among the nouns in this group you will find:

1. most monosyllabic neuters

      das Dorf   *pl.* die Dörfer
      das Haus   *pl.* die Häuser
      das Kind   *pl.* die Kinder

2. a few very common masculine monosyllabic nouns

      der Mann   *pl.* die Männer
      der Wald   *pl.* die Wälder

Below is a list of all the nouns you have had thus far that belong to this group. It is a comparatively small one. You should also note that there are no feminine nouns that form their plural in this way.

das Buch	das Kind
das Dorf	der Mann
das Fahrrad	das Schild
das Familienmitglied	der Wald
das Haus	das Wort

ÜBUNG

Restate, changing all nouns to the plural. Make any other necessary changes.

1. Das Haus hier ist alt und interessant.
2. Das Kind will nicht spielen.
3. Der Mann kann gut tippen.
4. Das Wort klingt gar nicht deutsch.
5. Mit dem Fahrrad können wir nicht dorthin.

6. Er wandert gern im Wald herum.
7. Was steht auf dem Schild?
8. Von dem Dorf hat er mir viel erzählt.

V. COMPOUND NOUNS

One of the very striking features of the German language is the compound noun. It is often a combination of two or more nouns, but it can incorporate verb stems, adverbs, and adjectives as well. At times, connectives such as **-e-** or **-s-** must be added between the components. The number of possible combinations is almost limitless. You have already seen many compounds. As you learned, the plural of a compound noun is formed on the basis of the last component. Similarly, the gender of a compound noun is determined by the gender of the last component.

das Taxi *(taxi)*, der Fahrer *(driver)* = **der Taxifahrer;** *pl.* **die Taxifahrer**
der Bus *(bus)*, halten *(to stop)*, die Stelle *(place)* = **die Bushaltestelle;** *pl.* **die Bushaltestellen**
groß *(large, great, grand)*, die Mutter *(mother)* = **die Großmutter;** *pl.* **die Großmütter**

ÜBUNG

Raten Sie mal (Guess)! You know or can guess the meaning of the components in these nouns. See if you can figure out the meaning of the compound.

das Geburtstagskind	der Fingerhut	das Krankenhaus
das Bahnhofsrestaurant	das Krokodilleder	die Großstadt
der Handschuh	die Kleinstadt	der Krankenwagen
der Landeplatz	der Rollstuhl	das Wirtschaftswunder

VI. PREPOSITIONS *NACH* AND *IN* WITH COUNTRIES

Most names of countries are neuter and rarely occur with their definite articles. The preposition **nach** is used in the meaning of *to* with all neuter country names.

Sie mußte **nach Schweden** fliehen.   *She had to flee to Sweden.*
Er will jetzt **nach England** fahren.   *He wants to go to England now.*

Countries that are not neuter are used with their definite articles and the preposition **in,** meaning *to.* Some of the countries in this category are: **die Türkei, die Tschechoslowakei, die UdSSR** *(U.S.S.R.),* **die Schweiz, die DDR, die BRD, die USA** *(pl.),* **der Iran.**

Ich möchte **in die Schweiz** (f.) fahren.   *I'd like to go to Switzerland.*
Er ist **in die USA** *(pl.)* geflogen.   *He flew to the U.S.A.*

ÜBUNG

*Wohin fahren Sie? Answer, using **nach** or **in** as appropriate.*

Ich fahre... (England, Türkei, Schweden, Italien, USA, DDR, Deutschland)

ZUM LESEN

Wanderlust[1]

Früher,[2] in der guten alten Zeit, waren die Deutschen bekannt für ihre
Wanderlust. In den Ferien sind oft ganze Familien (Opa, Oma, Eltern, Kinder,
Tanten und Onkel) durch die Wälder gewandert, mit Rucksack und Korb[3] für ein
Picknick im Grünen[4] bei Ameisen[5] und Bienen.[6] Auch der Sonntagsspaziergang[7]
5   in den Park oder an einen See[8] war fast obligatorisch. Heutzutage haben die Deut-

1. urge to travel	4. in the meadows	7. Sunday stroll
2. formerly	5. ants	8. lake
3. basket	6. bees	

Eine Bergtour macht Spaß. *German Information Center*

Charterreisen in die USA sind auch beliebt. *Ellin Feld*

schen immer noch Wanderlust, aber jetzt reisen sie gern motorisiert: mit dem
Bus, mit dem Flugzeug,[9] mit dem Auto, mit dem Schiff. Die Reisebüros machen
gute Geschäfte[10] mit Charterreisen nach Jugoslawien, Griechenland,[11] Italien, Spa-
nien, in die USA, usw., und Safaris in Afrika. Schiffsreisen nach Nord- und
10   Südamerika sind auch beliebt.
      Die Deutschen haben schon immer den Süden[12] geliebt. Eine italienische
Reise hat z.B. den Dichter[13] Goethe inspiriert, und sie hatte einen großen Einfluß[14]
auf sein Werk. Deutschland hat ein gemäßigtes Klima:[15] im Winter ist es nicht zu
kalt und im Sommer nicht zu warm. Der warme, sonnige Süden, die
15   Olivenbäume,[16] die Palmen, das blaue Meer, das ist für die Deutschen fast exotisch.
      Früher hat der Norden die Deutschen nicht besonders[17] interessiert. Einige
Leute haben vielleicht die Nacktbäder[18] an der Ostsee interessant gefunden. Aber

9. airplane	13. poet	16. olive trees
10. business	14. influence	17. especially
11. Greece	15. a temperate climate	18. nudist beaches
12. south		

mit dem Zurück-zur-Natur-Gefühl[19] der sechziger Jahre hat man auch die wilde
Landschaft[20] Skandinaviens als Ferienland entdeckt, und auch Irland, Schottland
20   und Finnland.

Wenn ein Fremder[21] im Sommer Deutschland besucht, bekommt er den
Eindruck,[22] daß eine Völkerwanderung[23] im Gange ist:[24] es gibt Autoschlangen[25]
auf allen Autobahnen und Straßen,[26] man sieht Wohnwagen, viele Koffer und
manchmal ein Fahrrad und ein Zelt[27] auf dem Autodach.[28] In den Ländern[29] begin-
25   nen die Schulferien nicht zur gleichen Zeit,[30] so daß man den Urlaubsverkehr ein
wenig[31] regulieren kann und nicht alle Familien zur gleichen Zeit ins gleiche Ferien-
paradies fahren. Aber Deutschland ist nicht menschenleer[32] im Sommer, denn es
ist auch ein Urlaubsland für Touristen aus dem Ausland. Man kann also sagen: Im
Sommer sind die Deutschen im Ausland und die Ausländer in Deutschland.

19. back-to-nature feeling
20. landscape
21. stranger
22. impression
23. migration of the nations
24. is going on
25. bumper-to-bumper traffic
26. roads
27. tent
28. car roof
29. states (of the Federal
Republic of Germany)
30. at the same time
31. a little
32. devoid of people

ÜBUNGEN ZUM LESESTÜCK

A. *Answer in complete German sentences.*

1. Wofür *(for what)* waren die Deutschen früher bekannt?   **2.** Wohin ist man früher am
Sonntag gegangen?   **3.** Was tun die Deutschen heutzutage gern?   **4.** Wie fährt man heute
in den Urlaub?   **5.** Wer macht gute Geschäfte, und mit was?   **6.** Welche Schiffsreisen sind
beliebt?   **7.** Ein deutscher Dichter hat einmal eine Reise nach Italien gemacht. Wie heißt
er?   **8.** Reisen die Deutschen heutzutage nur in den Süden?   **9.** Was sieht man im Sommer
auf den Autobahnen und Straßen?   **10.** Was sieht man auf dem Autodach?   **11.** Wohin fahren
viele Touristen aus dem Ausland im Sommer?

B. *Rewrite the following sentences, correcting the misinformation.*

1. Früher waren die Deutschen bekannt für ihre Cowboyhüte.   **2.** In der guten alten Zeit
hat man am Sonntag einen Spaziergang in die Diskothek oder zu McDonald's gemacht.
3. Heutzutage sitzen die Deutschen im Urlaub zu Hause und spielen Poker.   **4.** Die
Reisebüros sind pleite.   **5.** Goethe hat eine Reise nach Australien gemacht.   **6.** In Irland
gibt es Palmen und Olivenbäume.   **7.** Finnland ist ein Land im Süden Afrikas.   **8.** In einem
Nacktbad trägt man Jeans und T-Shirts.   **9.** Eine Safari in Phoenix macht Spaß.   **10.** Man
kann mit dem Bus von Europa nach Südamerika fahren.

➡ AM ZIEL: SCHRIFTLICHE ÜBUNGEN

A. *The following pictures depict situations from the dialog. Describe each picture.*

B. *For each of the spaces below, use one of the following prepositions and the correct form of the definite article, indefinite article or **ein-word**, as appropriate: in, neben, vor, über, auf, unter, an.*

1. Alfred sitzt __im__ Bett.   2. __Neben dem__ Bett steht ein Stuhl; __Auf dem__ Stuhl liegt eine Zeitung.   3. Der Student Alfred denkt __an das__ Deutschexamen.   4. Er legt *(puts)* sein Deutschbuch __auf den__ Stuhl und nimmt die Zeitung.   5. Er liest die Comics und ein Interview __über eine__ Safari in Afrika.   6. Seine Katze Lola kommt __ins__ Zimmer.   7. Lola klettert __auf den__ Stuhl und dann __auf das__ Bett.   8. Dann läuft *(runs)* sie ~~auf das~~ Bett __auf dem__ herum.   9. Alfred wird böse, und Lola klettert __auf das__ Radio.   10. Dann sitzt sie __auf dem__ Radio und miaut.   11. Alfred denkt wieder __an die__ Prüfung und wirft *(throws)* die Zeitung __auf das__ Bett.   12. Jetzt liegt die Zeitung __auf dem__ Bett, Lola sitzt __auf dem__ Radio und Alfred lernt die Lektion __in dem__ Deutschbuch.

C. *Rewrite each sentence, changing all nouns to the plural. Make any other necessary changes.*

1. Warum steht das Fahrrad vor dem Haus?   2. An der Universität darf der Student kein Krokodil haben.   3. Kein Auto darf dort parken, denn der Bus hält da.   4. Seine Tochter ist Schauspielerin.   5. Ihr Kind wandert gern im Wald herum.   6. An einer Bushaltestelle finden Sie immer ein Schild.   7. Das ist der Schlüssel zu dem Büro.   8. Sein Film ist interessant, so sagt der Amerikaner. *Die sind die s*

D. *Translate into English; then recall the German from your English translation.*

1. Wenn ich an den Bohrer und die Spritze denke, werde ich nervös.   **2.** Als wir am Meer waren, sind wir am Strand herumgewandert.   **3.** Er hat mir sein Segelboot verkauft, denn er wird seekrank.   **4.** Denken Sie nicht an Ihr Rheuma.   **5.** Sie liegt gern in der Sonne, und er sitzt gern unterm Sonnenschirm.   **6.** Haben Sie gewußt, daß er keine Erfahrung mit Segelbooten hat?   **7.** Das Kind ist auf den Stuhl geklettert, und dann ist es vom Stuhl gefallen.   **8.** Wandern Sie morgens um sechs gern durch die Wälder?   **9.** Gehen Sie bitte in das Wartezimmer, der Zahnarzt kommt bestimmt bald.   **10.** Es macht Spaß, vor dem Frühstück im Bergwald herumzuwandern.   **11.** Den Zahnarzt nennt man manchmal Zahn-klempner.

E. *Translate into German.*

1. Why did you want to sell your camper? It was practically new.   **2.** Of course, I can sail, but I can't swim.   **3.** Let's drive to the beach today.   **4.** At six (o'clock) in the morning he climbed a mountain.   **5.** Was it fun?—No, it was no fun.   **6.** Why are you so nervous?—I have to go to the dentist because I have had a toothache since yesterday.   **7.** Don't go into the water; think of your rheumatism.   **8.** Where did he go?—To the movies.   **9.** Where was he yesterday?—He claims he was working in the shop.   **10.** Is it fun to walk through the park before breakfast?

F. *Composition. Write a composition on the topic **Morgens um 7 in Holzers Blockhütte.** Include all of the following elements. Use the present tense, except where otherwise indicated.*

1. Frau Holzer / gerade / machen / Frühstück; / Herr Holzer / und die Kinder / zurückkommen / von / eine Bergtour.
2. Herr Holzer / sagen: / „Wie schade, / daß / du / nicht / mitkommen *(past)*, / Erna! / Es / sein *(past)* / wunderbar! / Was / dein / Rheuma / machen?"
3. Frau Holzer / sagen: / „Es / sein / O.K.. / Du / wissen, / Bruno, / was / ich / träumen *(past)?*
4. Wir / fahren *(past)* / an / Meer. / Ich / in / die / Sonne / liegen *(past)*, / und / es / sein *(past)* / warm.
5. Die Kinder / experimentieren *(past)* / mit / ein Segelboot."
6. Herr Holzer / fragen: / „Warum / die Kinder / experimentieren *(past)*, / und / nicht / ich?"
7. Frau Holzer / antworten: / „Du / nicht / können *(past)* / segeln, / weil / du / werden *(past)* / seekrank.
8. Aber / du / sitzen *(past)* / unter / ein / Sonnenschirm, / du / trinken *(past)* / Coca Cola / und / du / hören *(past)* / Radio.
9. Du / sagen *(past)*: / ‚Das / machen / Spaß! / Das / sein / sehr / gesund!' "
10. Herr Holzer / dann / sagen: / „Na, Erna, / vielleicht / wir / können / fahren / nächstes Jahr / mal / an / das Meer, / denn / ich / auch / bekommen / Rheuma.

11. Wir / können / verkaufen / die Blockhütte / und / kaufen / ein Wohnwagen."
12. Die Kinder / sagen: / „Klasse, Papa! / Kaufen *(command)* / auch / ein Segelboot!" /
Frau Holzer / sagen: / „Wunderbar!"

➡️ WORTSCHATZ

als *(sub. conj.)* when
der **Arzt, ⸚e** doctor
aus•helfen (i), ausgeholfen to help out
das **Autodach, ⸚er** car roof
die **Autoschlange, -n** line of cars, bumper-to-bumper traffic
bauen to build
der **Baum, ⸚e** tree
behaupten to claim
bekannt well-known
der **Berg, -e** mountain
die **Bergtour, -en** mountain hike
der **Bergwald, ⸚er** mountain forest
die **Blockhütte, -n** log cabin
der **Bohrer, –** drill
das **Boot, -e** boat
die **Charterreise, -n** charter trip
das **Dach, ⸚er** roof
denken an *(acc.)* to think of
der **Dichter, –** poet, writer
(das) **Europa** Europe
das **Flugzeug, -e** airplane
früher in former times; earlier
das **Frühstück, -e** breakfast
Geschäfte machen to do business
gesund healthy; wholesome
herum•wandern (ist) *to walk (hike) around*

klettern (ist) to climb
das **Land, ⸚er** country, land; state
das **Meer, -e** ocean
mit•nehmen (i), mitgenommen to take along
das **Mittelmeer** Mediterranean Sea
morgens in the morning(s)
motorisiert motorized, on wheels
das **Nacktbad, ⸚er** nudist beach
der **Norden** north
der **Olivenbaum, ⸚e** olive tree
die **Ostsee** Baltic Sea
die **Palme, -n** palm tree
der **Park, -s** park
die **Reise, -n** trip
eine Reise machen to take a trip
das **Reisebüro, -s** travel agency
das **Rheuma** rheumatism, arthritis
die **Safari, -s** safari
der **Sand** sand
die **Schiffsreise, -n** boat trip, voyage
der **Schirm, -e** umbrella
schlafen (ä), geschlafen to sleep
die **Schweiz** Switzerland
schwimmen, ist geschwommen to swim

der **See, -n** lake
seekrank seasick
das **Segelboot, -e** sailing boat
segeln (ist) to sail
die **Sonne** sun
der **Sonnenschirm, -e** beach umbrella
der **Spaß** fun
es macht Spaß it is fun
der **Spaziergang, ⸚e** walk
einen Spaziergang machen to take a walk
die **Spritze, -n** injection, shot
stellen to put
der **Strand** beach, seashore
die **Straße, -n** street, road
der **Süden** south
der **Tourist (wk.), -en** tourist
der **Wald, ⸚er** forest
die **Wanderlust** urge to travel
wandern (ist) to walk, hike
warm warm, hot
das **Wartezimmer, –** waiting room
der **Wohnwagen, –** camper
der **Zahn, ⸚e** tooth
der **Zahnarzt, ⸚e** dentist
die **Zahnschmerzen** *(pl.)* toothache
das **Zelt, -e** tent

LEKTION ZEHN

GRAMMATISCHE ZIELPUNKTE

Simple Past Tense • *der*-Words • *da-* as Pronoun Substitute • *was für (ein)* • *um . . . zu* Plus Infinitive • Days of the Week

 **AUSGANGSPUNKT**

Wie knackt man einen Safe?

Elke und Holger im Lesesaal. Elke löst Kreuzworträtsel. Holger liest die Zeitung, und plötzlich beginnt er zu lachen.

Elke: Welchen Artikel liest du denn? Lies mal vor.

Holger: „Montagnacht versuchte ein Einbrecher in einer Züricher Bank einen Safe mit einem Schraubenschlüssel zu öffnen. Er bemerkte nicht, daß er eine Alarmvorrichtung berührte. Die Polizei erreichte die Bank, als der erfolglose Dieb gerade aus einem Fenster herauskletterte." Mit einem Schraubenschlüssel! Großartig, was?

Elke: So ein Dummkopf! Jedes Kind weiß doch, daß man damit keinen Safe knacken kann.

Holger: Er sieht wohl nie fern.

Elke: Hatte dieses Genie was zu sagen?

Holger: Moment mal . . . ja, hier: „Der Täter erklärte, daß er Geld brauchte, um damit seine Miete zu bezahlen."

Elke: Was für eine Wohnung hat er denn? Ein Penthaus?

Holger: Warte . . . „In seiner Brieftasche entdeckte man ein Sparbuch. Auf seinem Konto waren über 25.000 Schweizer Franken. Darüber wollte der Täter jedoch nichts sagen und verlangte einen Rechtsanwalt."

Elke: Manche Leute kriegen nie genug. Steht auch drin, woher er die Kohlen hat?

Holger: Nein. Vielleicht ist er sonst nicht so naiv, wenn er stiehlt.

Die Bahnhofstraße in Zürich *Swiss National Tourist Office*

How Do You Crack a Safe?

Elke and Holger in the reading room. Elke is working on crossword puzzles.
Holger is reading the newspaper, and suddenly he begins to laugh.

Elke: What article are you reading? Read it aloud.

Holger: "Monday night a burglar tried to open a safe in a Zurich bank with a monkey wrench. He did not notice that he touched an alarm mechanism. The police reached the bank just as the unsuccessful thief was climbing out of a window." With a monkey wrench! Fantastic, huh?

Elke: What a dummy! Any child knows that you can't crack a safe with that.

Holger: He probably never watches TV.

Elke: Did this genius have anything to say?

Holger: Just a second . . . yes, here: "The perpetrator explained that he needed money in order to pay his rent."

Elke: What kind of an apartment does he have? A penthouse?

Holger: Wait . . . "In his wallet they found a bank book. There were over 25,000 Swiss francs in his account. The perpetrator did not want to say anything about that and demanded a lawyer."

Elke: Some people are never satisfied. Does it say in there where he got the dough?

Holger: No, maybe he's not usually so naive when he steals.

➤ LOCKERUNGSÜBUNGEN

A. *Listen to the statement; then answer the question.*

1. Das ist Holger.   Wer ist das?
2. Er liest eine Zeitung.   Was tut er?
3. Er liest jeden Artikel.   Was liest er?
4. Er lacht über einen Artikel. Worüber *(about what)* lacht er?

5. Er liest Elke diesen Artikel vor. Wem liest er diesen Artikel vor?

6. Das ist Elke.   Wer ist das?
7. Sie löst Kreuzworträtsel.   Was tut sie?
8. Sie hört, daß Holger lacht.   Was hört sie?
9. Sie möchte wissen, welchen Artikel er liest. Was möchte sie wissen?

10. Das ist ein Einbrecher.
11. Er steht vor einem Safe.
12. Er möchte diesen Safe knacken.
13. Er hat einen Schrauben-
    schlüssel.
14. Mit diesem Schraubenschlüssel
    möchte er den Safe knacken.
15. Der Einbrecher ist ein Dumm-
    kopf.

Wer ist das?
Wo steht er?
Was möchte er tun?
Was hat er?

Wie möchte er den
  Safe knacken?
Was ist er?

B. *Answer the following questions affirmatively or negatively, as appropriate.*

1. Sitzen Elke und Holger in einem Seminar?
2. Sitzen sie in einem Lesesaal?
3. Löst Holger ein Kreuzworträtsel?
4. Beginnt Holger plötzlich zu lachen?
5. Liest Elke den Artikel vor?
6. Versuchte der Einbrecher, den Safe zu
   öffnen?
7. Wollte der Dieb den Safe mit Dynamit
   knacken?
8. Wollte er ihn mit einem Schraubenschlüssel öffnen?
9. Bemerkte er die Alarmvorrichtung?
10. Berührte er die Alarmvorrichtung?
11. War der Dieb erfolglos?
12. Erreichte die Polizei die Bank zu spät?
13. Kletterte der Dieb aus einem Fenster?
14. Kann man mit einem Schrauben-
    schlüssel einen Safe öffnen?
15. Ist dieser Einbrecher ein Dummkopf?
16. Sieht der Dieb oft fern?

17. Ist der Dieb ein Genie?
18. Erklärte der Täter, daß er das Geld
    brauchte?
19. Wollte er wirklich die Miete damit be-
    zahlen?
20. Entdeckte man in seiner Brieftasche ein
    Ticket nach Australien?
21. Entdeckte die Polizei ein Sparbuch?
22. Hatte der Dieb viel Geld auf dem
    Konto?
23. Sagte der Täter etwas über sein Konto?
24. Verlangte der Täter seine Mutter?
25. Verlangte der Dieb einen Rechtsan-
    walt?
26. Stimmt es, daß manche Leute nie genug
    kriegen?
27. Steht in der Zeitung, woher der Dieb
    das Geld hat?
28. Hat er wahrscheinlich sonst noch Geld
    gestohlen?

C. *Answer the following questions.*

1. Wo sitzen Elke und Holger?
2. Was tut Elke?
3. Was tut Holger?
4. Welchen Artikel liest er?
5. Was versuchte der Dieb zu tun?
6. Was bemerkte er nicht?
7. Wann erreichte die Polizei die Bank?

8. Was weiß jedes Kind?
9. Was hatte der Dieb zu sagen?
10. Was entdeckte man in seiner Brief-
    tasche?
11. Wieviel Geld war auf seinem Konto?
12. Was sagte der Täter darüber?
13. Was verlangte er?

D. *Formulate questions, as in the first example.*

1. Ich möchte einen Koffer kaufen.
   Was für einen Koffer möchtest du kaufen?
2. Ich möchte einen Wagen haben.
3. Ich möchte einen Film sehen.
4. Ich möchte einen Arzt fragen.
5. Ich möchte ein Zimmer haben.
6. Ich möchte ein Haus kaufen.
7. Ich möchte ein Bier trinken.
8. Ich möchte eine Schreibmaschine kaufen.
9. Ich möchte eine Stelle finden.
10. Ich möchte eine Zeitung lesen.

E. *Formulate questions, as in the first example.*

1. Er war in einem Film.
   In was für einem Film war er denn?
2. Sie war in einem Vortrag.
3. Sie wohnt in einem Haus.
4. Er arbeitet in einem Geschäft.
5. Er hat es mit einem Schlüssel geöffnet.
6. Er ist mit einem Boot hingefahren.
7. Sie hat es auf einer Party gehört.
8. Sie hat auf einer Hochschule studiert.

F. *Answer the questions by using the information given, as in the first example.*

1. Warum geht man in die Schule? (lernen)
   Man geht in die Schule, um zu lernen.
2. Warum braucht er Geld? (seine Miete bezahlen)
3. Warum geht man zu McDonald's? (Hamburger essen)
4. Warum fährt er zur Tankstelle? (Benzin kaufen)
5. Warum braucht er einen Schraubenschlüssel? (sein Auto reparieren)
6. Warum will sie eine Zeitung? (etwas über den Dieb lesen)

FRAGEBOGEN

1. Haben Sie Schwierigkeiten, Ihre Miete zu bezahlen? Was tun Sie, wenn Sie Schwierigkeiten haben?
2. Wohnen Sie in einem Penthaus? Warum nicht? Wieviele Zimmer haben Sie in Ihrer Wohnung?
3. Lösen Sie gern Kreuzworträtsel? Warum oder warum nicht?
4. Kennen Sie ein Genie? Wer ist das?
5. Sehen Sie gern fern? Was sehen Sie gern und was nicht gern?
6. Müssen Sie in Ihrer Deutschklasse oft vorlesen? Lesen Sie gern vor?
7. Wieviele Dollar sind 25.000 Schweizer Franken? (Was, das wissen Sie nicht? Lesen Sie die Zeitung, dann wissen Sie es!)
8. Wieviel Geld haben Sie in Ihrer Brieftasche?
9. Haben Sie ein Sparbuch? Haben Sie viel Geld auf Ihrem Konto? Woher haben Sie das Geld?
10. Wo waren Sie Montagnacht?
11. Was tun Sie im Lesesaal (wirklich!)?

ERKLÄRUNGEN UND ÜBUNGEN

I. SIMPLE PAST TENSE

The simple past tense is formed with a single component, in contrast to the present perfect tense, which is made up of two components, an auxiliary and a past participle. The simple past tense is used in narration, oral or written. In general, a series of events (as in a story, anecdote, newspaper report, etc.) is told in the simple past. In the dialog of this lesson Holger reads from a newspaper account of an attempted burglary:

> „Montagnacht **versuchte** ein Einbrecher ... Er **bemerkte** nicht, daß er eine Alarm-vorrichtung **berührte.** ..."

There are, however, regional variations and special circumstances in which the use of the past tenses may not adhere to quite such a strict division between conversation and narration as we have described.

A. WEAK VERBS

Weak verbs (verbs that retain the same stem in all the tenses, i.e., English regular verbs) form the simple past tense by adding personal endings (shown below in boldface) to the infinitive stem. The -t- which is the first letter of each personal ending is an important visual and aural clue to watch for. It will help you distinguish between the present and simple past tenses.

spielen *(to play)*

ich	spiel**te**	wir	spiel**ten**
du	spiel**test**	ihr	spiel**tet**
er, sie, es	spiel**te**	sie	spiel**ten**
		Sie	spiel**ten**

Verbs whose stem ends in **-d (landen)**, **-t (arbeiten)**, or a cluster of consonants (**öffnen**) add an extra **-e-** between the stem and the personal ending.

landen *(to land)*

ich	landete	wir	landeten
du	landetest	ihr	landetet
er, sie, es	landete	sie	landeten
		Sie	landeten

B. THE VERB *WISSEN*

You have seen the irregularities of the verb **wissen** in other tenses. The simple past tense also shows a mixture of weak and strong characteristics, i.e., it has a stem change (the same one as the past participle), but it takes the personal endings of weak verbs.

wissen *(to know)*

ich	wußte	wir	wußten
du	wußtest	ihr	wußtet
er, sie, es	wußte	sie	wußten
		Sie	wußten

ÜBUNG

Change each of the following sentences to the simple past.

1. Ich versuche es oft.
2. Ich entdecke einen Dieb.
3. Ich verlange einen Rechtsanwalt.
4. Ich arbeite in einem Geschäft.
5. Ich weiß das nicht.
6. Elke löst Kreuzworträtsel.
7. Er berührt die Alarmvorrichtung.
8. Der Dieb klettert aus dem Fenster heraus.
9. Das Telefon läutet zu oft.
10. Die Polizei weiß das nicht.
11. Wir kriegen nicht genug.
12. Wir bauen eine Hütte.
13. Wir kaufen ein Segelboot.
14. Wir warten am Parkplatz.
15. Wir wissen es nicht.
16. Sie machen große Pläne.
17. Sie erzählen uns nichts.
18. Sie passen nicht gut auf.
19. Sie danken ihm dafür.
20. Sie landen um sechs in Hamburg.

II. *DER*-WORDS

There is a small group of noun preceders that are used, in place of an article, in front of a noun to limit or specify the noun. They add declensional endings to agree in gender and case with the noun they precede. Because their declensional endings resemble those of the definite article, they are called **der**-words.

	SINGULAR MEANING	PLURAL MEANING
dies-	*this*	*these*
jed- (*pl.* **all-**)	*every, each*	*all*
jen- (rarely used)	*that*	*those*
manch-	*many a*	*some*
solch- (rare in singular)	*such a*	*such*
welch-	*which?*	*which?*

Note the following regarding **jen–** and **solch–**:

1. jen-: As a substitute for this preceder, modern German often uses **dies-** or **der (die, das)** ... **dort;** *pl.* **die** ... **dort.**

> **Dieser** Mann ist der Einbrecher.   *That man is the burglar.*
> **Die** Leute **dort** wollen die Wohnung sehen.   *Those people want to see the apartment.*

2. solch-: As a substitute for this preceder, modern German often uses **so ein...**

> **So ein** Dummkopf!   *Such a dummy!* or *What a dummy!*

In the paradigm below compare the endings on the sample **der**-words with those of the definite article.

	MASCULINE	FEMININE	NEUTER	PLURAL
NOMINATIVE	der dieser welcher	die diese welche	das dieses welches	die diese welche
ACCUSATIVE	den diesen welchen	die diese welche	das dieses welches	die diese welche
DATIVE	dem diesem welchem	der dieser welcher	dem diesem welchem	den diesen welchen

> **Jedes Kind** weiß das doch.   *Every child knows that.*
> **Manche Leute** kriegen nie genug.   *Some people are never satisfied.*
> **Welchen Artikel** liest du denn?   *Which article are you reading?*

ÜBUNG 1

*Substitute in turn **dies-** and **manch-** for the definite article.*

1. Der Dieb will einen Safe knacken.
2. Die Schiffsreise ist teuer.
3. Das Ritual ist langweilig.
4. Die Zahnärzte verdienen zu viel.
5. Für den Lehrling ist das ideal.
6. Er besucht die Diskothek.
7. Sie löst das Kreuzworträtsel.
8. Ohne die Maschinen können wir nicht arbeiten.
9. In dem Wald darf man keine Blockhütte bauen.
10. Er hat ein Konto bei der Bank.
11. Mit dem Flugzeug hat man Schwierigkeiten.
12. Es steht in den Zeitungen.

ÜBUNG 2

Make questions of the following statements by using **welch-** *in place of the definite article.*

1. Der Mann war ein Dieb.
2. Die Uhr geht nicht.
3. Das Kaufhaus hat ein Sonderangebot.
4. Die Leute kriegen nie genug.
5. Sie hat den Artikel gelesen.
6. Sie hat die Schreibmaschine repariert.
7. Sie hat das Kreuzworträtsel gelöst.
8. Sie hat die Fenster geöffnet.
9. Bei dem Professor ist es stinklangweilig.
10. Zu der Tankstelle geht er nie wieder.
11. In dem Restaurant soll man nicht essen.
12. Er ist nicht in den Vorlesungen gewesen.

ÜBUNG 3

Change the definite article to **jed-;** *then change the noun to the plural, preceded by* **all-.**

1. Der Einbrecher braucht einen Rechtsanwalt.
2. Die Straße hat zuviel Verkehr.
3. Das Flugzeug landet hier.
4. Sie liest den Artikel über Safaris.
5. Sie will die Vorlesung über Nietzsche hören.
6. Wir haben das Kreuzworträtsel gelöst.
7. Mit dem Touristen macht er eine Tour.
8. Auf der Schiffsreise wird er seekrank.
9. Im Reisebüro kann man Zimmer reservieren.

III. *DA-* AS PRONOUN SUBSTITUTE

If the object of a preposition is a person, the noun and pronoun forms will look like the following examples:

NOUN OBJECT	PRONOUN OBJECT
Sie sprechen **über die Kinder.**	Sie sprechen **über sie.**
They're talking about the children.	*They're talking about them.*
Er denkt **an seinen Vater.**	Er denkt **an ihn.**
He's thinking of his father.	*He's thinking of him.*
Sie spielt **mit ihrer Schwester.**	Sie spielt **mit ihr.**
She's playing with her sister.	*She's playing with her.*

Now look at the forms when the object of the preposition is a thing or an idea:

NOUN OBJECT

Er sagte nichts **über sein Sparbuch**.
He said nothing about his bank book.

Mit einem Schraubenschlüssel kann
man keinen Safe knacken.
*With a monkey wrench you can't crack
a safe.*

PRONOUN OBJECT

Er sagte nichts **darüber**.
He said nothing about it.

Damit kann man keinen Safe knacken.
With that you can't crack a safe.

As you can see from these examples, when the pronoun object of a preposition is a thing or an idea, the conventional personal pronoun is not used. Instead, the pronoun substitute **da-** (**dar-** when the preposition begins with a vowel) is attached to the front of the preposition. The **da(r)** retains the same form for all cases and genders (singular and plural).

Note: The **-a-** in **dar-** is often slurred in spoken German, as illustrated in the following sentence from the dialog:

Steht auch **drin**, woher er die Kohlen hat?
Does it say in there where he got the dough?

ÜBUNG

Answer affirmatively, using a pronoun substitute in place of the noun.

> MODEL: Hast du etwas über seine Safari gehört?
> **Ja, ich habe etwas darüber gehört.**

1. Hast du mit der Arbeit angefangen?
2. Denkst du an deine Prüfung?
3. Hast du von seiner Weltreise gehört?
4. Lachst du über mein Museumsstück?

5. Kommst du nach dem Essen zurück?
6. Hast du ihm bei der Hausarbeit geholfen?
7. Hast du viel für die Kamera bezahlt?
8. Hat er etwas zu deiner Ausrede gesagt?

IV. *WAS FÜR (EIN)*

The interrogative **was für (ein)** means *what kind of (a)*. The indefinite article is omitted if a plural noun follows.

> **Was für ein Film** ist das? *What kind of a movie is that?*
> **Was für Bäume** sind das? *What kind of trees are those?*

The **für** in this idiom does not determine the case of the noun that follows; instead, the entire phrase, including the noun, functions as one entity and may be the subject, verb object, etc.

NOMINATIVE	*subj.*	**Was für ein Film** spielt heute?
		What kind of a movie is playing today?
ACCUSATIVE	*dir. obj.*	**Was für einen Safe** hat er geknackt?
		What kind of a safe did he crack?

The entire idiomatic phrase may even be the object of a preposition, in which case that preposition determines the case of the noun after **für**.

| DATIVE: | *obj. of mit* | **Mit was für einem Schraubenschlüssel** wollte er den Safe knacken? |
| | | *With what kind of a monkey wrench did he want to crack the safe?* |

ÜBUNG

Change the noun to the singular, as in the model.

> **MODEL:** Was für Namen sind das?
> **Was für ein Name ist das?**

1. Was für Filme sind das?
2. Was für Menschen sind das?
3. Was für Kassettenspieler sind das?
4. Was für Geschäfte sind das?
5. Was für Probleme sind das?
6. Was für Resultate sind das?
7. Was für Karikaturen sind das?
8. Was für Familien sind das?
9. Was für Ausreden sind das?
10. Was für Artikel hast du gelesen?
11. Was für Assistenten hat der Professor?
12. Was für Vorträge hält er?
13. Was für Kreuzworträtsel löst sie?
14. Was für Probleme hat er?
15. Was für T-Shirts trägt er gern?
16. Was für Sprachen spricht man dort?
17. Was für Zeitungen liest er?
18. Was für Charterreisen gibt es?
19. In was für Restaurants hat er gegessen?
20. In was für Filmen spielt er?
21. In was für Häusern wohnen sie?
22. Mit was für Computern arbeiten sie?

V. *UM...ZU* PLUS INFINITIVE

Infinitive phrases equivalent to *in order to* in English are formed in German by using **um...zu** with an infinitive, as in the examples below. Notice the position of **zu** with the two types of verbs, those with and without separable prefixes.

> Er kam nach Stuttgart, um eine Stellung *zu* suchen.
> *He came to Stuttgart (in order) to look for a job.*
> Er brauchte das Visum, um länger in Amerika **herum*zu*reisen**.
> *He needed the visa (in order) to travel around longer in America.*

English often omits the words *in order,* but in German the entire expression must be used.

ÜBUNG

Complete the sentence **Er wollte nach Deutschland,...** *using the material provided, as in the model.*

> MODEL: eine Stellung suchen
> **Er wollte nach Deutschland, um eine Stellung zu suchen.**

1. Philosophie studieren
2. seine Familie besuchen
3. Deutsch lernen
4. einen Mercedes kaufen
5. Deutschland kennenlernen
6. dort arbeiten

VI. DAYS OF THE WEEK

The days of the week are all masculine.

der Sonntag	*Sunday*
der Montag	*Monday*
der Dienstag	*Tuesday*
der Mittwoch	*Wednesday*
der Donnerstag	*Thursday*
der Freitag	*Friday*
der Samstag (*also*, der Sonnabend)	*Saturday*

The contraction **am** (**an** + **dem**) is used for the expression *on Monday, on Tuesday,* etc.: **am Montag, am Dienstag.**

ÜBUNG

Answer these questions.

1. Was ist heute?
2. Was war gestern?
3. Was ist morgen?
4. Was ist übermorgen?
5. Was war vorgestern *(day before yesterday)*?
6. Welcher Tag kommt vor Samstag?
7. An welchem Tag beginnt die Woche?
8. An welchem Tag endet die Woche?

➡ ZUM LESEN

Die Schweiz

   Die Schweiz ist Deutschlands südlicher Nachbar.[1] In der Schweiz spricht man vier Sprachen: Deutsch (70%), Französisch (19%), Italienisch (10%), und Schwyzer Dütsch[2] im deutschsprachigen Teil. Das Schwyzer Dütsch klingt wie

---

1. neighbor   2. Swiss German

Romanisch

Ein Paradies für Schifahrer. *Swiss National Tourist Office*

ein deutscher Dialekt, aber für die Schweizer ist es fast wie eine Nationalsprache,
und sie sind sehr stolz[3] darauf. In der Schule dürfen die Kinder es bis zum 2.
(zweiten) Schuljahr sprechen und schreiben,[4] und erst dann lernen sie das Hochdeutsch. In einem sehr kleinen Teil spricht man auch eine Original-Schweizer
Sprache, das Romansch.

Die Schweiz ist ein sehr kleines Land mit einer interessanten Landschaft;

3. proud   4. write

10   die Alpen sind der beste Schutz[5] für das Land. Schon die alten Römer[6] hatten
Schwierigkeiten mit den Alpen, und sogar Hitler respektierte die Schweizer
Neutralität. Die Schweiz ist ein Touristenland, vor allem[7] für Bergsteiger[8] und Schifahrer,[9] aber auch für Liebhaber[10] von Almen[11] und Kuhglockengeläute[12] und guter
Luft.[13] Die Schweiz ist auch bekannt für ihre Uhren, den Schweizer Käse,[14] den
15   Schweizer Franken (eine sehr stabile Währung),[15] ihre Banken und Bankiers und
das Nummernkonto.[16]

   Man führte das Nummernkonto in den dreißiger Jahren ein,[17] um es den
Flüchtlingen[18] aus Hitlerdeutschland zu ermöglichen,[19] ihr Geld geheim[20] bei einer
Schweizer Bank zu deponieren.[21] Heutzutage haben Industrie-Millionäre, reiche
20   Araber, Diktatoren, Gangster und die neureiche Schickeria[22] ihre Nummernkonten.
Manche Leute haben sie, um ihr Geld vor den Steuerbehörden[23] geheimzuhalten;[24]
für andere Leute ist das Nummernkonto eine Prestigesache.

Bank accounts

5. defense	12. cowbell sounds	18. refugees
6. Romans	13. air	19. make possible
7. especially	14. cheese	20. secretly
8. mountain climbers	15. currency	21. deposit
9. skiers	16. numbered account	22. jet set
10. lovers	17. **führte . . . ein** intro-	23. from the tax authorities
11. Alpine meadows	duced	24. to keep secret

**Die Schweizer Uhrenindustrie
ist weltberühmt.** *Swiss National
Tourist Office*

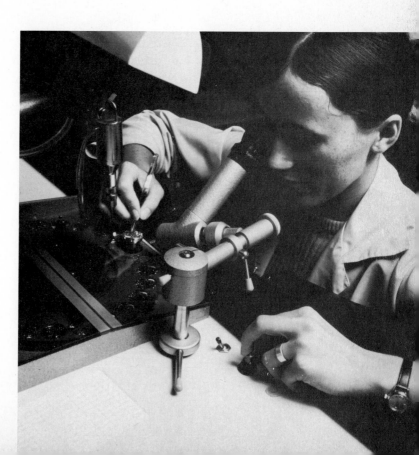

In der Schweiz spricht man viele Sprachen. *Swiss National Tourist Office*

Die Schweiz ist zugleich[25] konservativ und fortschrittlich:[26] konservativ im Regierungs- und Sozialsystem[27] (z.B., die Frauen dürfen erst seit 1971 wählen[28]) und fortschrittlich in Industrie und Handel,[29] im Maschinen- und Straßenbau[30] und in der Touristik.[31] Die Schweizer Hotels z.B. sind weltbekannt für Qualität und solide[32] Eleganz, genau wie die Schweizer Uhren. Und der Schweizer Käse aus der Schweiz schmeckt[33] viel besser als der Swiss Cheese aus Amerika.

25. both (at the same time)
26. progressive
27. government and social system
28. vote
29. trade
30. (machine and road) construction
31. tourist industry
32. respectable
33. tastes

➡ ÜBUNGEN ZUM LESESTÜCK

A. *Answer in complete German sentences.*

1. Auf was sind die Schweizer stolz?
2. Welche Sprache sprechen und schreiben die Kinder nach dem zweiten Schuljahr?
3. Mit was hatten die alten Römer Schwierigkeiten?
4. Wer fährt vor allem gern in die Schweiz?

5. Wofür *(for what)* ist die Schweiz bekannt?
6. Wann hat man das Nummernkonto eingeführt?
7. Ist die Schweiz nur konservativ?

8. Seit wann dürfen die Schweizerinnen wählen?
9. Schmeckt der Swiss Cheese aus Wisconsin besser als der Schweizer Käse?

B. *Complete each sentence by selecting the item that makes sense.*

1. Man besucht die Schweiz, wenn man gern (a) schwimmt / (b) Schi fährt / (c) mit dem Fahrrad fährt / (d) Golf spielt.
2. Die Schweizer Währung heißt (a) der Rubel / (b) der Yen / (c) der Dollar / (d) der Franken / (e) die Mark.
3. Auf einer Bank kann man Geld (a) transportieren / (b) exportieren / (c) protestieren / (d) deponieren.
4. (a) Ein Taxifahrer aus Hicksville / (b) Ein Mechaniker von einer Tankstelle / (c) Ein Millionär aus den USA / (d) Ein Student aus Ohio / (e) Ein Professor an unserem College / hat ein Nummernkonto in der Schweiz.
5. Die (a) Australier / (b) Römer / (c) Japaner / (d) Mexikaner / (e) Eskimos / hatten Schwierigkeiten mit den Alpen.
6. Die Steuerbehörde soll nicht herausfinden, wieviel Geld der Gangster hat. Er (a) deponiert sein Geld auf einem Sparkonto bei der First National Bank / (b) kauft ein Hotel in Atlantic City / (c) deponiert es auf einem Nummernkonto bei der Federal Reserve Bank / (d) kauft ein Penthaus in New York und sucht einen guten Rechtsanwalt / (e) reist nach Zürich und deponiert es auf einem Nummernkonto.
7. In der Schweiz dürfen die Frauen seit (a) 1776 / (b) 1978 / (c) 1971 / (d) 1893 / wählen.

➡ AM ZIEL: SCHRIFTLICHE ÜBUNGEN

A. *The following pictures depict situations from the dialog. Write sentences describing the situations.*

B. *Use the words and phrases to explain why you needed money, as in the model.*

> **MODEL:** mein / Miete / bezahlen
> **Ich brauchte Geld, um meine Miete zu bezahlen.**

1. in / Sommer / Reise / nach Amerika / machen
2. mein / Schwester / Schweizer Uhr / kaufen
3. in / Frühlingssemester / in / Ausland / studieren
4. mit / mein- Freund (mein- Freundin) / in / Restaurant / essen
5. in / Urlaub / in / Berge / fahren
6. Blockhütte / für / Familie / bauen
7. mit / mein- / Familie / an / Meer / fahren
8. Klempner / für / Arbeit / bezahlen
9. dies- / Rechtsanwalt / bezahlen
10. mein- / Freunde / mein- / Großzügigkeit / zeigen

C. *Complete the paragraph below with the past tense forms of the following verbs. Be sure that your selection makes sense in the context. Each verb should be used only one time, unless it appears twice in the list.*

aufpassen	haben	hören	sein	lachen	versuchen
klettern	planen	parken	wollen	erreichen	sein
warten	wollen	wohnen	landen	klettern	berühren

> *Detektiv Schulz erzählt seinen Kindern, wie er zwei Einbrecher gefangen hat (captured):*

„Der Täter, Paul B., _____ einen Partner, seinen Bruder. Sie _____ diesen Coup, um Geld für ihre späteren Jahre zu haben. Sie _____ damit in die Schweiz fliehen. Da _____ schon ein Onkel von ihnen, ein Gangster aus den alten Zeiten.

Die zwei Partner _____ ihren Wagen in der Nacht zwischen Montag und Dienstag vor der Bank. Der Bruder, Willi, _____ in dem Wagen; Paul _____ durch ein Fenster in die Bank und _____, den Safe mit einem Schraubenschlüssel zu öffnen. Weil er ein Dummkopf _____, _____ er nicht gut _____, und er _____ die Alarmvorrichtung. Sein Bruder _____ unseren Polizeiwagen und _____ fliehen, als wir die Bank _____. Paul _____ in dem Moment aus dem Fenster und _____ in unseren Armen. Wir _____ über sie, denn sie _____ ja wirklich dumm.

Ja, sie machen eine Reise, die zwei, aber nicht in die Schweiz."

D. *Answer the following questions affirmatively, substituting a personal pronoun or a da-pronoun substitute for each prepositional object, whichever is appropriate.*

1. Ist sie stolz auf ihre Kinder? **2.** Denkt er schon an den Urlaub? **3.** Haben Sie schon mit Ihrer Arbeit begonnen? **4.** Weißt du etwas von den Gangstern? **5.** Denkst du oft an dein Jahr in Amerika? **6.** Wissen Sie etwas von seinem Nummernkonto? **7.** Geht er oft zu seinen Freunden? **8.** Reisen Sie immer mit Ihren Kindern? **9.** Will er nach seinem Urlaub eine neue Stelle suchen? **10.** Ist er stolz auf sein Segelboot?

E. *Translate into English; then recall the German from your English translation.*

1. Versuchen Sie mal, diese Kreuzworträtsel zu lösen. **2.** Der Klempner verlangte einen Schraubenschlüssel, um damit die Wasserleitung zu reparieren. **3.** Er hat mir jeden Artikel vorgelesen. **4.** Als er seine Wohnung erreichte, bemerkte er, daß die Alarmvorrichtung nicht funktionierte. **5.** Er ist sehr stolz auf sein Penthaus; er hat viel dafür bezahlt. **6.** Ich habe in der Zeitung gelesen, daß dieser Einbrecher den Safe in der Bank geknackt hat. **7.** Hast du etwas darüber gehört?—Ja, im Fernsehen, und es hat auch in der Zeitung gestanden. **8.** Wußten Sie, daß er zurückkehren wollte? **9.** Natürlich interessiert es die Steuerbehörde, wem das Konto gehört. **10.** Was für ein Genie hat dir denn das erklärt?

F. *Translate into German; for sentences in the past use simple past tense unless otherwise indicated.*

1. Yesterday the police discovered my wallet. **2.** In what newspaper did you read this article? *(pres. perf.)* **3.** She solves every crossword puzzle. **4.** The thief stole the car and drove (with it) to Bonn. *(pres. perf.)* **5.** He has a numbered account, and he's proud of it. **6.** Suddenly I noticed that my car wasn't in (**auf**) the parking lot **7.** I didn't want to talk about it. **8.** What did you hear about this gangster? I heard nothing about him. *(pres. perf.)* **9.** I'd like to sit next to you because I want to tell you something about it. **10.** What kind of a safe is that?

G. *Composition. Use the simple past tense to reconstruct the burglar's account of his recent experience. For each sentence, use the words and phrases given below.*

1. Es / sein / Montagnacht.
2. Ich / klettern / durch / Fenster / in / Bank.
3. Da / sein / Safe / mit viel Geld.
4. Ich / versuchen, / die Kombination / finden. / Aber / ich / sie / nicht / finden / können.
5. Ich / suchen / in / meine Tasche, / und / ich / nur / haben / Schraubenschlüssel.
6. Ich / versuchen, / zu knacken / Safe / damit.
7. Wahrscheinlich / ich / Alarmvorrichtung / berühren, / denn / ich / hören / Polizeiwagen.
8. Ich / versuchen, / zu klettern / aus / Fenster / schnell, / aber / die Bullen / schon / da / sein.

9. Ich / erklären: / „Ich / kein Geld / haben, / um ... zu / Miete / bezahlen. / Ich / sein / pleite."
10. Aber / später / sie / entdecken / Sparbuch / in / meine Tasche.
11. Ich / nichts / sagen / darüber / und / verlangen / Rechtsanwalt.
12. Montagnacht / ich / haben / kein / Glück.

➤ WORTSCHATZ

die **Alarmvorrichtung, -en** alarm mechanism
die **Alpen** *(pl.)* the Alps
der **Artikel, –** article
der **Bankier, -s** banker
beginnen, begonnen to begin
bemerken to notice
der **Bergsteiger, –** mountain climber
berühren to touch
besser als better than
brauchen to need
die **Brieftasche, -n** wallet, billfold
deponieren to deposit
der **Dieb, -e** thief
der **Dummkopf, ̈-e** *(coll.)* dope, dummy
der **Einbrecher, –** burglar
ein•führen to introduce
erfolglos unsuccessful
erklären to explain
erreichen to reach, attain
das **Fenster, –** window
fern•sehen (ie), ferngesehen to watch television
fortschrittlich progressive
der **Gangster, –** gangster
das **Genie, -s** genius
großartig great, marvelous
heraus•klettern (ist) to climb out

jedoch however, nevertheless
der **Käse** cheese
knacken to crack
die **Kohlen** *(pl.)* coals; *coll.:* money, "dough"
das **Konto,** *pl.* **Konten** account
das **Kreuzworträtsel, –** crossword puzzle
kriegen *(coll.)* to get
der **Lesesaal,** *pl.* **-säle** reading room
lösen to solve
die **Mark, –** German mark
die **Miete, -n** rent
der **Millionär, -e** millionaire
der **Moment, -e** moment
Moment mal! Just a moment!
die **Nacht, ̈-e** night
naiv naive
das **Nummernkonto,** *pl.* **-konten** numbered account
das **Penthaus, ̈-er** penthouse
plötzlich suddenly
die **Polizei** *(sing.)* police
der **Rechtsanwalt, ̈-e** lawyer
der **Römer, –** Roman
der **Safe, -s** safe
Schi fahren (ä), ist Schi gefahren to ski
der **Schifahrer, –** skier
schmecken to taste

der **Schraubenschlüssel, –** monkey wrench
schreiben, geschrieben to write
der **Schweizer Franken, –** Swiss franc
das **Schwyzer Dütsch** Swiss German
das **Sparbuch, ̈-er** bank book
die **Sprache, -n** language
stehlen (ie), gestohlen to steal
die **Steuerbehörde, -n** internal revenue office
stolz proud
stolz sein auf *(acc.)* to be proud of
die **Tasche, -n** bag, pocket
der **Täter, –** perpetrator
verlangen to demand, request
versuchen to try, attempt
vor allem above all, mainly
vor•lesen (ie), vorgelesen to read aloud
wählen to vote; choose, elect
die **Währung, -en** currency
wohl probably
die **Wohnung, -en** apartment, dwelling

RÜCKBLICK VIII-X

Was Sie jetzt können

A. *Two students talk about Lise Meitner. One asks the questions; the other answers according to the cues given.*

Student(in) A: Weißt du etwas über Lise Meitner?
Student(in) B: *(was a physicist; was born in 1878)*
Student(in) A: Hat sie immer in Wien gewohnt?
Student(in) B: *(studied in Berlin; worked with Otto Hahn; in the thirties had to flee to Sweden)*
Student(in) A: Hatte sie nicht etwas mit der Atombombe zu tun?
Student(in) B: *(not directly; predicted that a chain reaction was possible)*

B. *Was wissen Sie über die Schweiz?* *(Use the cues.)*

> is not very big
> south (**südlich**) of Germany
> three languages
> also speak Schwyzer Dütsch
> Swiss are very proud of it
> Zürich well known for banks and bankers
> mountain climbers and skiers like to go to Switzerland
> watches and Swiss cheese
> numbered accounts

C. *Sie lernen einen Schweizer/eine Schweizerin kennen. Fragen Sie ihn/sie:*

> what language he/she speaks
> whether he/she also knows French and Italian (**Italienisch**)
> whether he/she lives in Zürich
> whether Swiss watches are really so good
> if he/she has ever (**schon einmal**) eaten Swiss cheese from Wisconsin
> how it tasted
> if he/she has a numbered account
> if it is cold in winter
> if he/she can tell you why women in Switzerland were not allowed to vote until 1971
>   *(not until = **erst**)*

D. *If there is someone in your class who comes from another country (if not, then someone in the class pretends to be from another country), ask him/her:*

what language they (**man**) speak there
in which city he/she lives
if it is cold or warm there in winter/summer
if women are allowed to vote there
if he/she has a numbered account in Switzerland

E. *Sie fahren im Juli auf der Autobahn. Sie halten einen inneren Monolog, auf deutsch natürlich. (Use these cues.)*

these people are crazy
drive like taxi drivers in New York
always have to pass me
think they are race drivers
this car even has a bike on the roof, and a tent and three suitcases
where are they going?
what kind of car is that?
must be a BMW
that (**dies-**) car I would like to have
have to buy gas at this gas station . . . No, it's too expensive
would like to eat a hamburger or a frankfurter
why didn't I eat breakfast?
this Mercedes is passing me; yes, he did pass me
well, my car has horse power too; I'll show (it) him!
I passed him! Now he's mad
good that I'm not in America; I'm driving 160 km. But it's fun!

F. *Write a letter to a friend. Include the information given in the cues.*

Lieber _____ (male) *or*
Liebe _____ (female):

thank him/her for letter
you have vacation, no more homework, but working in a store
you sell cheese
you tried to get job in camera shop, but they wanted technical ability
you found ad for job in zoo, but you don't like animals, and salary not very good
you couldn't get job in office because you can't type
you like to eat cheese; this ad was in newspaper for job in cheese store
now you don't like to eat cheese any more (*not any more* = **nicht mehr**)
you always smell of (**riechen nach**) cheese, but the salary is good
you need the money because you want to take a trip to Austria
you hope your friend found job too

tell him/her to write again soon
see him/her (**auf Wiedersehen**) in September
yours (**Dein/Deine** _____)

G. *Complete the following sentence, using each of the cues:* **Ich brauche einen Rechtsanwalt, weil ich ...** *(Use the present perfect tense.)*

1. nackt / schwimmen / an / Strand, / wo / kein / Nacktbad / sein
2. mit / mein / BMW / in / ein / Bank / fahren
3. einen Polizisten / Dummkopf / rufen
4. mein / Miete / schon / sechs Monate / nicht bezahlen
5. in / die Stadt / zu schnell / fahren

H. *Interview a student in your class on the subject of travel by asking questions based on the following cues:*

if he/she has the urge to travel
if he/she would like to take a trip
what kind of a trip would he/she like to take
where to
why that place
how he/she would like to go there (bus, plane etc.)
what he/she would like to do when there
when he/she would like to go

LEKTION
ELF

GRAMMATISCHE ZIELPUNKTE

Simple Past Tense: Strong Verbs • Principal Parts of Verbs • Future Tense • *sein* + *zu* + Infinitive • *als, wenn, wann* • Time Expressions

AUSGANGSPUNKT

Kennst du Kafka?

Zwei Studenten kommen aus der Mensa, wo sie zu Abend gegessen haben.

Kai: Am Montag ist meine Semesterarbeit über Kafka fällig.

Helmut: Mal sehen, wieviel du schon weißt. Woher ist dieses Zitat: „Als Gregor Samsa eines Morgens aus unruhigen Träumen erwachte, fand er sich in seinem Bett zu einem ungeheuren Ungeziefer verwandelt."

Kai: Glaubst du, ich kenne „Die Verwandlung" nicht?

Helmut: Das ist doch ein großartiger Anfang für eine Geschichte. Er will aufstehen, und siehe da . . .

Kai: Kafka interessiert dich, was? Mal sehen, wie gut du seine Werke kennst. „Es war spät abends, als K. ankam . . .“

Helmut: Das kommt mir bekannt vor . . . „Der Prozeß"!

Kai: Falsch. Hör zu: „Das Dorf lag in tiefem Schnee. Vom Schloßberg war nichts zu sehen. . . . Lange stand K. auf der Holzbrücke . . .“

Helmut: Ich hab's, „Das Schloß".

Kai: Bravo! Du hast die Preisfrage gelöst!

Helmut: Ich bin ja schließlich Wiwi* und kein Germanist. Ich werde mal feststellen, was du über das Thema „Sozialprodukt" weißt. . . .

Kai: Ein andermal, ich hab's eilig. Ich muß in die Bibliothek. Sonst wird meine Arbeit nicht fertig.

Helmut: Schlaf nicht ein. Du weißt, was dir passieren kann. . . .

* Wiwi: student slang abbreviation for *Wirtschaftswissenschaftler* (economics major).

Szene aus dem Film „Das Schloß" *The Museum of Modern Art / Film Stills Archives*

Do You Know Kafka?

Two students are coming out of the student dining hall where they have eaten dinner.

Kai: My term paper on Kafka is due on Monday.

Helmut: Let's see how much you already know. Where is this quote from: "When Gregor Samsa woke up one morning from restless dreams, he found himself transformed in his bed into an enormous vermin."

Kai: Do you think I don't know *The Metamorphosis?*

Helmut: That's really a great beginning for a story. He is about to get up, and lo and behold . . .

Kai: Kafka interests you, huh? Let's see how well you know his works. "It was late in the evening when K. arrived . . ."

Helmut: That sounds familiar to me . . . *The Trial.*

Kai: Wrong. Listen: "The village lay in deep snow. Nothing could be seen of the castle hill . . . For a long time K. stood on the wooden bridge . . ."

Helmut: I've got it, *The Castle.*

Kai: Bravo! You've answered the $64,000 question.

Helmut: After all, I'm an eco major, not a German major. I'll find out what you know about the topic "Gross National Product."

Kai: Some other time. I'm in a hurry. I have to go to the library. Otherwise my paper won't get done.

Helmut: Don't fall asleep. You know what can happen to you. . . .

➤ LOCKERUNGSÜBUNGEN

A. *Listen to the statement; then answer the question.*

1. Das ist Gregor Samsa.   Wer ist das?
2. Er liegt in seinem Bett.   Wo liegt er?
3. Er erwacht gerade.   Was tut er?
4. Er möchte schnell auf-   Was möchte er tun?
   stehen.
5. Er ist ein Ungeziefer.   Was ist er?
6. Er kann nicht aufstehen.   Was kann er nicht?

Die Verwandlung

Als Gregor Samsa eines Morgens . . .

7. Das ist Kai.   Wer ist das?

8. Er ist Germanist.   Was ist er?

9. Er sitzt in der Bibliothek. Wo sitzt er?

10. Er soll eine Semesterar- Was soll er tun?
  beit schreiben.

11. Er ist eingeschlafen, weil Warum ist er eingeschlafen?
  er zuviel gearbeitet hat.

12. Er träumt, er ist Gregor Was träumt er?
  Samsa.

13. Das ist Helmut.   Wer ist das?

14. Er ist Wirtschaftswissen- Was ist er?
  schaftler. (Man sagt auch
  manchmal Wiwi.)

15. Er liest auch gern Kafka. Was liest er auch gern?

16. „Die Verwandlung" hat Was hat ihn sehr interessiert?
  ihn sehr interessiert.

B. *Answer the following questions affirmatively or negatively, as appropriate.*

1. Kommen die Studenten aus einem Café?
2. Haben sie in der Mensa zu Abend gegessen?
3. Ist Kais Semesterarbeit am Sonntag fällig?
4. Möchte Helmut sehen, wieviel Kai weiß?
5. Ist das Zitat aus „Hamlet"?
6. Erwachte Gregor aus ruhigen Träumen?
7. Lag er unter seinem Bett?
8. War er jetzt ein Ungeziefer?
9. Wollte Gregor aufstehen?
10. Kennt Kai „Die Verwandlung"?
11. Weiß Kai, daß das Zitat aus der „Verwandlung" ist?
12. Ist der Anfang langweilig?
13. Interessiert Kafka Kai?
14. Will Kai sehen, wie gut Helmut Kafkas Werke kennt?
15. Kam K. früh morgens an?
16. Kommt das Zitat Helmut bekannt vor?
17. Ist das Zitat aus „Der Prozeß"?
18. Lag das Dorf im Schnee?
19. War etwas vom Schloßberg zu sehen?
20. Stand K. lange auf der Brücke?
21. Hat Helmut die Preisfrage gelöst?
22. Ist Kai Wiwi?
23. Ist Helmut Germanist?
24. Weiß Kai viel über das Sozialprodukt?
25. Will Helmut feststellen, daß Kai viel über das Sozialprodukt weiß?
26. Hat Kai es eilig?
27. Muß er in die Bibliothek?
28. Muß Helmut in die Bibliothek?
29. Soll Kai in der Bibliothek einschlafen?
30. Kann ihm etwas passieren?

C. *Answer the following questions.*

1. Wo waren Kai und Helmut?
2. Was haben sie da getan?
3. Wann ist Kais Semesterarbeit fällig?
4. Über wen schreibt er?
5. Aus welchem Werk ist das Zitat über Gregor Samsa?

6. Was wollte Gregor tun, als er erwachte?

7. Aus welchem Werk kommt das Zitat über K.?

8. Wo stand K.?

9. Was war vom Schloßberg zu sehen?

10. Was will Helmut feststellen?

11. Warum hat Kai es eilig?

12. Was soll er in der Bibliothek nicht tun?

D. *Richtig oder falsch?* *Follow the model.*

> MODEL: Kai und Helmut kommen aus der Vorlesung. Ist das richtig?
> **Nein, das ist falsch. Sie kommen aus der Mensa.**

1. Kafka hat „Othello" geschrieben.
2. „Die Verwandlung" ist ein Drama.
3. Kai ist Wirtschaftswissenschaftler.
4. Helmut ist Germanist.
5. K. kam spät morgens an.
6. Als K. im Dorf ankam, war es Sommer.
7. Kai muß in die Diskothek.
8. Kai schreibt eine Semesterarbeit über James Joyce.

E. *Answer the questions, as in the first example.*

1. Saß er auf dem Stuhl?
   Ich weiß nicht, ob er auf dem Stuhl saß.
2. Lag er im Bett?
3. Schlief er ein?
4. Stand er wieder auf?
5. Las er die Zeitung?
6. Trank er ein Bier?
7. Ging er wieder ins Bett?
8. Ist ihm etwas passiert?

F. *Listen to the statement; then answer the question, as in the first example.*

1. Das Zitat kommt Helmut bekannt vor. Was kommt ihm bekannt vor?
   Das Zitat kommt ihm bekannt vor.
2. Die Geschichte kommt Heidi bekannt vor. Was kommt ihr bekannt vor?
3. Der Titel kommt Kai bekannt vor. Was kommt ihm bekannt vor?
4. Die Lektion kommt den Professoren bekannt vor. Was kommt ihnen bekannt vor?
5. Die Zeitung kommt uns bekannt vor. Was kommt uns bekannt vor?

G. *Answer the questions by using the information given, as in the first example.*

1. Ißt man morgens Kaviar? (abends)
   Nein, man ißt abends Kaviar.
2. Ißt man abends Frühstück? (morgens)
3. Geht man nachts in den Zoo? (nachmittags)
4. Steht man nachmittags auf? (morgens)
5. Tanzt man morgens in einer Diskothek? (abends)
6. Steht man montags spät auf? (sonntags)

FRAGEBOGEN

1. Wo essen Sie zu Mittag? Zu Abend?
2. Schlafen Sie abends schnell ein? Warum, warum nicht?
3. Sind Ihre Träume oft unruhig? Wann?
4. Träumen Sie manchmal von einem Ungeziefer?
5. Träumen sie manchmal von Ihrer Deutschklasse? Von Ihrem Deutschprofessor?
6. Müssen Sie eine Semesterarbeit schreiben? Wann ist sie fällig?
7. Haben Sie „Die Verwandlung" gelesen? Auf deutsch oder auf englisch?
8. Interessiert Kafka Sie? Warum, warum nicht? Was wissen Sie über ihn?
9. Stellen Sie mal fest, was Ihr Professor über Musik weiß.
10. Was kann Ihr Professor durch eine Prüfung feststellen?
11. Arbeiten Sie an einer Semesterarbeit? Wann wird sie fertig?
12. Was machen Sie morgens, mittags, nachmittags, abends, nachts?

 ERKLÄRUNGEN UND ÜBUNGEN

I. SIMPLE PAST TENSE: STRONG VERBS

The uses of the simple past tense were described in the last lesson, where we treated only weak verbs. The formation of the past tense of the strong verbs differs considerably from that of the weak verbs.

In the simple past tense, strong verbs have stem changes, some of which are quite radical (**gehen: er ging**); others are rather moderate (**kommen: er kam; sehen: er sah**). There is no way to predict these stem changes; they must be memorized. In addition to the stem change, the personal endings for strong verbs differ from those of the weak ones. The following sample conjugations show the endings (in boldface) on the past tense stem of each verb.

	kommen *(to come)*		**sitzen** *(to sit)*
ich	kam	ich	saß
du	kamst	du	saßest*
er, sie, es	kam	er, sie, es	saß
wir	kamen	wir	saßen
ihr	kamt	ihr	saßt
sie	kamen	sie	saßen
Sie	kamen	Sie	saßen

* Verbs with stems ending in an **-s** sound or a **-d** or **-t** add an extra **-e-** before the personal ending in the second person singular.

II. PRINCIPAL PARTS OF VERBS

The principal parts of strong verbs must be memorized because they are the forms on which all the tenses of the verb are based. The three principal parts in both English and German are: (1) the infinitive; (2) the past tense stem; (3) the past participle. The following is a list of all the strong verbs you have had so far in this book. In addition to the principal parts, the third person singular is listed if there is a present tense stem change. Verbs that take **sein** as their auxiliary are shown with **ist** in front of the past participle. Each lesson vocabulary from now on will give the principal parts of all new strong verbs.

INFINITIVE	(PRESENT)	PAST	PAST PARTICIPLE	MEANING
an•fangen	(fängt an)	fing an	angefangen	*to start*
an•kommen		kam an	ist angekommen	*to arrive*
an•sehen	(sieht an)	sah an	angesehen	*to look at*
auf•geben	(gibt auf)	gab auf	aufgegeben	*to give up*
auf•stehen		stand auf	ist aufgestanden	*to get up*
aus•helfen	(hilft aus)	half aus	ausgeholfen	*to help out*
beginnen		begann	begonnen	*to begin*
bekommen		bekam	bekommen	*to get*
beschreiben		beschrieb	beschrieben	*to describe*
bleiben		blieb	ist geblieben	*to stay*
ein•schlafen	(schläft ein)	schlief ein	ist eingeschlafen	*to fall asleep*
essen	(ißt)	aß	gegessen	*to eat*
fahren	(fährt)	fuhr	ist gefahren	*to drive*
fallen	(fällt)	fiel	ist gefallen	*to fall*
fern•sehen	(sieht fern)	sah fern	ferngesehen	*to watch TV*
finden		fand	gefunden	*to find*
fliehen		floh	ist geflohen	*to flee*
geben	(gibt)	gab	gegeben	*to give*
gehen		ging	ist gegangen	*to go*
gelingen		gelang	ist gelungen	*to succeed*
gewinnen		gewann	gewonnen	*to win*
halten	(hält)	hielt	gehalten	*to hold; stop*
heißen		hieß	geheißen	*to be called*
helfen	(hilft)	half	geholfen	*to help*
heraus•finden		fand heraus	herausgefunden	*to find out*
klingen		klang	geklungen	*to sound*
kommen		kam	ist gekommen	*to come*
leihen		lieh	geliehen	*to lend; borrow*
lesen	(liest)	las	gelesen	*to read*

B. USE OF THE FUTURE TENSE

The future tense is not used frequently. The Germans tend to use the present tense rather than the future whenever the context makes the future time clear, particularly when there is an adverb indicating future time in the sentence.

Ich sehe ihn **am Montag.** $\left\{ \begin{array}{l} \textit{I'll see him on Monday.} \\ \textit{I'm going to see him on Monday.} \end{array} \right.$

If future time is not perfectly clear from the context, the future tense is used.

Das **wird** er bestimmt **verstehen.**
He will certainly understand that.
Ich **werde** sie **sehen.**
I will see her.

ÜBUNG 1

Respond as in the model.

> **MODEL:** Er muß mitkommen.
> **Ja, er wird bestimmt mitkommen.**

1. Er muß es ihm erzählen.
2. Er muß ihn kennenlernen.
3. Sie muß es bezahlen.
4. Sie muß ihm schreiben.
5. Sie muß es uns erklären.
6. Es muß klappen.
7. Es muß gelingen.
8. Es muß aufhören.

ÜBUNG 2

Now respond the same way, but use the subject given for each group.

1. Ihr müßt es ihr kaufen. (**wir**)
2. Ihr müßt den Film sehen.
3. Ihr müßt es mitnehmen.
4. Ihr müßt ihn abholen.

5. Ich muß das Rätsel lösen. (**du**)
6. Ich muß das Zitat finden.
7. Ich muß sie sehen.
8. Ich muß den Preis gewinnen.

9. Ich muß das feststellen. (**Sie**—*you*)
10. Ich muß den Preis gewinnen.
11. Ich muß sie kennenlernen.
12. Ich muß den Schlüssel finden.

13. Du mußt das feststellen. (**ich**)
14. Du mußt das herausfinden.
15. Du mußt ihn kennenlernen.
16. Du mußt das erwähnen.

IV. *SEIN* + *ZU* + INFINITIVE

The verb **sein,** when used with a dependent infinitive preceded by **zu,** has a special meaning. The idiom conveys the idea of *ability (can be done, seen, said,* etc.). Note the translation of these sentences:

Was ist hier **zu tun?**   *What can be done here?*
Da **war** nichts **zu machen.**   *Nothing could be done there.*
Vom Schloßberg **war** nichts **zu sehen.**   *Nothing could be seen of the castle hill.*

Remember that **zu,** when used with an infinitive that has a separable prefix, is placed between the prefix and the stem of the verb.

Das ist leicht **heraus***zu***finden.**
That's easy to find out. [or] That can easily be determined.

In some contexts, however, this idiom can also convey the idea of *necessity* (*must be done, seen, said,* etc.).

Das ist für morgen **zu tun.**
That must be done (is to be done) for tomorrow.

ÜBUNG
Respond as in the model.

MODEL: Konnte man etwas tun?
Nein, da war nichts zu tun.

1. Konnte man etwas machen?
2. Konnte man etwas sagen?
3. Konnte man etwas gewinnen?
4. Konnte man etwas feststellen?
5. Konnte man etwas herausfinden?
6. Konnte man etwas mitnehmen?

V. *ALS, WENN, WANN*

The three different words for *when* in German (**als, wenn** and **wann**) have specific uses.

wann is used only in direct and indirect questions.

Wann ist Kais Semesterarbeit fällig?
When is Kai's term paper due?

Er fragte mich, **wann** ich ins Kino gehen wollte.
He asked me when I wanted to go to the movies.

als refers to <u>one</u> action or event completed in the past.

Es war spät abends, **als** K. ankam.
It was late in the evening when K. arrived.

wenn is used in all other cases, often in the sense of *if* or *whenever,* i.e., repeated events or actions in the past, as well as events or actions in the present or future.

Wenn ich ihn sah, war er immer sehr freundlich.
When(ever) I saw him, he was always very friendly.
Wenn wir ihn besuchen, erzählt er uns immer von seinen Kindern.
When(ever) we visit him, he always tells us about his children.
Wenn er es eilig hat, können wir nicht mit ihm sprechen.
If he is in a hurry, we can't speak to him.

ÜBUNG 1

*Respond to the following statements with a direct question, beginning with **wann**; then change to an indirect question. Follow the model.*

> **MODEL:** Er hat ihn besucht.
> **Wann hat er ihn besucht?**
> **Ich weiß nicht, wann er ihn besucht hat.**

1. Sie hat mit ihm gesprochen.
2. Er wollte den Film sehen.
3. Sie hat ihn kennengelernt.
4. Er ist zurückgekehrt.
5. Sie ist in Bonn angekommen.
6. Ihre Semesterarbeit ist fällig.

ÜBUNG 2

*Respond affirmatively to each of the following questions, forming a **wenn**-clause with the elements provided, as in the model.*

> **MODEL:** Möchte er mitkommen? (Zeit / haben)
> **Ja, wenn er Zeit hat, möchte er mitkommen.**

1. Schläft er oft ein? (die Vorlesung / langweilig sein)
2. Geht er oft in die Bibliothek? (eine Semesterarbeit / fällig sein)
3. Geht er oft ins Kino? (keine Arbeit / haben)
4. Ißt er oft im Restaurant? (genug Geld / haben)
5. Fährt er oft in die Berge? (Ferien / haben)
6. Ißt er oft in der Mensa? (nicht viel Geld / haben)

ÜBUNG 3

*Connect the following sentence pairs into one sentence, using **als** before the first clause. Follow the model.*

> **MODEL:** Er wollte parken. Der Polizist kam.
> **Als er parken wollte, kam der Polizist.**

1. Er kam an. Es war spät abends.
2. Der Wecker läutete. Sie erwachte.
3. Er hörte die Geschichte. Sie kam ihm bekannt vor.
4. Sie kam aus der Bibliothek. Er stand vor ihr.

VI. TIME EXPRESSIONS

A. DIVISIONS OF THE DAY

The parts of the day are:

der Morgen	*morning*
der Vormittag	*forenoon, morning*
der Mittag	*noon*
der Nachmittag	*afternoon*
der Abend	*evening*
die Nacht	*night*

Notice that these nouns are all masculine, except **die Nacht.**

B. ADVERBIAL EXPRESSIONS OF TIME

1. Formed with *am*

The contraction **am** (**an** + dative definite article) is used for expressions such as *in the morning, at noon, in the evening:* **am Morgen, am Mittag, am Abend.** But there is one exception: **in der Nacht.**

ÜBUNG

Answer the following questions by constructing a time phrase from the word in parentheses.

> **MODEL:** Wann warst du bei Professor Schneider? (Vormittag)
> **Ich war am Vormittag bei Professor Schneider.**

1. Wann willst du zu ihm gehen? (Abend)
2. Wann fahren wir in die Stadt? (Nachmittag)
3. Wann bist du nach Hause gekommen? (Nacht)
4. Wann ist er angekommen? (Morgen)

2. Formed with *-s*

There is another adverbial time expression, constructed by adding an **-s** to the noun. This form is not capitalized (**abends, morgens, nachts,** etc.), and it also means *in the evening, in the morning,* etc.:

> Es war spät **abends,** als K. ankam.
> *It was late in the evening when K. arrived.*
> Wann ist sie angekommen?—Um 10 Uhr **abends.**
> *When did she arrive?—At 10 o'clock in the evening.*

This form can also be used to indicate a regularly repeated occurrence:

> **Morgens** stehe ich immer früh auf.   *In the morning I always get up early.*
> Was machen Sie **abends?**   *What do you do in the evening?*

This same construction can be used with days of the week to convey this idea of repeated occurrence:

Ich gehe **samstags** in die Stadt.   *On Saturday(s) I go downtown.*

ÜBUNG

Answer the following questions.

1. An welchen Tagen haben Sie keine Klassen?
2. Wann geht man in eine Diskothek?
3. An welchen Tagen haben Sie eine Deutschklasse?
4. Wann haben Sie Zeit, ins Kino zu gehen?

5. Wann steht man auf?
6. Wann geht man ins Bett?
7. Wann sehen Sie fern?
8. An welchen Tagen können Sie lange schlafen?

Günter Grass *German Information Center*

Bei einer Probe *(rehearsal)* **für den Film, „Die Blechtrommel"** *German Information Center*

 **ZUM LESEN**

Von dem Fischer und seiner Frau

Kafkas Werke gehören wie Goethes Werke zur Weltliteratur. Vielleicht kennen Sie auch andere Namen von deutschen Dichtern, wie z.B. Bertolt Brecht oder Thomas Mann. Vielleicht haben Sie schon etwas über Günter Grass gehört. Seine großen Romane[1] wie „Die Blechtrommel" *(The Tin Drum)*, „Hundejahre"
5 *(Dog Years)* und „Der Butt" *(The Flounder)* sind auch in Amerika bekannt. Der Romantitel „Der Butt" kommt von einem Märchen[2] der[3] Gebrüder Grimm. Es

　　　1. novels　　2. fairy tale　　3. of the

heißt „Von dem Fischer und seiner Frau." Es ist auf plattdeutsch[4] geschrieben (das ist ein Dialekt in Norddeutschland). Hier ist eine Zusammenfassung[5] auf hochdeutsch:

Es war einmal[6] ein Fischer. Er lebte[7] mit seiner Frau am Meer, und sie waren sehr arm[8] und wohnten in einer sehr kleinen stinkigen Hütte. Jeden Tag ging der Fischer an den Strand, um zu fischen. An einem Tag saß er lange da, und endlich[9] fing[10] er einen großen Butt. Der Butt sagte: „Lieber Fischer, ich bin kein richtiger Butt, ich bin ein verzauberter[11] Prinz. Bitte, laß[12] mich leben." Der Fischer war überrascht,[13] daß ein Fisch sprechen konnte, und er warf[14] ihn wieder ins Wasser. Als er das nachher seiner Frau Ilsebill erzählte, wurde sie böse und sagte: „Warum hast du nichts gewünscht?[15] Dieser Butt kann jeden Wunsch erfüllen.[16] Geh und ruf[17] ihn und wünsch uns eine neue, große Hütte." Der Fischer ging zum Strand und rief:[18] „Manntje, Manntje, Timpe Te, / Buttje, Buttje in der See, / Myne Fru de Ilsebill / Will nich so as ik wol will."[19] Der Butt kam wirklich, und der Fischer sagte: „Meine Frau möchte eine neue, große Hütte." „Geh nach Hause,"[20] antwortete der Butt, „sie hat sie schon." Und wirklich, als der Mann nach Hause kam, stand da eine schöne, neue Hütte. Seine Frau war glücklich, aber nicht zu lange. Bald schickte sie ihren Mann zum Butt zurück, denn sie wollte ein Schloß. Sie bekam ein Schloß. Dann wollte sie König[21] werden, dann Kaiser, dann Papst.[22] Der Fischer wollte seiner Frau nicht widersprechen[23] und ging immer zum Butt zurück, und der Butt erfüllte alle ihre Wünsche. Aber dann wollte Ilsebill wie Gott[24] werden. Der Fischer versuchte, seine Frau zu überreden,[25] das nicht zu wünschen. Aber sie wurde so böse und schlug[26] so hart mit der Hand auf den Tisch,[27] daß der Fischer Angst bekam.[28] „Wenn du nicht gehst," schrie Ilsebill, „dann . . ." Da war einfach nichts zu tun. Der Fischer ging wieder an den Strand zurück und sagte dem Butt, was seine Frau wünschte. Der Butt antwortete: „Geh nach Hause. Sie sitzt wieder in ihrer alten, stinkigen Hütte." Und da leben sie heute noch.

Der Roman von Günter Grass hat auch einen sprechenden[29] Butt; das Werk handelt[30] aber auch von der Frauenemanzipation. Will Grass vielleicht die Frauen warnen, nicht zuviel zu wünschen?

4. Low German	14. threw	21. king
5. summary	15. wish	22. pope
6. once upon a time	16. fulfill	23. contradict
7. lived	17. call	24. God
8. poor	18. called	25. convince
9. finally	19. Mankin, mankin, Timpe Tee,	26. banged
10. caught	Flounder, flounder in the sea,	27. table
11. enchanted	My good woman, Ilsebill,	28. got scared
12. let	Wills not what I'd have her will.	29. talking
13. surprised	20. home	30. **handelt . . . von** deals with

➡ ÜBUNGEN ZUM LESESTÜCK

A. *Answer in complete German sentences.*

1. Wie heißen die Romane von Günter Grass? **2.** Hier lernen Sie ein Märchen kennen. Wie heißt es? **3.** Wie fängt ein deutsches Märchen an? **4.** Waren der Fischer und seine Frau reich? **5.** Was für einen Fisch fing der Mann? **6.** Warum war der Fischer überrascht? **7.** Was tat der Mann mit dem Butt? **8.** Warum wurde Ilsebill böse, als ihr Mann nach Hause kam? **9.** War Ilsebill lange glücklich? **10.** Warum ging der Mann immer zum Butt zurück? **11.** Was wollte Ilsebill am Ende? **12.** Was tat Ilsebill, als ihr Mann sie überreden wollte, das nicht zu wünschen? **13.** Wie endet das Märchen?

B. *Rewrite the following sentences, correcting the misinformation.*

1. Günter Grass ist Zahnarzt und lebt in Chile. **2.** „Der Butt" ist ein Drama von Goethe. **3.** „Von dem Fischer und seiner Frau" ist ein Film. **4.** Der Butt sagte: „Nimm mich mit!" **5.** Der Fischer war glücklich, daß ein Fisch sprechen konnte. **6.** Er hat ihn zum Frühstück gegessen. **7.** Ilsebill sagte: „Dieser Fisch kann jedes Rätsel lösen." **8.** Der Fischer sagte zum Butt: „Meine Frau will eine Kamera." Der Butt antwortete: „Komm mit ins Wasser, sie ist verrückt." **9.** Ilsebill ist böse geworden und hat mit dem Schraubenschlüssel ans Fenster geschlagen. **10.** Ihr Mann hat dann Wanderlust bekommen und ist wieder an den Strand zurückgegangen.

➡ AM ZIEL: SCHRIFTLICHE ÜBUNGEN

A. *The following pictures depict situations from the dialog; write sentences describing the situations.*

B. *Traum oder Alptraum (nightmare)?*

For each space provide the appropriate verb in the correct tense. Select the verbs from the list below. Each verb must be used at least once; some may be used more than once, if appropriate.

sitzen	sein	klingen	tragen	kommen
einschlafen	verschwinden	können	fallen	hören
danken	ankommen	schwimmen	sehen	werden
haben	singen	wandern	liegen	stehen
erreichen	sollen	müssen	beginnen	wollen

Ich bin gestern sehr spät _____ *(eingeschlafen)* und hatte _____ diesen Traum: Es war spät abends, als ich am Bahnhof *(angekommen)* war. Ich wollte mit dem Zug nach Messel fahren, aber ich konnte den Zug nicht finden. Ich wanderte auf dem Bahnhof herum, aber der Zug war nicht zu sehen. Ich trug einen Koffer, und er war schwer. Plötzlich sah ich hinter mir viele Ungeziefer: Gregor Samsa hundertmal multipliziert! Ich begann zu schreien *(scream)*, aber kein Mensch hörte mich, denn kein Mensch war zu sehen. Ich wollte fliehen, aber der Bahnhof war plötzlich zu einem See geworden. Ich saß einen Moment da. Was war zu tun? Ich war sehr nervös. Direkt hinter mir kamen die Ungeziefer sehr schnell auf mich zu *(toward me)*. Und vor mir lag der große See. Ich fiel mit meinem Koffer ins Wasser. Jetzt mußte ich schwimmen. Ich schwamm wie verrückt, und die Ungeziefer schwammen auch. Aber was sah ich auf der anderen Seite *(side)*? Eine Frau! Und ich hörte auch Musik. Die Musik klang sehr schön, und die Frau sang sehr schön. Die Ungeziefer verschwanden plötzlich im Wasser und waren nicht mehr zu sehen. Bald erreichte ich die andere Seite und dankte der Frau für ihre Hilfe. Wer war es? Lieber Leser, Sie können es nicht glauben. Tante Irene, der alte Sauertopf. Und wer lag neben ihr im Sand? Das Krokodil von Lektion drei!

C. *Translate into English; then recall the German from your English translation.*

1. Es ist sehr schwer, morgens um sechs Uhr aufzustehen.   2. Was für eine Kamera wirst du ihm kaufen?   3. Ich weiß, daß er nicht zu überreden ist.   4. Wenn man ihm widerspricht, wird er böse und schlägt mit der Hand auf den Tisch.   5. Als er in der Bibliothek saß, um seine Arbeit zu schreiben, schlief er ein.   6. Ich weiß nicht, ob er mir Geld leihen wird. 7. Er hatte es eilig und hielt vor dem Bahnhof; natürlich bekam er einen Strafzettel, denn da stand ein Polizist.   8. Wann ist es passiert? —Am Mittwoch um acht Uhr abends. 9. Ich habe die Geschichte bestimmt gelesen, denn der Anfang kommt mir bekannt vor. 10. Ich konnte leider nicht feststellen, in welcher Zeitung es stand.

D. *Translate into German; for past tense, use simple past unless otherwise indicated.*

1. Are you in a hurry? —Yes, I have to go home.   2. Will she give it to you?   3. Did that seem familiar to them?   4. Where did you eat *(pres. perf.)* lunch, when you were in Bonn? 5. How deep was the snow in the mountains?   6. I got up late and ate no breakfast.

7. What happened in the library? —I fell asleep. *(pres. perf.)* **8.** Can you tell me when our term paper is due? **9.** The beginning was very difficult. **10.** He went to the student dining hall and ate supper.

E. *Composition. Use the simple past tense, except in the quotes.*

1. Kai / gehen / in / Bibliothek, / weil / er / müssen / schreiben / Semesterarbeit / über Franz Kafka.
2. Kai / da / sitzen / und / lesen / „Die Verwandlung". / Weil / es / sein / sehr ruhig / in / Bibliothek, / er / einschlafen.
3. Er / träumen, / er / sein / Gregor Samsa, / und / er / Käfer / sein.
4. Er / im Traum / versuchen / aufstehen, / aber / es / sein / sehr schwer / für / Käfer, / auf / Stuhl / sitzen / und / dann / aufstehen.
5. Er / fallen / von / Stuhl, / er / liegen / neben / Stuhl, / und / er / können / nicht / aufstehen.
6. Das / sein / natürlich / Problem, / und / alle Leute / in / Bibliothek / stehen / um / er.
7. Sie / sagen : / „Sieh da! / Kai / müssen / Arbeit / schreiben; / sie / sein / an / Montag / fällig, / und / er / liegen / da / neben / Stuhl / und / nicht / können / aufstehen!"
8. Plötzlich / Kai / erwachen. / Er / wirklich / liegen / neben / Stuhl.
9. Alle Studenten / in / Bibliothek / über / er / lachen.
10. Kai / sagen: / „Ich / schreiben *(future)* / ein andermal / Arbeit!" / Er / gehen / nach Hause / und / in / Bett.

➡ WORTSCHATZ

ander- other
ein andermal some other time
die Angst, -̈e fear
  Angst bekommen to get scared
an•kommen, kam an, ist angekommen to arrive
arm poor
auf: auf deutsch (englisch, etc.) in German (English, etc.)
auf•stehen, stand auf, ist aufgestanden to get up

die Bibliothek, -en library
die Brücke, -n bridge
der Butt flounder
  eilig: es eilig haben to be in a hurry
  einmal once
  es war einmal once upon a time
ein•schlafen (ä), schlief ein, ist eingeschlafen to fall asleep
enden to end
erfüllen to fulfill
erwachen (ist) to wake up
essen: zu Abend essen to eat dinner

  zu Mittag essen to eat lunch
fällig due
falsch wrong, false
fertig finished
fest•stellen to determine, find out
der Fisch, -e fish
der Fischer, – fisherman
die Frage, -n question
der Germanist *(wk.),* **-en** German major
  glauben to believe, think
(der) Gott God
die Hand, -̈e hand

das **Haus: nach Hause gehen** to go home
die **Holzbrücke, -n** wooden
bridge
lassen (ä), ließ, gelassen
to let, allow to
leben to live
das **Märchen, –** fairy tale
die **Mensa** student cafeteria
der **Morgen: eines Morgens**
one morning
passieren (ist) *(dat.)* to
happen (to)
die **Preisfrage, -n** prize question
der **Prozeß,** *pl.* **Prozesse** trial
der **Roman, -e** novel
ruhig quiet
**schlagen (ä), schlug, ge-
schlagen** to hit, beat
schließlich finally; after
all

das **Schloß,** *pl.* **Schlösser**
castle
der **Schnee** snow
**schreien, schrie, ge-
schrieen** to scream
die **Semesterarbeit, -en** term
paper
das **Sozialprodukt** Gross National Product
das **Thema,** *pl.* **Themen** topic
tief deep
der **Tisch, -e** table
der **Traum, ⸚e** dream
überrascht surprised
überreden to persuade,
talk *(s.o.)* into *(something)*
ungeheuer immense,
huge, gigantic
das **Ungeziefer, –** vermin
unruhig restless, uneasy
verwandeln to change

die **Verwandlung, -en** metamorphosis
vor•kommen *(dat.),* **kam
vor, ist vorgekommen**
to seem (sound, look)
**werfen (i), warf, gewor-
fen** to throw
das **Werk, -e** work
widersprechen (i) *(dat.),*
**widersprach, wider-
sprochen** to contra-
dict
wieviel how much
der **Wirtschaftswissenschaftler, –** economist, eco-
nomics major
der **Wunsch, ⸚e** wish
wünschen to wish
das **Zitat, -e** quote
zu•hören *(dat.)* to listen
(to)

LEKTION ZWÖLF

GRAMMATISCHE ZIELPUNKTE

Adjectives Preceded by *der*-Words • Subjunctive Mood: Present Time

AUSGANGSPUNKT

Wenn ich ein Optimist wäre ...

Peter, in Lederjacke, Sturzhelm und Motorradbrille. Astrid bewundert sein Motorrad.

Astrid: Was hat dieses tolle Motorrad denn gekostet?
Peter: Zuviel. Aber im nächsten Jahr könnte ich es nicht mehr bezahlen, bei den steigenden Preisen.
Astrid: Hättest du nicht Lust ...
Peter: ... Wenn ich ein Optimist wäre, würde ich sagen: „Es *kann nicht* schlimmer werden." Ich bin aber ein Pessimist ...
Astrid: ... und deswegen sagst du: „Es kann, es kann!"
Peter: Genau!
Astrid: ... Und die moderne Wegwerfgesellschaft denkt nicht an die Zukunft.
Peter: Richtig!
Astrid: ... Und die Umweltverschmutzung stört den modernen Europäer gar nicht.
Peter: Stimmt! Ich habe gehört, die neue Mülldeponie soll hierher kommen ...
Astrid: ... Und das ganze Dorf sollte an der nächsten Demonstration teilnehmen.
Peter: Was ist denn mit dir los? Du klingst ja wie eine Schallplatte!
Astrid: ... Und wenn es nach dir ginge, würde man die Industrie abschaffen und nur Kartoffeln und Gemüse pflanzen.
Peter: Jawohl! Ich wollte, ich könnte nach Australien auswandern!
Astrid: Oder nach Kanada!
Peter: Du nimmst mich auf den Arm!
Astrid: Nein, ich habe das schon so oft gehört, ich kann es auswendig. Du hast natürlich recht.
Peter: Wie wär's mit einer Spritztour zur Demo?
Astrid: Mit dem neuen Motorrad?! Auf die Barrikaden!

Wie wär's mit einer Spritztour? *German Information Center*

If I Were an Optimist . . .

Peter in a leather jacket, crash helmet and goggles. Astrid is admiring his motorcycle.

Astrid: What did this gorgeous motorcycle cost?

Peter: Too much. But next year I wouldn't be able to afford it any more with the rising prices.

Astrid: Wouldn't you like to . . .

Peter: . . . If I were an optimist I would say: "It *can't* get any worse." But I'm a pessimist . . .

Astrid: . . . and that's why you say: "It *can*, it *can.*"

Peter: Exactly.

Astrid: . . . And modern throw-away society acts as if there were no tomorrow.

Peter: Right!

Astrid: . . . And the environmental pollution doesn't bother the modern European at all.

Peter: Right! I've heard they're supposed to put the new garbage dump here.

Astrid: . . . And the whole village ought to take part in the next demonstration.

Peter: What's wrong with you? You sound like a recording.

Astrid: . . . And if it were up to you, we would abolish industry and only grow potatoes and vegetables.

Peter: You said it! I wish I could emigrate to Australia!

Astrid: . . . Or to Canada!

Peter: You're pulling my leg.

Astrid: No, I've heard it so often, I know it by heart. You're right, of course.

Peter: How about a spin over to the rally?

Astrid: On the new motorcycle?! To the barricades!

➤ LOCKERUNGSÜBUNGEN

A. *Listen to the statement; then answer the questions.*

1. Das ist Astrid.   Wer ist das?
2. Sie bewundert das neue   Was bewundert sie?
   Motorrad.
3. Sie möchte mit dem   Was möchte sie tun?
   neuen Motorrad fahren.
4. Sie fragt: „Hättest du   Was fragt sie?
   Lust, eine Spritztour zu
   machen?"

5. Das ist Peter.   Wer ist das?
6. Er trägt eine Lederjacke.   Was trägt er?
7. Er hat einen Sturzhelm   Was hat er an?
   an.
8. Er trägt auch eine Motor-   Was trägt er auch?
   radbrille.
9. Er sitzt auf dem neuen   Wo sitzt er?
   Motorrad.
10. Hinter ihm sitzt Astrid.   Wo sitzt Astrid?
11. Sie machen eine Spritz-   Was machen sie?
    tour.
12. Sie fahren zu einer Demo.   Wohin fahren sie?

13. Das ist eine Demonstra-   Was ist das?
    tion.
14. Peter nimmt daran teil.   Wer nimmt daran teil?
15. Er trägt das große Schild.   Was trägt er?
16. Auf dem Schild steht: Was steht auf dem Schild?
    „Müll stinkt!"

B. *Answer affirmatively or negatively, as appropriate.*

1. Trägt Peter eine Lederjacke?
2. Trägt er auch einen Sturzhelm?
3. Trägt er auch eine Brille?
4. Hat Peter einen Mercedes gekauft?
5. Bewundert Astrid den neuen Sturz-helm?
6. Bewundert sie die neue Motorradbrille?
7. Bewundert Astrid das neue Motorrad?
8. Hat das Motorrad zuviel gekostet?
9. Werden die Preise im nächsten Jahr fallen?
10. Steigen die Preise?
11. Könnte Peter im nächsten Jahr das Motorrad kaufen?
12. Hat Astrid Lust, eine Spritztour zu machen?
13. Ist Peter ein Optimist?
14. Ist Peter ein Pessimist?
15. Glaubt er, daß es schlimmer werden kann?
16. Ist die moderne Gesellschaft eine Wegwerfgesellschaft?
17. Gibt es eine Zukunft?
18. Stört die Umweltverschmutzung den modernen Europäer?
19. Soll die neue Mülldeponie hierher kommen?
20. Sollte das ganze Dorf an der Demo teilnehmen?
21. Klingt Astrid wie eine Schallplatte?
22. Würde man die Industrie abschaffen, wenn es nach Peter ginge?
23. Würde man nur Kartoffeln und Gemüse pflanzen, wenn es nach Peter ginge?
24. Möchte Peter nach Japan auswandern?
25. Glaubt Peter, daß Astrid ihn auf den Arm nimmt?
26. Kann Astrid alles auswendig?
27. Hat Peter recht?
28. Machen Peter und Astrid eine Spritztour?
29. Fahren Astrid und Peter mit dem alten VW zur Demo?
30. Fahren sie mit dem neuen Motorrad?

C. *Answer the following questions.*

1. Was trägt Peter?
2. Was bewundert Astrid?
3. Was würde ein Optimist sagen?
4. Woran denkt die moderne Gesellschaft nicht?
5. Wie nennt Peter die moderne Gesellschaft?
6. Was stört den modernen Europäer nicht?
7. Was soll hierher kommen?
8. Wer sollte an der Demo teilnehmen?
9. Was sollte man mit der Industrie tun?
10. Was sollte man pflanzen?
11. Wohin möchte Peter auswandern?
12. Warum kann Astrid alles auswendig?
13. Wohin fahren Astrid und Peter?
14. Wie fahren sie zur Demo?

D. *Answer as in the first example.*

1. Möchten Sie ins Kino gehen?
   Ja, ich hätte Lust, ins Kino zu gehen.
2. Möchten Sie einen Hamburger essen?
3. Möchten Sie eine Spritztour machen?
4. Möchten Sie ein Motorrad haben?
5. Möchten Sie auswandern?
6. Möchten Sie daran teilnehmen?

E. *Respond to the question:* **Was soll ich ihm zum Geburtstag schenken?** *as in the model.*

> **MODEL:** der Scheck
> **Wie wär's mit einem Scheck?**

der Sturzhelm   die Motorradbrille   das Radio
der Taschenrechner   die Schallplatte   das Zelt
der Kassettenspieler   die Brieftasche   das Motorrad

F. *Respond to the statement, as in the first example.*

1. Ich spreche gut deutsch.
   Ich wollte, ich könnte auch gut deutsch sprechen.
2. Ich lerne es auswendig.
3. Ich esse im Restaurant.
4. Ich fahre nach Deutschland.
5. Ich fahre einen Porsche.

G. *Antworten Sie!*

1. Hat Ihr Deutschprofessor (Ihre Deutschprofessorin) immer recht?
2. Hat der Präsident immer recht?
3. Hat Ihre Mutter immer recht?
4. Hat Ihr Vater immer recht?
5. Hat ein Polizist immer recht?
6. Hat ein Pessimist immer recht?
7. Haben Sie immer recht?

H. **Wenn es nach mir ginge...** *This is your opportunity to say what you would eliminate, if it were up to you. Follow the first example.*

Prüfungen
Wenn es nach mir ginge, würde es keine Prüfungen geben.

Strafzettel	Probleme
Semesterarbeiten	Mülldeponien
Examen	

I. *Wenn ich viel Geld hätte . . .* *Use the cues to express conclusions, as in the first example.*

nach Deutschland reisen
Wenn ich viel Geld hätte, würde ich nach Deutschland reisen.

Motorrad kaufen	in einem Penthaus wohnen
Porsche fahren	nicht in der Mensa essen
die neue Kamera kaufen	

FRAGEBOGEN

1. Sind Sie ein Optimist oder ein Pessimist? Warum?
2. Denken Sie an die Zukunft? Warum oder warum nicht?
3. Haben Sie schon mal an einer Demonstration teilgenommen? War das eine Demonstration für oder gegen etwas?
4. Haben Sie ein Motorrad? Möchten Sie ein Motorrad haben? Warum, warum nicht?
5. Wohin würden Sie gern eine Spritztour machen? Warum?
6. Möchten Sie auswandern? Wenn nein, warum nicht? Wenn ja, warum und wohin?
7. Ist die amerikanische Gesellschaft auch eine Wegwerfgesellschaft? Was können wir dagegen tun?
8. Stört die Umweltverschmutzung Sie? Wenn ja, warum?
9. Haben Sie viele Schallplatten? Hören Sie gern Schallplatten?
10. Am Montag gibt es eine Deutschprüfung. Was würden Sie sagen, wenn Sie ein Optimist wären? Wenn Sie ein Pessimist wären?
11. Fragen Sie Ihren Professor/Ihre Professorin, ob Sie am Montag eine Prüfung haben.

➡ ERKLÄRUNGEN UND ÜBUNGEN

I. ADJECTIVES PRECEDED BY *DER*-WORDS

Adjectives sometimes modify or describe a noun used earlier in the sentence.

> Der Fassbinder-Film ist **toll**.   *The Fassbinder film is great.*

These are called predicate adjectives and they remain undeclined, i.e., they add no endings.

Adjectives that precede the nouns they modify or describe are called attributive adjectives. They are declined, and the endings vary depending on their case and preceder.

Die **neue** Mülldeponie soll hierher kommen.
The new garbage dump is supposed to be put here.
Es stört den **modernen** Europäer nicht.
It doesn't bother the modern European.
Sie sollten an dem **nächsten** Seminar teilnehmen.
They should take part in the next seminar.

An attributive adjective can be preceded by a **der**-word, or an **ein**-word, or it can have no preceder at all. Each of these three groups will be treated in a separate lesson, beginning here with adjectives preceded by **der**-words.

An adjective preceded by the definite article or any **der**-word will have only one of two endings: **-e** or **-en.** In the following chart the gray area shows where the ending will be **-e;** the white area shows the places where the ending is **-en.**

	MASCULINE	FEMININE	NEUTER	PLURAL
NOM.	e	e	e	en
ACC.	en	e	e	en
DAT.	en	en	en	en

It will help you to notice and remember the following: All the nominative singular endings are **-e.** Since the **der**-words for the feminine (**die**) and neuter (**das**) remain the same in the accusative as they are in the nominative, the adjective ending there also remains the same, **-e.** In all other places the adjective ending is **-en.**

The chart below shows the endings just described in conjunction with the definite article and **dies-,** but any other **der**-word can be substituted.

	MASCULINE	FEMININE	NEUTER	PLURAL
NOM.	der frühe Bus dieser frühe Bus	die neue Uhr diese neue Uhr	das alte Dorf dieses alte Dorf	die alten Uhren diese alten Uhren
ACC.	den frühen Bus diesen frühen Bus	die neue Uhr diese neue Uhr	das alte Dorf dieses alte Dorf	die alten Uhren diese alten Uhren
DAT.	dem frühen Bus diesem frühen Bus	der neuen Uhr dieser neuen Uhr	dem alten Dorf diesem alten Dorf	den alten Uhren diesen alten Uhren

ÜBUNG 1

Substitute dies- and jed- in place of the definite article.

1. Der amerikanische Student will Kafka lesen.
2. Die alte Katze schläft gern.
3. Das deutsche Rätsel ist schwer zu lösen.
4. Er kann die alte Maschine reparieren.
5. Sie möchte das deutsche Märchen lesen.
6. Sie kennen den neuen Roman.
7. In der amerikanischen Zeitung sind viele Anzeigen.
8. Hinter dem neuen Haus ist ein Garten.

ÜBUNG 2

Now substitute dies- and all- in place of the definite article.

1. Die neuen Fassbinder-Filme haben viel Erfolg.
2. Er will die neuen Schallplatten kaufen.
3. In den großen Geschäften ist eine Alarmvorrichtung.
4. Sollen wir die deutschen Wörter lernen?

ÜBUNG 3

Translate the following sentences.

1. That (**das**) is the crazy taxi driver.
2. Who is that (**dies-**) nice salesman?
3. Here is the new record.
4. That was the important question.
5. Where is the elegant café?
6. Where is the big store?
7. I saw the new Porsche.
8. He reads every new novel.
9. She wants to hear the whole story.
10. Which new record did you buy?
11. Do you know this new restaurant?
12. Does he know the old fairy tale?
13. She goes to this new dentist.
14. He works in the other office.
15. He lives with (**bei**) this German family.
16. He waited at (**an**) the wrong bus stop.
17. He is helping these poor people.
18. Some American students know Kafka.
19. Not all big gangsters come from Chicago.
20. Did you read these technical articles?

II. SUBJUNCTIVE MOOD: PRESENT TIME

The tenses that you have had up to now are in the indicative mood. They deal with reality, with facts that are or can be true. The tenses of the subjunctive mood deal with matters that are contrary-to-fact or imply improbability. The distinction between the indicative and the subjunctive can be illustrated by the following example:

Let us suppose that a friend has asked you to lend him some money. You are perfectly willing, and you say:

> *If I have it, I will lend it to you.*

This is a statement of fact. The possibility exists that you have the money, in which case you will lend it to him. Your sentence is in the indicative mood. You then look in your purse or wallet and find that you have no money. At this point you apologetically say:

> *Sorry. If I had it, I would lend it to you.*

This sentence is in the subjunctive mood. Since you do not have the money, it is not possible for you to lend it; the statement is contrary-to-fact.

This same contrast is seen in the following English sentence pairs. In the indicative sentences on the left, there is a possibility of the facts being true; in the subjunctive sentences on the right, there is an implication of doubt or lack of probability.

TRUE-TO-FACT (INDICATIVE)	CONTRARY-TO-FACT (SUBJUNCTIVE)
If he is alive, he is 18 years old.	*If he were alive, he would be 18 years old.*
If she studies, she will do well.	*If she studied, she would do well.*
If he needs money, I will give it to him.	*If he needed money, I would give it to him.*

If you examine the individual pairs above, you will see that in each case both sentences refer to the same time frame (present or future). For example, you could insert "now" or "tomorrow" in either the indicative sentence or its subjunctive counterpart:

> *If he needs money (now or tomorrow), I will give it to him.*
> *If he needed money (now or tomorrow), I would give it to him.*

The true-to-fact sentences above use the present and future indicative; the contrary-to-fact sentences use the present subjunctive in the "if" clause and the conditional (*would* + infinitive) in the conclusion clause. The forms and uses of these tenses in their German counterparts are explained below.

A. FORMS OF THE PRESENT SUBJUNCTIVE

In the "if" clause of the contrary-to-fact sentences above, verb forms are used that, if lifted out of context, would appear to be past tense indicative *(were, studied, needed)*. English has very few distinctively subjunctive forms; in almost all cases the subjunctive and past indicative are identical. German present subjunctive forms also have close ties to the past indicative.

1. Weak Verbs

The present subjunctive of weak verbs is identical in form with the past indicative. The same personal endings are added to the stem of the infinitive.

brauchen *(to need)*			**landen** *(to land)*		
ich	brauchte	wir brauchten	ich	landete	wir landeten
du	brauchtest	ihr brauchtet	du	landetest	ihr landetet
er,sie,es	brauchte	sie brauchten	er,sie,es	landete	sie landeten
		Sie brauchten			Sie landeten

ÜBUNG

Change the following present indicative forms to present subjunctive.

1. ich störe
2. er lebt
3. wir erreichen
4. sie wünscht
5. ihr versuchtet
6. sie machten
7. ich lande
8. du glaubstest
9. es passiert
10. wir behaupten teten
11. sie antworteaten
12. du öffnest
13. es kostete
14. ihr arbeitet
15. sie überredet

2. Strong Verbs

The present subjunctive of strong verbs is based on the past tense stem (the second principal part of the verb) with an umlaut added if the stem has an -a-, -o-, or -u-. The personal endings, shown below in boldface, are actually the same as the endings on the weak verbs (above) minus the -t-.

geben *(to give)*		**sein** *(to be)*		**halten** *(to hold)*	
ich	gäbe	ich	wäre	ich	hielte
du	gäbest	du	wärest	du	hieltest
er,sie,es	gäbe	er,sie,es	wäre	er,sie,es	hielte
wir	gäben	wir	wären	wir	hielten
ihr	gäbet	ihr	wäret	ihr	hieltet
sie	gäben	sie	wären	sie	hielten
Sie	gäben	Sie	wären	Sie	hielten

ÜBUNG

For each of the following present indicative forms give first the past tense stem, then the present subjunctive form.

MODEL: ich tue
      tat
      ich **täte**

1. ich nehme
2. ich tue
3. ich komme käme
4. ich schlafe schliefe
5. du schreibst
6. du gibst
7. du bleibst Bliebest
8. du bekommst du bekämest
9. er ist wäre
10. er geht
11. sie heißt Heiße
12. es gefällt

13. wir tun	17. ihr tut	21. sie bleiben
14. wir lassen	18. ihr haltet	22. sie schlafen
15. wir fangen an	19. ihr seid	23. sie sind
16. wir kommen zurück	20. ihr kommt	24. sie schreiben
		schrieben

3. The Modals, *haben, werden* and *wissen*

The present subjunctive of **haben, werden** and **wissen** is identical to the past indicative except that an umlaut is added to the stem. The same is true of all the modals except **sollen** and **wollen,** which do not add the umlaut. These latter two, therefore, have present subjunctive forms that are identical with their past indicative.

	haben		**werden**		**wissen**
ich	hätte	ich	würde	ich	wüßte
du	hättest	du	würdest	du	wüßtest
er,sie,es	hätte	er,sie,es	würde	er,sie,es	wüßte
wir	hätten	wir	würden	wir	wüßten
ihr	hättet	ihr	würdet	ihr	wüßtet
sie	hätten	sie	würden	sie	wüßten
Sie	hätten	Sie	würden	Sie	wüßten

	mögen		**wollen**
ich	möchte	ich	wollte
du	möchtest	du	wolltest
er,sie,es	möchte	er,sie,es	wollte
wir	möchten	wir	wollten
ihr	möchtet	ihr	wolltet
sie	möchten	sie	wollten
Sie	möchten	Sie	wollten

ÜBUNG

Change the following present indicative forms to the present subjunctive.

1. ich kann	11. er soll	21. ihr sollt
2. ich mag	12. er mag	22. ihr wollt
3. ich soll	13. sie will	23. ihr könnt
4. ich habe	14. sie hat	24. ihr habt
5. ich werde	15. es wird	25. ihr werdet
6. du weißt	16. wir können	26. sie dürfen
7. du willst	17. wir wissen	27. sie wissen
8. du mußt	18. wir müssen	28. sie mögen
9. du hast	19. wir haben	29. sie haben
10. du wirst	20. wir werden	30. sie werden

B. FORMS OF THE PRESENT CONDITIONAL

The present conditional tense in German follows the same pattern as the English (*would* + infinitive). The present subjunctive of **werden** is the auxiliary; the infinitive of the dependent verb is placed at the end of the clause.

helfen *(to help)*

ich	würde ihm helfen	wir	würden ihm helfen
du	würdest ihm helfen	ihr	würdet ihm helfen
er,sie,es	würde ihm helfen	sie	würden ihm helfen
		Sie	würden ihm helfen

ÜBUNG

Change the following present indicative sentences to the present conditional.

1. Ich sehe ihn.
2. Ich besuche ihn.
3. Ich komme dann zurück.
4. Du wanderst nicht aus.
5. Du störst ihn nicht.
6. Du tust es nicht.
7. Er steht schon auf.
8. Sie glaubt es nicht.
9. Es kostet viel.
10. Wir antworten ihr.
11. Wir überreden ihn.
12. Wir erreichen es.
13. Ihr löst das Problem.
14. Ihr bemerkt es.
15. Ihr nehmt daran teil.
16. Sie nehmen ihn mit.
17. Sie machen Geschäfte.
18. Sie geben es auf.

C. USES OF THE PRESENT SUBJUNCTIVE AND CONDITIONAL

German has specific uses for the two tenses just described.

1. Contrary-to-Fact Conditions

As you have seen from the introductory discussion of the subjunctive, sentences constructed with a condition clause and a conclusion clause can be true-to-fact or contrary-to-fact. The contrary-to-fact sentences use the subjunctive tenses just described, usually according to the following pattern:

condition (**wenn**) clause: present subjunctive
conclusion clause: present conditional

Wenn ich ein Optimist **wäre, würde** ich das **sagen.**
If I were an optimist I would say that.

ÜBUNG

*Restate the following sentences as condition contrary-to-fact. Use present subjunctive in the **wenn**-clause and present conditional in the conclusion clause.*

1. Wenn Sie Lust haben, gehen wir zur Demo.
2. Wenn er recht hat, bewundert man ihn.
3. Wenn es nach mir geht, wandern wir nach Kanada aus.

4. Wenn ich einschlafe, träume ich von dem Ungeziefer.
5. Wenn es mir nicht gefällt, tue ich es nicht.
6. Wenn er pünktlich kommt, machen wir eine Spritztour.

Tense Variations

There are exceptions to the tense use just described and practiced. Conclusion clauses with the verbs **haben, sein, wissen** and the modals are usually in the present subjunctive rather than the conditional.

> Wenn er käme, **wäre** ich überrascht.
> *If he came I would be surprised.*
> Wenn er arbeiten könnte, **hätte** er genug Geld.
> *If he could work he would have enough money.*
> Wenn ich Zeit hätte, **könnte** ich nach Deutschland fahren.
> *If I had time I could go to Germany.*

ÜBUNG

Use each of the following sentences as the conclusion clause of a sentence that begins: **Wenn es nach ihm ginge,** . . . *Use present subjunctive in the conclusion clause.*

> MODEL: Wir können alle nach Kanada auswandern.
> **Wenn es nach ihm ginge, könnten wir alle nach Kanada auswandern.**

1. Jeder Mensch muß mit dem Fahrrad fahren.
2. Kein Mensch darf ein Motorrad haben.
3. Keine Autos sind auf den Straßen.
4. Wir haben jeden Tag eine Demonstration.
5. Jeder weiß etwas darüber.
6. Man kann die ganze Industrie abschaffen.

Word Order Variations

The subordinate conjunction **wenn,** which introduces the condition clause, requires that the verb be placed at the end of the clause. If this **wenn**-clause is first in the sentence, the conclusion (main) clause must have its inflected verb first. You have practiced this word order in the exercises above. The order of the clauses can also be reversed. In that case, the main (conclusion) clause has normal word order.

> Ich **würde** das **sagen,** wenn ich ein Optimist wäre.

ÜBUNG

Reverse the order of the clauses in the following sentences.

1. Wenn ich könnte, würde ich nach Kanada auswandern.
2. Wenn ich Geld hätte, würde ich ein Motorrad kaufen.

3. Wenn er hier wäre, würde er daran teilnehmen.
4. Wenn der Schnee nicht so tief wäre, würde ich einen Spaziergang machen.
5. Wenn es nach ihm ginge, hätten wir hier keine Mülldeponie.

2. Polite Requests and Inquiries

To make requests and inquiries more polite, German uses, instead of the indicative, the present subjunctive with **haben, sein, wissen** and the modals, and the present conditional with other verbs. Note the difference between these sentence pairs:

Hast du Lust, ins Kino zu gehen?   **Hättest** du Lust, ins Kino zu gehen?
Do you want to go to the movies?   *Would you like to go to the movies?*

Können Sie mir helfen?   **Könnten** Sie mir helfen?
Can you help me?   *Could you help me?*

ÜBUNG

Make the following inquiries and requests more polite.

> MODEL: Hast du Zeit, mir zu helfen?
> **Hättest du Zeit, mir zu helfen?**

1. Kannst du mitkommen?
2. Wissen Sie vielleicht die Telefonnummer?
3. Darf ich daran teilnehmen?
4. Hast du Lust mitzugehen?
5. Werden Sie mich mitnehmen?
6. Ist das nicht ideal?

3. Wishes

A wish in German is often introduced by the present subjunctive of **wollen** (**ich wollte, er wollte, sie wollte,** etc.). The wish itself uses the present subjunctive with **haben, sein, wissen** and the modals, but present conditional with other verbs.

> Ich **wollte,** ich **könnte** nach Australien **auswandern.**
> *I wish I could move to Australia.*
> Sie **wollte,** wir **würden** an der Demo **teilnehmen.**
> *She wishes we would take part in the demonstration.*

ÜBUNG

Make a wish, following the model.

> MODEL: Er ist nicht hier.
> **Ich wollte, er wäre hier.**

1. Ich darf es nicht tun.
2. Sie hat kein Motorrad.
3. Ich weiß es nicht.
4. Ich kann nicht hier bleiben.
5. Wir haben keinen Wagen.
6. Sie kommt nicht mit.

There is another frequently used form for expressing a wish. It is a contrary-to-fact **wenn**-clause with **nur** added and corresponds to the English "if only . . ." construction.

Wenn ich **nur** kein Examen **hätte!**   *If only I had no exam!*

 **ZUM LESEN**

Proteste

Nach der diktatorischen Hitlerzeit haben die jungen Deutschen in den fünfziger Jahren die Freude an[1] Demonstrationen entdeckt. Später, in den sechziger Jahren, protestierten die europäischen Studenten wie die Studenten in Amerika gegen die veralteten[2] Institutionen (z.B. die Universitäten), gegen die ältere[3] Gene-
5 ration (Slogan: Trau keinem über dreißig![4]) und gegen den Krieg[5] in Vietnam. Als der Vietnamkrieg 1973 zuende[6] war, hörten die Proteste und Demonstrationen nicht auf; jetzt fand man andere wichtige Themen. In Deutschland entstanden[7] die sogenannten Bürgerinitiativen[8] gegen den Bau von Atomreaktoren, gegen die Atommüll-Entsorgung[9] und die Umweltverschmutzung. Vor allem die junge Gene-
10 ration in Deutschland nahm aktiv an den „Demos" teil.
Besonders[10] die Umweltverschmutzung beschäftigte,[11] und beschäftigt immer noch, die Deutschen: sie verschlechtert[12] die Lebensqualität und ist eine Gefahr für die Gesundheit. Das schmutzige[13] Wasser aus den Fabriken verschmutzt die Flüsse,[14] die giftigen[15] Gase aus den Fabriken und die Auspuffgase[16] verpesten[17]
15 die Luft. Vor allem in den Ballungsgebieten[18] mit Industrie, wie z.B. im Ruhrgebiet,[19] ist der Smog eine Gefahr geworden, und oft gibt es Smog-Alarm.
Und dann die Atomreaktoren! Die Angst vor[20] der Radioaktivität bei einer Explosion bedrückt[21] nicht nur die Deutschen, sondern alle Europäer. Eine Demonstration vor einem Kernreaktor-Baugelände[22] ist oft international. Die Leute glau-
20 ben auch nicht, daß man den Atommüll ohne Gefahr lagern[23] kann, wie die Behörden[24] behaupten. Sie demonstrieren gegen Atommüll-Deponien. Die Atom-

1. enjoyment of	9. nuclear waste disposal	17. pollute
2. outdated	10. especially	18. highly populated areas
3. older	11. concerned	19. Ruhr area
4. Trust no one over thirty	12. impairs	20. of
5. war	13. dirty	21. oppresses
6. over	14. rivers	22. construction site
7. were formed	15. poisonous	23. store
8. citizen action groups	16. exhaust fumes	24. authorities

In Deutschland protestiert man gegen Atomenergie und Umweltverschmutzung. *German Information Center*

energie-Lobby sagt: „Wenn wir keine Atomreaktoren hätten, wäre die Umweltverschmutzung noch schlimmer, weil wir mehr Kohle verbrennen[25] müßten." Die
Atomenergie-Gegner[26] sagen: „Wenn wir nicht so überzivilisiert wären, brauchten
25 wir nicht so viel Energie." Viele Leute sagen auch: „Wenn wir mehr zu Fuß gingen,[27]
würden wir die Luft nicht so mit Auspuffgasen verpesten. Wenn wir nicht alles
in Plastik verpackten[28] und keine Einweg-Flaschen[29] hätten, gäbe es nicht so viel
Müll."

Die Pessimisten sehen die Zukunft so: „Die Wegwerfgesellschaft erstickt[30]
im Müll, stirbt an[31] Strahlenvergiftung[32] oder in einem Atomkrieg." Die Optimisten
meinen: „Wir werden das Problem irgendwie[33] lösen!" Wer wird recht haben?

25. burn	28. packaged	31. will die of
26. opponents	29. disposable bottles	32. radiation poisoning
27. walked	30. will suffocate	33. somehow

 ## ÜBUNGEN ZUM LESESTÜCK

A. *Answer in complete German sentences.*

1. Was haben die jungen Deutschen in den fünfziger Jahren entdeckt? **2.** Gegen welchen
Krieg protestierten die Studenten in den sechziger Jahren? **3.** Wann war der Vietnamkrieg
zuende? **4.** Was beschäftigt die Deutschen besonders? **5.** Was tut das schmutzige Wasser
aus den Fabriken? **6.** Was verpestet die Luft? **7.** Vor welcher Gefahr haben die Europäer
Angst? **8.** Was behaupten die Behörden? **9.** Was sagen die Atomenergie-Gegner?
10. Was gäbe es nicht, wenn wir keine Einwegflaschen hätten?

B. *Match each statement with the appropriate speaker; then combine them as in the model.*

MODEL: Wir werden das Problem lösen.   der Optimist
Der Optimist behauptet, daß wir das Problem lösen werden.

STATEMENTS:

1. Es wird nicht besser werden.
2. Die Umweltverschmutzung wäre ohne die Atomreaktoren noch schlimmer.
3. Es könnte eine Explosion im Reaktor geben.
4. Den Atommüll kann man ohne Gefahr lagern.
5. Meine Fabrik verschmutzt den Fluß nicht.
6. Ein Bus verpestet die Luft mehr als *(than)* mein Wagen.
7. Ein Motorrad hat Auspuffgase.
8. Gemüse und Kartoffeln sind sehr gesund.
9. Die steigenden Preise stören uns gar nicht.
10. Man soll keinem unter 60 trauen.

SPEAKERS:

a) der Cadillac-Fahrer
b) mein Opa
c) die Behörden
d) der Plastikfabrik-Direktor
e) der Fahrradverkäufer
f) die Millionäre
g) ein Atomenergie-Gegner
h) der Pessimist
i) alle Mütter
j) die Atomenergie-Lobby

 # AM ZIEL: SCHRIFTLICHE ÜBUNGEN

A. *Describe the following pictures (not directly based on the dialog).*

B. *Tell your friend that*

1. you wish you could buy the new record   **2.** you wish your term paper were not due   **3.** you wish the optimists were right   **4.** you wish you didn't need eyeglasses   **5.** you wish the dirty garbage dump were not being put here   **6.** you wish he/she wouldn't pull your leg   **7.** you wish you wouldn't always fall asleep in the lecture (course)   **8.** you wish you were allowed to drive the big car

C. *Was würden Sie tun,*

1. wenn Sie ein Motorrad hätten?   **2.** wenn Sie gut deutsch sprechen könnten?   **3.** wenn eine Mülldeponie hinter Ihr Haus kommen sollte?   **4.** wenn Sie reich wären?   **5.** wenn es keine Autos gäbe?   **6.** wenn Sie jeden Morgen um fünf aufstehen müßten?   **7.** wenn Sie einen Strafzettel bekämen?   **8.** wenn Sie eine Tante Irene hätten? (No violence, please!)   **9.** wenn Ihr Deutschlehrer jetzt ein Examen gäbe?

D. *Ask another student if he or she*

1. would explain something to you   **2.** would not disturb the other students   **3.** would lend you money   **4.** would like to take a spin with you   **5.** would like to live in a world without pollution

E. *Translate into English; then recall the German from your English translation.*

1. Wenn es nach ihr ginge, würde es keine Prüfungen geben.   **2.** Du hast recht, er hat an der Demo teilgenommen.   **3.** Sie hat ihn auf den Arm genommen.   **4.** Ich weiß nicht, was mit ihnen los ist.   **5.** Wer hat Angst vor der Zukunft?   **6.** Einem Polizisten würde ich nie widersprechen.   **7.** Wenn es keine Einwegflaschen gäbe, hätten wir nicht so viel Müll.   **8.** Die Europäer meinen, daß die modernen Amerikaner überzivilisiert sind.   **9.** Wie wär's mit einer Spritztour nach Las Vegas?   **10.** Hättest du Lust, die neuen Schallplatten zu hören?   **11.** Ich habe diese alten Geschichten schon so oft gelesen, daß ich sie auswendig kann.   **12.** Es hat mich nicht gestört, deswegen habe ich nichts gesagt.

F. *Translate into German.*

1. How much did this new record cost?   **2.** I wish he would come along.   **3.** Could you help this poor student?   **4.** What's the matter with him?   **5.** That doesn't bother me.   **6.** You are right; it could get worse.   **7.** How about a bottle (of) beer?   **8.** The dirty water from (**aus**) the new factory pollutes the beautiful river.   **9.** We are afraid of it.   **10.** He admired the elegant American car.

G. *Composition. Make up slogans for a demonstration, using the words given. Supply appropriate definite and indefinite articles and declensional endings where needed.*

> **MODEL:** Krieg / gegen / Plastikmentalität
> **Krieg gegen die Plastikmentalität!**

1. Wir / hier / kein / Mülldeponie / wollen.
2. Wir / Zukunft / wollen / ohne / Atommüll.

3. Wir / Angst haben / vor / Zukunft.
4. Wir / kein / Reaktor / brauchen.
5. Wir / können *(subj.)* / ohne / leben / Auspuffgas *(pl.)* / und / Auto *(pl.)*.
6. Weg / mit / Wegwerfgesellschaft!
7. Bezahlen / sollen / wer / das?
8. Neu / Fabrik / Luft / verpesten.
9. Unser / Welt / zu schmutzig / werden *(pres. perf.)*.
10. Wie / man / lösen / Atommüllproblem? Kein / Reaktor *(pl.)*!
11. Wer / reparieren *(future)* / Welt, / wenn / sie / sein / kaputt?
12. Behörde *(pl.)* / uns / auf den Arm nehmen.

➡ WORTSCHATZ

ab•schaffen to abolish, do away with

Angst haben vor *(dat.)* to be afraid of

an•haben to be wearing, have on

der Arm, -e arm
   auf den Arm nehmen to make fun of, pull *(someone's)* leg

der Atommüll nuclear waste

das Auspuffgas, -e exhaust fumes

aus•wandern (ist) to emigrate

auswendig können to know by heart

die Barrikade, -n barricade

die Behörde, -n authority, agency

beschäftigen to occupy, concern

besonders especially

die Brille, -n eye glasses

die Demonstration, -en demonstration

deswegen for that reason

die Einwegflasche, -n disposable bottle

die Energie, -n energy

der Europäer, – European

die Explosion, -en explosion

die Fabrik, -en factory

die Flasche, -n bottle

der Fluß, *pl.* **Flüsse** river

die Freude, -n (an + *dat.*) joy (in)
   Freude haben an *(dat.)* to enjoy

das Gas, -e gas, fumes

der Gegner, – opponent

das Gemüse, – vegetable

die Gesellschaft, -en society

giftig poisonous

die Industrie, -n industry

die Jacke, -n jacket

die Kartoffel, -n potato

kosten to cost

der Krieg, -e war

lagern to store

die Lederjacke, -n leather jacket

die Lobby, -s (political) lobby

die Luft air

die Lust desire
   Lust haben to want to

modern modern

das Motorrad, ̈-er motorcycle

die Motorradbrille, -n goggles

der Müll garbage, refuse, waste

die Mülldeponie, -n garbage dump, waste disposal site

der Optimist *(wk.)*, **-en** optimist

der Pessimist *(wk.)*, **-en** pessimist

pflanzen to plant

das Plastik plastic

die Radioaktivität radioactivity

recht haben to be right

die Schallplatte, -n phonograph record

schlimmer worse

schmutzig dirty

die Spritztour, -en short trip, spin

steigend rising

stören to disturb

der Sturzhelm, -e crash helmet

teil•nehmen (i) an *(dat.)*, **nahm teil, teilgenommen** to participate in

trauen *(dat.)* to trust

überzivilisiert overcivilized

die Umweltverschmutzung environmental pollution

verpesten to pollute

verschmutzen to pollute

weg! away (with) ..! down (with) ..!

die Wegwerfgesellschaft throwaway society

zuende sein to be finished, over

die Zukunft future

LEKTION
DREIZEHN

GRAMMATISCHE ZIELPUNKTE

The Past Perfect Tense • The Genitive Case • Verbs and Expressions with the Dative
Case • Ordinal Numbers

AUSGANGSPUNKT

Susanne spielt gefährlich...

*Nachdem Dieter lange durch die Stadt spaziert ist, trifft er Gerd vor dem
Schaufenster eines Sportgeschäfts.*

Dieter: Tag, Gerd. Sag mal, hast du Susanne gesehen?
Gerd: Ich sollte sie am Fußballplatz treffen. Aber als ich hinkam, war sie schon
weggegangen. Mit Hans, diesem Esel, habe ich gehört.
Dieter: Was?? *Ich* hatte eine Verabredung mit ihr. Ich sollte sie am Eingang zum
Schwimmbad treffen. Aber sie ist nicht erschienen.
Gerd: Wahrscheinlich hatte sie vergessen, daß sie mit *mir* eine Verabredung hatte.
Na, die* gefällt mir!
Dieter: Mich hat sie ja auch versetzt. Wie war denn das Fußballspiel?
Gerd: Wir haben eins zu fünf verloren. Als ich kam, hatte unsere Mannschaft gerade
das erste und letzte Tor geschossen. Das Spiel war schlecht. Miserabel!
Während der Halbzeit hat der Trainer mit dem Mittelstürmer gestritten.
Danach wurde es etwas besser. Aber am Ende des Spiels stand es doch
eins zu fünf.
Dieter: Unser Torwart ist ein Idiot. Es gelingt ihm nie, einen Elfmeter zu stoppen.
Gerd: Es macht mir einfach keinen Spaß mehr. Ich war ja nur wegen Susanne
hingegangen, wegen dieser dummen Pute, wegen dieser...
Dieter: Nimm's nicht so schwer. Gehen wir in die Turnhalle.

* **die:** demonstrative pronoun used in place of personal pronoun (**sie**) for emphasis

Wie war das Fußballspiel? *German Information Center*

Susanne Plays Dangerously...

After Dieter has walked through the city for a long time, he meets Gerd in front of the window of a sporting goods store.

Dieter: Hi, Gerd. Say, have you seen Susanne?

Gerd: I was supposed to meet her at the football field. But when I got there she had already left. With that fool Hans, I heard.

Dieter: What?? *I* had a date with her. I was supposed to meet her at the entrance to the pool. But she didn't show up.

Gerd: She had probably forgotten that she had a date with *me*. Huh! I like *her*.

Dieter: She stood me up too. How was the soccer game?

Gerd: We lost 1 to 5. When I got there our team had just shot the first and last goal. The game was bad. Miserable! During half time the coach had an argument with the center forward. After that it got a little better. But at the end of the game the score was 1 to 5 anyway.

Dieter: Our goalie is an idiot. He never manages to stop a penalty kick.

Gerd: I really don't enjoy it any more. I had only gone because of Susanne, that turkey, that . . .

Dieter: Don't take it so hard. Let's go to the gym.

➡ LOCKERUNGSÜBUNGEN

A. *Listen to the statement; then answer the question.*

1. Das ist Dieter.   Wer ist das?
2. Er steht am Eingang zum   Wo steht er?
   Schwimmbad.
3. Er hat eine Verabredung   Mit wem hat er eine Verabre-
   mit Susanne.   dung?
4. Susanne erscheint nicht.   Wer erscheint nicht?

5. Das ist Susanne.   Wer ist das?
6. Sie hat viele Freunde.   Was hat sie?
7. Sie hat drei Verabredun-   Wie viele Verabredungen hat
   gen.   sie?
8. Sie versetzt zwei ihrer   Wie viele ihrer Freunde ver-
   Freunde.   setzt sie?
9. Sie spielt gefährlich.   Wie spielt sie?

10. Das ist Uwe.   Wer ist das?
11. Er ist Fußballspieler.   Was ist er?
12. Er schießt einen Elfme-   Was tut er?
    ter.
13. Der Torwart kann den   Wer kann den Ball nicht stop-
    Ball nicht stoppen.   pen?
14. Der Trainer ist nicht   Wer ist nicht glücklich?
    glücklich.

15. Das ist der Trainer der   Wer ist das?
    Fußballmannschaft.
16. Seine Mannschaft spielt   Wie spielt seine Mannschaft?
    sehr schlecht.
17. Er streitet mit dem Mit-   Mit wem streitet er?
    telstürmer.
18. Er kritisiert den Torwart.   Wen kritisiert er?

B. *Answer affirmatively or negatively, as appropriate.*

1. Ist Dieter lange durch die Stadt spaziert?
2. Trifft er Susanne vor dem Schaufenster?
3. Ist es das Schaufenster eines Sportgeschäfts?
4. Hat Gerd Susanne gesehen?
5. Sollte Gerd Susanne am Fußballplatz treffen?
6. War sie schon weggegangen, als er hinkam?
7. Hat Dieter Susanne getroffen?
8. Hatte Dieter auch eine Verabredung mit Susanne?
9. Sollte Dieter Susanne in der Diskothek treffen?
10. Sollte er sie am Eingang zum Schwimmbad treffen?
11. Ist sie erschienen?
12. Hat sie wahrscheinlich die Verabredung mit Gerd vergessen?
13. Hat Susanne Dieter versetzt?
14. Hat Gerds Mannschaft verloren?
15. Hat die Mannschaft drei Tore geschossen?
16. War das Fußballspiel großartig?
17. Hat der Trainer mit dem Mittelstürmer gestritten?
18. Haben sie während der Halbzeit gestritten?
19. Wurde es danach etwas besser?
20. Ist der Torwart ein Idiot?
21. Gelingt es diesem Torwart, einen Elfmeter zu stoppen?
22. Stand es am Ende des Spiels 10 zu 20?
23. Macht das Spiel Gerd Spaß?
24. War er nur wegen Susanne hingegangen?
25. Nennt Gerd Susanne eine dumme Pute?

26. Nimmt Dieter es schwer?

27. Gehen Dieter und Gerd in die Turnhalle?

C. *Answer the following questions.*

1. Wann trifft Dieter Gerd?

2. Wo trifft er ihn?

3. Was fragt Dieter Gerd?

4. Wo sollte Gerd Susanne treffen?

5. Warum hat er sie nicht getroffen?

6. Mit wem ist Susanne weggegangen?

7. Mit wem hatte Dieter eine Verabredung?

8. Wo sollte Dieter sie treffen?

9. Warum hat Dieter sie nicht getroffen?

10. Wen hat Susanne versetzt?

11. Wie war das Fußballspiel?

12. Wer hat mit dem Mittelstürmer gestritten?

13. Wie stand es am Ende des Spiels?

14. Was gelingt dem Torwart nie?

15. Was macht Gerd keinen Spaß mehr?

16. Warum war er zum Spiel gegangen?

17. Wohin gehen Gerd und Dieter?

D. *Answer the questions, as in the first example.*

1. War das Spiel gut?

Ja, das Spiel hat mir Spaß gemacht.

2. War der Film gut?

3. War die Geschichte gut?

4. War die Reise gut?

5. War der Vortrag gut?

6. War die Spritztour gut?

E. *Answer the questions, as in the first example.*

1. Gehen Sie gern ins Kino?

Ja, es macht mir Spaß, ins Kino zu gehen.

2. Sehen Sie gern ein Fußballspiel?

3. Fahren Sie gern mit dem Fahrrad?

4. Lesen Sie gern Kafka?

5. Streiten Sie gern mit Ihrem Professor?

F. *Answer the questions, as in the first example.*

1. Kannst du dieses Rätsel lösen?

Es gelingt mir nie, ein Rätsel zu lösen.

2. Kann er den Ball stoppen?

3. Kann er einen Safe knacken?

4. Kann sie eine Stelle finden?

5. Kannst du deinen Vater überreden?

G. *Answer the questions, as in the first example.*

1. Hören Sie gern Vorträge?

Nein, Vorträge gefallen mir gar nicht.

2. Lesen Sie gern Märchen?

3. Sehen Sie gern Fassbinder-Filme?

4. Lösen Sie gern Kreuzworträtsel?

5. Nehmen Sie gern an Demonstrationen teil?

FRAGEBOGEN

1. Spielen Sie Fußball? Wenn ja, macht es Ihnen Spaß? Warum, warum nicht?

2. Sehen Sie gern ein Fußballspiel? Wann haben Sie ein Fußballspiel gesehen? Welche Mannschaften haben damals gespielt? Welche Mannschaft hat das Spiel gewonnen?

3. Ist Ihre Universitäts- oder Collegemannschaft gut? Gewinnt sie jedes Spiel? Wie stand das letzte Spiel?

4. Was tun die Zuschauer während der Halbzeit?

5. Haben Sie oft eine Verabredung mit einem Freund oder einer Freundin? Versetzt Ihr Freund oder Ihre Freundin Sie oft?

6. Gibt es hier ein Schwimmbad und eine Turnhalle? Gehen Sie oft hin? Schwimmen Sie gern? Turnen Sie gern? Warum?

7. Gefällt Ihnen der amerikanische oder der deutsche Fußball besser?

ERKLÄRUNGEN UND ÜBUNGEN

I. THE PAST PERFECT TENSE

The past perfect tense is formed in German by using the past tense of the auxiliary **haben** or **sein** with the past participle. Compare the present perfect and past perfect in the following sentences:

PRESENT PERFECT	PAST PERFECT
Ich **habe** ihn schon oft **gehört**.	Ich **hatte** ihn schon oft **gehört**.
I have often heard him.	*I had often heard him.*
Ich **bin** oft in die Turnhalle **gegangen**.	Ich **war** oft in die Turnhalle **gegangen**.
I have often gone to the gym.	*I had often gone to the gym.*

The past perfect tense functions in German, as in English, to describe events that preceded other past events. The word order follows the same pattern as the present perfect tense. In an independent clause the auxiliary is in second position; the past participle is last.

Sie **war** schon **weggegangen,** als ich hinkam.
She had already gone when I got there.

In a dependent clause the auxiliary is last; the past participle is just before it.

Ich kam an, nachdem meine Freunde **weggegangen waren.**
I arrived after my friends had left.

ÜBUNG 1

Change the following sentences to the past perfect tense.

1. Ich habe im Traum ein Ungeziefer gesehen.
2. Wir haben sie im Schwimmbad getroffen.
3. Er hat das Spiel verloren.
4. Wir haben das erste Tor geschossen.
5. Sie haben mit dem Trainer gestritten.
6. Er ist um vier hingekommen.
7. Ich bin sehr oft zum Schwimmbad gegangen.
8. Sie ist nicht erschienen.
9. Er ist früh aufgestanden.
10. Sie sind in der Vorlesung eingeschlafen.

ÜBUNG 2

Tell what had already happened before your arrival. Follow the model.

> MODEL: Er hatte ein Tor geschossen.
>
> **Ich kam an, nachdem er ein Tor geschossen hatte.**

1. Sie war weggegangen.
2. Sie hatten verloren.
3. Es war passiert.
4. Der Film hatte angefangen.
5. Er hatte ihnen geholfen.
6. Es war ruhig geworden.
7. Sie waren erschienen.
8. Der Mechaniker hatte den Wagen repariert.

II. THE GENITIVE CASE

A. FORMATION

The genitive case is the only one of the four cases in German in which changes occur in the nouns themselves as well as in the forms of the **der-** and **ein-**words.

	MASCULINE	FEMININE	NEUTER	PLURAL
NOM.	der Mann ein Mann	die Frau eine Frau	das Geschäft ein Geschäft	die Männer, die Frauen keine Männer, keine Frauen
ACC.	den Mann einen Mann	die Frau eine Frau	das Geschäft ein Geschäft	die Männer, die Frauen keine Männer, keine Frauen
DAT.	dem Mann einem Mann	der Frau einer Frau	dem Geschäft einem Geschäft	den Männern, den Frauen keinen Männern, keinen Frauen
GEN.	**des Mannes** **eines Mannes**	**der Frau** **einer Frau**	**des Geschäfts** **eines Geschäfts**	**der Männer, der Frauen** **keiner Männer, keiner Frauen**

As you can see from the preceding paradigm, masculine and neuter nouns add **-s** or **-es** endings in the genitive case: **-s** on nouns of more than one syllable; **-es** on nouns of one syllable or nouns ending in a sibilant. Feminine and plural nouns add no genitive ending.

Weak nouns do not add the **-s** or **-es** ending in the genitive case; they add the same **-n** or **-en** ending that is added in the accusative and dative singular.

des Studenten, eines Studenten; des Herrn, eines Herrn

ÜBUNG 1

Give the genitive form of the following noun phrases.

1. der Wagen	7. seine Mutter	12. ein Rätsel
2. mein Vater	8. diese Kamera	13. die Idioten
3. jeder Spieler	9. das Auto	14. keine Spieler
4. unser Assistent	10. unser Examen	15. unsere Städte
5. die Tochter	11. ihr Kind	16. diese Geschäfte
6. ihre Arbeit		

ÜBUNG 2

The following list contains a mixture of nouns of all genders, as well as plurals. Give the genitive form of each.

1. mein Vater	6. unsere Tochter
2. die Katzen	7. ihr Assistent
3. ihr Freund	8. jedes Examen
4. seine Brille	9. der Platz
5. dieses Kind	10. alle Wagen

The adjective endings after **der-** words in the genitive case are all **-en,** in accordance with the system described in the previous lesson.

> Am Ende **des** langen Examens . . .
> Der Name **der** anderen Frau . . .

The genitive form of the interrogative pronoun **wer** is **wessen.**

> **Wessen** Motorrad ist das? *Whose motorcycle is that?*

B. USE OF THE GENITIVE CASE

1. Possessive Relationship Between Nouns

The genitive is used in German for the possessive relationship expressed in English by *of* or *'s.*

Er trifft Gerd vor dem Schaufenster **eines Sportgeschäfts.**
He meets Gerd in front of the window of a sporting goods shop.

Even where English uses *'s,* German structure normally uses the word order of the *of* construction.

Der Wagen **meines Vaters** ist in der Werkstatt.
My father's car is in the service station.

With proper names, however, German simply adds -s with no apostrophe.

Gerds Freundin ist auch Dieters Freundin.
Gerd's girlfriend is also Dieter's girlfriend.

ÜBUNG

Answer the questions, using the cues provided as in the model.

MODEL: Wessen Motorrad ist das? (der bekannte Trainer)
Das ist das Motorrad des bekannten Trainers.

1. Wessen Assistent ist das? (der neue Professor)
2. Wessen Wagen ist das? (der bekannte Fußballspieler)
3. Wessen Auto ist das? (der reiche Gangster)
4. Wessen Kamera ist das? (dieser amerikanische Tourist)
5. Wessen Idee war das? (dieser naive Optimist)
6. Wessen Katze ist das? (diese alte Dame)
7. Wessen Kamera ist das? (die amerikanische Studentin)
8. Wessen Jacke ist das? (die englische Tennisspielerin)
9. Wessen Motorrad ist das? (diese junge Frau)
10. Wessen Argument war das? (die anderen Rechtsanwälte, die amerikanischen Studenten, die deutschen Behörden, die unrealistischen Optimisten)
11. Wessen Musik ist das? (Beethoven)
12. Wessen Freund ist das? (Dieter)
13. Wessen Motorrad ist das? (Peter)

2. Object of Prepositions

There is a small group of prepositions whose objects are always in the genitive case.

während	*during*
wegen	*because of*
trotz	*in spite of*
anstatt, statt	*instead of*

Während der Halbzeit hat der Trainer mit ihm gestritten.
During the half time the coach argued with him.

Ich war nur **wegen meines Freundes** hingegangen.
I had only gone because of my friend.

ÜBUNG

Substitute the new nouns provided.

Während des Krieges habe ich ihn nicht gesehen.

Vortrag	Spiel	Halbzeit
Spaziergang	Semester	Prüfung
Abend	Interview	Nacht

III. VERBS AND EXPRESSIONS WITH THE DATIVE CASE

There are some very commonly used verbs and verbal expressions in which the person performing the action is the dative object, in contrast to English where the performer of the action is the subject. Notice the contrast between the German and English in the following examples.

gelingen *(to succeed):*   Es gelingt **ihm** nie, einen Elfmeter zu stoppen.
He never succeeds in stopping a penalty kick.

gefallen *(to like):*   Fußball gefällt **ihr**.
She likes soccer.
Ihm gefällt nichts.
He doesn't like anything.

Spaß machen *(to enjoy):*   Es macht **mir** keinen Spaß mehr.
I don't enjoy it any more.
Mir macht ein Fußballspiel Spaß.
I enjoy a soccer game.

leid tun *(to be sorry):*   Es tut **ihm** leid.
He is sorry.

ÜBUNG 1

Substitute the new object in the dative case, as in the model.

> MODEL: Es gelingt *ihm* nie, mich zu überreden. (sie, *sing.*)
> Es gelingt *ihr* nie, mich zu überreden.

Es gelingt ihm nie, mich zu überreden. (sie, *pl.;* er; sie, *sing.;* du; ihr; mein Arzt; mein Sohn; meine Tochter; meine Kinder; mein Freund; mein Professor; meine Eltern; meine Freundin)

ÜBUNG 2

Substitute the new noun or pronoun in place of the dative object.

So ein BMW gefällt mir. (die Amerikanerin; meine Schwester; meine Tante Irene; er; sie, *sing.;* ihr Vater; unser Onkel)

ÜBUNG 3

Wem macht was Spaß? *Combine the elements given, as in the model.*

> MODEL: mein Freund / ein Fassbinder-Film
> **Ein Fassbinder-Film macht meinem Freund Spaß.**

1. ich / ein Fußballspiel
2. er / ein Roman
3. sie / ein Handwerk
4. der Klempner / eine Wasserleitung
5. der Psychiater / das Seelenleben
6. meine Mutter / eine Reise
7. dieser Student / eine Semesterarbeit

ÜBUNG 4

Substitute the new noun or pronoun for the dative object. Adjust the second clause to conform, as in the model.

> MODEL: Es tut *mir* leid, daß *ich* nicht kommen kann. (er)
> **Es tut *ihm* leid, daß *er* nicht kommen kann.**

Es tut mir leid, daß ich nicht kommen kann. (wir; sie, *pl.;* meine Freundin; seine Eltern; sie, *sing.;* er; seine Tante; unser Onkel)

IV. ORDINAL NUMBERS

With the exception of four irregulars, the ordinal numbers are formed by adding a -t to cardinal numbers 1–19 and -st to numbers above 19.

zweit-	*(second)*
neunt-	*(ninth)*
dreizehnt-	*(thirteenth)*
zwanzigst-	*(twentieth)*
vierunddreißigst-	*(thirty-fourth)*
hundertst-	*(hundredth)*

The four irregulars are:

erst- *(first)*
dritt- *(third)*
siebt- *(seventh)*
acht- *(eighth)*

Ordinal numbers are attributive adjectives and are declined as such.

Unsere Mannschaft hatte das **erste** Tor geschossen.
Our team had shot the first goal.

Dann kam der **zweite** Mann ins Zimmer.
Then the second man came into the room.

When an ordinal number is written as a numeral, a period is used after it.

Am **4.** Juli hat sie Geburtstag.
Her birthday is on July 4th.

ÜBUNG

Answer the following questions.

1. Wann haben Sie Geburtstag?
2. Wann fängt der Sommer an?
3. Wann fängt der Winter an?
4. Wann ist Washingtons Geburtstag?
5. Wann fängt das neue Jahr an?
6. Wann hört das Semester auf?
7. Haben wir heute den 24. Dezember?
8. Welches Datum *(date)* haben wir heute?

 **ZUM LESEN**

Ein Brief[1]

Lieber Tim,

es tut mir leid, daß ich Dir* erst jetzt schreibe. Aber Du weißt ja, wie es am Anfang des Semesters geht.

5 Ich bin natürlich nicht überrascht, daß Dir Deine Deutschklasse gefällt. Und Deine neuen Ausdrücke,[2] „Mittelstürmer", „Elfmeter", haben mich sehr beeindruckt.[3]

---

* In letters all pronouns and possessives referring to the person addressed are capitalized.
1. letter   2. expressions   3. impressed

Alle spielen Fußball. *German Information Center*

Ich spiele auch Fußball, im Fußballklub meiner Heimatstadt,[4] und ich spiele Rechtsaußen.[5] Übrigens, in Deutschland haben die Universitäten und auch die Schulen
keine Mannschaften wie in Amerika. Ja, Du hast recht, die Deutschen, wie alle
Europäer, sind Fußballnarren.[6] Wenn ein Länderspiel[7] oder ein Pokalspiel[8] stattfin-
det,[9] ist das ein großes Ereignis.[10] Nach einer Statistik finden die meisten[11]
Einbrüche[12] während eines großen Länderspiels statt. Und das, obwohl die meisten
Leute zu Hause sind. Aber dann sitzen sie vor dem Fernseher und sehen und
hören nichts. Man könnte sogar den Kühlschrank[13] oder die Badewanne[14] aus der
Wohnung tragen, und keiner würde etwas bemerken.

Und auf dem Fußballplatz, ja, da geht es zu[15] wie bei Euch in Amerika bei einem
Football-Spiel: die Fans brüllen[16] und feuern[17] ihre Mannschaft durch Sprechchöre[18]
an. Bei jedem Tor herrscht[19] allgemeines[20] Pandämonium. Entweder[21] brüllen sie
ekstatisch, oder sie fallen vom Stuhl und glauben, das Ende der Welt ist da. Und
wehe,[22] wenn sie mit dem Schiedsrichter[23] nicht übereinstimmen![24] Das kann man
nicht beschreiben!

Du siehst, die Deutschen sind darin wie die Amerikaner. Ob Fußball oder Football,
das Verhalten[25] der Zuschauer ist dasselbe:[26] sie reagieren[27] spontan und natürlich.
Das ist gut für das Seelenleben und nicht so teuer wie ein Psychiater.

So, jetzt habe ich Dir einen langen Vortrag über Fußball gehalten. Du hast mir
geschrieben, daß Du Baseball spielst. Dieser Sport ist bei uns nicht sehr bekannt.
Vielleicht kannst Du mir mal etwas darüber schreiben. Wenn Du willst, auf englisch.
Aber sehr einfach[28] bitte, so daß ich es verstehen kann. Bitte erklär mir auch,
was ein „cheerleader" ist. Das Wort steht nicht in meinem Wörterbuch.

Ich muß jetzt Schluß machen.[29] Ich habe mit Tina eine Verabredung, wir wollen
Minigolf spielen. Schreib bald.

Herzliche Grüße[30]
Dein Sebastian

4. hometown	13. refrigerator	22. watch out
5. outside right	14. bathtub	23. referee
6. soccer freaks	15. **geht ... zu** (they) carry on	24. agree
7. international game	16. shout	25. behavior
8. cup match	17. **feuern ... an** cheer on	26. the same
9. takes place	18. cheering squads	27. react
10. event	19. reigns	28. simply
11. most	20. general	29. close
12. burglaries	21. either	30. best regards

ÜBUNGEN ZUM LESESTÜCK

A. *Answer in complete German sentences.*

1. Wem schreibt Sebastian einen Brief?   2. Was tut Sebastian leid?   3. Was ist ein großes Ereignis?   4. Wann finden die meisten Einbrüche statt?   5. Warum sehen und hören die Leute nichts?   6. Was könnte ein Einbrecher tun?   7. Kann man beschreiben, was passiert, wenn die Fans nicht mit dem Schiedsrichter übereinstimmen?   8. Welcher Sport ist in Deutschland nicht so bekannt?   9. Wo findet Sebastian das Wort „cheerleader" nicht? 10. Warum soll Tim sehr einfach schreiben?   11. Warum muß Sebastian Schluß machen? 12. Wie sagt man auf deutsch „best regards"?

B. *Replace the italicized words by selecting appropriate substitutes from the list below (you may have to change the form of the word—singular to plural, etc.). Rewrite the sentences so that they make sense in terms of a soccer game.*

Fußballplatz	Kühlschrank	Mannschaft	Torwart	Fan	hören	Fernseher
Schiedsrichter	Fußballspiel	Pokalspiel	Elfmeter	Tor	sehen	Einbruch
Länderspiel	Seelenleben	Sprechchor	Zuschauer	Dieb	Brief	Psychiater

1. Auf dem *Bahnhof* brüllen die *Gangster:* „Gregor, schieß ein Tor!" Das nennt man einen *Kinderchor.*
2. Wenn die *Touristen* auf dem *Tennisplatz* nicht mit dem *Rechtsanwalt* übereinstimmen, brüllen sie „Unfair!" und „So ein Esel!" und „Geh nach Australien!"
3. Der *Klempner* hatte den *Fahrstuhl* gestoppt, und alle Fans brüllten: „Der Theodor, der Theodor, er steht bei uns im Fußballtor! Bravo, Theodor!"
4. Bei einem *Pokerspiel* sitzen die Leute vor dem *Kühlschrank* und *essen* und *trinken* nichts.
5. Nach einer Statistik finden die meisten *Interviews* während des *Mittagessens* statt.
6. Wenn man bei einer *Prüfung* spontan und natürlich reagiert und laut brüllt, ist das gut für die *Gangschaltung* und nicht so teuer wie ein *Mechaniker.*
7. Die *Studenten* feuern ihren *Professor* durch Sprechchöre an.
8. Bei jedem *Examen* herrscht allgemeines Pandämonium. Die *Studenten* brüllen ekstatisch oder sie fallen vom Stuhl und glauben, das Ende der Welt ist da.
9. Sebastian schreibt seinem Freund Tim einen *Roman.*
10. Wenn wir bei einem Länderspiel vor dem Fernseher sitzen, könnte ein *Polizist* die *Zeitung* aus der Wohnung tragen, und wir würden nichts hören.

AM ZIEL: SCHRIFTLICHE ÜBUNGEN

A. *Describe the following pictures.*

B. *Read the following text.*

Ich stand schon auf, denn mein Rheuma machte mir Schwierigkeiten. Dann nahm ich ein Aspirin und holte die Zeitung. Ich gab meiner Katze einen Hamburger, und das kleine Krokodil in meiner Badewanne bekam ein Steak. Dann aß ich mein Frühstück. Ich ging wieder ins Bett, trank eine Flasche Coca-Cola und las die Zeitung. Ich sah einen Artikel über die Explosionsgefahr bei Kühlschränken. Ich wurde sehr pessimistisch wegen meines alten Kühlschranks und machte Pläne, bald einen neuen Kühlschrank zu kaufen. Dann kam die Katze ins Zimmer und verlangte das zweite Frühstück. Momentan vergaß ich die Explosionsgefahr bei Kühlschränken und kehrte in die Küche *(kitchen)* zurück und öffnete gerade den Kühlschrank, . . . da passierte es schon, da fand eine ungeheure Explosion statt!

*Now rewrite the preceding narrative in the past perfect tense, starting with **Als die ungeheure Explosion stattfand,** . . .*

C. *Was ist das?* *Answer the questions by combining the elements provided, as in the model.*

> MODEL: Was ist Baseball? Sport / in Amerika
> **Baseball ist der Name eines Sports in Amerika.**

1. Was ist Zündapp?   Motorrad / aus Deutschland
2. Was ist Löwenbräu?   Bier / aus Deutschland

3. Was ist Porsche?   Wagen / aus Deutschland
4. Was ist der Rhein?   Fluß / in Deutschland
5. Was ist Columbia?   Universität / in Amerika
6. Was ist Agfa?   Kamera / aus Deutschland
7. Was ist Köln?   Stadt / in Deutschland
8. Was ist Chase Manhattan?   Bank / in Amerika
9. Was ist „Le Monde"?   Zeitung / in Frankreich
10. Was ist Wien?   Stadt / in Österreich

D. *Translate into English; then recall the German from your English translation.*

1. Im Schaufenster dieses eleganten Sportgeschäfts hatte ich den teuren Sturzhelm gesehen.   2. Natürlich stimme ich mit Ihnen überein. Sie haben doch recht.   3. Ich kann einfach nicht verstehen, warum es ihnen keinen Spaß gemacht hat.   4. Vergiß nicht, ihm am Montag einen Brief zu schreiben.   5. Der Trainer hat es sehr schwer genommen, daß seine Mannschaft das Spiel verloren hat.   6. Der Einbruch fand abends um acht Uhr während des Pokalspiels statt, als alle vor dem Fernseher saßen.   7. Wie hat dir der Film gefallen? Mir hat er gar nicht gefallen.   8. Nachdem er ein Bier aus dem Kühlschrank genommen hatte, bemerkte er, daß er vergessen hatte, die Zeitung zu kaufen.   9. Wie steht das Spiel? Ich wäre glücklich, wenn wir einmal ein Spiel gewinnen würden.   10. Wenn er wüßte, daß Fußball so gefährlich ist, so würde er nicht spielen.

E. *Translate into German.*

1. When did he shoot the third goal?   2. Are you supposed to meet her at the entrance?   3. Did you forget that we had a date? —Yes, I'm sorry.   4. He always argues with his psychiatrist.   5. I finally succeeded in solving this problem.   6. Did he do that because of his friend?   7. That was the end of the long lecture.   8. Do you agree with me? —I wish I could agree with you.   9. Our coach always shouts when we lose.   10. Where is the beer? —In the refrigerator.

F. *Composition. Use appropriate past tenses, except where the present tense is called for. (Some clues are provided.)*

Gerd schreibt einen Brief an seinen Freund Oskar:

Lieber Oskar,
1. Letztesmal / ich / schreiben / Dir / über Susanne.
2. Ich / Dir / sagen, / daß / sie / sein / sehr nett.
3. Ich / jetzt / das / können / sagen / nicht mehr.
4. Am Sonntag / ich / sollen / treffen / sie / am Fußballplatz.
5. Ich / ankommen / nicht ganz pünktlich, / weil / mein / Bus / sein / nicht pünktlich.

6. Und / wer / nicht / da / sein, / als / ich / hinkommen? / Susanne!
7. Sie / weggehen *(past perfect)* / mit Hans.
8. Ich / das / wissen, / weil / mein / Freund / sie / sehen *(past perf.)*.
9. Ich / dann / spazieren / durch / Stadt / und / treffen / Dieter.
10. Ich / fragen / er, / ob / er / sehen / Susanne.
11. Dieter / sein / sehr überrascht, / daß / ich / haben / Verabredung / mit Susanne, / denn / er / auch / haben / Verabredung / mit / sie.
12. Sie / uns / versetzen!
13. Aber / wir / es / nicht / so schwer / nehmen / und / gehen / in / Turnhalle.
14. Dort / ich / kennenlernen / Ingrid.
15. Sie / sein *(to be)* / sehr nett, / und / am Sonntag / wir / gehen / zu / ein / Fußballspiel.
16. In / mein / nächst- / Brief / ich / schreiben / Dir / mehr / über / sie.

Herzliche Grüße
Dein Freund Gerd

➡ WORTSCHATZ

allgemein general
an•feuern to cheer on, encourage
die Badewanne, -n bathtub
der Ball, ∸e ball
der Brief, -e letter
brüllen to roar, shout
dumm stupid, dumb
der Einbruch, ∸e burglary
der Eingang, ∸e entrance
ekstatisch ecstatic
der Elfmeter, – penalty kick
das Ereignis, -se event, happening
erscheinen, erschien, ist erschienen to appear; show up
der Esel, – donkey, ass
der Fan, -s fan *(sports, etc.)*
der Fernseher, – TV set
der Fußball, ∸e football
der Fußballplatz, ∸e football field
gefährlich dangerous

gefallen (ä) *(dat.)*, gefiel, gefallen to like
gelingen *(dat.)*, gelang, ist gelungen to succeed in, manage to
der Gruß, ∸e greeting
die Halbzeit, -en half time
herrschen to reign, rule
herzlich sincere, hearty
herzliche Grüße best regards
hin•gehen, ging hin, ist hingegangen to go there
hin•kommen, kam hin, ist hingekommen to get there
der Idiot *(wk.)*, -en idiot
der Kühlschrank, ∸e refrigerator
das Länderspiel, -e international game, match
leid tun: es tut mir leid to be sorry: I am sorry
letzt- last

die Mannschaft, -en team
meist- most
miserabel miserable
der Mittelstürmer, – center forward
nachdem *(sub. conj.)* after
das Pandämonium pandemonium
das Pokalspiel, -e cup match (championship game)
der Psychiater, – psychiatrist
die Pute, -n (hen) turkey
reagieren to react
der Richter, – judge
das Schaufenster, – store window
der Schiedsrichter, – referee
schießen, schoß, geschossen to shoot
schlecht bad
Schluß machen to close, come to an end
schwer nehmen to take *(something)* hard

das **Schwimmbad, ̈er** swimming pool

spazieren (ist) to walk, stroll

das **Spiel, -e** game, match

das **Spiel steht . . .** the score is . . .

spontan spontaneous

das **Sportgeschäft, -e** sporting goods store

der **Sprechchor, ̈e** cheering squad

statt•finden, fand statt,

stattgefunden to take place

stoppen to stop

streiten, stritt, gestritten to quarrel, fight

der **Supermarkt, ̈e** supermarket

das **Tor, -e** goal; gate

der **Torwart, -e** goalie

der **Trainer, –** coach

turnen to do gymnastics

die **Turnhalle, -n** gymnasium

überein•stimmen to agree

die **Verabredung, -en** date, appointment

vergessen (i), vergaß, vergessen to forget

verlieren, verlor, verloren to lose

versetzen to stand (*s.o.*) up

weg•gehen, ging weg, ist weggegangen to leave, go away

das **Wörterbuch, ̈er** dictionary

RÜCKBLICK XI–XIII

Was Sie jetzt können

A. *Was würden Sie tun, wenn Sie Millionär wären?* (Use each of the cues.)

buy a Porsche
eat in a restaurant and not in a student cafeteria
take a trip to Europe during the semester
go on a safari in Africa
eat a steak (**das Steak**) instead of a hamburger
give money to your friends
invite your friends and professors to a party

B. *Compose if-clauses for the following conclusion clauses.*

1. ... würde ich dir helfen.
2. ... würde ich es dir sagen.
3. ... würde ich zu meinem Professor gehen.
4. ... würde ich zum Psychiater gehen.
5. ... würde ich zum Mechaniker gehen.

C. *You are talking to a classmate on the telephone. Set up the conversation in German, using the following cues.*

YOU	CLASSMATE
how did your friend like game	didn't like it; miserable
your team has never won and never will win	agree with you; goalie is an idiot
don't know why he didn't stop penalty kick	doesn't know that either; just simply too clumsy; wishes the center forward were better too; will never go to a game again
what is he/she doing tonight	will write his/her paper
what paper	for Economics
did Professor give (**auf•geben**) a paper	yes, did you forget that
you weren't there last class, had to go to dentist	due next Monday
could he/she tell you something about it	yes, will meet you in student cafeteria before math class
O.K., bye!	bye!

D. *Was bin ich?* *(Guess occupations.)*

1. Ich fahre gern schnell.
2. Ich habe ein Nummernkonto in der Schweiz und ein Penthaus in Paris.
3. Ich heiße Günter Grass und habe viele Romane geschrieben.
4. Wenn die Wasserleitung nicht funktioniert, ruft man mich. Manchmal komme ich dann.
5. Wenn man Probleme hat, wenn man z.B. oft träumt, daß man ein Ungeziefer ist, oder wenn man sicher ist, daß der Deutschprofessor ein Krokodil ist, dann kommt man zu mir.
6. Ich gehe überall hin, wo etwas passiert ist oder wo etwas passieren wird. Dann schreibe ich einen Artikel darüber.
7. Wenn Sie vor dem Fernseher sitzen, und ein Dieb Ihre Badewanne aus dem Haus trägt, dann rufen Sie uns.
8. Wenn Sie verreisen wollen und die Koffer zu schwer sind und der Bahnhof oder die Bushaltestelle zu weit ist, dann rufen Sie mich.
9. Wenn Sie die Miete nicht bezahlt haben und die neue Kamera nicht bezahlt haben, und die Leute wollen ihr Geld haben und sagen: „Sie Gangster, wir rufen die Polizei!", dann kommen Sie schnell zu mir oder rufen mich.
10. Wenn Sie kein Geld haben und ein Auto kaufen wollen, dann kommen Sie zu mir, und ich gebe Ihnen Kredit.

E. *In the form of a narrative (simple past), tell what you did during the day.*

1. got up at eight
2. ate breakfast
3. read the paper
4. drove to the university
5. met your friend in student cafeteria
6. drank Coca-Cola
7. worked on your term paper
8. watched TV
9. went to (**in**) laboratory
10. did an experiment (**das Experiment**)
11. it didn't work out (succeed)
12. professor got mad
13. went to German class
14. had forgotten all words
15. professor got mad
16. went to economics class
17. knew everything
18. professor said: "Great!"
19. visited a friend
20. went to the movies
21. saw the new film
22. returned home at 8
23. ate dinner
24. watched TV
25. didn't like it
26. went to bed
27. fell asleep
28. slept restlessly

F. *Ask someone politely if he/she could tell you where the following are:*

1. bank
2. hotel
3. restaurant
4. zoo
5. the personnel office
6. the big library
7. the travel agency
8. the station

9. the next bus stop
10. the football field
11. the new gym
12. a telephone because you have to call the police
13. if there is an elevator in this department store
14. where the German movie is playing
15. what teams are playing today

G. *Express the following wishes.*

1. that you could buy the new Porsche
2. that your professor would not give exams on Mondays
3. that your friend did not only love you because of your money
4. that your friend would think of you sometimes
5. that you could go to Germany in the summer
6. that your team would win all (the) games
7. that your parents would not always think of the future
8. that you were Einstein
9. that your professor would emigrate to Australia

H. *You are going to organize a demonstration. Write an ad for the college newspaper, giving the following information.*

1. why, against whom or what
2. date, time and place
3. request that they call a specific phone number in order to get more information (**die Information**)

I. *Write a few slogans for posters to be used at the demonstration.*

Die Bank, mit der man reden kann.

"Kann ich mein Konto überziehen, ohne jedesmal zu fragen?"

LEKTION VIERZEHN

 # AUSGANGSPUNKT

Ein teures Telefongespräch

Gabriele Hauser, eine neunzehnjährige Studentin, ruft ihren Vater an. Nachdem sie ihm ausführlich über ihre guten Fortschritte beim Studium berichtet hat, sagt sie:

Gabriele: Du, Paps, könntest du mir einen kleinen Gefallen tun? Ich brauche dringend hundert Mark für ein neues Wörterbuch.

Vater: Gottseidank willst du keinen großen Gefallen, Gabriele! Hundert Mark! Das ist wohl ein rarer Druck aus Gutenbergs Zeit! Du bist genauso verschwenderisch wie dein Bruder. Und was ist mit deinem eigenen Konto?

Gabriele: Ich brauche ein technisches Wörterbuch. Und ich habe mein Konto überzogen. Ich mußte mir einen warmen Mantel kaufen. Sehr schick!

Vater: Und du hättest auch gern einen schicken Wagen? Und eine größere Wohnung?

Gabriele: Nein, Paps. Mein alter VW läuft noch prima. Und mit meiner kleinen Bude bin ich ganz zufrieden.

Vater: Als ich Student war . . .

Gabriele: Ja, Paps, ich weiß, in der guten alten Zeit waren die jungen Leute sparsam.

Vater: Wenn ich zu meinem Vater gekommen wäre und hätte um hundert Mark gebeten . . .

Gabriele: . . . dann hätte er dir was anderes gesagt, nicht? Aber du hättest auch keine hundert Mark gebraucht.

Vater: Wieso?

Gabriele: Inflation, Paps, Inflation. Fünfzig Mark hätten genügt . . .

So geht es noch eine kleine Weile weiter. Aber Herr Hauser ist ein verständnisvoller Vater und schickt Gabriele am nächsten Tag einen Scheck.

Nicht nur Gabriele überzieht ihr Konto. Diese Bank weiß das. *Ellin Feld*

An Expensive Telephone Call

Gabriele Hauser, a nineteen-year-old student, calls her father. After she has reported to him in detail about the good progress she is making in her studies, she says:

Gabriele: Say Dad, could you do me a little favor? I need 100 marks urgently for a new dictionary.

Father: Thank goodness you don't want a *big* favor, Gabriele. A hundred marks! That must be a rare edition from Gutenberg's time! You're just as extravagant as your brother. What's the matter with your own bank account?

Gabriele: I need a technical dictionary. And I've overdrawn my account. I had to buy a warm coat. Very chic!

Father: And I suppose you'd like a chic car? And a larger apartment?

Gabriele: No, Dad, my old VW still runs fine. And I'm quite satisfied with my little pad.

Father: When I was a student . . .

Gabriele: Yes, Dad, I know. In the good old days young people were thrifty.

Father: If I had gone to my father and asked for 100 marks . . .

Gabriele: . . . he would have told you off, right? But you wouldn't have needed 100 marks.

Father: Why not?

Gabriele: Inflation, Dad, inflation. Fifty marks would have been enough.

So it continues for a little while longer. But Mr. H. is an understanding father, and the next day he sends Gabriele a check.

➡ LOCKERUNGSÜBUNGEN

A. *Listen to the statement; then answer the question.*

1. Das ist Gabriele Hauser.   Wer ist das?
2. Sie ist eine neunzehn-jährige Studentin.   Was ist sie?
3. Sie trägt einen schicken Mantel.   Was trägt sie?
4. Der Mantel hat 300 Mark gekostet.   Wieviel hat der Mantel gekostet?
5. Sie hat ihr Konto überzogen.   Was hat sie getan?

6. Das ist Otto Hauser.   Wer ist das?

7. Er ist Gabrieles Bruder.   Wessen Bruder ist er?

8. Sein Vater sagt, er ist ver-   Was sagt sein Vater?
   schwenderisch.

9. Er hat eine neue Leder-   Was hat er gekauft?
   jacke gekauft.

10. Das ist Vater Hauser.   Wer ist das?

11. Er arbeitet in einem   Wo arbeitet er?
    Büro.

12. Er arbeitet bis spät   Wie lange arbeitet er?
    abends.

13. Er muß für seine teuren   Für wen muß er arbeiten?
    Kinder arbeiten.

14. Er tut es gern, denn er ist   Warum tut er es?
    verständnisvoll.

B. *Answer the following questions affirmatively or negatively, as appropriate.*

1. Ist Gabriele Verkäuferin?
2. Ist sie fünfzehn Jahre alt?
3. Ruft Gabriele ihre Mutter an?
4. Berichtet sie ihrem Bruder über ihre Fortschritte?
5. Berichtet sie ausführlich?
6. Bittet sie ihren Vater um einen großen Gefallen?
7. Braucht sie das Geld dringend?
8. Braucht sie ein Mathematikbuch?
9. Ist das Buch ein rarer Druck?
10. Ist das Buch aus Gutenbergs Zeit?
11. Braucht sie ein technisches Wörterbuch?
12. Sagt ihr Vater, sie ist verschwenderisch?
13. Hat Gabriele ihr eigenes Konto?
14. Hat sie noch Geld auf ihrem Konto?
15. Hat sie ihr Konto überzogen?
16. Hat Gabriele ihren Mantel verkauft?
17. Hat sie einen warmen Mantel gekauft?
18. Ist der Mantel schick?
19. Hätte sie gern einen schicken Wagen?
20. Läuft ihr alter VW noch prima?
21. Hätte sie gern eine neue Wohnung?
22. Ist sie mit ihrer Bude unzufrieden?
23. Ist ihre Bude klein?
24. Waren die jungen Leute in der guten alten Zeit verschwenderisch?
25. Waren die jungen Leute sparsam, als ihr Vater Student war?
26. Hätten damals 50 Mark genügt?
27. Geht das Gespräch eine Weile weiter?
28. Ist Herr Hauser ein Sauertopf?
29. Schickt er Gabriele am nächsten Tag einen Scheck?
30. Ist Herr Hauser ein verständnisvoller Vater?

C. *Answer the following questions.*

1. Was ist Gabriele?
2. Wie alt ist sie?
3. Wen ruft sie an?
4. Worüber berichtet sie ihrem Vater?
5. Um was für einen Gefallen bittet sie?
6. Warum braucht sie dringend 100 Mark?

7. Was für ein Wörterbuch ist es?

8. Warum kann sie das Geld nicht von ihrem eigenen Konto nehmen?

9. Was hat sie mit ihrem eigenen Geld getan?

10. Wie läuft ihr alter VW?

11. Wie waren die jungen Leute in der guten alten Zeit?

12. Was wäre passiert, wenn Vater Hauser seinen Vater um 100 Mark gebeten hätte?

13. Wieviel Geld hätte damals genügt?

14. Wie lange dauert das Telefongespräch?

15. Was für ein Vater ist Herr Hauser?

16. Wann schickt er Gabriele einen Scheck?

D. Sagen Sie es anders (differently)! Follow the pattern in the first example in each group.

1. Er wollte mein Wörterbuch haben.
   Er hat mich um mein Wörterbuch gebeten.

2. Sie wollte mein Auto haben.

3. Sie wollten mein Deutschbuch haben.

4. Sie wollte meine Telefonnummer haben.

5. Er wollte meine Zeitung haben.

6. Sie wollten meinen Schlüssel haben.

7. Er wollte meinen Wagen haben.

8. Ich möchte eine größere Wohnung haben.
   Ich hätte gern eine größere Wohnung.

9. Sie möchte einen neuen Wagen haben.

10. Sie möchten ein Nummernkonto haben.

11. Sie möchte ein Motorrad haben.

12. Ich möchte einen neuen Mantel haben.

13. Er möchte einen neuen Sturzhelm.

14. Wir möchten eine Prüfung haben. (!)

E. Bitten Sie Ihren Nachbarn (neighbor) um einen Gefallen! Follow the pattern in the example.

Könnten Sie mir einen Gefallen tun? (mir 20 Mark leihen)
Könnten Sie mir einen Gefallen tun und mir 20 Mark leihen?
(mir die Zeitung geben, mir das Wort erklären, das Fenster öffnen, nicht so schnell fahren, langsam sprechen)

F. Tell a friend what you would respond to each of the following requests or actions. Follow the pattern in the first example in each group.

1. Er will meinen Wagen leihen.
   Ich würde ihm etwas anderes sagen.

2. Sie will meine Kamera leihen.

3. Sie wollen meine Schallplatten haben.

4. Er will mein Motorrad fahren.

5. Sie sagt, ich bin ein Dummkopf.

6. Er hat meine Zeitung mitgenommen.
   Ich hätte ihm etwas anderes gesagt.

7. Sie haben mich um 100 Mark gebeten.

8. Er hat mein Kreuzworträtsel gelöst.

9. Sie hat mein Wörterbuch mitgenommen.

10. Er wollte Geld von mir leihen.

11. Sie hat mich versetzt.

FRAGEBOGEN

1. Rufen Sie oft Ihre Familie an? Bitten Sie um einen Gefallen? Um was für einen Gefallen bitten Sie?

2. Wie lange sprechen Sie mit Ihren Freunden am Telefon?

3. Haben Sie einen Wagen? Was für einen? Hätten Sie gern einen neuen Wagen? Was für einen?
4. Sind die jungen Leute verschwenderisch? Was tun sie mit dem Geld? Sind Sie sparsam oder verschwenderisch? Was tun Sie mit Ihrem Geld?
5. Haben Sie einen verständnisvollen Professor? Was tut er oder sie?
6. Was würden Sie tun, wenn Sie viel Geld hätten?
7. Berichten Sie Ihren Eltern über Ihre Fortschritte beim Studium? Warum? Warum nicht?
8. Was sagt Ihr Deutschprofessor über Ihr Deutsch?
9. Gab es wirklich eine gute alte Zeit? Wann? Interessiert Sie die gute alte Zeit? Warum?
10. Bitten Sie Ihren Professor um einen Gefallen!

ERKLÄRUNGEN UND ÜBUNGEN

I. SUBJUNCTIVE: PAST TIME

Examine these pairs of contrary-to-fact sentences:

> *If he needed money (now), I would give it to him.*
> *If she were here (now), she could help us.*

> *If he had needed money (last week), I would have given it to him.*
> *If she had been here (last week), she could have helped us.*

The sentences on the left refer to present time. In the previous lesson you learned the subjunctive tenses used in German for present time sentences. The sentences on the right refer to past time. In this lesson you will learn the one new subjunctive tense that is needed for past time conditions contrary-to-fact, the past subjunctive.

A. PAST SUBJUNCTIVE FORMS

The past subjunctive is a compound tense. It is based on the past perfect indicative. It consists of the subjunctive of **haben** or **sein** (learned in the previous lesson) and the past participle of the main verb. Verbs take the same auxiliary in the subjunctive that they take in the indicative.

	geben		**kommen**
ich	hätte gegeben	ich	wäre gekommen
du	hättest gegeben	du	wärest gekommen
er,sie,es	hätte gegeben	er,sie,es	wäre gekommen
wir	hätten gegeben	wir	wären gekommen
ihr	hättet gegeben	ihr	wäret gekommen
sie	hätten gegeben	sie	wären gekommen
Sie	hätten gegeben	Sie	wären gekommen

ÜBUNG

Change the following present indicative forms, first to the past perfect indicative, then to the past subjunctive.

1. Ich sehe ihn.
2. Er stört ihn.
3. Wir erzählen es.
4. Sie lachen darüber.
5. Er tut es.
6. Wir schreiben es.
7. Sie nimmt daran teil.
8. Ich finde sie.
9. Sie brauchen es.
10. Ich habe Lust.

11. Sie vergißt es.
12. Er ist stolz darauf.
13. Wir bleiben.
14. Sie landen dort.
15. Ich komme nie hin.
16. Sie kehrt bald zurück.
17. Wir fahren hin.
18. Ich stehe früh auf.
19. Sie reist viel herum.
20. Sie gehen oft hin.

B. USES OF THE PAST SUBJUNCTIVE

1. Condition Contrary-to-Fact: Past Time

The past subjunctive is used in both the **wenn**-clause and the conclusion clause of a past time contrary-to-fact sentence.

> Wenn er mich um 100 Mark **gebeten hätte, hätte** ich ihm etwas anderes **gesagt.**
> *If he had asked me for 100 marks, I would have told him off.*

ÜBUNG

Respond to the following statements, beginning each with **Wenn es möglich gewesen wäre,** *...*

> MODEL: Sie hat nicht daran teilgenommen.
> **Wenn es möglich gewesen wäre, hätte sie daran teilgenommen.**

1. Er hat nicht angerufen.
2. Sie haben das Spiel nicht gewonnen.
3. Wir haben ihn nicht besucht.
4. Sie hat uns nicht getroffen.

5. Wir sind nicht zur Demo gegangen.
6. Er ist nicht bei seinen Eltern geblieben.
7. Sie sind heute nicht gekommen.
8. Sie ist nicht oft da gewesen.

2. Wishes

Wishes can also refer to past time. As in present-time wishes, the introductory verb is used in the present subjunctive, i.e., **ich wollte;** the wish itself is in the past subjunctive.

> Ich **wollte,** ich **hätte** auch so einen Vater **gehabt.**
> *I wish I had had a father like that.*

ÜBUNG

*The following are things that have happened. You wish they had not happened. Begin each with **Ich wollte,**...*

> **MODEL:**   Wir haben es getan.
>
> **Ich wollte, wir hätten es nicht getan.**

1. Er hat es gesagt.
2. Ich habe es gehört.
3. Sie haben das Spiel verloren.
4. Ich habe meinen Käfer verkauft.
5. Ich habe mein Konto überzogen.
6. Ich bin ins Wasser gefallen.
7. Es ist ihnen gelungen.
8. Ich bin dick geworden.
9. Ich bin bis acht geblieben.
10. Sie ist mitgekommen.

II. ADJECTIVES PRECEDED BY *EIN*-WORDS

In *Lektion Zwölf* you learned the declensional system for adjectives preceded by **der**-words. The endings on adjectives after **ein**-words are identical with those, except in three places. Note the gray boxes below.

	MASCULINE	FEMININE	NEUTER	PLURAL
NOMINATIVE	er	e	es	en
ACCUSATIVE	en	e	es	en
DATIVE	en	en	en	en
GENITIVE	en	en	en	en

If you examine the full declension that follows, you will see that the three gray boxes are the places in the declension where the **ein**-word has no ending. It may help you to remember this: when the **ein**-word has no ending (i.e., fails to show the gender of the noun), the adjective must serve to show the gender and, therefore, has a "stronger" ending than otherwise.

ADJECTIVE DECLENSION WITH *EIN*-WORD PRECEDER			
	MASCULINE	**FEMININE**	**NEUTER**	**PLURAL**
NOM.	kein neuer Mantel	keine neue Brille	kein neues Buch	keine neuen Spiele
ACC.	keinen neuen Mantel	keine neue Brille	kein neues Buch	keine neuen Spiele
DAT.	keinem neuen Mantel	keiner neuen Brille	keinem neuen Buch	keinen neuen Spielen
GEN.	keines neuen Mantels	keiner neuen Brille	keines neuen Buches	keiner neuen Spiele

ÜBUNG 1

Answer the following questions affirmatively, as in the model.

> **MODEL:** Ist der Mantel nicht schick?
> **Ja, das ist ein schicker Mantel.**

1. Ist der Hut nicht elegant?
2. Ist der Plan nicht gefährlich?
3. Ist der Polizist nicht verständnisvoll?
4. Ist der Professor nicht arrogant?
5. Ist das Examen obligatorisch?
6. Ist das Problem dringend?
7. Ist das Beispiel gut?
8. Ist das Spiel wichtig?
9. Ist die Wohnung nicht klein?
10. Ist die Schallplatte neu?
11. Ist die Frage nicht dumm?
12. Ist die Prüfung einfach?

ÜBUNG 2

Answer the questions negatively, as in the model.

> **MODEL:** Willst du diesen Mantel tragen?
> **Nein, ich will einen anderen Mantel tragen.**

1. Willst du diesen Film sehen?
2. Spielt der Film in diesem Kino?
3. War das der Plan dieser Studentin?
4. Wollen Sie an dieser Universität studieren?
5. Stand das in dieser Zeitung?
6. War das die Theorie dieses Professors?

ÜBUNG 3

Add the adjective supplied after the ein-word in each sentence.

1. Sie macht keine Fehler. (dumm)
2. Wir haben keine Schallplatten. (neu)
3. Sie vergißt die Namen seiner Freunde. (best-)
4. Sie sah ihn in ihren Träumen. (unruhig)

5. Keine Reporter waren da. (deutsch)
6. Sie schreiben keine Briefe. (lang)
7. Seine Partys sind bekannt. (toll)
8. Sie berichtet über ihre Fortschritte. (gut)

ÜBUNG 4

Translate into German.

1. He was standing on a small bridge.
2. That's the name of a German poet.
3. That's a technical dictionary.
4. I'll see him on the first Monday of the month.
5. She has a chic coat.
6. She works in a big laboratory.
7. No young people were there.
8. A long letter from him arrived.
9. Her new leather jacket is elegant.
10. That's the theme of his last story.
11. There is no good sporting goods store here.
12. We bought his new record.
13. They (man) are not allowed to build any new factories.
14. In his restless dreams he was a vermin.

 ZUM LESEN

Johann Gutenberg

Wenn wir heutzutage ein Buch oder eine Zeitung in die Hand nehmen, denken wir nicht, daß das etwas Besonderes[1] ist. Aber im 15. Jahrhundert[2] war das gedruckte[3] Wort eine Sensation. Die Erfindung[4] des Buchdrucks hatte einen ungeheuren Einfluß auf alle Gebiete[5] unserer westlichen Zivilisation und Kultur:
5 Literatur, Wissenschaft,[6] Religion, Unterhaltung,[7] Politik, Philosophie usw.

Über den Erfinder des Buchdrucks, Johann Gutenberg, wissen wir nicht sehr viel. Wir wissen auch nicht genau, wann er geboren wurde, wahrscheinlich zwischen 1394 und 1399. Gutenberg stammte aus[8] einer Patrizierfamilie in Mainz und war Goldschmied[9] von Beruf.[10] Im Jahre 1428 bekam er Streit mit dem
10 Stadtrat[11] von Mainz und mußte die Stadt verlassen.[12] Er ging ins Exil nach Straß-burg. Dort arbeitete er mit einem Partner als Goldschmied, aber er arbeitete auch

1. something special
2. century
3. printed
4. invention
5. fields
6. science
7. entertainment
8. was from
9. goldsmith
10. by profession
11. city council
12. leave

Johann Gutenberg, der Erfinder des Buchdrucks *German Information Center*

an einer Erfindung, die später das intellektuelle Leben der westlichen Welt revolutionieren sollte. Aber für sein Projekt brauchte Gutenberg mehr Geld als er verdienen konnte. Wir wissen aus Straßburger Dokumenten, daß er in Straß-
15   burg Geld geliehen hat. (Aus den Dokumenten erfahren[13] wir auch, daß eine Patrizierin Gutenberg verklagte,[14] weil er ihr versprochen[15] hatte, sie zu heiraten,[16] sie aber dann nicht heiraten wollte, und daß er Steuern[17] für seinen großen Weinkeller[18] bezahlte.) Gutenbergs Partner investierte auch Geld in Gutenbergs Projekt. Als der Partner starb,[19] verklagten seine Verwandten[20] den Goldschmied,
20   weil sie das Geld zurückhaben wollten. Aber Gutenberg gewann den Prozeß. 1443 durfte er wieder nach Mainz zurückkehren. Er arbeitete immer noch an seiner Erfindung und brauchte immer noch Geld. Ein reicher Rechtsanwalt, Johann Fust, lieh ihm eine große Summe Geld, und Gutenberg konnte weiterarbeiten.

1455 war ein ereignisreiches[21] Jahr für Gutenberg. In diesem Jahr war die
25   Vorbereitung[22] für sein erstes gedrucktes Werk zuende. Aber der Rechtsanwalt

13. learn	17. taxes	21. eventful
14. sued	18. wine cellar	22. preparation
15. promised	19. died	
16. marry	20. relatives	

Eine Druckerpresse im Guten-berg-Museum in Mainz *German Information Center*

wollte jetzt sein Geld zurückhaben. Gutenberg konnte nicht bezahlen, und er kam wieder einmal vor den Richter. Gutenbergs Gegner in dem Prozeß, der reiche Rechtsanwalt, gewann den Prozeß. Wenn Johann Fust mehr Geduld[23] mit ihm gehabt hätte, so hätte Gutenberg selbst sein Lebenswerk beendet. So aber verlor
30   er seine Druckerpresse, sein Material, seine Werkzeuge[24] und die Kontrolle über seine Erfindung an Fust. Gutenberg war jetzt ein armer Mann. Fust hatte die Kontrolle und war der Buchdrucker, und 1456 erschien der erste Druck, die Bibel. Über die nächsten Jahre bis 1465 ist nicht viel bekannt. 1465 gab der Kurfürst[25] von Mainz Gutenberg eine Pension, und er durfte bis zu seinem Tod im Jahre
35   1468 am Hof[26] des Kurfürsten leben. Gutenberg konnte sein großes Lebenswerk nicht selbst beenden,[27] ein anderer tat es für ihn. Aber die Welt hat Gutenberg nicht um seinen verdienten Ruhm[28] betrogen.[29] Die erste gedruckte Bibel heißt heute noch die Gutenbergbibel.

23. patience	26. court	29. **um ... betrogen**
24. tools	27. finish	cheated out of
25. prince elector	28. deserved fame	

ÜBUNGEN ZUM LESESTÜCK

A. *Answer in complete German sentences.*

1. Wann wurde Johann Gutenberg geboren? **2.** Was war er von Beruf? **3.** Wann mußte er Mainz verlassen? **4.** Wohin ging er ins Exil? **5.** Arbeitete Gutenberg in Straßburg nur als Goldschmied? **6.** Was brauchte er für sein Projekt? **7.** Was erfahren wir aus den Dokumenten über eine Patrizierin in Straßburg? **8.** Warum mußte Gutenberg in Straßburg auch Steuern bezahlen? **9.** Wer verklagte Gutenberg, als sein Partner gestorben war? **10.** Wann war die Vorbereitung für das erste gedruckte Werk zuende? **11.** Wann erschien der erste Druck, und was war es? **12.** Was konnte Gutenberg nicht beenden? **13.** Warum kann man sagen, daß die Welt Gutenberg nicht um seinen verdienten Ruhm betrogen hat?

B. *Devise ten questions to be asked, based on the following imaginary conversation between Johann Gutenberg and the judge.*

Richter: Herr Gutenberg, diese Dame hat Sie verklagt. Wissen Sie, warum?

Gutenberg: Jawohl, Herr Richter. Ich soll sie heiraten, aber ich kann nicht.

Richter: Haben Sie ihr nicht versprochen, sie zu heiraten?

Gutenberg: Herr Richter, ich weiß nicht mehr genau, ob ich es versprochen habe . . .

Richter: Herr Gutenberg, ich habe hier einen Brief von Ihnen an die junge Dame. Sie schreiben: „Liebe Ennelin, jawohl, bald werden wir für immer zusammen sein . . .“ Würden Sie nicht sagen, das ist ein Versprechen?

Gutenberg: Nein, das würde ich nicht sagen, Herr Richter. Ich möchte die junge Dame ja heiraten, wie ich schon erklärt habe, aber ich kann nicht. Jetzt nicht.

Richter: Und warum nicht, wenn ich fragen darf?

Gutenberg: Herr Richter, ich arbeite gerade an einem Projekt. Ich sage voraus, es wird einmal die Welt revolutionieren.

Richter: Ja, ja, Herr Gutenberg, das ist eine großartige Ausrede. Aber viele Männer arbeiten *und* heiraten.

Gutenberg: Herr Richter, ich habe nicht nur wenig Zeit, ich habe auch kein Geld. Und wenn man eine elegante Patrizierin heiraten will, muß man heutzutage Geld haben.

Richter: In den Steuerdokumenten steht, Sie bezahlen Steuern, weil Sie einen sehr großen Weinkeller haben. Und Sie sagen, Sie haben kein Geld?

Gutenberg: Herr Richter, ich habe nichts im Leben, nur Arbeit, Arbeit, Arbeit. Ein gutes Glas Wein ist mein einziges Vergnügen *(only pleasure)*. Es kostet Geld, aber ich kann es bei der Arbeit trinken.

Richter: Was für eine Arbeit ist es denn, dieses Projekt?

Gutenberg: Es ist eine Erfindung.

Richter: Was erfinden Sie denn?

Gutenberg: Das kann ich leider nicht sagen, weil ich noch daran arbeite. Aber ich werde einmal viel Geld damit verdienen.

Richter: Und dann werden Sie heiraten!
Gutenberg: Jawohl, Herr Richter, das verspreche ich Ihnen!

 # AM ZIEL: SCHRIFTLICHE ÜBUNGEN

A. *The following pictures depict situations from the dialog. Write sentences describing each picture.*

B. *Rewrite the following passage, putting all infinitives into the present subjunctive or present conditional, whichever is appropriate.*

Es ist spät abends. Ein Professor korrigiert *(is correcting)* Hausaufgaben und denkt:

Ich wollte, ich (**sein**) ein Einbrecher, ein großartiges Einbrecher-Genie. Dann (**korrigieren**) ich abends keine Hausaufgaben, sondern (**klettern**) in die Penthäuser der reichen Gangster. Und am Tag (**schlafen**) ich. So (**verdienen**) ich viel Geld und (**haben**) natürlich genug Geld für lange Ferien. Ich (**teilnehmen**) an Safaris und nicht an Konferenzen. Ich (**gehen**) auf Reisen und nicht ins Klassenzimmer. Ich (**jagen**) Elefanten und Tiger und keine Fehler in den Hausaufgaben. Ich (**lesen**) die Börsenberichte *(stock exchange reports)* und keine Semesterarbeiten. Ich (**haben**) einen Mercedes mit Chauffeur und keinen VW. Manchmal (**sitzen**) ich auch im Gefängnis *(jail)*, aber dort (**träumen**) ich von meinem nächsten Coup. Ich (**haben**) auch einen guten Rechtsanwalt und (**kommen**) bald wieder aus dem Gefängnis und (**gehen**) wieder an meine interessante Arbeit als Einbrecher-Genie. Ja, das (**sein**) ein interessantes Leben!

C. *Now rewrite the same passage, using the past subjunctive for all infinitives. Begin the passage as follows:*

Der Professor ist jetzt schon sehr alt, er schaut auf sein Leben zurück und denkt: „ . . .

D. *Translate into English; then recall the German from your English translation.*

1. Wenn ich das gewußt hätte, hätte ich damals meinen alten VW verkauft.   **2.** Könnten Sie mir einen Gefallen tun und ihn anrufen?   **3.** Er würde dir etwas anderes sagen, wenn du ihn wegen seines Nummernkontos kritisieren würdest.   **4.** Fünfzig Mark genügen nicht für ein Wörterbuch.   **5.** Ich wollte, ich wüßte, was auf dem Fußballplatz passiert ist. **6.** Herr Hauser glaubt, daß er eine verschwenderische Tochter hat.   **7.** Ich wollte, ich hätte mein Konto nicht überzogen.   **8.** Könntest du deine Mutter nicht um ihren Wagen bitten?   **9.** Ich drücke dir die Daumen, daß es dir gelingt, das Projekt bald zu beenden. **10.** Wenn der Mantel nicht so teuer gewesen wäre, hätte ich ihn gekauft.

E. *Translate into German.*

1. I'd like to have a bigger car.   **2.** That would not have been enough.   **3.** When will he call you?   **4.** I wish he were a good mechanic.   **5.** Do you have your own account?   **6.** If I had returned at eight I would have met him.   **7.** Wasn't that an interesting interview? **8.** Gabriele has an understanding father.   **9.** The young people nowadays are not always thrifty.   **10.** Could I ask you for a favor?

F. *Composition. Use present tense, except where otherwise indicated. Supply articles where needed.*

 1. Gabriele / sein / ein / sparsam / 19-jährig / Studentin, / und / sie / haben / klein / Bude / und / alt / VW.
 2. Sie / haben / nicht viel Geld, / aber / sie / haben / ihr / eigen- / Konto.
 3. Leider / sie / überziehen *(pres. perf.)* / ihr / Konto, / denn / sie / kaufen *(pres. perf.)* / ein / schick / warm / Mantel.
 4. Ihr / Professor / sagen *(pres. perf.)* / zu / sie: / „Gabriele, / Ihr / Wörterbuch / zu alt / sein. / Sie / müssen / haben / ein / neu / Wörterbuch.“
 5. Gabriele / gehen *(simple past)* / in / das / Geschäft, / um ... zu / fragen, / wieviel / kosten / ein / neu / Wörterbuch.
 6. Sie / erfahren *(simple past)* / von / nett / Verkäufer, / daß / es / kosten / 85 Mark.
 7. Gabriele / wissen *(simple past)* / nicht, / was / sie / sollen *(simple past)* / tun, / denn / sie / haben *(simple past)* / nur noch / 20 Mark, / und / sie / ihr / Konto / überziehen *(past perf.)*.
 8. Ihr / alt / VW / sie / können *(simple past)* / verkaufen / nicht, / denn / sie / ihn / brauchen *(simple past)*.
 9. Da / es gibt *(simple past)* / nur / ein / Lösung: / sie / müssen *(simple past)* / anrufen / ihr / Mutter / und / sie / bitten / um Geld.
10. Ihr / Mutter / werden *(subjunctive)* / sie / helfen, / denn / sie / sein / ein / verständnisvoll / Frau.
11. Aber / Gabrieles Mutter / nicht / sein *(simple past)* / zu Hause, / und / ihr / Vater / kommen *(simple past)* / an / Telefon.
12. Aber sieh da! / Ihr / Vater / auch / sein / verständnisvoll, / und / er / sie / schicken / ein / klein / Scheck.

▶ WORTSCHATZ

ander- different, other
jemand *(dat.)* etwas anderes sagen to tell someone off
an•rufen, rief an, angerufen to call *(by phone)*
arbeiten an *(dat.)* to work on
ausführlich detailed, in detail
beenden to finish
berichten to report
Beruf: von Beruf by profession
betrügen (um), betrog, betrogen to cheat (out of)
die Bibel, -n bible
bitten um, bat, gebeten to ask for, request
die Bude, -n *(slang)* room, "pad"
das Dokument, -e document
dringend urgent
der Druck, -e print
drucken to print
eigen- own
erfahren (ä), erfuhr, erfahren to find out, learn
erfinden, erfand, erfunden to invent
die Erfindung, -en invention

das Exil exile
der Fortschritt, -e progress
der Gefallen, – favor
genauso just as, exactly like
genügen to be sufficient, enough
das Glas, ¨er glass
der Goldschmied, -e goldsmith
Gottseidank! Thank goodness!
größer larger, bigger
heiraten to marry, get married
die Inflation inflation
-jährig . . . years old
der Keller, – cellar
laufen (äu), lief, ist gelaufen to run
das Lebenswerk, -e life's work
der Mantel, ¨ overcoat
der Partner, – partner
der Patrizier, – patrician
prima! great!
das Projekt, -e project
rar rare
revolutionieren to revolutionize
der Ruhm fame
schick chic
sparsam thrifty, economical

der Stadtrat, ¨e city council
sterben (i), starb, ist gestorben to die
die Steuer, -n tax
das Studium, *pl.* Studien study
überziehen, überzog, überzogen to overdraw
verdient deserved
das Vergnügen pleasure
verklagen to sue
verlassen (ä), verließ, verlassen to leave
verschwenderisch wasteful, extravagant
versprechen (i), versprach, versprochen to promise
das Versprechen, – promise
verständnisvoll understanding
der Verwandte, -n relative
die Vorbereitung, -en preparation
die Weile while
der Weinkeller, – wine cellar
weiter•gehen, ging weiter, ist weitergegangen to go on
zufrieden satisfied, happy

LEKTION FÜNFZEHN

GRAMMATISCHE ZIELPUNKTE

Reflexive Pronouns • Reflexive Verbs • Irregular Weak (Mixed) Verbs • *wo-:* Substitute for *was* • Subjunctive for Events That Almost Happened • Infinitive as Imperative • Agent Nouns • Verbal Nouns

AUSGANGSPUNKT

Friß die Hälfte!

9 New Years eve

Auf einer Silvesterparty. Bruno, ein Mann im mittleren Alter, setzt sich auf eine Couch. Hugo sieht ihn, ist überrascht, überlegt sich, womit er die Unterhaltung beginnen soll und sagt dann:

Hugo: Bruno! Ich hätte dich beinahe nicht erkannt! Irgendwie hast du dich verändert.

Bruno: Streng dich nicht so an, höflich zu sein. Ich weiß, ich habe zugenommen.

Hugo: Und was sagt dein Arzt dazu? Und deine Frau? Ich kann mir vorstellen, daß sie sich auch nicht darüber freut.

Bruno: Mein Arzt sagt: „FDH!* Nehmen Sie sich zusammen! Sie müssen unbedingt abnehmen." Meine Frau sagt: „Trimm dich!"—Zigarette?

Hugo: Nein, danke, *ich* habe das Rauchen aufgegeben!

Bruno: Schon wieder mal?

Hugo: Hast du nicht auch aufgehört?

Bruno: Ja, aber ich kann's einfach nicht lassen.

Hugo: Das habe ich mir gedacht. Selbstdisziplin, Bruno, Willenskraft! Sieh dir mal die Statistiken über Lungenkrebs an.

Bruno: Nichts ist schlimmer als ein ehemaliger Raucher!

Hugo: Nichts für ungut, Bruno, ich will ja nur dein Bestes.

Bruno: Ich habe mir vorgenommen, ab morgen wird es anders: Sargnägel weg, FDH und täglich einen Kilometer Dauerlauf. Früher bin ich ja auch gern gerannt. Mit was soll ich anfangen? Na, mit den Zigaretten, und dann . . .

Hugo: Prost Neujahr, Bruno. Du wirst dich wundern, wie leicht es ist!

* **FDH:** abbr. for **Friß die Hälfte,** a popular slogan which means literally "Eat *(vulg.)* half!"

Ich habe mir vorgenommen, täglich einen Kilometer Dauerlauf . . . *German Information Center*

Stop Stuffing Yourself!

At a New Year's Eve party. Bruno, a middle-aged man, sits down on a couch. Hugo sees him, is surprised, ponders how he should begin the conversation, and then says:

Hugo: Bruno! I almost didn't recognize you. You've changed somehow.

Bruno: Don't try so hard to be polite. I know I've gained weight.

Hugo: And what does your doctor say about it? And your wife? I can imagine that she isn't very happy about this.

Bruno: My doctor says: "Stop stuffing yourself! Get hold of yourself! You absolutely have to lose weight." My wife says: "Get in shape!"—Cigarette?

Hugo: No, thanks, *I've* given up smoking.

Bruno: Again?

Hugo: Didn't you stop too?

Bruno: Yes, but I just can't give it up.

Hugo: That's what I thought. Self-discipline, Bruno! Willpower! Just take a look at the statistics on lung cancer.

Bruno: There's nothing worse than a former smoker!

Hugo: No offense, Bruno. I'm just thinking of what's best for you.

Bruno: I've resolved: starting tomorrow things will be different: no more coffin nails, food cut in half and one kilometer of running a day. I really used to like to run. What should I start with? Well, with the cigarettes, and then . . .

Hugo: Happy New Year, Bruno. You'll be surprised how easy it is.

 **LOCKERUNGSÜBUNGEN**

A. *Listen to the statement; then answer the question.*

1. Das ist Bruno. Wer ist das?
2. Er ist auf einer Silvester- party. Wo ist er?
3. Er ist dick geworden. Wie ist er geworden?
4. Er hat zugenommen, weil er zu viel ißt. Warum hat er zugenommen?
5. Er kann sich nicht zusam- mennehmen. Was kann er nicht?
6. Sein Freund erkennt ihn nicht mehr. Wer erkennt ihn nicht mehr?

7. Das ist Brunos Frau.   Wer ist das?
8. Sie ist schlank, weil sie ab-   Warum ist sie schlank?
   genommen hat.
9. Sie macht jeden Morgen   Was macht sie jeden Morgen?
   Dauerlauf.
10. Sie trimmt sich.   Was tut sie?
11. Sie hat Willenskraft.   Was hat sie?

12. Das ist Hugo in seinem   Wo ist Hugo?
    Büro.
13. Er ist ein ehemaliger   Was ist er?
    Raucher.
14. Jetzt ist er ein Nicht-   Was ist er jetzt?
    raucher.
15. In seinem Büro ist ein   Was ist in seinem Büro?
    Schild.
16. Auf dem Schild steht: Was steht auf dem Schild?
    Bitte nicht rauchen!

B. *Answer the following questions affirmatively or negatively, as appropriate.*

1. Ist Bruno im mittleren Alter?
2. Sind Bruno und Hugo auf einer Silvesterparty?
3. Setzt Bruno sich auf eine Couch?
4. Kennt Hugo den anderen Herrn schon?
5. Ist Hugo überrascht?
6. Hätte er ihn beinahe nicht erkannt?
7. Hat Hugo sich verändert?
8. Weiß Hugo, womit er die Unterhaltung beginnen soll?
9. Weiß Bruno, daß er sich verändert hat?
10. Strengt Hugo sich an, höflich zu sein?
11. Ist Bruno schlank geworden?
12. Hat Bruno zugenommen?
13. Freut Brunos Frau sich darüber?
14. Sagt der Arzt: „Nehmen Sie sich zusammen"?
15. Sagt Brunos Arzt: „FDH"?
16. Muß Bruno abnehmen?
17. Sagt Brunos Frau: „Trimm dich"?
18. Ist es leicht, das Rauchen aufzugeben?
19. Hat Bruno schon früher aufgehört zu rauchen?
20. Kann er es lassen?
21. Hat Bruno Selbstdisziplin?
22. Hat Hugo Willenskraft?
23. Gibt es Statistiken über Lungenkrebs?
24. Ist Hugo ein ehemaliger Raucher?
25. Hat Bruno sich vorgenommen, das Rauchen aufzugeben?
26. Wird Bruno morgen Zigaretten kaufen?
27. Sind Zigaretten Sargnägel?
28. Will er täglich zwei Kilometer rennen?
29. Ist er früher gern gerannt?
30. Wird Bruno es leicht finden?
31. Wird es Bruno gelingen, sich zusammenzunehmen?
32. Werden Sie sich wundern, wenn es ihm gelingt?
33. Ist „fressen" ein höfliches Wort?

C. *Answer the following questions.*

1. Wo findet die Unterhaltung statt?
2. Wie alt ist Bruno?
3. Wohin setzt er sich?
4. Wer sieht ihn?
5. Warum muß Hugo sich überlegen, womit er beginnen soll?
6. Warum hätte er Bruno fast nicht erkannt?
7. Wieso hat Bruno sich verändert?
8. Was sagt sein Arzt dazu?
9. Was sagt seine Frau dazu?
10. Wer hat das Rauchen aufgegeben?
11. Was muß man haben, um das Rauchen aufzugeben?
12. Welche Statistiken soll Bruno sich ansehen?
13. Was ist schlimmer als ein ehemaliger Raucher?
14. Was hat Bruno sich vorgenommen?
15. Wie nennt er die Zigaretten?
16. Wie will er ein neues Leben beginnen?
17. Was wünscht Hugo ihm?

D. *Change each of the following sentences according to the pattern in the first example. Notice the difference in the form of the two versions and the meaning they convey.*

1. Ich habe ihn nicht erkannt.
   Ich hätte ihn beinahe nicht erkannt.
2. Ich habe nicht daran gedacht.
3. Ich habe es vergessen.
4. Ich habe meine Uhr verloren.
5. Ich bin vom Stuhl gefallen.
6. Ich bin zu spät aufgestanden.

E. *Rephrase the following sentences, as in the first example.*

1. Er hat ein Nummernkonto.
   Stellen Sie sich vor, er hat ein Nummernkonto!
2. Sie hat einen neuen Porsche.
3. Er hat abgenommen.
4. Sie hat das Rauchen aufgegeben.

F. *Now follow the new example.*

1. Sie war auf seiner Party.
   Stell dir vor, sie war auf seiner Party!
2. Sie haben gewonnen.
3. Er hat mich nicht erkannt.
4. Er hat sie gestern getroffen.
5. Es ist ihnen gelungen.
6. Sie haben das nicht gewußt.

G. *Respond to the statement, as in the first example.*

1. Bruno raucht gern.
   Ja, er kann das Rauchen nicht lassen.
2. Unser Professor kritisiert gern.
3. Diese Leute trinken gern.
4. Die Studenten meckern gern.

H. *Answer the questions according to the pattern in the first example.*

1. Wie haben sie das Problem gelöst?
   Ich weiß nicht, irgendwie.
2. Wo hat er das gesehen?
3. Wer hat ihr das erzählt?
4. Was hat sie gesagt?
5. Wann hast du das gehört?

FRAGEBOGEN

1. Gehen Sie gern auf eine Silvesterparty? Was tun Sie auf einer Silvesterparty?
2. Ist Ihr Professor ein Raucher oder ein Nichtraucher? Und Sie? Haben Sie das Rauchen aufgegeben?
3. Was tun ehemalige Raucher gern?
4. Haben Sie zugenommen, oder würden Sie gern zunehmen? Was würden Sie tun, wenn Sie zugenommen hätten?
5. Warum ist es gut, wenn man Selbstdisziplin und Willenskraft hat? Haben Sie Selbstdisziplin und Willenskraft? Immer?
6. Was haben Sie sich für das nächste Semester vorgenommen?
7. Strengt Ihr Professor sich an, höflich zu sein, wenn Sie einen Fehler machen?
8. Ist es Ihnen gelungen, in der letzten Prüfung ein A zu bekommen? Warum nicht?
9. Darf man in Ihrer Klasse rauchen? Wo soll man nicht rauchen?
10. Was soll man tun, wenn man gesund bleiben will?

ERKLÄRUNGEN UND ÜBUNGEN

I. REFLEXIVE PRONOUNS

A reflexive pronoun is one that refers back to the subject, i.e., it is the same person or thing as the subject.

Notice the accusative object pronouns in the following sentences:

> Ich frage **sie**, was wir jetzt tun sollen.   *I ask her what we should do now.*
> Ich frage **mich**, was wir jetzt tun sollen.   *I ask myself what we should do now.*

In the first sentence above, the direct object is not the same person as the subject; **sie** is, therefore, a personal pronoun. In the second sentence the direct object is the same person as the subject; **mich** is, therefore, a reflexive pronoun.

Notice the dative object pronouns in the following sentences:

> Ich kaufe **ihm** einen neuen Mantel.   *I'm buying him a new coat.*
> Ich kaufe **mir** einen neuen Mantel.   *I'm buying myself a new coat.*

The dative object in the first sentence is not the same person as the subject; **ihm** is, therefore, a personal pronoun. The dative object in the second sentence is the same person as the subject; **mir** is, therefore, a reflexive pronoun.

Reflexive pronouns can be prepositional objects as well as verb objects. Notice that the prepositional object in the first sentence below is a personal pronoun; in the second sentence it is a reflexive.

Er denkt nur an **mich**.   *He is only thinking of me.*
Er denkt nur an **sich**.   *He is only thinking of himself.*

English reflexive pronouns are identifiable by the suffix *-self (-selves)*, as in *myself, yourself, themselves,* etc. In German, reflexive pronouns, in both the dative and the accusative cases, are identical with the personal pronouns—except in the third person singular and third person plural, which use the form **sich** for all genders in both cases.

REFLEXIVE PRONOUN FORMS		
	ACCUSATIVE	DATIVE
Ist pers. sing.	mich	mir
2nd pers. sing.	dich	dir
3rd pers. sing.	sich	sich
1st pers. pl.	uns	uns
2nd pers. pl.	euch	euch
3rd pers. pl.	sich	sich
formal address	sich*	sich*

* Note that the formal forms of the reflexive pronouns are not capitalized.

ÜBUNG 1

Change the accusative object pronoun to a reflexive.

> **MODEL:** Ich kritisiere nur sie.
> **Ich kritisiere nur mich.**

1. Ich frage ihn warum.
2. Ich arbeite für sie.
3. Du betrügst nur mich.
4. Du denkst nur an ihn.
5. Er bewundert nur sie.
6. Sie sieht uns im Schaufenster.
7. Er denkt nur an sie.
8. Wir betrügen nur sie.
9. Wir fragen ihn warum.
10. Ihr sollt ihn nicht betrügen.
11. Arbeitet ihr für ihn?
12. Sie fragen uns, was das war.
13. Sie kritisieren nur mich.

ÜBUNG 2

Change the dative object pronoun to a reflexive.

1. Ich kann es ihm nicht erklären.
2. Ich kaufe ihr eine Schallplatte.
3. Hast du ihm eine Blockhütte gebaut?
4. Was wünschst du ihm zum Geburtstag?
5. Sie will ihm nicht widersprechen.
6. Er gefällt mir sehr.

7. Sie kann mir nicht helfen.
8. Sie spricht von ihm.
9. Wir können es Ihnen nicht erklären.
10. Wir haben ihm das auch gesagt.

11. Habt ihr ihm das gewünscht?
12. Könnt ihr mir nicht helfen?
13. Sie können uns nicht helfen.
14. Sie drücken uns die Daumen.

II. REFLEXIVE VERBS

A. USE

A reflexive verb is one that is used with a reflexive pronoun object (English: *to wash oneself, to remind oneself,* etc.). As you have seen from the preceding examples and exercises, many verbs, in both German and English, can be used both reflexively and nonreflexively (**ich betrüge ihn; ich betrüge mich**). German, however, has many verbs that are always reflexive when they are used in a particular meaning; their English equivalents are not necessarily reflexive. Following is a list of such verbs used in the dialog of this lesson. Note that the infinitive of a reflexive verb includes **sich** as the reflexive indicator. Some of the reflexives in this group are accusative, and others are dative, as indicated.

sich *(dat.)* ansehen	*to take a look at*
sich *(acc.)* anstrengen	*to make an effort, exert oneself*
sich *(dat.)* denken	*to think (something), imagine*
sich *(acc.)* freuen (über + *acc.*)	*to be happy (about)*
sich *(acc.)* setzen	*to sit down*
sich *(acc.)* trimmen	*to get in shape, exercise*
sich *(dat.)* überlegen	*to mull over*
sich *(acc.)* verändern	*to change*
sich *(dat.)* vornehmen	*to resolve*
sich *(dat.)* vorstellen	*to imagine*
sich *(acc.)* wundern (über + *acc.*)	*to be surprised (about)*
sich *(acc.)* zusammennehmen	*to take hold of oneself, snap out of something*

The following conjugations show a typical accusative and a typical dative reflexive verb used in a sentence.

sich freuen (über): *to be happy (about)*

Ich **freue mich** über ihren Erfolg.   *I am happy about her success.*
Du **freust dich** über ihren Erfolg.
Er, sie, es **freut sich** über ihren Erfolg.
Wir **freuen uns** über ihren Erfolg.
Ihr **freut euch** über ihren Erfolg.
Sie **freuen sich** über ihren Erfolg.

sich ansehen: *to (take a) look at*

Ich **sehe mir** die Statistiken an.   *I'm looking at the statistics.*
Du **siehst dir** die Statistiken an.
Er, sie, es **sieht sich** die Statistiken an.
Wir **sehen uns** die Statistiken an.
Ihr **seht euch** die Statistiken an.
Sie **sehen sich** die Statistiken an.

ÜBUNG 1

*Change the subject in each of the following sentences to **ich, wir, sie** (they). In this group the reflexives are all accusative.*

1. Sie strengt sich nie an.
2. Sie freut sich nicht darüber.
3. Sie setzt sich auf die Couch.
4. Sie trimmt sich jetzt.
5. Sie hat sich sehr verändert.

In this group the reflexives are all dative.

1. Er sieht sich das Schaufenster an.
2. Er überlegt sich das Problem.
3. Er hat sich das jedes Jahr vorgenommen.
4. Er hat sich das anders vorgestellt.
5. Er hat sich das gedacht.

ÜBUNG 2

Change to the new subject indicated.

1. Er freut sich über den Preis. (wir)
2. Wir wundern uns sehr darüber. (sie/*she*)
3. Freuen Sie sich darüber? (du)
4. Er hat sich die Wohnung angesehen. (ich)
5. Ich habe mich gar nicht angestrengt. (sie/*they*)
6. Setzt er sich neben ihn? (du)
7. Wir haben es uns gedacht. (ich)
8. Wir müssen uns jetzt trimmen. (er)
9. Sie sollen es sich überlegen. (ihr)
10. Sie hat sich sehr verändert. (du)
11. Wir haben uns vorgenommen, Deutsch zu lernen. (ich)
12. Ich kann mir das nicht vorstellen. (er)

B. WORD ORDER

As you can see, a reflexive pronoun has the same position in a statement or question as a personal pronoun. (See *Lektion Vier* on word order of direct and indirect objects.)

In the familiar imperative where no subject is expressed, the reflexive pronoun follows the verb, in proper sequence with any other direct or indirect object.

Trimm **dich**!   *Get into shape.*
Streng **dich** nicht so an!   *Don't exert yourself so.*
Überleg es **dir** mal!   *Think it over.*
Stell **dir** das vor!   *Imagine that.*

In the formal and **wir**-imperative, the reflexive pronoun follows the subject (**Sie** or **wir**) in proper sequence with any other direct or indirect object.

Strengen wir **uns** nicht so an!	*Let's not exert ourselves so.*
Sehen wir **uns** das neue Museum an!	*Let's have a look at the new museum.*
Überlegen Sie **sich** das!	*Think that over.*
Stellen Sie es **sich** vor!	*Imagine it.*
Nehmen Sie **sich** zusammen!	*Get hold of yourself.*

ÜBUNG 1

Form familiar imperatives (singular and plural) from the following elements.

1. sich setzen / auf die Couch
2. sich freuen / über die guten Noten
3. sich anstrengen / mehr
4. sich ansehen / die Wohnung
5. sich überlegen / das Problem
6. sich vorstellen / die Möglichkeiten

ÜBUNG 2

*Form **wir**-imperatives from the above.*

ÜBUNG 3

Form formal imperatives from the above.

III. IRREGULAR WEAK (MIXED) VERBS

By now you have learned the tense formations of every type of verb in German except one. There is a small group of verbs that have some features of weak verbs and some of strong verbs. Each of these verbs has a stem change in the past tense and the past participle, but the personal endings in the simple past and the suffix of the past participle (**-t**) are exactly like those of weak verbs. The present tense of these irregular weak verbs is regular.

The following list gives you the principal parts of the irregular weak (mixed) verbs.

INFINITIVE	PAST TENSE (3RD PERS. SING.)	PAST PARTICIPLE
brennen *(to burn)*	brannte	gebrannt
bringen *(to bring)*	brachte	gebracht
denken *(to think)*	dachte	gedacht
kennen *(to know by acquaintance)*	kannte	gekannt
nennen *(to call, name)*	nannte	genannt
rennen *(to run)*	rannte	(ist) gerannt
senden *(to send)*	sandte	gesandt
wenden *(to turn)*	wandte	gewandt

In addition, there are some prefixed forms of these verbs whose principal parts conform to those above.

erkennen *(to recognize)*   **erkannte**   **erkannt**

The verb **wissen** has been described in all its tenses in earlier lessons. It is often classed with these mixed verbs because it conforms, in the formation of its simple past tense and past participle, to this group. However, in the present tense it has a stem change in the singular (see *Lektion Vier*).

ÜBUNG 1

Restate the following sentences in the simple past tense.

1. Ich erkenne sie nicht.
2. Ich bringe meine Kamera mit.
3. Er rennt wie verrückt.
4. Sie nennt mich einen Geizhals.
5. Es brennt noch.
6. Man denkt nicht an die Zukunft.
7. Wir erkennen die Gefahr.
8. Wir nennen ihn einen Pessimisten.
9. Sie denken an die Prüfung.
10. Sie rennen jeden Tag.

ÜBUNG 2

Put the following sentences into the present perfect tense.

1. Ich bringe sie zum Bahnhof.
2. Er denkt oft an seinen Psychiater.
3. Wir kennen keinen Millionär.
4. Du rennst zu viel.
5. Erkennst du ihn nicht?
6. Wie nennst du ihn?
7. Das Haus brennt.

IV. *WO-:* SUBSTITUTE FOR *WAS*

In colloquial speech the interrogative pronoun **was** can be the object of a preposition. In such cases, the **was** is placed right after the preposition. (German <u>never</u> places a preposition at the end of a sentence!)

> **Mit was** soll ich anfangen?
> *With what should I start? (What should I start with?)*

In more formal usage and in writing, **was** is not used after a preposition. If the interrogative is the object of a preposition, it takes a special form, **wo(r)-**, and is attached to the front of the preposition, the extra **-r-** being used if the preposition begins with a vowel.

> **Womit** soll er beginnen?   *What should he begin with?*
> **Woran** denkt er?   *What is he thinking of?*
> **Worüber** freut sie sich?   *What is she happy about?*

ÜBUNG

You are not sure you heard the following statements correctly. You ask that they be repeated, as in the model.

> MODEL: Sie spricht von ihrer Vorlesung.
> **Wovon spricht sie?**

1. Sie arbeitet an dem Dokument.
2. Sie freuen sich über das neue Auto.
3. Er ist an Lungenkrebs gestorben.
4. Sie bitten ihn um Geld.
5. Er hat Angst vor der Katze.
6. Sie wundern sich darüber.
7. Sie ist stolz auf ihren Erfolg.
8. Sie experimentieren mit Radioaktivität.

V. SUBJUNCTIVE FOR EVENTS THAT ALMOST HAPPENED

German uses the past subjunctive for an event that nearly took place but did not.

> Ich **hätte** fast meine Stellung verloren. *I almost lost my job.*
> Er **wäre** beinahe gestorben. *He almost died.*

ÜBUNG

Answer the following questions, as in the model. Substitute a pronoun for each noun.

> MODEL: Hat er seine Uhr vergessen?
> **Er hätte sie fast vergessen.**

1. Hat er den Elfmeter gestoppt?
2. Hat sie ihre Stellung verloren?
3. Hat sie den Professor überredet?
4. Hat er Onkel Otto nicht erkannt?
5. Ist es ihrem Sohn nicht gelungen?
6. Sind die Studenten eingeschlafen?
7. Ist die Katze herausgeklettert?
8. Ist der Mann ins Wasser gefallen?

VI. INFINITIVE AS IMPERATIVE

A request or command can be expressed in German by using the infinitive. The form is usually restricted to signs (traffic signs and other directives) or when groups or crowds are being addressed. The infinitive is placed at the end of the phrase.

> Bitte nicht **rauchen!** *No smoking please!*
> Keine Flaschen aus dem Fenster **werfen!** *Don't throw bottles out of the window!*
> Nicht **laufen,** nur langsam **gehen,** Kinder! *No running, just walk slowly, children!*

ÜBUNG

You are asked to make signs indicating the following directives. How would you phrase them in German?

1. Park here!
2. No parking here!
3. No talking in the library!
4. No swimming here!

5. Don't open the safe before 8!
6. Please drive slowly!
7. Please pay attention, children!
8. No calls (do not phone) after 10!

VII. AGENT NOUNS

German usually forms the agent noun (the person who does what the verb indicates) by adding an **-er** to the stem of the verb.

> **der** Raucher (from **rauchen**) *the smoker*
> **der** Fahrer (from **fahren**) *the driver*

Even verbs with separable prefixes can be agent nouns.

> **der** Zuhörer (from **zuhören**)   *the auditor, listener, member of audience (at a concert, for example)*
> **der** Auswanderer (from **auswandern**) *the emigrant*
> **der** Teilnehmer (from **teilnehmen**) *the participant*

Some agent nouns require an umlaut on the stem vowel. The most common of these are:

> der Verkäufer (*from* verkaufen) *the salesman*
> der Läufer (*from* laufen)   *the runner*
> der Tänzer (*from* tanzen)   *the dancer*
> der Anfänger (*from* anfangen)   *the beginner*

The agent nouns all belong to the group that adds no ending in the plural: **der Verkäufer** *pl.* **die Verkäufer.**

The feminine is formed by adding **-in** to the masculine:

> der Verkäufer: die Verkäuferin *pl.* die Verkäuferinnen
> der Tänzer: die Tänzerin   *pl.* die Tänzerinnen

ÜBUNG

Wer ist das? *Identify the person described, as in the model.*

> **MODEL:** Der Mann erzählt die Geschichte.
> **Er ist ein Erzähler.**

1. Der Mann tanzt im Ballett.
2. Der Mann betrügt uns.
3. Der Student träumt in der Deutschklasse.
4. Der Student trinkt zu viel Bier.
5. Die Frau spielt Tennis.
6. Die Frau verkauft Kleider.
7. Die Frau arbeitet hier.
8. Die Frau schwimmt.

VIII. VERBAL NOUNS

In English we can make a noun from a verb by adding *-ing* to the verb.

> *Reading is fun.*
> *Driving is no pleasure.*

German forms these verbal nouns by simply capitalizing the infinitive. The gender of these nouns is neuter: **das Fahren** *(driving)*, **das Rauchen** *(smoking)*.

> Er kann **das Rauchen** nicht lassen.   *He can't stop smoking.*
> Sie entdeckten die Freude **am Tanzen.**   *They discovered the joy of dancing.*

The definite article is often omitted when the noun is the subject of the sentence.

> **Rauchen** ist ungesund.   *Smoking is unhealthy.*

ÜBUNG
Translate the following sentences.

1. Smoking is dangerous.
2. Running is good for your (the) health.
3. Reading is fun.
4. Playing tennis is healthy.
5. He has to give up driving.
6. Give up drinking!
7. They enjoy working.
8. He is not afraid of dying.

 **ZUM LESEN**

Die Gesundheit

    Vor allem die ältere Generation in Deutschland achtet[1] sehr auf die Gesundheit. Das ist verständlich,[2] denn man kann viel mehr ernste Krankheiten[3] bekommen, wenn man älter wird. Wenn man jung ist, erkältet[4] man sich leicht,[5] bekommt Schnupfen[6] und Husten[7] und Halsschmerzen.[8] Aber später im Leben

1. achtet . . . auf looks after
2. understandable
3. serious illnesses
4. catches cold
5. easily
6. sniffles
7. coughs
8. sore throats

5　hat man andere Probleme, wie Arteriosklerose, Herzinfarkt,[9] Rheuma, usw. Die
beste Vorbeugung[10] ist, gesund zu leben und fit zu bleiben. Gesund zu leben ist
nicht immer leicht, wenn man gern ißt und trinkt und raucht und viel sitzen muß.
Aber man kann sich immer trimmen; man muß nur Willenskraft haben.

　　Die Behörden versuchen, es den Deutschen leicht zu machen, sich zu trim-
10　men. In den Wäldern und Parks gibt es die sogenannten Trimm-Dich-Pfade.[11]
Schilder an diesen Pfaden geben an,[12] wieviele Kilometer man gewandert oder
gelaufen ist. An den Trimm-Dich-Pfaden stehen auch Trimm-Dich-Geräte,[13] wo
man sich noch mehr trimmen kann. Jogging morgens um sechs soll auch gut sein
für die schlanke Linie.[14]

15　　Nach einer Krankheit, oder wenn der Streß zu viel wird, kann man sich

9. heart attack	11. exercise paths	13. equipment
10. preventative	12. indicate	14. good figure

Appetitzügler gibt es mit und ohne Rezept. *Ellin Feld*

in einem Kurort[15] erholen,[16] wie z.B. in Bad Mergentheim. Die Krankenkasse[17] bezahlt dafür, wenn der Arzt die Kur empfohlen[18] hat. Bei einer Kur nimmt man Schlammbäder,[19] Thermalbäder oder Mineralbäder, man treibt Gymnastik,[20] ißt eine gesunde Diät, besucht das Kurkonzert am Nachmittag im Kurpark und trinkt

20 Mineralwasser. . . . Ja, da kann man sich gut erholen! (Die jungen Leute würden es dort wahrscheinlich stinklangweilig finden!)

Die pharmazeutische Industrie interessiert[21] sich natürlich auch für die Gesundheit der Bundesbürger.[22] Kopfschmerztabletten,[23] Schlaftabletten, Vitaminpil-

15. spa	18. prescribed	21. is interested in
16. recuperate	19. mud baths	22. West Germans
17. health insurance	20. does calisthenics	23. headache tablets

len, Pillen gegen Magenschmerzen,²⁴ Appetitzügler,²⁵ usw., gibt es mit oder ohne
25   Rezept.²⁶ Hier sind einige Reklame²⁷-Slogans:

Wenn diese Tablette nicht hilft, sollten Sie zum Arzt gehen.

Unser Eiweiß²⁸-Konzentrat für die 700-Kalorien-Kur!

**Bei Streß, Alkohol, Nikotin, schweren Speisen²⁹—Schnelle Hilfe für Ihren
Magen.**

30   Wie man sehen kann, interessieren sich die Deutschen (mit Ausnahmen³⁰
natürlich) für ihre Gesundheit. Aber man kann nicht sagen, daß sie ein Volk von
Hypochondern sind, obwohl sie sogar „Gesundheit!" sagen, wenn jemand niest.³¹

24. stomachaches	27. advertising 30. exceptions
25. diet pills	28. protein 31. someone sneezes
26. prescription	29. rich foods

 ÜBUNGEN ZUM LESESTÜCK

A. *Answer in complete German sentences.*

1. Auf was achtet die ältere Generation in Deutschland?   **2.** Was bekommt man, wenn
man sich erkältet?   **3.** Für was ist das Jogging gut?   **4.** Wo kann man sich nach einer Krankheit erholen?   **5.** Wer bezahlt die Kur, wenn der Arzt sie empfiehlt?   **6.** Würden die jungen
Leute einen Kurort interessant finden?   **7.** Wer interessiert sich auch für die Gesundheit
der Bundesbürger?   **8.** Gibt es Pillen nur mit Rezept?   **9.** Was sollte man tun, wenn die
Tabletten nicht helfen?   **10.** Interessieren sich die Deutschen alle für ihre Gesundheit?

B. *Rewrite the following sentences, correcting the misinformation.*

1. Wenn man jung ist, bekommt man Rheuma.   **2.** Man kann immer viel essen, man muß
nur Willenskraft haben.   **3.** In den deutschen Wäldern und Parks gibt es Turnhallen.
4. Wenn der Streß zu viel wird, kann man sich bei einem Zahnarzt erholen.   **5.** Wenn
der Arzt die Drinks empfohlen hat, bezahlt die Krankenkasse dafür.   **6.** Schilder an den
Trimm-Dich-Pfaden geben an, wieviele Kilometer man laufen soll.   **7.** Hamburger und Bier
morgens um sechs sollen Wunder wirken für die schlanke Linie.   **8.** Die jungen Leute
würden sich freuen, wenn sie einen Kurort besuchen dürften.   **9.** In einem Kurort besucht
man am Abend ein Rock-Konzert und trinkt Wodka.   **10.** Man nimmt Schlaftabletten, wenn
man sich erkältet hat.

➡ AM ZIEL: SCHRIFTLICHE ÜBUNGEN

A. *The following pictures depict a series of events in the life of Bruno. Translate each of the pictures into words by writing appropriate sentences describing it.*

B. *Rewrite each of the following sentences, substituting the reflexive verb that comes closest to the original in meaning. Use the same tense as the original.*

sich erholen	sich freuen	sich wundern	sich erkälten
sich verändern	sich anstrengen	sich ansehen	sich trimmen

1. Er hat immer sehr schwer gearbeitet.
2. Wir waren sehr überrascht über die Statistiken.
3. Ich habe die Picassos im Museum gesehen.
4. Er macht jeden Morgen Dauerlauf und geht abends in die Turnhalle.
5. Er war glücklich über die gute Note.
6. Sie ist älter und sehr dick geworden.
7. Er hat Husten und Halsschmerzen bekommen.
8. In einem Kurort kann man wieder gesund werden.

C. *Translate into English; then recall the German from your English translation.*

1. Welche Tabletten hat der Arzt ihr empfohlen?   **2.** Sehen Sie sich die Wohnung mal an, vielleicht gefällt sie Ihnen.   **3.** Die Ärzte konnten nicht feststellen, woran er gestorben ist. **4.** Ich hatte mich erkältet und konnte nicht zur Vorlesung kommen.   **5.** Er hätte es beinahe nicht gesehen, weil er nicht darauf achtete.   **6.** Nimm dich zusammen und sei höflich zu ihnen!   **7.** Ich habe mich sehr gewundert, daß er darüber gesprochen hat.   **8.** Sie hat sich vorgenommen, ab morgen raucht sie nicht mehr.   **9.** Jogging soll sehr gesund und gut für die schlanke Linie sein.   **10.** Dort auf dem Schild steht: Bitte die Fenster nicht öffnen.

D. *Translate into German.*

1. I was surprised at him.   **2.** He thought of the book and took (**bringen**) it to the library. **3.** Did you gain weight?   **4.** I forgot my watch. —That's what I thought. *(pres. perf.)* **5.** Please sit down on the couch.   **6.** She's a former student. I almost didn't recognize her. **7.** I am happy about it, and I hope you are happy about it, too.   **8.** After he had talked to (**mit**) his doctor, he resolved to lose weight.   **9.** He could not imagine why she couldn't stop smoking.   **10.** He simply couldn't stop because he had no willpower.

E. *Composition.*

1. *Beschreiben Sie Hugo.*
2. *Beschreiben Sie Bruno.*

 **WORTSCHATZ**

ab (morgen) starting (tomorrow)
ab•nehmen (i), nahm ab, abgenommen to lose weight, reduce
achten auf *(acc.)* to pay attention to
das **Alter, –** age
   im mittleren Alter middle-aged
älter older
anders different
an•geben (i), gab an, angegeben to indicate
sich *(dat.)* **an•sehen (ie), sah an, angesehen** to take a look at
sich *(acc.)* **an•strengen** to make an effort

die **Ausnahme, -n** exception
beinahe almost
das **Beste** the best thing
der **Bundesbürger, –** West German
der **Bürger, –** citizen
die **Couch, -es** couch
der **Dauerlauf, ⸚e** jogging, distance running
sich *(dat.)* **denken, dachte, gedacht** to think *(something)*, imagine
ehemalig former
empfehlen (ie), empfahl, empfohlen to recommend, prescribe
sich *(acc.)* **erholen** to recover, recuperate, relax

sich *(acc.)* **erkälten** to catch cold
erkennen, erkannte, erkannt to recognize
fressen (i), fraß, gefressen to eat *(for animals)*, gobble, gorge
sich *(acc.)* **freuen (über + acc.)** to be happy, glad (about)
früher former
die **Generation, -en** generation
die **Hälfte, -n** half
die **Halsschmerzen** *(pl.)* sore throat
höflich polite
der **Husten** cough

sich *(acc.)* **interessieren für** to
be interested in
irgendwie somehow
(das) **Jogging** jogging
der **Kilometer, –** kilometer
das **Konzert, -e** concert
die **Krankenkasse, -n** health
insurance
die **Krankheit, –en** illness
die **Kur, -en** treatment
(health)
das **Kurkonzert, -e** concert in
a spa
der **Kurort, -e** spa
**lassen: ich kann es nicht
lassen** I can't stop (doing it)
leicht easy
die **Linie, -n** line
die schlanke Linie good
figure
der **Lungenkrebs** lung cancer
das **Mineralwasser, –** mineral
water, club soda
das **Neujahr** New Year
der **Ort, -e** place, town
pharmazeutisch
pharmaceutical

die **Pille, -n** pill
Prost! Cheers!
Prost Neujahr! Happy
New Year!
rauchen to smoke
das **Rauchen** smoking
der **Raucher, –** smoker
**rennen, rannte, ist ge-
rannt** to run, race
das **Rezept, -e** prescription;
recipe
der **Sargnagel, ¨** *(coll.)*
"coffin nail"
die **Schlaftablette, -n** sleeping pill
der **Schnupfen** sniffles, runny
nose, head cold
die **Selbstdisziplin** self-discipline
sich *(acc.)* **setzen** to sit down
der **Silvester** New Year's Eve
der **Streß** stress
die **Tablette, -n** pill, tablet
täglich daily
der **Trimm-Dich-Pfad, -e** exercise path
sich *(acc.)* **trimmen** to get in
shape, exercise

sich *(dat.)* **überlegen** to think
(something) over,
ponder
ungut: Nichts für ungut!
No offense!
die **Unterhaltung, -en** conversation
sich *(acc.)* **verändern** to
change
sich *(dat.)* **vor•nehmen (i),
nahm vor, vorgenom-
men** to resolve, plan
sich *(dat.)* **vor•stellen** to imagine
die **Willenskraft** willpower
sich *(acc.)* **wundern (über +
acc.)** to be surprised
(about)
Wunder wirken to work
miracles
die **Zigarette, -n** cigarette
**zu•nehmen (i), nahm zu,
zugenommen** to gain
weight
sich *(acc.)* **zusammen•nehmen
(i), nahm zusammen,
zusammengenommen** to
get hold of oneself

LEKTION SECHZEHN

 **GRAMMATISCHE ZIELPUNKTE**

Comparative and Superlative of Attributive Adjectives • Relative Clauses • Telling Time

 **AUSGANGSPUNKT**

Das kann jedem passieren!

Andrea sitzt im Wartesaal eines Bahnhofs. Ihr Zug, der um 15:45 Uhr abfahren soll, hat Verspätung. Verena kommt. Sie trägt einen riesigen Koffer, fast so groß wie ein Frachtcontainer. Sie kommt kaum damit durch die Tür.

Verena: Hallo Andrea! Daß ich dich ausgerechnet hier treffe! Fährst du auch nach Düsseldorf?

Andrea: Tag Verena; nein, zu meinem Onkel in Kassel.

Verena: Ich habe in Düsseldorf einen besseren Job gefunden. In der Forschungsabteilung der größten Reklameagentur! Der Traumjob, den ich schon immer wollte.

Andrea: Ich gratuliere!

Verena: Danke.—Dein Onkel, ist das der gutaussehende ältere Mann, der voriges Jahr bei euch war?

Andrea: Nein, das war der älteste Bruder meiner Mutter.—Fährst du mit dem Intercity?

Verena: Nein, mit dem früheren D-Zug.—Ich brauche wirklich einen größeren Koffer. Das ist der größte, den ich habe.

Andrea: Er platzt gleich.

Verena: Um Gotteswillen, es ist schon geschehen!

Andrea: Du hast schon immer die meisten Sachen mitgeschleppt. Sogar mehr als Alice. Erinnerst du dich noch, als wir . . .

Verena: Andrea, das kann jedem passieren! Was nun? Eine Tragetasche! Vielleicht gibt's eine am Kiosk. Ah, dort geht's zur U-Bahn, dort ist bestimmt ein Kiosk. Bin gleich zurück!

Andrea: *(resigniert)* Ich bin mal gespannt, ob sie den Zug nicht verpaßt!

Auf dem Bahnhof *German Information Center*

That Can Happen to Anyone!

Andrea is sitting in the waiting room of a railroad station. Her train, which is supposed to leave at 3:45 P.M., is delayed. Verena comes. She's carrying an enormous suitcase, almost as big as a freight container. She hardly gets through the door with it.

Verena: Hi, Andrea! Funny that I should meet you here of all places! Are you going to Düsseldorf, too?

Andrea: Hello, Verena! No, I'm going to my uncle's in Kassel.

Verena: I've found a better job in Düsseldorf. In the research department of the biggest advertising agency. The dream job that I've always wanted.

Andrea: Congratulations!

Verena: Thanks. Your uncle—is that the good-looking older man who was at your house last year?

Andrea: No, that was my mother's oldest brother. Are you taking the Intercity too?

Verena: No, the earlier express. I really need a larger suitcase. This is the biggest one I have.

Andrea: It's about to burst.

Verena: For heaven's sake, it already has!

Andrea: You always did lug along the most things. Even more than Alice. Do you remember when we . . .

Verena: Andrea, that can happen to anyone. Now what? A tote bag! Maybe there's one at the newsstand. Ah, there's the way to the subway. There must be a newsstand there. Be right back.

Andrea: *(resigned)* I wonder whether she won't miss the train.

► LOCKERUNGSÜBUNGEN

A. *Listen to the statement; then answer the question.*

1. Das ist Verena.   Wer ist das?
2. Sie hat heute kein Glück.   Was ist heute mit ihr los?
3. Ihr riesiger Koffer ist ge-   Was ist passiert?
   platzt.
4. Sie wird den früheren   Welchen Zug wird sie verpas-
   Zug verpassen.   sen?
5. Sie muß mit dem   Mit welchem Zug muß sie
   späteren Zug fahren.   fahren?

6. Sie kann keine Trage-
tasche finden.

Was kann sie nicht finden?

7. Das ist Andrea.

Wer ist das?

8. Ihr Zug soll um 15:45 abfahren.

Wann soll ihr Zug abfahren?

9. Sie sitzt im Wartesaal,
weil ihr Zug Verspätung
hat.

Warum sitzt sie im Wartesaal?

10. Sie fährt zu dem jüngeren
Bruder ihres Vaters.

Zu wem fährt sie?

11. Sie gratuliert ihrer Freundin Verena, die gerade
kommt.

Wem gratuliert sie?

12. Das ist ein Kiosk.

Was ist das?

13. Dort gibt es Zeitungen
und Zeitschriften.

Was gibt es dort?

14. Die bekanntesten deutschen Zeitschriften sind:
„Der Spiegel", „Quick"
und „Der Stern."

Was sind die bekanntesten
deutschen Zeitschriften?

15. Am Kiosk gibt es auch das
„Mad-Magazin" auf
deutsch.

Was gibt es dort auch?

16. Das ist das verrückteste
Magazin der Welt.

Was für ein Magazin ist das?

17. Am Kiosk gibt es aber
keine Tragetaschen.

Was gibt es am Kiosk nicht?

B. *Answer the following questions affirmatively or negatively, as appropriate.*

1. Sitzt Andrea im Wartesaal eines Bahnhofs?
2. Fährt ihr Zug pünktlich ab?
3. Hat ihr Zug Verspätung?
4. Trägt Verena einen riesigen Koffer?
5. Ist der Koffer so groß wie ein Frachtcontainer?
6. Kann sie leicht durch die Tür kommen?
7. Ist Verena überrascht, Andrea zu sehen?
8. Fährt Andrea nach Düsseldorf?
9. Will Verena in Düsseldorf studieren?
10. Hat sie einen besseren Job gefunden?

11. Ist der Job in einem Kaufhaus?
12. Wird sie bei der größten Reklameagentur arbeiten?
13. Ist das ihr Traumjob?
14. Ist der Job in der Forschungsabteilung?
15. Ist das der Job, den sie immer wollte?
16. Gratuliert Andrea ihr?
17. Wohnt Andreas Onkel in München?
18. Besucht Andrea den Onkel, der voriges
Jahr bei ihr war?
19. War er ein gutaussehender Mann?
20. War er ein älterer Mann?

21. War er der jüngste Bruder ihrer Mutter?
22. Fährt Verena mit dem Intercity-Zug?
23. Ist der D-Zug der spätere Zug?
24. Braucht Verena einen größeren Koffer?
25. Ist das der größte Koffer, den sie hat?
26. Platzt er gleich?
27. Ist es schon geschehen?
28. Hat Verena immer die meisten Sachen mitgeschleppt?
29. Hat Verena immer mehr mitgeschleppt als Alice?
30. Will Verena einen neuen Koffer kaufen?
31. Will sie eine Tragetasche kaufen?
32. Sucht sie einen Kiosk?
33. Will sie einen Kiosk auf der Straße suchen?
34. Geht sie zur U-Bahn, um einen Kiosk zu suchen?
35. Will sie gleich zurückkommen?
36. Ist Andrea gespannt, ob sie ihren Zug verpaßt?

C. *Answer the following questions.*

1. Wo sitzt Andrea?
2. Warum muß sie warten?
3. Wann soll ihr Zug abfahren?
4. Wohin fährt Andrea?
5. Wen will sie besuchen?
6. Was trägt Verena?
7. Wie groß ist ihr Koffer?
8. Warum fährt Verena nach Düsseldorf?
9. Warum gratuliert Andrea ihr?
10. Was für ein Job ist das?
11. Wie nennt Verena den Job?
12. Welcher Onkel war voriges Jahr bei Andrea?
13. Mit welchem Zug fährt Verena?
14. Was braucht sie?
15. Was geschieht mit dem Koffer?
16. Was will sie jetzt kaufen?
17. Wo gibt es vielleicht eine Tragetasche?
18. Wohin geht sie, um einen Kiosk zu suchen?

D. *Express curiosity about what is going to happen. Follow the pattern in the first example.*

1. Was wird er tun?
   Ich bin mal gespannt, was er tut.
2. Wen wird sie treffen?
3. Was wird passieren?
4. Wer wird gewinnen?
5. Wird sie den Zug nicht verpassen?
6. Wird er einen besseren Job finden?

E. *Answer the questions by following the pattern in the first example in each group.*

1. Fährst du mit dem früheren Zug?
   Nein, mit dem späteren.
2. Fährst du mit dem früheren Bus?
3. Fährst du mit dem früheren Intercity?
4. Fährst du mit dem früheren Schiff?

5. Haben Sie keinen größeren Koffer?
   Nein, wir haben keinen größeren.
6. Haben Sie keinen billigeren Mantel?
7. Gibt es hier kein besseres Hotel?
8. Gibt es hier kein früheres Flugzeug?
9. Gibt es hier keine billigere Kamera?
10. Haben Sie keine kleinere Tasche?

11. Haben Sie keine bessere Kamera?
    Nein, das ist die beste, die wir haben.
12. Haben Sie keine bessere Schreibmaschine?
13. Haben Sie keine bessere Wohnung?
14. Haben Sie keine bessere Jacke?
15. Haben Sie keine bessere Tasche?

16. Haben Sie keinen besseren Sturzhelm?
    Nein, das ist der beste, den wir haben.
17. Haben Sie keinen besseren Taschen-
    rechner?
18. Haben Sie keinen besseren Wein?
19. Haben Sie keinen besseren Käse?
20. Haben Sie keinen besseren Film?

21. Gibt es hier kein besseres Restaurant?
    Nein, das ist das beste, das wir haben.
22. Gibt es hier kein besseres Geschäft?
23. Gibt es hier kein besseres Hotel?
24. Gibt es hier kein besseres Café?
25. Gibt es hier kein besseres Kaufhaus?

F. *Answer the questions by following the pattern in the first example.*

1. Wann besuchst du deinen Onkel?
   Ich gehe am Sonntag zu ihm.
2. Wann besuchst du deine Tante?
3. Wann besuchst du deine Freunde?

4. Wann besuchst du deine Freundin?
5. Wann besuchst du deine Eltern?
6. Wann besuchst du deinen Opa?

G. *Answer the questions by following the pattern in the first example.*

1. Warst du schon mal bei deinem Professor?
   Nein, ich war noch nie bei ihm.
2. War er schon mal bei seinem Onkel?
3. War sie schon mal bei euch?

4. Waren sie schon mal bei ihrer Tante?
5. Waren Sie schon mal bei dem Amerikaner?
6. War sie schon mal bei dir?

FRAGEBOGEN

1. Fahren Sie oft mit dem Zug? Wie fahren Sie, wenn Sie verreisen? (Wagen, Zug, Bus,
   Schiff, Flugzeug)
2. Waren Sie schon mal auf einem Bahnhof? Auf welchem? Sind die amerikanischen Züge
   immer pünktlich?
3. Haben Sie einen älteren Bruder oder eine ältere Schwester? Wie alt ist er/sie? Ist er/
   sie nett? Erzählen Sie von ihm/ihr!
4. Haben Sie einen jüngeren Bruder oder eine jüngere Schwester? Wieviel jünger ist er/
   sie? Ist er/sie nett? Erzählen Sie von ihm/ihr!
5. Schleppen Sie immer viele Sachen mit, wenn Sie verreisen? Was nehmen Sie mit, wenn
   Sie verreisen?
6. Haben Sie einen Job? Wenn ja, möchten Sie einen besseren? Wenn nein, warum nicht?
   Wieviel Geld bekommen Sie? Wieviel möchten Sie verdienen?
7. Was wäre Ihr Traumjob?
8. Waren Sie schon mal bei Ihrem Professor auf einer Party? Wenn ja, hat es Spaß gemacht?
   Wenn nein, fragen Sie ihn/sie, ob Sie mal zu ihm/ihr kommen können.
9. Kommen Ihre Freunde oft zu Ihnen? Was tun sie bei Ihnen? Wie lange bleiben sie,
   wenn sie zu Ihnen kommen?
10. Besuchen Sie gern Ihren Onkel oder Ihre Tante? Wo wohnt er/sie? Wie fahren Sie
    hin?

ERKLÄRUNGEN UND ÜBUNGEN

I. COMPARATIVE AND SUPERLATIVE OF ATTRIBUTIVE ADJECTIVES

A. FORMS

Adjectives have comparative and superlative forms (English: *newer, newest*). To form the comparative of an adjective in German, **-er** is added to the positive (dictionary form); to form the superlative, **-(e)st** is added to the positive.

> klein, klein**er**, klein**st**-

Although English uses this same system for most adjectives, it also forms the comparative and superlative of longer (polysyllabic) adjectives by using *more* and *most* (*interesting, more interesting, most interesting*). German never does this (**interessant, interessanter, interessantest-**).

The **(e)** shown above with the superlative ending is used only when needed to facilitate pronunciation, as in the case of an adjective ending in **-t, –d,** or a sibilant.

> schlecht schlechter schlecht**est**-
> stolz   stolzer   stolz**est**-

1. Variations

Some adjectives, for the most part monosyllabics, add an umlaut in the comparative and superlative. Of these you have had:

alt	älter	ältest-		kalt	kälter	kältest-
arm	ärmer	ärmst-		krank	kränker	kränkst-
dumm	dümmer	dümmst-		lang	länger	längst-
gesund	gesünder	gesündest-		oft	öfter	öftest-
jung	jünger	jüngst-		warm	wärmer	wärmst-

2. Irregulars

There is a small group of adjectives whose comparative and superlative forms are irregular. You have had:

> groß größer größt-
> gut besser best-
> viel mehr   meist-

B. USE

When they are used as attributive adjectives, comparatives and superlatives add the same adjective endings used for positives.

Ich habe einen besseren Job gefunden.   *I've found a better job.*
Das war der älteste Bruder meiner Mutter.   *That was my mother's oldest brother.*

This holds true even if the noun is not mentioned after the adjective but is clearly understood. English often, in such cases, has to supply the word "one" for the missing noun.

Das ist der größte [Koffer], den ich habe.
That's the largest one that I have.
Nimm doch diesen Koffer. Er ist der größere [Koffer].
Take this suitcase; it's the larger one.

Exception

The adjective **viel** never takes adjective endings before a singular noun; its comparative **mehr** never takes adjective endings.

Ingrid hat immer **viel** Geld.
Ingrid always has a lot of money.
Du hast immer **mehr** Sachen mitgeschleppt als Alice.
You always lugged along more things than Alice.

ÜBUNG 1

*First practice comparatives after **ein**-words. Follow the model.*

> MODEL: Er hat eine schöne Tochter.
> **Ich habe eine schönere.**

1. Er hat eine interessante Stellung.
2. Er hat eine neue Schreibmaschine.
3. Er hat eine elegante Wohnung.
4. Sie hat einen reichen Onkel.
5. Sie hat einen eleganten Wagen.
6. Sie hat einen guten Mechaniker.
7. Sie hat einen alten Käfer.
8. Sie wohnt in einem großen Haus.

ÜBUNG 2

*Now practice superlatives after **ein**-words. Follow the model.*

> MODEL: Er ist mein lieber Freund.
> **Er ist mein liebster Freund.**

1. Das war unser schlimmer Fehler.
2. Das war sein großes Glück.
3. Gestern hatte er sein schweres Examen.
4. Kennen Sie meinen guten Freund Hans?
5. Das war seine intelligente Ausrede.
6. Meine Deutschklasse ist meine interessante Klasse.

ÜBUNG 3

*Now practice comparatives after **der**-words. Follow the model.*

> MODEL: Welchen Koffer hast du mitgenommen? (groß)
> **Den größeren.**

1. Welchen Mantel möchtest du? (warm)
2. Welches Steak möchtest du? (groß)
3. Welche Tochter wollte er heiraten? (alt)
4. Welche Wohnung hast du genommen? (klein)
5. Welche Geschichte hast du gelesen? (einfach)
6. Mit welchem Zug fährst du? (spät)
7. Mit welchem Bus bist du gekommen? (früh)
8. In welchem Geschäft hast du das gekauft? (gut)
9. Mit welchem Flugzeug bist du gekommen? (spät)

ÜBUNG 4

*Now practice the superlatives after **der**-words. Follow the model.*

> MODEL: Ist das Schwimmbad gut?
> **Es ist das beste Schwimmbad in der Stadt.**

1. Ist das Haus groß?
2. Ist das Restaurant elegant?
3. Ist das Kino modern?
4. Ist die Straße schmutzig?
5. Ist die Mannschaft beliebt?
6. Ist die Bank alt?
7. Ist der Parkplatz neu?
8. Ist der Gangster gefährlich?
9. Ist der Arzt gut?

C. COMMON CONSTRUCTIONS USED IN MAKING COMPARISONS

1. *so . . . wie*

When comparing similar qualities or characteristics (English: *as tall as*), German uses the formula: **so** + *positive form of adjective or adverb* + **wie**.

> Ihr Koffer ist fast **so groß** wie ein Frachtcontainer.
> *Her suitcase is almost as big as a freight container.*

ÜBUNG

Wie die Eltern, so die Kinder (Like parent, like child). Follow the model.

> MODEL: Ist Ihr Sohn auch schlank?
> **Ja, er ist genauso schlank wie ich.**

1. Ist Ihr Sohn auch ungeschickt?
2. Ist Ihr Sohn auch verschwenderisch?
3. Ist Ihr Sohn auch unrealistisch?
4. Ist Ihre Tochter auch sparsam?
5. Ist Ihre Tochter auch tierliebend?
6. Ist Ihre Tochter auch neugierig?

2. *als*

When used after a comparative, **als** means *than* (English: *a better job than* ...); German uses the formula: *comparative of adjective or adverb* + **als**.

> Er fährt **schneller als** ich. *He drives faster than I.*
> Er hat einen **schöneren** Wagen **als** ich. *He has a nicer car than I.*

The **als**-phrase usually follows any past participles, infinitives and other verb forms that normally would be placed last in the clause.

> Du hast immer mehr mitgeschleppt **als Alice.**
> *You always lugged along more than Alice.*
> Ich wollte früher ankommen **als sie.**
> *I wanted to arrive earlier than she.*

Sometimes, however, you will find the **als**-phrase preceding those verb forms.

> Du hast immer mehr **als Alice** mitgeschleppt.

ÜBUNG

Sie hat alles besser als ich. Follow the model.

> **MODEL:** Hat sie eine schöne Wohnung?
> **Ja, sie hat eine schönere Wohnung als ich.**

1. Hat sie einen neuen Fernseher?
2. Hat sie einen interessanten Job?
3. Hat sie einen verständnisvollen Vater?
4. Hat sie eine gute Stellung?

5. Hat sie eine große Familie?
6. Hat sie eine elegante Tasche?
7. Hat sie ein schönes Auto?
8. Hat sie viel Geld?

II. RELATIVE CLAUSES

A relative clause gives information about something (usually a noun) in a previous clause.

> *It's the dream job that I've always wanted.*

The relative clause *that I've always wanted* gives us information about the job, i.e., this is not just any job, but the one that Verena has always wanted.

A. FORMS OF RELATIVE PRONOUNS

In German the forms of the relative pronoun (English *that, who, which*) are in most cases identical with the forms of the definite article. But even where the relative pronoun is not identical with the definite article, i.e., all genitives and the plural dative, it resembles it closely. (See the gray areas in the chart that follows.)

	MASCULINE	FEMININE	NEUTER	PLURAL
NOMINATIVE	der	die	das	die
ACCUSATIVE	den	die	das	die
DATIVE	dem	der	dem	denen
GENITIVE	dessen	deren	dessen	deren

The form of the relative pronoun to be used is determined by two factors:

(1) The gender: taken from the antecedent (the item in the previous clause about which we are getting more information).

(2) The case: based on the function of the relative pronoun in its own clause.

> Das ist **der Traumjob, den** ich schon immer wollte.
> *That's the dream job that I've always wanted.*

In this sentence **Traumjob** (the antecedent) is masculine singular; the relative pronoun **den** is the direct object of the verb **wollen** and, therefore, accusative; thus a masculine accusative form of the relative pronoun is called for.

ÜBUNG

Analyze the forms of the relative pronouns in the following sentences, as in the model.

> MODEL: Das ist die Freundin, mit der ich gestern im Kino war.
> **Antecedent: Freundin / *feminine singular***
> **Function: object of preposition mit / *dative***

1. Das ist das Restaurant, in dem wir essen wollten.
2. Ist das der Onkel, den du letztes Jahr besucht hast?
3. Der Zug, mit dem sie fahren will, ist kein D-Zug.
4. Das ist die größte Tragetasche, die ich finden konnte.
5. Das ist der Professor, dessen Namen ich vergessen habe.
6. Wann kommt die Tante, von der du mir erzählt hast?

B. USAGE FACTORS IN RELATIVE CLAUSES

There are several important facts to know about relative clauses:

(1) They are subordinate clauses; they are, therefore, set off by commas and have the inflected form of the verb last.

(2) Whereas English can sometimes omit a relative pronoun, German cannot.

> Ist das der Onkel, **den** du letztes Jahr besucht hast?
> *Is that the uncle [whom] you visited last year?*

(3) In German the preposition can never be put at the end of the clause.

> Das ist die Freundin, **mit** der ich im Kino war.
> *That's the friend [whom] I was at the movies with.*
> Ist das der Onkel, **von** dem du mir erzählt hast?
> *Is that the uncle [whom] you were telling me about?*

ÜBUNG 1

Restate the following sentences, using a relative clause, as in the model.

> MODEL: Dieser Professor liest über Geschichte.
> **Das ist der Professor, der über Geschichte liest.**

1. Dieser Mechaniker hat meinen Wagen repariert.
2. Dieser Geizhals bezahlt nichts.
3. Dieser Computer funktioniert nicht richtig.
4. Diese Schreibmaschine ist kaputt.
5. Diese Familie hat ein Krokodil im Haus.
6. Diese Diskothek hat einen schlechten Ruf.
7. Dieses Restaurant ist sehr bekannt.
8. Dieses Kind lernt nichts.
9. Dieses Geschäft verkauft Jeans.
10. Diese Reporter haben uns interviewt.
11. Diese Leute machen mich verrückt.
12. Diese Fabriken verpesten die Luft.
13. Sie wollte diesen Job haben.
14. Sie nimmt diesen Koffer mit.
15. Sie hat diesen Mercedes geliehen.
16. Sie hat mir diese Katze geschenkt.
17. Sie kann diese Brille nicht mehr tragen.
18. Sie will diese Schallplatte hören.
19. Sie will dieses Motorrad fahren.
20. Er hat dieses Auto repariert.
21. Er hat dieses Wörterbuch empfohlen.
22. Er hat diese Preise gewonnen.
23. Er muß diese Examen machen.
24. Sie muß diese Tabletten nehmen.

ÜBUNG 2

Form questions using a relative pronoun, as in the model.

> MODEL: Ich habe dem Verkäufer das Geld gegeben.
> **Wo ist der Verkäufer, dem ich das Geld gegeben habe?**

1. Ich habe dem Studenten mein Wörterbuch gegeben.
2. Ich wollte dem Reporter die Geschichte erzählen.
3. Ich habe dem Kind meinen Taschenrechner gegeben.
4. Ich wollte der Frau meine Telefonnummer geben.
5. Ich wollte der Amerikanerin meinen Wagen leihen.
6. Ich wollte der Frau die Sache erklären.

ÜBUNG 3

Form questions using a relative pronoun, as in the model.

> **MODEL:** Wir sollen beim Parkplatz warten.
>
> **Ist das der Parkplatz, bei dem wir warten sollen?**

1. Wir sollen an der Haltestelle warten.
2. Er geht oft in die Diskothek.
3. Sie sollen mit dem Bus nach Kassel fahren.
4. Wir sollen es in dem Buch lesen.
5. Sie will mit dieser Freundin eine Reise machen.
6. Er hat uns oft von seinem Bruder erzählt.

III. TELLING TIME

In telling time follow this pattern:

Es ist zwei Uhr.	*It is 2:00.*
Es ist fünf nach zwei.	*It is 2:05.*
Es ist zehn nach zwei.	*It is 2:10.*
Es ist Viertel nach zwei.	*It is 2:15.*
Es ist zwanzig nach zwei.	*It is 2:20.*
Es ist fünf vor halb drei.	*It is 2:25.*
Es ist halb drei.	*It is 2:30.*
Es ist fünf nach halb drei.	*It is 2:35.*
Es ist zwanzig vor drei.	*It is 2:40.*
Es ist Viertel vor drei.	*It is 2:45.*
Es ist zehn vor drei.	*It is 2:50.*
Es ist fünf vor drei.	*It is 2:55.*
Es ist drei Uhr.	*It is 3:00.*

Some useful expressions for telling time are:

Wieviel Uhr ist es?	*What time is it?*
Um wieviel Uhr?	*At what time?*
Um zwei Uhr.	*At two o'clock.*
Meine Uhr geht vor.	*My watch is fast.*
Meine Uhr geht nach.	*My watch is slow.*
Meine Uhr geht richtig.	*My watch is correct.*

German train, plane and bus schedules, radio and TV use the twenty-four-hour system for telling time. After twelve o'clock noon, instead of beginning again, 1 P.M. is **dreizehn Uhr**, 2 P.M. is **vierzehn Uhr**, 4:25 P.M. is **sechzehn Uhr fünfundzwanzig**, 5:15 P.M. is **siebzehn Uhr fünfzehn**.

ÜBUNG
Wieviel Uhr ist es?

1.   2.   3.   4.   5.

6.   7.   8.   9.   10.

➡ ZUM LESEN

Die Bildersprache[1]

Um sich zu verständigen,[2] gebrauchen[3] die Menschen die Sprache. Da gibt es die Muttersprache, die Fachsprache,[4] die Computersprache, die Kindersprache, die Teenagersprache, die Fremdsprache,[5] usw. Die Muttersprache lernt man leicht. Die Kindersprache ist eine Sprache, mit der die Kinder sich verständigen und die die Eltern oft nicht interpretieren können. Die meisten Teenager sprechen 5 eine Sprache, die nur die Teenager verstehen und die kaum mit der Muttersprache zu vergleichen[6] ist. Wenn der Laie[7] einem Ingenieur oder einem Physiker oder einem Klempner zuhört, hat er oft keine Ahnung,[8] worüber sie sprechen. Und die Schwierigkeiten mit einer Fremdsprache, die man oft mit viel Mühe[9] lernen 10 muß, kennen Sie ja schon. Die babylonische Sprachverwirrung[10] ist auch ein gutes Beispiel, was geschehen kann, wenn man sich nicht verständigen kann.

Da[11] die Welt in den letzten Jahrzehnten[12] viel internationaler geworden ist, ist auch das Problem der Kommunikation im Alltag[13] größer geworden. So be-

1. picture language
2. communicate
3. use
4. technical language
5. foreign language
6. compared
7. layman
8. notion
9. effort
10. confusion of tongues (Genesis 11:1–9)
11. since
12. decades
13. daily life

15

20

nutzt man ein altes Kommunikationsmittel,[14] die Zeichen-[15] oder Bildersprache. Durch sogenannte Piktogramme versucht man, schnell und leicht verständlich, Warnungen, Hinweise,[16] kurz,[17] Information zu geben. Bilder sind einfacher zu verstehen als Worte, vor allem, wenn man die Landessprache nicht so gut kennt. Auf Bahnhöfen, Flughäfen,[18] an den Autobahnen in Deutschland versucht man, dem ausländischen[19] Besucher behilflich[20] zu sein. Würden Sie diese Piktogramme verstehen? Sagen Sie auf deutsch, was sie bedeuten:

14. means of communication
15. language of symbols
16. directions

17. in short
18. airports

19. foreign
20. helpful

Oder wenn z.B. Ihr Wagen plötzlich stehenbleibt, weil Sie vergessen haben, Benzin zu tanken, dann hilft Ihnen dieses Bild, eine Tankstelle zu finden:

Wenn dann Ihr Wagen trotz des Kanisters Benzin nicht anspringen[21] will (Sie schimpfen:[22] Ich wollte, ich hätte das Museumsstück verkauft!), dann hilft Ihnen dieses Bild, einen Abschleppwagen[23] zu finden:

Wenn Sie nach diesem Erlebnis[24] zur Beruhigung[25] einen Drink oder eine Tasse Kaffee oder ein gutes Essen brauchen, bringen diese Bilder Sie ans Ziel:

Wenn am Restaurant dieses Zeichen steht, muß Ihr Hund draußen[26] warten, bis Sie sich beruhigt haben.

| 21. start | 23. tow truck | 25. calming down |
| 22. swear | 24. experience | 26. outside |

30   Können Sie erraten,[27] was dieses Bild bedeutet? Das ist der Mann, der am Zoll[28] immer fragt: „Haben Sie etwas zu verzollen?"[29] und der Ihnen nicht glaubt, wenn Sie „nein" sagen.

Und das? Dieses Zeichen bringt Sie zu einem Menschen, der vielleicht Ihre Sprache spricht, wenn Sie die Zeichensprache trotz Ihres hohen Intelligenzquo-
35   tienten nicht verstehen.

27. guess   28. customs   29. declare

 **ÜBUNGEN ZUM LESESTÜCK**

A. *Answer in complete German sentences.*

1. Was gebrauchen die Menschen, um sich zu verständigen?
2. Ist es schwer, die Muttersprache zu lernen?
3. Was ist die Kindersprache?
4. Definieren Sie *(define)* die Teenagersprache.
5. Welches Problem ist größer geworden, da die Welt internationaler geworden ist?
6. Welches alte Kommunikationsmittel benutzt man heute?
7. Was für Information geben die Piktogramme?
8. Wo sieht man in Deutschland Piktogramme?
9. Welche Sprache muß man können, wenn man einen Computer verstehen will?
10. Ist es leicht, eine Fremdsprache zu lernen?

B. *Was würden Sie in den folgenden (following) Situationen tun?*

1. Ihr Wagen bleibt plötzlich stehen, weil Sie kein Benzin mehr haben.
2. Sie kommen aus Deutschland zurück in die USA, und Sie haben drei Liter Schnaps im Koffer. Der Mann am Zoll fragt: „Haben Sie etwas zu verzollen?"

3. Sie fahren schon drei Stunden *(hours)* auf der Autobahn und beginnen einzuschlafen.
4. Ihr Wagen will nicht anspringen, vielleicht ist die Gangschaltung kaputt.

C. *Was bedeuten diese Piktogramme?*

➡ AM ZIEL: SCHRIFTLICHE ÜBUNGEN

A. *Describe the series of events pictured here.*

B. *Rewrite the following passage, changing all adjectives to comparative forms.*

Wenn ich viel Geld hätte, würde ich mir eine große Wohnung suchen, eine lange Reise machen, mir ein gutes Wörterbuch kaufen, einen angenehmen Job suchen, in einem guten Restaurant essen, mir einen teuren Mantel kaufen, in ein warmes (kaltes) Klima gehen, eine moderne Kamera kaufen, einen guten Whisky trinken, in eine elegante Diskothek gehen und auch den armen Leuten helfen.

C. *Rewrite the following passage, changing all adjectives to superlative forms; change indefinite articles to definite articles.*

Wenn ich zehn Millionen in der Lotterie gewinnen würde, würde ich mir einen teuren Porsche und ein elegantes Penthaus in Paris kaufen. Ich würde eine große Party für meine guten Freunde geben und die verrückten, neuen Schallplatten spielen. Ich würde ein tolles Leben führen und einen schnellen Wagen fahren. Ich würde mir auch ein großes Schwimmbad bauen. Im Urlaub würde ich in den teuren Hotels wohnen und immer ein großes Steak bestellen. Ich wäre ein glücklicher Mensch, und ich würde natürlich auch meinen lieben Freunden und den armen Leuten helfen.

D. *Connect the two sentences by making the second one a relative clause.*

1. Ich habe den D-Zug verpaßt. Er fährt um 18:20 ab.
2. Ich fahre zu meinem Onkel. Ich habe ihn auch letztes Jahr besucht.
3. Die Teenager sprechen ihre eigene Sprache. Sie ist schwer zu verstehen.
4. Die Bildersprache ist ein altes Kommunikationsmittel. Man benutzt es jetzt wieder.
5. Deutsch ist für mich eine Fremdsprache. Damit habe ich aber keine Schwierigkeiten.
6. Das sind die neuen Piktogramme. Ich habe dir davon erzählt.
7. Das Ungeziefer kommt in einem Roman vor. Seinen Titel habe ich vergessen.
8. Das ist der bekannte Arzt. Zu ihm ist Bruno gegangen.
9. Sie bittet um Geld für ein Wörterbuch. Sie braucht es dringend.

E. *Translate into English; then recall the German from your English translation.*

1. Ich muß einen Abschleppwagen rufen, denn mein Wagen springt einfach nicht an. 2. Ich bin mal gespannt, was ihnen am Zoll passiert ist. 3. Hast du ihm zum Geburtstag gratuliert? 4. Heute morgen hat die Bremse meines Motorrads nicht funktioniert. 5. Manche Teenager tragen gern die ältesten Jeans und die verrücktesten T-Shirts. 6. Haben Sie keine bessere Ausrede? 7. Deutsch ist nicht die schwerste Fremdsprache, es ist nicht schwerer als Französisch. 8. Ist das das neue Hotel, in dem er gewohnt hat? 9. Ich hätte fast den Bus zum Flughafen verpaßt. 10. Deutschprofessoren sind die verständnisvollsten Professoren, die es gibt.

F. *Translate into German.*

1. When does the earlier train leave? —I think at 16:45. 2. I am glad that you found the job you always wanted. 3. The dictionary I bought (myself) was very expensive. 4. Wouldn't you like to eat at (in) a more elegant restaurant than McDonald's? 5. Did you read the letter he wrote me? 6. I wish I could remember what he said. 7. Why are you lugging along two suitcases? 8. I am going to buy a smaller car that doesn't use (brauchen) so much gas. 9. Do you know whether the plane is delayed? 10. That's a boring novel; is that really the best one he has written?

G. *Composition.*

1. Beschreiben Sie Verena.

2. Verena kommt zurück und hat keine Tragetasche bekommen. Schreiben Sie einen Dialog zwischen Andrea und Verena.

➡ WORTSCHATZ

ab•fahren (ä), fuhr ab, ist abgefahren to leave, depart

der **Abschleppwagen, –** tow truck

die **Abteilung, -en** department

der **Alltag** daily life

an•springen, sprang an, ist angesprungen to start *(car)*

ausgerechnet of all places, things, people, etc.

benutzen to use

bestimmt certain

das **Bild, -er** picture

die **Bildersprache, -n** picture language

da *(subord. conj.)* since, because

der **D-Zug (Durchgangszug), ̈e** express train

sich *(acc.)* **erinnern (an + acc.)** to remember

der **Flughafen, ̈** airport

die **Forschung, -en** research

die **Forschungsabteilung, -en** research department

der **Frachtcontainer, –** freight container

die **Fremdsprache, -n** foreign language

früh early

gebrauchen to use

geschehen (ie), geschah, ist geschehen to happen

gespannt sein to be curious, wonder

gleich right away, immediately

Gott: um Gotteswillen! for heaven's sake!

gratulieren *(dat.)* to congratulate

gutaussehend good-looking, attractive

der **Hinweis, -e** hint, clue, direction

der **Hund, -e** dog

die **Information, -en** information

interpretieren to interpret

der **Job, -s** job

der **Kanister, –** container *(for liquids)*

kaum hardly

die **Kindersprache, -n** children's language

der **Kiosk, -s** newsstand

die **Kommunikation, -en** communication

das **Kommunikationsmittel, –** means of communication

mit•schleppen *(coll.)* to lug (drag) along

die **Muttersprache, -n** mother tongue, native language

nun now

das **Piktogramm, -e** pictograph

platzen (ist) to burst

die **Reklame, -n** advertisement, ad

die **Reklameagentur, -en** ad agency

resigniert resigned

riesig huge, immense

die **Sache, -n** thing, matter

schleppen *(coll.)* to drag, lug

tragen (ä), trug, getragen to carry

die **Tragetasche, -n** tote, shopping bag

die **Tür, -en** door

die **U-Bahn (Untergrundbahn), -en** subway

vergleichen, verglich, verglichen to compare

verpassen to miss *(train, etc.)*

die **Verspätung, -en** delay

Verspätung haben to be delayed

sich *(acc.)* **verständigen** to communicate

verzollen to declare *(customs)*

vorig- previous, last

die **Warnung, -en** warning

der **Wartesaal, -säle** (large) waiting room

die **Zeichensprache, -n** language of symbols

die **Zeitschrift, -en** magazine

der **Zoll** customs

RÜCKBLICK XIV–XVI

Was Sie jetzt können

A. *Define the nouns below, using a relative pronoun.*

> **MODEL:** Taxifahrer—Ein Taxifahrer ist ein Mann, der ein Taxi fährt.
> Bushaltestelle—Eine Bushaltestelle ist eine Haltestelle, an der die Busse halten.

1. Verkäuferin	5. Weinkeller	9. Sportgeschäft	13. Wörterbuch
2. Bierkrug	6. Sturzhelm	10. Altersheim	14. Dummkopf
3. Mechaniker	7. Schreibmaschine	11. Wartezimmer	15. Abschleppwagen
4. Taschenrechner	8. Wegwerfgesellschaft	12. Nummernkonto	16. Tragetasche

B. *Sie fahren zu schnell. Ein Polizeiwagen stoppt Sie, und der Polizist will Ihnen einen Strafzettel geben. Geben Sie die folgenden Ausreden:*

1. You are a visitor from Germany; yes, you are an American, but you have been living in Germany for a long time (**lange**). Can he hear your German accent (**der Akzent**)? You didn't know that one can only drive 55 miles (**Meilen**) in America.
2. Your speedometer (**der Geschwindigkeitsmesser**) must be broken; you didn't know you were driving 75 miles; you will fix it when you get (**kommen**) home.
3. You are in a hurry because you are going to a party; the police commissioner (**der Polizeikommissar**) sent you an invitation to his birthday party. Does he (**Herr Wachtmeister**) know the police commissioner? No? You will tell the police commissioner that you met a nice, understanding policeman, Wachtmeister X.
4. You saw that the car that was driving ahead of (**vor**) you had a dead man on the back seat (**der Rücksitz**). You wanted to get to the next telephone fast and call the police. The car's number was 323 MNH. Should *(subj.)* the policeman not try to find him?
5. You are driving your friend's car. As the policeman can see, it is a Porsche, which is a German car. You thought the speedometer showed kilometers and not miles. You thought you were driving 75 km, and that is not fast at all.

C. *Was würden Sie tun, wenn Sie mehr Selbstdisziplin und Willenskraft hätten?*

Get up early and learn your German words; work more; exercise more; not eat and drink so much; live thriftily; not drive so much; come to class on time; not get mad so often; not contradict your parents; not overdraw your account; not get mad when your car won't start; drink more mineral water which is very healthy; go to class even when you have the sniffles; try to be a more polite person; get hold of yourself when your father says: "(The) young people are wasteful, lazy (**faul**), crazy, and they need a psychiatrist."

D. *Parents always say: „Als ich jung war . . . " What do your parents, grandparents, uncles, aunts claim they did or were when they were young?*

E. *Schreiben Sie einen Brief an einen Freund, in dem Sie Ihren Deutschprofessor/Ihre Deutschprofessorin beschreiben.*

F. *Was hätten Sie getan, wenn Sie gewußt hätten, daß*

1. das Benzin wieder teurer wird?
2. Ihr Professor heute eine Prüfung gibt?
3. Sie kein Talent für Mathematik haben?
4. ein Polizeiwagen mit Radar auf der Autobahn steht?
5. Ihr Professor heute krank ist?

LEKTION
SIEBZEHN

GRAMMATISCHE ZIELPUNKTE

Comparative and Superlative of Adverbs and Predicate Adjectives • Passive Voice •
Modal + Passive Infinitive • The Pronoun *man* as a Passive Voice Substitute • Three Uses of
werden: Summary

AUSGANGSPUNKT

Sie sind doch keine Geheimagentin, oder . . . ?

*In einer Raststätte an der Autobahn. Eine Amerikanerin, Lektorin bei einem
amerikanischen Verlag, unterhält sich mit ihrem deutschen Tischnachbarn. Nach
einer Weile fragt sie:*

Elaine: Wie komme ich am schnellsten nach Bad Mergentheim?

Jens: Nach Bad Mergentheim, hm, da muß ich mal überlegen. Moment mal, ich
habe eine Landkarte im Handschuhfach.

Elaine: Aber bitte, bemühen Sie sich nicht . . .

Jens: Macht nichts, ich warte sowieso auf meinen Wagen. Er wurde geschmiert
und muß gewaschen und gewachst werden. Ich bin hinter einem Lastwagen
mit Sand hergefahren. Total verstaubt!

(Später)

Jens: Also, es wäre am besten, wenn Sie über Langenburg fahren würden. Es dauert
ein wenig länger, aber die Landschaft ist schöner. Diese Strecke über Blaufelden ist die kürzere, aber nicht sehr aufregend. Und da ist mehr Verkehr.

Elaine: Ich glaube, ich fahre lieber über Langenburg. Dann komme ich eben etwas
später als geplant.

Jens: Werden Sie von jemand erwartet?

Elaine: Ja, eine geschäftliche Verabredung. Mit einem Lyriker aus der DDR.

Jens: Ein internationales Treffen, was? Sie sind doch keine Geheimagentin, oder . . . ?

Elaine: *(lacht)* Nein, mit der CIA habe ich nichts zu tun! Ich bin von meinem
Verlag hergeschickt worden. Ich soll einiges mit ihm besprechen.

Jens: Na denn, gute Reise! Und viel Erfolg.

Diese Strecke ist länger, aber die Landschaft ist schöner. *German Information Center*

You're Not a Secret Agent, or Are You . . . ?

In a restaurant on the Autobahn. An American, an editor at an American publishing company, is talking with her German table companion. After a while she asks:

Elaine: What's the fastest way for me to get to Bad Mergentheim?

Jens: To Bad Mergentheim, hm, I have to think. Just a moment, I have a map in my glove compartment.

Elaine: Please, don't go to any trouble . . .

Jens: No trouble. I'm waiting for my car anyway. It was greased and has to be washed and waxed. I drove here behind a truck filled with sand. Completely covered with dust.

(Later)

Jens: Well, it would be best if you drove via Langenburg. It takes a little longer, but the countryside is more beautiful. This route via Blaufelden is the shorter one, but not very exciting. And there's more traffic there.

Elaine: I think I prefer to drive via Langenburg. Then I'll just get there somewhat later than planned.

Jens: Is someone expecting you?

Elaine: Yes, it's a business appointment. With a lyric poet from the GDR.

Jens: An international meeting, eh? You're not a secret agent, or are you?

Elaine: *(laughs)* No, I have nothing to do with the CIA. I've been sent here by my publishing house. I'm supposed to discuss a few things with him.

Jens: Well, then, have a good trip. And lots of success.

 **LOCKERUNGSÜBUNGEN**

A. *Listen to the statement; then answer the question.*

1. Das ist Elaine.
2. Sie ist Amerikanerin.
3. Sie unterhält sich mit ihrem Tischnachbarn.
4. Sie ist Lektorin bei einem Verlag.
5. Sie hat eine geschäftliche Verabredung.

Wer ist das?
Was ist sie?
Mit wem unterhält sie sich?
Was für eine Stellung hat sie?
Was für eine Verabredung hat sie?

6. Das ist Jens.　　　Wer ist das?
7. Er wartet auf sein Auto.　Worauf wartet er?
8. Sein Auto wird gewaschen.　Was wird mit seinem
　　　　　　　　　　　　　　Auto gemacht?
9. Es ist total verstaubt.　Warum wird es gewa-
　　　　　　　　　　　　　schen?

10. Das ist ein Geheimagent.　Wer ist das?
11. Er trägt eine Sonnenbrille, so　Warum trägt er eine
　　daß man ihn nicht erkennt.　Sonnenbrille?
12. Er trägt einen Hut wie Hum-　Was für einen Hut
　　phrey Bogart.　trägt er?
13. Er trägt einen Regenmantel.　Was für einen Mantel
　　　　　　　　　　　　　　trägt er?
14. Er versucht, Information zu be-　Was versucht er?
　　kommen.
15. Er möchte mehr über den　Worüber möchte er
　　neuen Reaktor wissen.　mehr wissen?

B. *Answer the following questions affirmatively or negatively, as appropriate.*

1. Ist die Raststätte an der Autobahn?
2. Ist die Lektorin Engländerin?
3. Ist sie Lektorin bei einem deutschen Verlag?
4. Unterhält sie sich mit ihrem Tischnachbarn?
5. Will Elaine nach München?
6. Weiß Jens gleich, wie sie am schnellsten nach Bad Mergentheim kommt?
7. Muß er überlegen?
8. Hat er eine Karte im Handschuhfach?
9. Bittet Elaine ihn, sich nicht zu bemühen?
10. Wartet er auf sein Essen?
11. Wurde sein Wagen geschmiert?
12. Muß er jetzt gewaschen und gewachst werden?
13. Ist er hinter einem Wagen mit Sand hergefahren?
14. Ist der Wagen total verstaubt?
15. Wäre es am besten, wenn Elaine über Langenburg fahren würde?
16. Dauert es länger über Langenburg als über Blaufelden?
17. Ist die Landschaft auf der Langenburg-Strecke langweilig?

18. Ist die Strecke über Blaufelden die kürzere?
19. Ist sie aufregend?
20. Will Elaine lieber die kürzere Strecke fahren?
21. Ist dort mehr Verkehr?
22. Wird sie später als geplant ankommen?
23. Wird Elaine in Bad Mergentheim erwartet?
24. Wird sie von einem alten Freund erwartet?
25. Ist das eine geschäftliche Verabredung?
26. Ist der Mann, der sie erwartet, ein Musiker?
27. Ist er aus Österreich?
28. Wird das ein internationales Treffen sein?
29. Ist Elaine eine Geheimagentin?
30. Hat sie etwas mit der CIA zu tun?
31. Ist sie von der CIA hergeschickt worden?
32. Soll Elaine einiges mit dem jungen Lyriker besprechen?
33. Wünscht Jens ihr eine gute Reise?
34. Wünscht er ihr viel Glück?

C. *Answer the following questions.*

1. Wo ist Elaine?
2. Was fragt sie ihren Tischnachbarn nach einer Weile?
3. Wo hat Jens eine Karte?
4. Worauf wartet er?
5. Warum muß er warten?
6. Hinter was für einem.Wagen ist er hergefahren?
7. Warum muß sein Wagen gewaschen werden?
8. Warum wäre es am besten, über Langenburg zu fahren?
9. Wie ist die Strecke über Blaufelden?
10. Welche Strecke will Elaine fahren?
11. Von wem wird sie in Bad Mergentheim erwartet?
12. Warum will sie ihn treffen?
13. Was wünscht ihr Jens?

D. *Answer the questions according to the pattern in the first example.*

1. Geht es jetzt gut?
   Ja, es geht etwas besser als damals.
2. Fährt sie jetzt langsam?
3. Sind sie jetzt zufrieden?
4. Lebt er jetzt sparsam?
5. Schlafen Sie jetzt gut?
6. Ißt sie jetzt viel?

E. *Answer the questions according to the pattern in the first example.*

1. Wäre das nicht einfacher?
   Ja, das wäre am einfachsten.
2. Ist das nicht angenehmer?
3. Dauert das nicht länger?
4. Fährt er nicht schneller?
5. Lebt er nicht gefährlicher?
6. Spielt er nicht miserabler?

F. *Answer the questions according to the pattern in the first example.*

1. Sind Sie bei der CIA?
   Nein, mit der CIA habe ich nichts zu tun.
2. Kennen Sie diesen Gangster?
3. Arbeiten Sie für die Atom-Lobby?
4. Haben Sie etwas damit zu tun?
5. Wissen Sie etwas über Wasserleitungen?

G. *Was tun Sie lieber?* *State your preferences by following the pattern in the first example.*

1. Ich fahre gern einen Mercedes. (Porsche)
   Ich fahre lieber einen Porsche.
2. Ich esse gern zu Hause. (im Restaurant)
3. Ich fahre gern mit dem Fahrrad. (Motorrad)
4. Ich fahre gern in die Berge. (ans Meer)
5. Ich trinke gern Wasser. (Wein)
6. Ich esse gern Hamburger. (Steak)

FRAGEBOGEN

1. Möchten Sie Geheimagent(in) werden? Warum, warum nicht?
2. Wo möchten Sie gern arbeiten, wenn Sie Geheimagent(in) wären? Warum?
3. Glauben Sie, daß Geheimagent(in) ein aufregender Beruf ist? Warum, warum nicht?
4. Haben Sie ein Auto? Wie oft wird Ihr Auto gewaschen? Wer wäscht Ihr Auto? Wird Ihr Auto oft gewachst?
5. Nennen Sie eine Stadt, die nicht weit von hier ist. Welche Strecke ist die kürzeste dahin? Kann man auf einer anderen Strecke fahren? Auf welcher? Welche Strecke hat mehr Verkehr? Auf welcher Strecke ist die Landschaft am schönsten?
6. Essen Sie manchmal in einer Raststätte an der Autobahn? Essen Sie gern dort? Wie ist das Essen dort?
7. Sitzt man in Amerika gern am Tisch mit jemand, den man nicht kennt? Warum nicht? Würden Sie es gern tun?
8. Haben Sie Talent als Lyriker(in)? Versuchen Sie, Reime *(rhymes)* für die folgenden deutschen Wörter zu finden.

was	kennen	gehen	sehr	Strand	schick	hier
wo	brauchen	Spiel	alt	richtig	Brief	lachen
stören	scheinen	Land	Teil	arm	dort	Leute

ERKLÄRUNGEN UND ÜBUNGEN

I. COMPARATIVE AND SUPERLATIVE OF ADVERBS AND PREDICATE ADJECTIVES

A. THE COMPARATIVE

In most cases the same word in German functions both as an adjective and adverb.

> Es ist eine **gute** Straße. *It's a good road.*
> Er fährt **gut**. *He drives well.*

The formation of the comparative of adverbs and predicate adjectives is identical with that of the attributive adjectives as described in the last lesson: **-er** is added to the positive; some take an umlaut on the stem vowel. Of course, no declensional endings are added.

> Die Strecke über Langenburg ist **länger**.
> *The route via Langenburg is longer.*
> Man muß über Langenburg **länger** fahren als über Blaufelden.
> *You have to drive longer via Langenburg than via Blaufelden.*

ÜBUNG 1

Answer the questions, as in the model.

> MODEL: Ist die Strecke über Marburg auch so lang?
> **Sie ist noch länger als die andere.**

1. Ist diese Fabrik auch so groß?
2. Ist diese Pille auch so gefährlich?
3. Ist diese Theorie auch so alt?
4. Ist dieser Job auch so gut?
5. Ist dieser Fluß auch so verschmutzt?
6. Ist dieser Plan auch so unrealistisch?
7. Ist dieses Wörterbuch auch so schlecht?
8. Ist dieses Examen auch so schwer?
9. War dieses Interview auch so langweilig?
10. Ist dieses Wasser auch so kalt?

ÜBUNG 2

Answer the questions, as in the model.

> MODEL: Fährt dieser Zug auch so schnell?
> **Er fährt noch schneller.**

1. Fährt er auch so langsam?
2. Lebt er auch so sparsam?
3. Tippt er auch so schnell?
4. Bleibt deine Mutter auch so lange?
5. Kostet dieses Wörterbuch auch so viel?
6. Funktioniert diese Maschine auch so gut?

B. THE SUPERLATIVE

The superlative of both the adverb and the predicate adjective (if there is no noun understood after it) has a special unchanging form: **am** + *(adjective or adverb)* + **-sten.**

> Wie komme ich **am schnellsten** nach Bad Mergentheim?
> *How do I get to Bad Mergentheim fastest?*

> Es wäre **am einfachsten,** über Blaufelden zu fahren.
> *It would be simplest to drive via Blaufelden.*

ÜBUNG 1

Answer the questions, as in the model.

> MODEL: Wäre es nicht einfacher, über Langenburg zu fahren?
> **Ja, das wäre am einfachsten.**

1. Wäre es nicht leichter, mit dem Bus zu fahren?
2. Wäre es nicht schöner, im Restaurant zu essen?
3. Wäre er dort nicht glücklicher?
4. Wäre es nicht interessanter, bei einer Familie zu wohnen?
5. Wäre es nicht besser, ihn dort zu treffen?

ÜBUNG 2

Substitute the new subject given in parentheses, as in the model.

> **MODEL:** Ein Mercedes fährt schnell. (Porsche)
> **Ein Porsche fährt am schnellsten.**

1. Mein Professor brüllt laut. (mein Trainer)
2. Meine Schwester fährt verrückt. (mein Bruder)
3. Mathematik verstehe ich gut. (Deutsch)
4. Karl kenne ich lange. (Dieter)

C. IRREGULAR COMPARATIVES AND SUPERLATIVES

In addition to the irregular comparatives and superlatives you learned in the last lesson (**gut, viel, groß**), there are several irregulars that function as adverbs only. Of these you have had the most common one: **gern, lieber, am liebsten.**

> Ich fahre **lieber** über Langenburg.   *I prefer to drive via Langenburg.*
> Sie spielt **am liebsten** Tennis.   *She likes best of all to play tennis.*

ÜBUNG

*Form sentences, using the superlative of **gern**, as in the model.*

> **MODEL:** Steak essen
> **Ich esse am liebsten Steak.**

1. Jeans tragen
2. Motorrad fahren
3. Tennis spielen
4. deutsch sprechen
5. nach Europa reisen
6. ins Kino gehen

II. PASSIVE VOICE

All the sentences you have learned to formulate so far are in the so-called active voice. In other words, the subject of the sentence is doing whatever the verb indicates, i.e., the subject is being active.

> Er geht nach Hause.   *He is going home.*
> Sie fährt über Langenburg.   *She is driving via Langenburg.*

In the passive voice the subject of the sentence is not performing the action but is being acted upon by someone or something, i.e., the subject is being passive.

> *My car is being washed.*

In this sentence, the subject is *my car.* It is not performing the action; it is the recipient of the action. The performer of the action is not mentioned.

A. *WERDEN* AS THE AUXILIARY

In English the passive voice is a verb construction made up of an auxiliary (the verb *to be*) and a past participle. In the sentence above, the auxiliary is *is being;* the past participle is *washed.* The passive voice can occur in all tenses; the auxiliary changes tense; the past participle remains static. The following examples show the same passive sentence in all its tenses.

PRESENT: *My car is being washed.*
PAST: *My car was being washed.*
PRESENT PERFECT: *My car has been washed.*
PAST PERFECT: *My car had been washed.*
FUTURE: *My car will be washed.*

German follows pretty much the same pattern, but uses the verb **werden** as the auxiliary, along with the past participle of the other verb. The following is the present tense conjugation of a sentence in the passive voice.

Ich	**werde** um acht Uhr **erwartet.**	*I am expected at 8 o'clock.*
Du	**wirst** um acht Uhr **erwartet.**	
Er, sie, es	**wird** um acht Uhr **erwartet.**	
Wir	**werden** um acht Uhr **erwartet.**	
Ihr	**werdet** um acht Uhr **erwartet.**	
Sie	**werden** um acht Uhr **erwartet.**	

ÜBUNG

Translate the following sentences.

1. My car is being washed now.
2. He is expected in Berlin.
3. We are being interviewed.
4. That is sometimes said.
5. This topic is never discussed.
6. I am often asked.

B. THE TENSES OF THE PASSIVE VOICE

The tense of **werden** is changed to form the various tenses of the passive voice. As in English the past participle remains static.

PRESENT: Mein Wagen **wird** hier **gewaschen.**
My car is being washed here.
PAST: Mein Wagen **wurde** hier **gewaschen.**
PRESENT PERFECT: Mein Wagen **ist** hier **gewaschen worden.***
PAST PERFECT: Mein Wagen **war** hier **gewaschen worden.***
FUTURE: Mein Wagen **wird** hier **gewaschen werden.**

* Note that the **ge-** prefix, normally used on the past participle of **werden,** is dropped in the passive voice.

ÜBUNG 1

Change each sentence to the simple past and the present perfect.

1. Ich werde um acht Uhr erwartet.
2. Ich werde abgeholt.
3. Ich werde heute interviewt.
4. Ich werde um Geld gebeten.
5. Wirst du nie bemerkt?
6. Wirst du gut bezahlt?
7. Wirst du oft überholt?
8. Wirst du da gebraucht?
9. Das Visum wird nicht verlängert.
10. Sie wird immer erkannt.
11. Das wird oft erwähnt.
12. Das wird manchmal vergessen.
13. Wir werden zu Hause erwartet.
14. Wir werden nie gestört.
15. Wir werden immer mitgenommen.
16. Wir werden leicht erkannt.
17. Werdet ihr darüber gefragt?
18. Werdet ihr immer so kritisiert?
19. Werdet ihr oft angerufen?
20. Werdet ihr nie auf den Arm genommen?
21. Sie werden nie verstanden.
22. Sie werden immer entschuldigt.
23. Sie werden oft genannt.
24. Sie werden sehr bewundert.

ÜBUNG 2

Translate the following passive voice sentences.

1. I had often been interviewed.
2. My wish has been fulfilled.
3. Are the children expected at ten?
4. Was she badly paid?
5. He has often been criticized.
6. His parents were called often.
7. You've been cheated.
8. Why was that mentioned?
9. How is that done?

C. PASSIVE SENTENCE WITH AGENT

In the sentences you have just practiced, no agent (performer of the action) was mentioned. English uses the preposition *by* to introduce the agent: *He was expected by his family.* In German the agent is introduced by the preposition **von** and is in the dative case.

> Er wird **von dem Reporter** interviewt.
> *He is being interviewed by the reporter.*

ÜBUNG

Answer the following questions by stating who is performing the action, as in the model.

> MODEL: Von wem wird der Ball gestoppt? (ein Mittelstürmer)
> **Der Ball wird von einem Mittelstürmer gestoppt.**

1. Von wem wird er bezahlt? (ein Gangster)
2. Von wem wird sie interviewt? (ein Reporter)
3. Von wem wurden sie kritisiert? (ihr Lehrer)
4. Von wem wird er erwartet? (seine Familie)
5. Von wem wurde das behauptet? (die Polizei)

6. Von wem wurden sie angerufen? (die Zeitung)
7. Von wem wurde dieser Brief getippt? (ich)
8. Von wem wurde der Einbrecher entdeckt? (diese Leute)
9. Von wem wurde das bemerkt? (seine Eltern)
10. Von wem wurde sie empfohlen? (ihr Professor)
11. Von wem wurde er verklagt? (sein Partner)

III. MODAL + PASSIVE INFINITIVE

You will recall that modal auxiliaries are used with a dependent infinitive. The dependent infinitive can be a passive voice infinitive. The passive voice infinitive consists of the infinitive of **werden** (in final position) and the past participle of the other verb (just before the **werden**).

> Mein Wagen muß **gewaschen werden.** *My car has to be washed.*

ÜBUNG

Restate each sentence, adding the modal supplied in parentheses.

> **MODEL:** Eine Lösung wird gefunden. (müssen)
> **Eine Lösung muß gefunden werden.**

1. Das wird nicht entschuldigt. (können)
2. Er wird nicht gewählt. (sollen)
3. Das wird kalt getrunken. (sollen)
4. Mein Visum wird verlängert. (müssen)
5. Die Luft wird nicht verpestet. (dürfen)
6. Darüber wird viel gesagt. (können)
7. Die Fenster werden nicht geöffnet. (dürfen)
8. Das Rätsel wird bald gelöst. (müssen)
9. Der Safe wird nicht geknackt. (können)

IV. THE PRONOUN *MAN* AS A PASSIVE VOICE SUBSTITUTE

The following two sentences convey the same meaning:

> Mein Wagen **wird** gerade **geschmiert.**
> **Man schmiert** gerade meinen Wagen. } *My car is just now being greased.*

The subject pronoun **man** is frequently used in place of the passive voice when there is no specific agent. As a matter of fact, in spoken German it is preferred to the passive voice. The passive subject (**mein Wagen** in the passive sentence above) becomes the direct object in the formulation with **man** (**meinen Wagen** in the example above).

ÜBUNG

Change the following passive sentences to active ones with **man** *as the subject. Keep the same tense as the original.*

> **MODEL:** Er wird interviewt.
> **Man interviewt ihn.**

1. Ich werde da erwartet.
2. Sein Name wird oft genannt.
3. Sein Visum wird verlängert.
4. Der Wagen wird gerade geschmiert.
5. Die Bombe wurde entdeckt.
6. Es wurde mir versprochen.
7. Mein Wagen wurde repariert.
8. Die Geschichte wurde erzählt.
9. Die Koffer sind abgeholt worden.
10. Die guten alten Zeiten sind vergessen worden.
11. Das ist schon oft bemerkt worden.
12. Der Safe ist gestern geknackt worden.

V. THREE USES OF *WERDEN:* SUMMARY

You have seen the verb **werden** used in three different functions:

(1) As an independent verb meaning *to become:*

> Er **wird** alt und dick. *He is getting old and fat.*

(2) As the auxiliary for the future tense (present tense of **werden** + infinitive):

> Er **wird** uns **besuchen.** *He will visit us.*

(3) As the auxiliary for the passive voice (any tense of **werden** + past participle):

> Er **wird** sehr oft **interviewt.** *He is interviewed very often.*

When **werden** is the main verb, it is very important to see whether it is being used independently or as an auxiliary, before deciding what it means.

ÜBUNG

Translate the following sentences.

1. Es wird bestimmt klappen.
2. Das wurde oft verlangt.
3. Ich werde oft angerufen.
4. Ich werde dich oft anrufen.
5. Jetzt wird es interessant.
6. Er ist krank geworden.
7. Es ist gedruckt worden.
8. Wann wird sie uns besuchen?

Die Mauer *John Irizarry*

Jugendfestival in der DDR *John Irizarry*

 **ZUM LESEN**

Kritik am[1] Westen

Hier im Westen hören wir oft scharfe[2] Kritik am marxistischen Staatssystem in der Deutschen Demokratischen Republik. Wir hören über das reglementierte[3] Leben und die Kontrolle der Regierung über fast alle Aspekte des täglichen Lebens. Man kritisiert das Einparteiensystem, das keine Opposition erlaubt,[4] und man kriti-

5   siert die Planwirtschaft[5] und ihre Nachteile.[6] Wir können nicht verstehen, wie man in einem Land leben kann, in dem es keine Pressefreiheit[7] gibt. Unsere Massenmedien berichten über die Dissidenten im Osten, die Künstler,[8] Intellektuellen und Dichter, die gegen das strikte Regime rebellieren, vom Staat verfolgt[9] werden und ins Exil gehen müssen. Und man spricht immer noch über die Berliner Mauer,[10]

10 die im Westen als das Symbol der Unfreiheit und Unterdrückung[11] angesehen wird: der Staat verbietet[12] seinen Bürgern, das Land zu verlassen, und der Staat ist bereit,[13] auf sie zu schießen, wenn sie fliehen wollen.

Natürlich würde man glauben, daß in solch einem politischen Klima sich alle Menschen in der DDR als Unterdrückte sehen, und daß ein solches System

15 für sie unakzeptabel sein muß. Aber viele DDR-Bürger sehen ihr Staatssystem nicht mit westlichen Augen.[14] Besucher und Journalisten, die mit den Leuten in der DDR gesprochen haben, mußten oft feststellen, daß man dort den Westen manchmal ziemlich scharf kritisiert.

An erster Stelle steht da die Kritik am Materialismus des Westens, an der

20 Verschwendungssucht[15] und der Gier[16] nach Luxus. Ein System, das es erlaubt, daß manche Leute in Luxuswohnungen leben, Kaviar essen und Champagner trinken, und daß andere in Slums wohnen müssen und nicht genug zu essen haben, das wird im Osten als dekadent angesehen; und es ist das beliebteste Beispiel für die soziale Ungerechtigkeit[17] im Westen. Die DDR-Bürger sagen auch, daß sie unter

25 ihrem Staatssystem keine Angst vor Armut[18] und Arbeitslosigkeit[19] zu haben brauchen. Und wenn es manchmal Mangel[20] gibt, dann werden alle betroffen,[21] und nicht nur bestimmte soziale Klassen, behaupten sie.

1. criticism of the	8. artists	15. wastefulness
2. sharp	9. persecuted	16. greed
3. regulated	10. wall	17. injustice
4. allows	11. suppression	18. poverty
5. planned economy	12. forbids	19. unemployment
6. disadvantages	13. prepared	20. shortage
7. freedom of the press	14. eyes	21. affected

Man kritisiert in der DDR auch gern das Drogenproblem und die Kriminalität im Westen. Man sagt, daß es die Aufgabe[22] des Staates ist, diese Probleme unter Kontrolle zu bringen, und man akzeptiert gern einige Unfreiheiten dafür. Wenn man Angst hat, abends allein durch einen Park zu spazieren und deswegen lieber zu Hause bleibt, wo ist da die persönliche Freiheit? Wenn einige Klassen Millionen verdienen und andere kaum das Existenzminimum erreichen, ist das Demokratie? Diese und ähnliche Fragen hören die Besucher aus dem Westen oft.

Und zum Thema Pressefreiheit: Warum muß alle schmutzige Wäsche[23] in der Öffentlichkeit[24] gewaschen werden? Warum muß man unbedingt ein schlechtes Licht[25] auf den Staat werfen oder die Leute beunruhigen?[26] Muß jede Sensation gedruckt werden?

Und zur Frage der Berliner Mauer hat man auch eine Erklärung: Als die DDR nach dem Krieg versuchte, mit Hilfe der UdSSR einen neuen antifaschistischen Staat aufzubauen, hat der Westen versucht, die Menschen in der DDR mit kapitalistischem Luxus und utopischen Versprechungen zu verlocken.[27] Es war wichtig für die DDR, daß die Intellektuellen, Spezialisten und Arbeiter für das Beste aller Menschen in der DDR arbeiteten und im Land blieben. Die Mauer *mußte* gebaut werden, sagen sie.

Natürlich hat man da oft den Eindruck, daß solche Argumente nur Beispiele für die sprichwörtlichen sauren Trauben[28] sind, oder daß sie von Leuten kommen, die Angst haben, daß der Sicherheitsdienst[29] (SD) vielleicht durch eine Wanze[30] mithört. Aber wir dürfen nicht vergessen, daß viele der Dissidenten, die von der DDR gezwungen[31] wurden, ins Exil zu gehen, nicht im Westen leben wollen. Sie würden lieber in ihr Heimatland zurückkehren, um dort an dem System zu arbeiten und es zu verbessern.[32] Der Westen ist nicht unbedingt ein Paradies für jeden.

22. task	26. alarm	29. secret service
23. linen	27. entice	30. bug
24. in public	28. proverbial sour	31. forced
25. light	grapes	32. improve

ÜBUNGEN ZUM LESESTÜCK

A. *Answer in complete German sentences.*

1. Was wird im Westen oft scharf kritisiert? **2.** Worüber hat die Regierung in der DDR Kontrolle? **3.** Was erlaubt das Einparteiensystem nicht? **4.** Worüber berichten die Massenmedien im Westen? **5.** Was wird im Westen als das Symbol der Unfreiheit angesehen?

6. Was verbietet die DDR den Bürgern?   **7.** Was geschieht, wenn ein DDR-Bürger fliehen will?   **8.** Was mußten Journalisten aus dem Westen oft feststellen?

B. *Ein Bürger aus der DDR kritisiert den Westen. Write statements that would be possible quotations from someone who is committed to the political system of the GDR. Use the vocabulary provided below.*

der Westen	soziale Ungerechtigkeit	Kriminalität
Materialismus	Demokratie	persönliche Freiheit
Luxus	Angst haben vor	arm
Luxuswohnung	Armut	reich
Slum	Arbeitslosigkeit	verdienen Millionen
dekadent	Drogenproblem	Inflation

➡ AM ZIEL: SCHRIFTLICHE ÜBUNGEN

A. *The following pictures depict a cloak-and-dagger operation in a restaurant on the Autobahn. Describe each picture.*

B. *Change the following sentences to the passive voice. Keep the same tense.*

1. Man hat eine Kur empfohlen.   **2.** Man verkauft hier keine Tragetaschen.   **3.** Man besprach die Möglichkeiten.   **4.** Man vergißt das zu oft.   **5.** Man hatte gerade meinen Wagen gewaschen.   **6.** Man muß das besser erklären.

C. *Change the following sentences to the active voice. Keep the same tense.*

1. Dieses Haus wurde von meinem Opa gebaut.   **2.** Das Thema ist von der Klasse besprochen worden.   **3.** Die Dissidenten werden vom Staat verfolgt.   **4.** Die Strecke war von meinem Nachbarn empfohlen worden.   **5.** Die Regierung wird von den Dissidenten scharf kritisiert.   **6.** Von wem wurde das als Symbol der Unfreiheit angesehen?   **7.** Er wird böse, wenn sein Käfer von einem Porsche überholt wird.   **8.** Sie ist von ihrer Familie um acht erwartet worden.

D. *Translate into English; then recall the German from your English translation.*

1. Man hat erklärt, daß das am einfachsten wäre.   **2.** Mit wem hast du dich am liebsten unterhalten?   **3.** Weil er so schnell fährt, wird er nicht oft überholt.   **4.** Gestern ist der Geheimagent von der CIA entdeckt worden.   **5.** Wann und wo hat das internationale Treffen stattgefunden?   **6.** Ich hatte einiges mit ihnen zu besprechen.   **7.** Diese Strecke gefällt mir am besten, weil es hier nicht so viel Verkehr gibt.   **8.** Ich hätte fast vergessen, daß ich heute eine geschäftliche Verabredung mit ihm habe.   **9.** Kannst du dich an den Namen der Raststätte erinnern?   **10.** Der Strafzettel, den ich gestern bekommen habe, ist etwas teurer als mein letzter: 25 Dollar.

E. *Translate into German.*

1. He works for (**bei**) a German publishing house.   **2.** When was the Berlin Wall built?   **3.** Have a good trip, and don't forget to write us.   **4.** Which (one) is the shorter route? — The route via Hicksville.   **5.** That must be done soon, otherwise it will get worse.   **6.** I am sorry that I forgot your map.—No trouble; I have another one (**noch eine**) in my glove compartment.   **7.** How long did the trip take?—Longer than I had thought.   **8.** The drug problem has become worse.   **9.** The government of the GDR forbids its (the) citizens to leave the country.   **10.** He didn't know that the man he was talking to was a secret agent.

F. *Composition.*

   Erzählen Sie, was Sie über Elaine wissen.

➡ WORTSCHATZ

an•sehen als (ie), sah an, angesehen to consider as

die Arbeitslosigkeit unemployment

die Armut poverty

der Aspekt, -e aspect

aufregend exciting

sich (acc.) bemühen to make an effort; go to trouble

bereit ready, willing

besprechen (i), besprach, besprochen to discuss

dauern to last, take (time)

dekadent decadent

die Demokratie, -n democracy

der Dissident (wk.), -en dissident

das Drogenproblem, -e drug problem

eben just, simply

das Einparteiensystem, -e one-party system

der Erfolg, -e success

erlauben to permit, allow

erwarten to expect

etwas (adv.) somewhat, a little

die Freiheit, -en freedom

der Geheimagent (wk.), -en secret agent

geschäftlich business, on business

der Handschuh, -e glove

das Handschuhfach, ⸚er glove compartment

der Intellektuelle, -n intellectual

jemand someone

der Journalist (wk.), -en journalist

die Kontrolle, -n control

die Kriminalität criminality, crimes

der Künstler, – artist

kurz (ü) short; in short

die Landkarte, -n map

die Landschaft, -en landscape, countryside

der Lastwagen, – truck

der Lektor, -en editor

der Luxus luxury

der Lyriker, – lyric poet

macht nichts! that's O.K.! no trouble!

marxistisch Marxist

die Massenmedien (pl.) mass media

der Materialismus materialism

die Mauer, -n wall

der Nachbar (wk. –n), -n neighbor

die Opposition, -en opposition

der Osten East

persönlich personal

die Raststätte, -n highway restaurant

rebellieren to rebel

der Regenmantel, ⸚ raincoat

die Regierung, -en government

scharf (ä) sharp, severe

schmieren to grease

der Slum, -s slum

sowieso anyhow

sozial social

der Staat, -en state

das Staatssystem, -e state system

die Strecke, -n route

der Tischnachbar (wk. –n), -n table companion

total total, complete

das Treffen, – meeting

über (acc.) via, by way of

überlegen to think

die Unfreiheit lack of freedom

die Ungerechtigkeit, -en injustice

sich (acc.) unterhalten (mit) (ä), unterhielt, unterhalten to talk, chat (with)

verbieten, verbot, verboten to forbid, prohibit

verfolgen to persecute

der Verlag, -e publishing house, publisher

verstaubt dusty, covered with dust

wachsen to wax

waschen (ä), wusch, gewaschen to wash

der Westen West

LEKTION ACHTZEHN

GRAMMATISCHE ZIELPUNKTE

Unpreceded Adjectives • Special Adjective Constructions • Indirect Discourse • Special Subjunctive

AUSGANGSPUNKT

Ich glaube, ich lasse mich scheiden!

In einer Pension im Schwarzwald. Es ist elf Uhr morgens und es regnet. Frau Kappel sitzt am Fenster und liest alte Zeitungen; Herr Kappel sitzt im Sessel und starrt an die Wand.

Er: Schon drei Tage miserables Wetter, kalter Regen, grauer Himmel! Mir stinkt's!

Sie: Auf Regen folgt Sonnenschein.

Er: Du mit deinen blöden Bauernweisheiten!

Sie: Du hast ja behauptet, nur im Schwarzwald gäbe es noch unberührte Natur. Jetzt hast du deine unberührte Natur.

Er: Warum liest du denn die alten Zeitungen?

Sie: Hast du etwas Besseres vorzuschlagen?

Er: Nein, aber vielleicht . . .

Sie: . . . na also!

Er: Unterbrich mich doch nicht. Hast du nicht heute morgen gesagt, wir hätten uns schon ewig nicht mehr richtig unterhalten?

Sie: Habe ich etwa unrecht?

Er: Ich bin halt so beschäftigt. Und am Wochenende bin ich immer müde.

Sie: Stimmt!

Er: Oder du bist auf Geschäftsreise.

Sie: Na und? Soll ich vielleicht sagen, ich kann leider nicht, mein Mann sagt, ich soll mich mit ihm unterhalten?

Er: Weißt du, wann wir das letztemal im Kino waren? Vor vier Monaten!

Sie: Das ist mir nichts Neues. Und hier gibt's nicht mal ein Kino. Lauter unberührte Natur!

Er: Beate, du bist mal wieder unausstehlich!

Sie: Ich bin . . . ?? Arthur, ich glaube, wenn morgen die Sonne nicht scheint, lasse ich mich scheiden!

Im Schwarzwald, wo es noch unberührte Natur gibt. *German Information Center*

I think I'll Get a Divorce!

In a guest house in the Black Forest. It's 11 A.M. and it's raining. Mrs. Kappel is sitting at the window and reading old newspapers. Mr. Kappel is sitting in an armchair and staring at the wall.

He: Three days of miserable weather, cold rain, gray skies. I'm fed up with it.

She: Every cloud has a silver lining.

He: You and your dumb almanac sayings.

She: You claimed that the Black Forest was the only place where there still was unspoiled nature. Now you have your unspoiled nature.

He: Why on earth are you reading those old newspapers?

She: Do you have anything better to suggest?

He: No, but maybe . . .

She: . . . you see?

He: Don't interrupt me. Didn't you say this morning that we haven't had a real talk for ages?

She: Am I wrong?

He: I'm just so busy. And on the weekends I'm always tired.

She: Right!

He: Or you're on a business trip.

She: So?? You think I should say, I'm sorry, I can't because my husband says I should chat with him?

He: Do you know when we were at the movies last? Four months ago.

She: That's nothing new to me. And there isn't even a movie here. Just unspoiled nature.

He: Beate, you're being unbearable again.

She: Me . . . ?? Arthur, if the sun isn't out tomorrow I think I'll get a divorce.

▶ LOCKERUNGSÜBUNGEN

A. *Listen to the statement; then answer the question.*

1. Das ist Herr Kappel.   Wer ist das?
2. Er sitzt im Sessel.   Wo sitzt er?
3. Er starrt an die Wand.   Wohin starrt er?
4. Er sucht Streit mit seiner Mit wem sucht er Streit?
   Frau.

5. Das ist Frau Kappel   Wer ist das?
6. Sie liest alte Zeitungen.   Was liest sie?
7. Sie behauptet, sie hat   Was behauptet sie?
   nichts Besseres zu tun.
8. Sie träumt von schönem   Wovon träumt sie?
   Wetter.
9. Sie sucht Streit mit ihrem   Warum sucht sie Streit mit
   Mann, weil er in den   ihrem Mann?
   Schwarzwald wollte.

10. Das ist Kappels Hund   Wer ist das?
    Hektor.
11. Der Arme sitzt im Pen-   Warum sitzt der Arme im
    sionszimmer, weil es reg-   Pensionszimmer?
    net.
12. Er träumt von Wald und   Wovon träumt er?
    Sonne und netten Hunde-
    damen.
13. Er fragt sich, warum er   Was fragt er sich?
    hier ist.
14. Ihm stinkt's.   Wie bitte? *(Beg pardon?)*

B. *Answer the following questions affirmatively or negatively, as appropriate.*

1. Sind die Kappels in einem Hotel in München?
2. Sind sie in einer Pension im Schwarzwald?
3. Ist es elf Uhr abends?
4. Sitzt Frau Kappel am Tisch?
5. Liest sie die Comics?
6. Liegt Herr Kappel auf dem Bett?
7. Sitzt er im Sessel?
8. Löst er Kreuzworträtsel?
9. Starrt er aus dem Fenster?
10. Starrt er an die Wand?
11. Haben sie schönes Wetter?
12. Scheint die Sonne?
13. Ist das ein kalter Regen?
14. Ist der Himmel grau?
15. Wollte Herr Kappel in den Schwarzwald kommen?
16. Ist er wegen der Kinos und Diskotheken hergekommen?
17. Gibt es im Schwarzwald unberührte Natur?
18. Freut er sich, daß seine Frau alte Zeitungen liest?
19. Hat er etwas Besseres vorzuschlagen?
20. Unterbricht ihn Frau Kappel?

21. Unterhalten sich Herr und Frau Kappel oft?
22. Haben sie sich schon ewig nicht mehr richtig unterhalten?
23. Hat Frau Kappel unrecht, wenn sie das sagt?
24. Sagt Herr Kappel, daß er sehr beschäftigt ist?
25. Stimmt es, daß er am Wochenende immer müde ist?
26. Ist Frau Kappel oft auf Urlaubsreise?
27. Hat Frau Kappel eine Stellung?
28. Ist sie oft auf Geschäftsreise?
29. Kann sie ihrem Boß sagen, sie kann nicht auf Geschäftsreisen gehen?
30. Gehen Herr und Frau Kappel oft ins Kino?
31. Waren sie das letztemal vor vier Monaten im Kino?
32. Ist das etwas Neues?
33. Gibt es dort ein Kino?
34. Sagt Herr Kappel, seine Frau ist nett?
35. Ist sie unausstehlich?
36. Gibt Frau Kappel morgen eine Party, wenn die Sonne nicht scheint?
37. Läßt sie sich morgen scheiden, wenn die Sonne nicht scheint?

C. *Answer the following questions.*

1. Wo sind die Kappels?
2. Wieviel Uhr ist es?
3. Wo sitzt Frau Kappel?
4. Was tut sie?
5. Wo sitzt Herr Kappel?
6. Was tut er?
7. Was für Wetter haben sie schon seit drei Tagen?
8. Wie fühlt sich *(to feel)* Herr Kappel?
9. Welche Bauernweisheit muß er von seiner Frau hören?
10. Warum wollte Herr Kappel in den Schwarzwald kommen?
11. Was hat Frau Kappel heute morgen gesagt?
12. Warum unterhalten sie sich nicht mehr richtig?
13. Wie fühlt sich Herr Kappel am Wochenende?
14. Warum hat Frau Kappel auch wenig Zeit?
15. Wie oft gehen Herr und Frau Kappel ins Kino?
16. Wann waren sie das letztemal im Kino?
17. Wie nennt Herr Kappel seine Frau?
18. Was tut Frau Kappel, wenn morgen die Sonne nicht scheint?

D. *Answer the question by substituting the new adjective, as in the first example.*

1. Hatten Sie gutes Wetter im Schwarzwald? (schlecht)
   Nein, nur schlechtes!
2. Hatte Ihr Zimmer warmes Wasser? (kalt)

3. Gab es in der Pension große Zimmer? (klein)
4. Gab es gutes Essen? (miserabel)
5. Haben Sie interessante Leute kennengelernt? (langweilig)
6. Haben Sie sich mit jungen Leuten unterhalten? (alt)

E. *Answer the question, as in the first example.*

1. Gehst du oft ins Kino?
   Ins Kino? Hier gibt es nicht mal ein Kino.
2. Gehst du oft in die Diskothek?
3. Fährst du oft mit dem Taxi?
4. Trimmst du dich oft in der Turnhalle?
5. Sollen wir mit dem Fahrstuhl fahren?
6. Kannst du mir einen Psychiater empfehlen?

F. *Answer the question, using the adjective given, as in the first example.*

1. Was, du kommst nicht mit? (müde)
   Ich bin halt so müde.
2. Was, das hast du gewußt? (intelligent)
3. Was, du hast keine Zeit? (beschäftigt)
4. Was, du kannst den Toaster nicht reparieren? (ungeschickt)
5. Was, du hast drei Katzen und fünf Hunde? (tierliebend)
6. Was, du bist schon wieder pleite? (verschwenderisch)

G. *Complete each remark by using the verb given in parentheses, as in the first example.*

1. Ich bin müde. (schlafen)
   Ich muß mal richtig schlafen.
2. Ich habe großen Hunger. (essen)
3. Ich werde zu dick. (abnehmen)
4. Ich habe zu lange nichts getan. (arbeiten)
5. Mein Wagen ist total verstaubt. (waschen)
6. Ich rauche viel zu viel. (aufhören)

FRAGEBOGEN

1. Was kann man tun, wenn es im Urlaub regnet?
2. Was ist „unberührte Natur"? Wo gibt es in Amerika unberührte Natur?
3. Was tun Sie am Wochenende?
4. Wann waren Sie das letztemal im Kino? Was haben Sie gesehen?
5. Ist Ihr Professor unausstehlich? Warum, warum nicht?
6. Sagen Ihre Eltern manchmal, daß Sie unausstehlich sind? Sind Sie es? Wenn Sie was tun?
7. Sind Sie sehr beschäftigt? Womit sind Sie beschäftigt?
8. Wovon wird man müde?
9. Was würden Sie tun, wenn es kein Fernsehen gäbe?
10. Schlagen Sie etwas Interessantes vor, was Sie in der Deutschklasse tun könnten.
11. Stellen Sie *(ask)* Fragen für die folgenden Antworten:
    a. Im Schwarzwald.
    b. Am Wochenende.
    c. Mir stinkt's.
    d. Weil ich nichts Besseres zu tun habe.
    e. Weil mein Professor so unausstehlich ist.
    f. Nein, ich kann leider nicht.

➡ ERKLÄRUNGEN UND ÜBUNGEN

I. UNPRECEDED ADJECTIVES

In earlier lessons you learned the adjective declensional system after **der**-words and **ein**-words. Though not as frequent, there are occasions where an attributive adjective has no **der**- or **ein**-word preceder. In such cases, the ending on the adjective assumes a more important function; its ending indicates what the missing preceder would indicate if it were there, i.e., the gender and case of the noun. The endings used on unpreceded attributive adjectives are identical, except in two cases, with the **der**-word endings. Note the two exceptions in the chart below. If you think of these adjectives as taking over the function (and ending) of the missing **der**-word, you will find it a simple matter to remember the appropriate ending.

In the following pairs of phrases, the adjective ending in the unpreceded set is identical with the ending on the **der**-word in the preceded set.

dieser kalte Regen   kalter Regen
diese unberührte Natur   unberührte Natur
dieses miserable Wetter   miserables Wetter
diese alten Zeitungen   alte Zeitungen

The following chart shows the complete set of unpreceded adjective endings.

	MASCULINE	FEMININE	NEUTER	PLURAL
NOMINATIVE	er	e	es	e
ACCUSATIVE	en	e	es	e
DATIVE	em	er	em	en
GENITIVE	en*	er	en*	er

* The masculine and neuter genitive endings are the only ones that do not coincide with the **der**-word endings. However, unpreceded adjectives rarely occur in the genitive case.

ÜBUNG

Restate the following sentences, omitting the der-word in each.

1. Den amerikanischen Käse esse ich nicht gern.
2. Sie saßen in dem warmen Sand.
3. Jeder große Erfolg macht sie glücklich.
4. Sie trinken jeden deutschen Wein gern.
5. Dieses teure Benzin kaufe ich nicht.
6. Das lange Studium kostet viel.
7. Dieses schlechte Wetter macht mich verrückt.
8. Das deutsche Bier ist bekannt.
9. Die gute Qualität ist wichtig.
10. Bei der kalten Luft bekam er Schnupfen.
11. Er ist in der großen Gefahr, seine Stellung zu verlieren.
12. Diese dummen Fragen mag ich nicht.
13. Diese intelligenten Ausreden gefallen ihm.
14. Die alten Leute verstehen das nicht.
15. Wir sollten den armen Menschen helfen.

II. SPECIAL ADJECTIVE CONSTRUCTIONS

A. AFTER *ETWAS, NICHTS, VIEL* AND *WENIG*

When used after the pronouns **etwas** *(something)*, **nichts** *(nothing)*, **viel** *(much)*, and **wenig** *(little)*, adjectives are capitalized and have unpreceded neuter declensional endings.

> Das ist mir **nichts Neues.**
> *That's nothing new to me.*
> Hast du **etwas Besseres** vorzuschlagen?
> *Do you have something better to suggest?*

ÜBUNG

Add the adjective given in parentheses, as in the model.

> **MODEL:** Er hat mir etwas geschenkt. (schön)
> **Er hat mir etwas Schönes geschenkt.**

1. Man kann hier doch viel sehen. (interessant)
2. Hast du etwas gehört? (neu)
3. Ich habe nichts erfahren. (besonder-)
4. Er hat nur wenig zu erzählen. (gut)

B. ADJECTIVAL NOUNS

Because of its declensional system, German has the capability of using adjectives as nouns to a much greater extent than English, where they can only be used to refer to people in the plural: *The poor often have health problems.*

In German the following two sentences mean the same thing:

Der arme Mann kann nicht auf seine Gesundheit achten.
Der Arme kann nicht auf seine Gesundheit achten.
} *The poor man cannot look after his health.*

It is obvious from the form of the article in combination with the adjective ending that **der Arme** in the second sentence above is a masculine nominative, and therefore means *the poor man.* Similarly:

Ein armer Mann kann nicht auf seine Gesundheit achten.
Ein Armer kann nicht auf seine Gesundheit achten.

In this second sentence the combination of **ein**-word form and adjective ending **-er** makes the meaning clear *(a poor man).* In other words, though functioning as nouns, these words are treated like attributive adjectives.

There are some nouns in German, originally derived from adjectives, which are used so regularly as nouns that they are listed as such in vocabularies and dictionaries. Of these you have had:

der Deutsche	*the German*
der Verwandte	*the relative*
der Intellektuelle	*the intellectual*

Their declension, of course, is not like that of other nouns, but follows the pattern of attributive adjectives. Some examples are:

der Verwandte	*the* (male) *relative*
meine Verwandte	*my* (female) *relative*
meine Verwandten	*my relatives*

ÜBUNG

Translate the following sentences.

1. Das ist das Problem des Intellektuellen.
2. Er wohnt jetzt bei einem Verwandten.
3. Kein Deutscher würde das sagen.
4. Das sieht man nur bei den Reichen.
5. Er wurde von Liberalen und auch von Konservativen gewählt.
6. Kennst du die Deutsche?
7. Die Alten haben es immer schwer.

III. INDIRECT DISCOURSE

A direct quotation gives the exact words a person has spoken within quotation marks:

> *He said, "I can't stand this weather."*

An indirect quotation restates the quotation in the form of a report.

> *He said he can't stand this weather.*
> [or] *He said he couldn't stand this weather.*

Although there is a growing tendency in colloquial German to use the indicative in indirect quotations, formal German uses the subjunctive, except:

(1) when a person quotes himself or herself:

> Ich sagte, ich **kann** leider nicht mitgehen.

(2) when the quotation is introduced by a present tense verb. Note the difference in the following sentences:

Introductory verb in present tense:	Er sagt, er **hat** keine Zeit.
Introductory verb in past tense:	Er sagte, er **hätte** keine Zeit.

A. PRESENT TENSE QUOTATIONS

It is a very simple matter to change a direct quote to an indirect quote. If the direct quotation is in the present tense, the indirect quotation uses the present subjunctive.

> Er sagte: „Im Schwarzwald **gibt** es noch unberührte Natur.“
> Er sagte, im Schwarzwald **gäbe** es noch unberührte Natur.

ÜBUNG 1

Change the direct quotes to indirect quotes. Note that first-person pronouns often change to third-person in the indirect quotation.

> MODEL: Sie sagten: „Wir müssen leider gehen.“
> **Sie sagten, sie müßten leider gehen.**

1. Er sagte: „Ich bin beschäftigt.“
2. Sie sagte: „Ich kann leider nicht kommen.“
3. Er hat gesagt: „Wir haben oft schlechtes Wetter.“
4. Sie hat gesagt: „Wir gehen nicht oft ins Kino.“
5. Sie sagten: „Wir brauchen eine Karte.“
6. Er schrieb: „Die Kinder kommen jeden Tag.“

ÜBUNG 2

*Now restate the same quotations, but this time use **daß** to introduce each one.*

> **MODEL:** Sie sagten: „Wir müssen leider gehen."
> **Sie sagten, daß sie leider gehen müßten.**

B. FUTURE TENSE QUOTATIONS

If the direct quotation is in the future tense, the **würde** + infinitive form is used. This tense was formerly referred to as present conditional; in indirect discourse it is called future subjunctive.

> Sie sagte: **„Ich werde** ihm etwas anderes **sagen."**
> Sie sagte, **sie würde** ihm etwas anderes **sagen.**

ÜBUNG

Restate as indirect quotations.

1. Er sagte: „Ich werde keine Zeit haben."
2. Sie sagten: „Wir werden es ihm sagen."
3. Sie sagte: „Ich werde die längere Strecke fahren."
4. Er hat gesagt: „Wir werden ihn in Limburg besuchen."

C. PRESENT TENSE QUOTATIONS WITH FUTURE CONNOTATION

Direct quotations in the present tense that have a future connotation use either the present subjunctive or the future subjunctive in the indirect quote.

> Sie sagte: „Ich **gehe** nächstes Jahr nach Deutschland."
> Sie sagte, sie **ginge** nächstes Jahr nach Deutschland.
> [or] Sie sagte, sie **würde** nächstes Jahr nach Deutschland **gehen.**

ÜBUNG

Restate as indirect quotations, using first the present subjunctive, then the future subjunctive.

1. Sie schrieb: „Ich komme in einer Woche."
2. In der Zeitung stand: „Die Inflation geht bald zurück."
3. Sie sagten: „Wir essen ab morgen weniger."
4. Er sagte: „Ich nehme bestimmt fünf Kilo ab."

D. PAST TENSE QUOTATIONS

If the direct quotation is in any past tense, the past subjunctive is used in the indirect quote. Remember that the past subjunctive is a compound tense.

> Er hat gesagt: „Wir **haben** uns schon ewig nicht mehr richtig **unterhalten."**
> Er hat gesagt, sie **hätten** sich schon ewig nicht mehr richtig **unterhalten.**

ÜBUNG

Change the following sentences to indirect quotations. Begin each with **Er sagte,** ...

1. „Ich war bei McDonald's."
2. „Ich hatte zu viel gegessen."
3. „Ich setzte mich in meinen Wagen."
4. „Ich bin 60 Meilen auf der Autobahn gefahren."
5. „Den Polizeiwagen habe ich nicht gesehen."
6. „Er hat mich überholt."
7. „Ich habe einen Strafzettel bekommen."
8. „Darüber war ich böse."

E. QUESTIONS AS INDIRECT QUOTATIONS

When questions are quoted indirectly, the same tense rules apply as described above for statements.

> Er fragte: „Wann **waren** wir das letztemal im Kino?"
> Er fragte, wann sie das letztemal im Kino **gewesen wären.**

If there is no question word, the indirect question, you will remember, is introduced by **ob.**

> Sie fragte: „**Sollen** wir diesen Sommer ans Meer **fahren?**"
> Sie fragte, **ob** sie diesen Sommer ans Meer **fahren sollten.**

ÜBUNG

Change the following to indirect questions, beginning each with **Sie fragten,** ...

1. Wann kommt er an?
2. Wie oft muß sie Geschäftsreisen machen?
3. Warum geht er immer in den Schwarzwald?
4. Woher hat sie ihre blöden Bauernweisheiten?
5. Kommt sie mit?
6. Bleibt er lange?
7. Warum hat er nichts Besseres vorgeschlagen?
8. Was für einen Film haben sie gesehen?
9. Wie oft ist sie verreist?
10. Ist sie immer zu spät gekommen?

F. COMMANDS AS INDIRECT QUOTATIONS

Indirect commands are stated in English by using *should* with the infinitive *(He said I should meet him at four.)*; German uses a similar construction with the present subjunctive of **sollen.**

> Sie sagte: „**Geh** mit ihm ins Kino."
> Sie sagte, ich **sollte** mit ihm ins Kino **gehen.**

ÜBUNG

Restate the following commands indirectly, beginning each with **Er sagte mir,** ...

1. Fahren Sie über Langenburg.
2. Nehmen Sie ab.
3. Gib mir die alten Zeitungen.
4. Warte am Bahnhof.

*Begin the next indirect commands with **Er sagte uns,** ...*

1. Raucht nicht mehr.
2. Rennt nicht so.

3. Gehen wir doch ans Meer.
4. Lesen wir jetzt das Lesestück.

IV. SPECIAL SUBJUNCTIVE

The subjunctive tenses you previously learned to use are called general subjunctive. There is another set of subjunctive tenses, called special subjunctive, which is sometimes used in written German for indirect discourse. You need not learn to use these forms actively since they are rare in spoken, especially colloquial, German. You should, however, learn to recognize them.

The tenses of the special subjunctive are not based on the past and past perfect indicative, as in the subjunctive you previously learned, but on the infinitive stem.

A. PRESENT SPECIAL SUBJUNCTIVE

The present tense of this set of subjunctives is formed by adding, to the infinitive stem, the same personal endings used for the general subjunctive.

	nehmen		**können**		**haben**
ich	nehme	ich	könne	ich	habe
du	nehmest	du	könnest	du	habest
er, sie, es	nehme	er, sie, es	könne	er, sie, es	habe
wir	nehmen	wir	können	wir	haben
ihr	nehmet	ihr	könnet	ihr	habet
sie	nehmen	sie	können	sie	haben
Sie	nehmen	Sie	können	Sie	haben

There are no stem changes or other irregularities in this tense for any verb except **sein.** Its only irregular forms are the first- and third-person singular, which have no personal ending.

	sein		
ich	sei	wir	seien
du	seiest	ihr	seiet
er, sie, es	sei	sie	seien
		Sie	seien

Sie sagte, sie **gehe** nicht oft ins Kino.
She said she didn't go to the movies often.
Er sagte, er **sei** sehr müde.
He said he was very tired.

B. PAST SPECIAL SUBJUNCTIVE

The past tense of the special subjunctive is a compound tense formed with the present special subjunctive (just described) of the auxiliary **haben** or **sein** and the past participle of the other verb.

	nehmen		**gehen**
ich	habe genommen	ich	sei gegangen
du	habest genommen	du	seiest gegangen
er, sie, es	habe genommen	er, sie, es	sei gegangen
wir	haben genommen	wir	seien gegangen
ihr	habet genommen	ihr	seiet gegangen
sie	haben genommen	sie	seien gegangen
Sie	haben genommen	Sie	seien gegangen

Sie sagte, sie **habe** ihn lange nicht **gesehen.**
She said she hadn't seen him for a long time.
Er sagte, er **sei** oft **hingegangen.**
He said he had often gone there.

C. FUTURE SPECIAL SUBJUNCTIVE

This tense uses the present special subjunctive of **werden** with the infinitive of the other verb.

	sagen		
ich	werde sagen	wir	werden sagen
du	werdest sagen	ihr	werdet sagen
er, sie, es	werde sagen	sie	werden sagen
		Sie	werden sagen

Sie sagte, sie **werde** es ihm schon **sagen.**
She said she would tell it to him.

Er sagte, er **werde** die längere Strecke **fahren.**
He said he would drive the longer route.

ÜBUNG

Change the following sentences from the special subjunctive to the general subjunctive.

1. Er sagte, leider sei er zu beschäftigt.
2. Sie behauptete, sie habe es gar nicht bemerkt.
3. Ich habe gehört, er könne gut deutsch.
4. In der Zeitung stand, der Dieb sei in die Schweiz geflohen.
5. Sie hat erwähnt, daß sie in einer Pension gewohnt habe.

6. Er hat geträumt, er müsse eine Geschäftsreise nach Las Vegas machen.
7. Man hat vorausgesagt, daß das Wetter besser werde.
8. Seine Frau sagte, er solle sich zusammennehmen.

 **ZUM LESEN**

Sprichwörter[1]

Sprichwörter sind nicht nur Bauernweisheiten, sondern auch Lebensweisheiten: eine allgemein bekannte Wahrheit,[2] Beobachtung[3] oder Erfahrung wird in einfachen und klaren Worten ausgedrückt.[4] Man hat Ihnen zum Beispiel sicher manchmal gesagt, daß man seinen Kuchen[5] nicht zugleich essen und haben könnte,
5 oder daß man nicht mit Steinen[6] werfen sollte, wenn man selbst im Glashaus sitze, daß jedes Ding zwei Seiten[7] hätte, oder daß das Gras auf der anderen Seite immer grüner wäre.

Sprichwörter entstehen meistens in der primitiven Phase einer Kultur oder Gesellschaft. Deswegen haben viele deutsche Sprichwörter etwas mit Land-
10 wirtschaft[8] zu tun, oder mit dem Handwerk.

Sprichwörter sind eine Folkloreform, die fast alle Völker[9] der Welt gemeinsam haben. In verschiedenen[10] Ländern findet man auch oft ähnliche Sprichwörter. Es kann sein, daß manche von einem Land ins andere gewandert sind. Aber viele sind auch unabhängig[11] voneinander entstanden, denn, wie gesagt, sie beruhen[12]
15 auf allgemein bekannten Tatsachen,[13] allgemeinen Erfahrungen und Beobachtungen der Menschen.

Sprichwörter drücken Toleranz gegen menschliche Schwächen[14] aus: man verurteilt[15] nicht, sondern beschreibt Tatsachen, mit denen man leben muß und die man akzeptieren soll. Sie zeigen Verständnis für diese Schwächen und für das
20 menschliche Handeln[16] im Allgemeinen und seine Motive. Obwohl die Sprichwörter sich auf frühere Verhältnisse[17] beziehen,[18] die uns heute vielleicht fremd sind, und obwohl sie oft altmodisch[19] klingen, kann man sie immer noch, oft figurativ, für moderne Verhältnisse, Situationen und Menschen gebrauchen. Die Sprichwörter

1. proverbs	8. agriculture	15. condemns
2. truth	9. peoples	16. action
3. observation	10. various	17. conditions
4. expressed	11. independent	18. **sich auf ... beziehen**
5. cake	12. are based	refer to
6. stones	13. facts	19. old-fashioned
7. sides	14. weaknesses	

Im Zeitalter der Technologie und der Atomenergie gibt es auch noch einfache Bauern.
German Information Center

sind also zeitlos[20] und leben weiter, auch im Zeitalter[21] der Industrie, das keine
25 Bauernweisheiten mehr braucht.

     Können Sie sich vorstellen, in welchen Situationen man die folgenden Beispiele gebrauchen könnte? Vielleicht finden Sie amerikanische Parallelen.

    Kein Rauch ohne Feuer.[22]
    Einem geschenkten Gaul[23] schaut man nicht ins Maul.[24]
30   *Die dümmsten Bauern haben die dicksten Kartoffeln.*
    Keine Regel[25] ohne Ausnahme.
    Hilf dir selbst, dann hilft dir Gott.
    Wenn man den Teufel[26] an die Wand malt,[27] kommt er.
    Gold (Geld) öffnet jede Tür.

20. timeless	23. horse	26. devil
21. age	24. mouth	27. paints
22. fire	25. rule	

35   *Ein blindes Huhn[28] findet auch einmal ein Korn.[29]*
        Wenn zwei sich streiten, freut sich der Dritte.
        Nachts sind alle Katzen grau.

Auch der Volkshumor hat seinen Ausdruck in Sprichwörtern gefunden:

        Wenn der Hahn[30] kräht[31] auf dem Mist,[32] ändert sich das Wetter, oder es
40   *bleibt wie's ist.*

Hier sind zwei moderne Sprichwörter:

        Wenn das Wörtchen „wenn" nicht wär', wär' mein Vater Millionär.
        Im Himmel gibt's kein Bier, darum trinken wir es hier.

        Die Volkskreativität ist also noch nicht tot, trotz fortschrittlicher Technolo-
45 gie und Atomzeitalter.

28. chicken   30. rooster   32. dung heap
29. kernel   31. crows

➡ ÜBUNGEN ZUM LESESTÜCK

A. *Complete the statements with the appropriate proverb, selected from the list below.*

1. Zu meinem Geburtstag habe ich eine Timex bekommen. Ich hätte aber lieber eine Seiko gehabt. Aber . ⌐

2. Vor der Klasse hat ein Student gesagt, er habe geträumt, daß es heute eine Prüfung geben werde. Die anderen Studenten haben gesagt: „ . . .

3. Im Chemielaboratorium ist mir das erstemal in diesem Semester ein Experiment gelungen. Mein Chemieprofessor, der sehr sarkastisch ist, hat gesagt, daß .

4. Wenn ich reich wäre, hätte ich wahrscheinlich keine Schwierigkeiten, zu bekommen, was ich will, weil . . ⟩

5. In Mathematik hat Fritz immer Schwierigkeiten, er kann nie ein Problem lösen. Einmal hat der Professor ein besonders schweres Problem gegeben. Fritz hat es gelöst! Der Mathematikprofessor, der genauso sarkastisch ist wie der Chemieprofessor, hat gesagt: „ . . .

6. Unser Deutschprofessor hat uns erklärt: „In einem deutschen Relativsatz *(clause)* steht das Verb am Ende." Dann haben wir den Satz *(sentence)* gelesen: Der Mathematikprofessor, der genauso sarkastisch ist wie der Chemieprofessor, hat gesagt . . . Ich habe gesagt: „Die Regel, die Sie uns gegeben haben, heißt, daß in einem Relativsatz das Verb am Ende steht. Warum nicht hier?" Unser Deutschprofessor hat geantwortet: „ . . .

7. Der Gangster sagte zu seinem Boß, er hätte einen Kontrakt akzeptiert, aber einen zweiten würde er nicht akzeptieren. Der Boß sagte: „Natürlich wirst du ihn akzeptieren, denn . . .

8. Während des Semesters hat Karl viele Fs in den Prüfungen bekommen. Aber in dem

Examen am Ende des Semesters hat er ein B bekommen. Karl hat sich sehr gefreut und gesagt: „ . . .

9. Heute hat einfach nichts geklappt. Ich habe den Wecker nicht gehört und bin zu spät aufgestanden; dann ist mein Auto nicht angesprungen, dann hatte ich eine Prüfung, usw. Aber ich bin ein Optimist und habe mir gesagt: „b. .

10. Als unser Professor einmal den Hörsaal verlassen mußte, weil er einen Anruf aus Kanada bekam, sagte er, wir sollten bitte die nächste Übung schreiben. Wir haben es nicht getan und uns über das letzte Fußballspiel unterhalten. Als der Professor zurückkam, sagte er: „ .a

(a) Wenn die Katze aus dem Haus ist, tanzen die Mäuse *(mice)* auf dem Tisch.
(b) Auch das Schlimmste hat ein Ende.
(c) Kein Rauch ohne Feuer.
(d) Keine Regel ohne Ausnahme.
(e) Wenn zwei sich streiten, freut sich der Dritte.
(f) Von nichts kommt nichts.
(g) Wenn man den Teufel an die Wand malt, kommt er.
(h) Geld öffnet jede Tür.
(i) Ende gut, alles gut.
(j) Der dümmste Bauer hat die dicksten Kartoffeln.
(k) Nachts sind alle Katzen grau.
(l) Einem geschenkten Gaul schaut man nicht ins Maul.
(m) Wer A sagt, muß auch B sagen.
(n) Ein blindes Huhn findet auch einmal ein Korn.

B. *Describe situations where you would use the following proverbs.*

1. Im Himmel gibt's kein Bier, darum trinken wir es hier.
2. Wenn das Wörtchen „wenn" nicht wär', wär' mein Vater Millionär.
3. Von nichts kommt nichts.

AM ZIEL: SCHRIFTLICHE ÜBUNGEN

A. *The following pictures depict a series of events related to the events in the dialog. Describe them.*

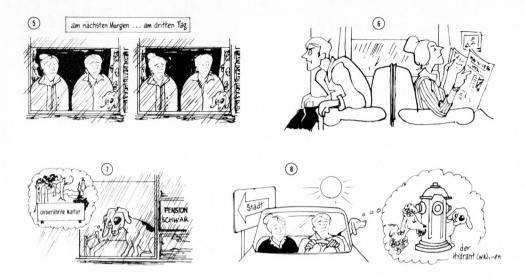

B. *Write up the following as classified ads. You are paying by the word, so omit all articles except those indicated.*

1. Geschieden- *(divorced)* Mann / wollen verkaufen/ schön- klein- Blockhütte im Schwarzwald. / Immer / schön- Wetter.

2. Ehemalig- Professor / suchen / angenehm- Stellung / in unberührt- Natur / weit von all- Universitäten.

3. Jung- Zahnarzt / möchte fahren / mit verständnisvoll- Frau / in d- Berge. / Müssen haben / gut- Zähne.

4. Amerikanisch- Geschäftsmann / suchen / schön- Wohnung / mit groß- sonnig- Zimmern / in elegant- Teil der Stadt.

5. Intelligent-, tierliebend- Studentin / suchen / interessant- Job / für nächst- Sommer.

C. *Rewrite the following passage, changing from special subjunctive to general subjunctive.*

A man has filed a complaint about a false arrest. The arresting officer is on record as having reported:

Er habe um 22 Uhr 4 in seinem Polizeiwagen einen Anruf bekommen. Man habe ihm gesagt, in der Goethestraße sei ein Einbruch im Gange *(in progress)*. Ein Autodieb wolle gerade in ein Auto einbrechen. Er, der Polizist, sei sehr schnell gefahren, so daß er so schnell wie möglich an den Tatort komme, ohne Sirene, so daß der Täter ihn nicht gleich bemerken werde. Als er angekommen sei, habe der Täter gerade versucht, die Wagentür eines BMWs zu öffnen. Als Werkzeug *(tool)* habe er eine Kreditkarte benutzt. Er, der Polizist, sei gleich hingegangen und habe den Täter gefragt, was er da mache. Der Täter habe gar keine Angst gezeigt und sei gar nicht überrascht gewesen und habe ganz naiv gefragt, ob er, der Polizist, ihm helfen könne; sein Schlüssel liege nämlich im Handschuhfach. Er müsse sofort nach Hause, sonst werde seine Frau böse, weil sie schon seit neun Uhr auf ihn warte. Der Täter habe aber keine Papiere *(papers)* gehabt; er habe behauptet, sie seien auch im Handschuhfach. Deshalb habe er, der Polizist, den Täter höflich gebeten, zur Polizeistation mitzukommen. Wie solle er, der Polizist, denn wissen, daß das Auto dem Täter gehöre, wenn dieser keine Papiere bei sich habe?

D. *Translate into English; then recall the German from your English translation.*

1. Er behauptete, er habe nichts Besseres vorzuschlagen gehabt.   **2.** Am Wochenende gab es etwas Gutes zu essen: Huhn in Weinsauce.   **3.** Leider muß ich dich unterbrechen und dir widersprechen, denn du hast unrecht.   **4.** Ich war sehr nervös, und deshalb habe ich etwas Blödes gesagt.   **5.** Vor einem Jahr ließ er sich von seiner dritten Frau scheiden. **6.** Warum möchtest du dich nicht mit ihm darüber unterhalten?   **7.** Unser Professor behauptete immer, wir hätten uns nicht genug angestrengt.   **8.** Er sagte, ich sollte es mir zuerst überlegen, ob ich wirklich einen so großen Wagen brauchte.   **9.** Streng dich mal an und überleg mal, wann du ihn das zweitemal getroffen hast.   **10.** Als wir vor drei Wochen in Österreich waren, haben wir in einer netten kleinen Pension gewohnt. Etwas Schöneres kannst du dir nicht vorstellen.

E. *Translate into German.*

1. Don't be so sarcastic; you are unbearable.   **2.** I hope we'll have sunshine tomorrow. I have to go on (**machen**) a business trip.   **3.** I wish he would not interrupt me so often. **4.** The sentences our professor gave us were very difficult.   **5.** He said that he had never been to (**in**) the Black Forest.   **6.** I wish I could take longer trips; but my vacation is too short.   **7.** My relatives are expecting me at the station; I hope the train won't be delayed. **8.** Do you like old movies? *Frankenstein* is playing. Do you want to come along?   **9.** He suggested something interesting and said we should try it.   **10.** They told us this morning that they were too busy and couldn't come.

F. *Composition.*

1. Beschreiben Sie einen unausstehlichen Menschen.
2. Kappels Hund Hektor beschreibt den dritten Regentag ın der Pension.
3. Frau Kappel schreibt ihrer Freundin einen Brief aus der Pension.
4. Herr Kappel schreibt seinem Freund einen Brief aus der Pension.

➡ WORTSCHATZ

also   therefore
  na also!   you see!
der **Bauer** (*wk.*, **–n**), **-n**
  farmer, peasant
die **Bauernweisheit, -en**   farmer's (almanac) saying,
  farmer's wisdom
  beschäftigt   busy
  blind   blind
  blöde   stupid
  darum   for that reason
  ewig   eternal, forever,
  very long
das **Feuer**   fire
  folgen (*dat.*) (ist)   to follow
  folgen auf (*acc.*) (ist)   to
  follow, come after
der **Gaul, ⸚e** (*archaic for* das
  Pferd, -e)   horse
die **Geschäftsreise, -n**   business trip
  grau   gray
  halt (*coll.*)   simply
der **Himmel**   sky; heaven
das **Huhn, ⸚er**   chicken

das **Korn, ⸚er**   kernel, seed
  lauter (*coll.*)   nothing but,
  only
das **letztemal (erstemal,**
  etc.)   the last time (first
  time, etc.)
  malen   to paint
das **Maul, ⸚er**   mouth (*for*
  animals)
  müde   tired
die **Natur**   nature
  nicht einmal (nicht mal)
  not even
die **Pension, -en**   guest house
der **Rauch**   smoke
die **Regel, -n**   rule
der **Regen**   rain
  regnen   to rain
  sarkastisch   sarcastic
der **Satz, ⸚e**   sentence; clause
sich (*acc.*) **scheiden lassen**   to
  get a divorce
  scheinen, schien, geschienen   to shine
der **Schwarzwald**   Black Forest

der **Sessel, –**   armchair
der **Sonnenschein**   sunshine
  starren   to stare
  stinken, stank, gestunken
  to stink
  mir stinkt's (*coll.*)   I'm
  fed up
der **Streit**   argument, quarrel
  Streit suchen   to pick a
  quarrel
der **Teufel, –**   devil
  unausstehlich   unbearable
  unberührt   untouched
  unrecht haben   to be
  wrong
  unterbrechen (i), unterbrach, unterbrochen
  to interrupt
  vor (*dat.*)   ago
  vor•schlagen (ä), schlug vor,
  vorgeschlagen   to suggest, propose
die **Wand, ⸚e**   wall
das **Wetter**   weather
das **Wochenende, -n**   weekend
das **Wörtchen, –**   little word

APPENDIX

Verb Summary

I. THE AUXILIARY VERBS: *HABEN, SEIN, WERDEN*

INFINITIVE

haben *(to have)* sein *(to be)* werden *(to become)*

PRESENT INDICATIVE

ich habe	ich bin	ich werde
du hast	du bist	du wirst
er hat	er ist	er wird
wir haben	wir sind	wir werden
ihr habt	ihr seid	ihr werdet
sie haben	sie sind	sie werden
Sie haben	Sie sind	Sie werden

PAST INDICATIVE

ich hatte	ich war	ich wurde
du hattest	du warst	du wurdest
er hatte	er war	er wurde
wir hatten	wir waren	wir wurden
ihr hattet	ihr wart	ihr wurdet
sie hatten	sie waren	sie wurden
Sie hatten	Sie waren	Sie wurden

PRESENT PERFECT INDICATIVE

ich habe gehabt	ich bin gewesen	ich bin geworden
du hast gehabt	du bist gewesen	du bist geworden
er hat gehabt	er ist gewesen	er ist geworden
wir haben gehabt	wir sind gewesen	wir sind geworden
ihr habt gehabt	ihr seid gewesen	ihr seid geworden
sie haben gehabt	sie sind gewesen	sie sind geworden
Sie haben gehabt	Sie sind gewesen	Sie sind geworden

PAST PERFECT INDICATIVE

ich hatte gehabt	ich war gewesen	ich war geworden
du hattest gehabt	du warst gewesen	du warst geworden
er hatte gehabt	er war gewesen	er war geworden
wir hatten gehabt	wir waren gewesen	wir waren geworden
ihr hattet gehabt	ihr wart gewesen	ihr wart geworden
sie hatten gehabt	sie waren gewesen	sie waren geworden
Sie hatten gehabt	Sie waren gewesen	Sie waren geworden

FUTURE INDICATIVE

ich werde haben	ich werde sein	ich werde werden
du wirst haben	du wirst sein	du wirst werden
er wird haben	er wird sein	er wird werden
wir werden haben	wir werden sein	wir werden werden
ihr werdet haben	ihr werdet sein	ihr werdet werden
sie werden haben	sie werden sein	sie werden werden
Sie werden haben	Sie werden sein	Sie werden werden

PRESENT GENERAL SUBJUNCTIVE

ich hätte	ich wäre	ich würde
du hättest	du wärest	du würdest
er hätte	er wäre	er würde
wir hätten	wir wären	wir würden
ihr hättet	ihr wäret	ihr würdet
sie hätten	sie wären	sie würden
Sie hätten	Sie wären	Sie würden

PRESENT SPECIAL SUBJUNCTIVE

ich habe	ich sei	ich werde
du habest	du seiest	du werdest
er habe	er sei	er werde
wir haben	wir seien	wir werden
ihr habet	ihr seiet	ihr werdet
sie haben	sie seien	sie werden
Sie haben	Sie seien	Sie werden

PAST GENERAL SUBJUNCTIVE

ich hätte gehabt	ich wäre gewesen	ich wäre geworden
du hättest gehabt	du wärest gewesen	du wärest geworden
er hätte gehabt	er wäre gewesen	er wäre geworden
wir hätten gehabt	wir wären gewesen	wir wären geworden
ihr hättet gehabt	ihr wäret gewesen	ihr wäret geworden
sie hätten gehabt	sie wären gewesen	sie wären geworden
Sie hätten gehabt	Sie wären gewesen	Sie wären geworden

PAST SPECIAL SUBJUNCTIVE

ich habe gehabt	ich sei gewesen	ich sei geworden
du habest gehabt	du seiest gewesen	du seiest geworden
er habe gehabt	er sei gewesen	er sei geworden
wir haben gehabt	wir seien gewesen	wir seien geworden
ihr habet gehabt	ihr seiet gewesen	ihr seiet geworden
sie haben gehabt	sie seien gewesen	sie seien geworden
Sie haben gehabt	Sie seien gewesen	Sie seien geworden

PRESENT CONDITIONAL (FUTURE GENERAL SUBJUNCTIVE)

ich würde haben	ich würde sein	ich würde werden
du würdest haben	du würdest sein	du würdest werden
er würde haben	er würde sein	er würde werden

wir würden haben	wir würden sein	wir würden werden
ihr würdet haben	ihr würdet sein	ihr würdet werden
sie würden haben	sie würden sein	sie würden werden
Sie würden haben	Sie würden sein	Sie würden werden

FUTURE SPECIAL SUBJUNCTIVE

ich werde haben	ich werde sein	ich werde werden
du werdest haben	du werdest sein	du werdest werden
er werde haben	er werde sein	er werde werden
wir werden haben	wir werden sein	wir werden werden
ihr werdet haben	ihr werdet sein	ihr werdet werden
sie werden haben	sie werden sein	sie werden werden
Sie werden haben	Sie werden sein	Sie werden werden

IMPERATIVE

hab(e)!	sei!	werde!
habt!	seid!	werdet!
haben Sie!	seien Sie!	werden Sie!

II. MODAL AUXILIARIES AND *WISSEN*

dürfen	können	mögen	müssen	sollen	wollen	wissen

PRESENT INDICATIVE

ich darf	kann	mag	muß	soll	will	weiß
du darfst	kannst	magst	mußt	sollst	willst	weißt
er darf	kann	mag	muß	soll	will	weiß
wir dürfen	können	mögen	müssen	sollen	wollen	wissen
ihr dürft	könnt	mögt	müßt	sollt	wollt	wißt
sie dürfen	können	mögen	müssen	sollen	wollen	wissen
Sie dürfen	können	mögen	müssen	sollen	wollen	wissen

PAST INDICATIVE

ich durfte	konnte	mochte	mußte	sollte	wollte	wußte
du durftest	konntest	mochtest	mußtest	solltest	wolltest	wußtest
er durfte	konnte	mochte	mußte	sollte	wollte	wußte
wir durften	konnten	mochten	mußten	sollten	wollten	wußten
ihr durftet	konntet	mochtet	mußtet	solltet	wolltet	wußtet
sie durften	konnten	mochten	mußten	sollten	wollten	wußten
Sie durften	konnten	mochten	mußten	sollten	wollten	wußten

PRESENT PERFECT INDICATIVE

ich habe gedurft (gekonnt, gemocht, gemußt, gesollt, gewollt, gewußt)
du hast gedurft (gekonnt, gemocht, gemußt, gesollt, gewollt, gewußt)
    etc.

PAST PERFECT INDICATIVE

ich hatte gedurft (gekonnt, gemocht, gemußt, gesollt, gewollt, gewußt)
du hattest gedurft (gekonnt, gemocht, gemußt, gesollt, gewollt, gewußt)
    etc.

FUTURE INDICATIVE

ich werde dürfen (können, mögen, müssen, sollen, wollen, wissen)
du wirst dürfen (können, mögen, müssen, sollen, wollen, wissen)
    etc.

PRESENT GENERAL SUBJUNCTIVE

ich dürfte	ich könnte	ich möchte	ich müßte	ich sollte	ich wollte	ich wüßte
du dürftest	du könntest	du möchtest	du müßtest	du solltest	du wolltest	du wüßtest
etc.						

PRESENT SPECIAL SUBJUNCTIVE

ich dürfe	ich könne	ich möge	ich müsse	ich solle	ich wolle	ich wisse
du dürfest	du könnest	du mögest	du müssest	du sollest	du wollest	du wissest
etc.						

PAST GENERAL SUBJUNCTIVE

ich hätte gedurft (gekonnt, gemocht, gemußt, gesollt, gewollt, gewußt)
du hättest gedurft (gekonnt, gemocht, gemußt, gesollt, gewollt, gewußt)
    etc.

PAST SPECIAL SUBJUNCTIVE

ich habe gedurft (gekonnt, gemocht, gemußt, gesollt, gewollt, gewußt)
du habest gedurft (gekonnt, gemocht, gemußt, gesollt, gewollt, gewußt)
    etc.

PRESENT CONDITIONAL (FUTURE GENERAL SUBJUNCTIVE)

ich würde dürfen (können, mögen, müssen, sollen, wollen, wissen)
du würdest dürfen (können, mögen, müssen, sollen, wollen, wissen)
    etc.

FUTURE SPECIAL SUBJUNCTIVE

ich werde dürfen (können, mögen, müssen, sollen, wollen, wissen)
du werdest dürfen (können, mögen, müssen, sollen, wollen, wissen)
    etc.

III. WEAK AND STRONG VERBS

A. ACTIVE VOICE

INFINITIVE

suchen	antworten	bitten	fahren

PRESENT INDICATIVE

ich suche	ich antworte	ich bitte	ich fahre
du suchst	du antwortest	du bittest	du fährst
er sucht	er antwortet	er bittet	er fährt
wir suchen	wir antworten	wir bitten	wir fahren
ihr sucht	ihr antwortet	ihr bittet	ihr fahrt
sie suchen	sie antworten	sie bitten	sie fahren
Sie suchen	Sie antworten	Sie bitten	Sie fahren

PAST INDICATIVE

ich suchte	ich antwortete	ich bat	ich fuhr
du suchtest	du antwortetest	du batest	du fuhrst
er suchte	er antwortete	er bat	er fuhr
wir suchten	wir antworteten	wir baten	wir fuhren
ihr suchtet	ihr antwortetet	ihr batet	ihr fuhrt
sie suchten	sie antworteten	sie baten	sie fuhren
Sie suchten	Sie antworteten	Sie baten	Sie fuhren

PRESENT PERFECT INDICATIVE

ich habe gesucht	ich habe geantwortet	ich habe gebeten	ich bin gefahren
du hast gesucht	du hast geantwortet	du hast gebeten	du bist gefahren
er hat gesucht	er hat geantwortet	er hat gebeten	er ist gefahren
wir haben gesucht	wir haben geantwortet	wir haben gebeten	wir sind gefahren
ihr habt gesucht	ihr habt geantwortet	ihr habt gebeten	ihr seid gefahren
sie haben gesucht	sie haben geantwortet	sie haben gebeten	sie sind gefahren
Sie haben gesucht	Sie haben geantwortet	Sie haben gebeten	Sie sind gefahren

PAST PERFECT INDICATIVE

ich hatte gesucht	ich hatte geantwortet	ich hatte gebeten	ich war gefahren
du hattest gesucht	du hattest geantwortet	du hattest gebeten	du warst gefahren
er hatte gesucht	er hatte geantwortet	er hatte gebeten	er war gefahren
wir hatten gesucht	wir hatten geantwortet	wir hatten gebeten	wir waren gefahren
ihr hattet gesucht	ihr hattet geantwortet	ihr hattet gebeten	ihr wart gefahren
sie hatten gesucht	sie hatten geantwortet	sie hatten gebeten	sie waren gefahren
Sie hatten gesucht	Sie hatten geantwortet	Sie hatten gebeten	Sie waren gefahren

FUTURE INDICATIVE

ich werde suchen	ich werde antworten	ich werde bitten	ich werde fahren
du wirst suchen	du wirst antworten	du wirst bitten	du wirst fahren
er wird suchen	er wird antworten	er wird bitten	er wird fahren
wir werden suchen	wir werden antworten	wir werden bitten	wir werden fahren
ihr werdet suchen	ihr werdet antworten	ihr werdet bitten	ihr werdet fahren
sie werden suchen	sie werden antworten	sie werden bitten	sie werden fahren
Sie werden suchen	Sie werden antworten	Sie werden bitten	Sie werden fahren

IMPERATIVE

such(e)!	antworte!	bitte!	fahr(e)!
sucht!	antwortet!	bittet!	fahrt!
suchen Sie!	antworten Sie!	bitten Sie!	fahren Sie!
suchen wir!	antworten wir!	bitten wir!	fahren wir!

PRESENT GENERAL SUBJUNCTIVE

ich suchte	ich antwortete	ich bäte	ich führe
du suchtest	du antwortetest	du bätest	du führest
er suchte	er antwortete	er bäte	er führe
wir suchten	wir antworteten	wir bäten	wir führen
ihr suchtet	ihr antwortetet	ihr bätet	ihr führet
sie suchten	sie antworteten	sie bäten	sie führen
Sie suchten	Sie antworteten	Sie bäten	Sie führen

PRESENT SPECIAL SUBJUNCTIVE

ich suche	ich antworte	ich bitte	ich fahre
du suchest	du antwortest	du bittest	du fahrest
er suche	er antworte	er bitte	er fahre
wir suchen	wir antworten	wir bitten	wir fahren
ihr suchet	ihr antwortet	ihr bittet	ihr fahret
sie suchen	sie antworten	sie bitten	sie fahren
Sie suchen	Sie antworten	Sie bitten	Sie fahren

PAST GENERAL SUBJUNCTIVE

ich hätte gesucht	ich hätte geantwortet	ich hätte gebeten	ich wäre gefahren
du hättest gesucht	du hättest geantwortet	du hättest gebeten	du wärest gefahren
er hätte gesucht	er hätte geantwortet	er hätte gebeten	er wäre gefahren
wir hätten gesucht	wir hätten geantwortet	wir hätten gebeten	wir wären gefahren
ihr hättet gesucht	ihr hättet geantwortet	ihr hättet gebeten	ihr wäret gefahren
sie hätten gesucht	sie hätten geantwortet	sie hätten gebeten	sie wären gefahren
Sie hätten gesucht	Sie hätten geantwortet	Sie hätten gebeten	Sie wären gefahren

PAST SPECIAL SUBJUNCTIVE

ich habe gesucht	ich habe geantwortet	ich habe gebeten	ich sei gefahren
du habest gesucht	du habest geantwortet	du habest gebeten	du seiest gefahren
er habe gesucht	er habe geantwortet	er habe gebeten	er sei gefahren
wir haben gesucht	wir haben geantwortet	wir haben gebeten	wir seien gefahren
ihr habet gesucht	ihr habet geantwortet	ihr habet gebeten	ihr seiet gefahren
sie haben gesucht	sie haben geantwortet	sie haben gebeten	sie seien gefahren
Sie haben gesucht	Sie haben geantwortet	Sie haben gebeten	Sie seien gefahren

PRESENT CONDITIONAL (FUTURE GENERAL SUBJUNCTIVE)

ich würde suchen	ich würde antworten	ich würde bitten	ich würde fahren
du würdest suchen	du würdest antworten	du würdest bitten	du würdest fahren
er würde suchen	er würde antworten	er würde bitten	er würde fahren
wir würden suchen	wir würden antworten	wir würden bitten	wir würden fahren
ihr würdet suchen	ihr würdet antworten	ihr würdet bitten	ihr würdet fahren
sie würden suchen	sie würden antworten	sie würden bitten	sie würden fahren
Sie würden suchen	Sie würden antworten	Sie würden bitten	Sie würden fahren

FUTURE SPECIAL SUBJUNCTIVE

ich werde suchen	ich werde antworten	ich werde bitten	ich werde fahren
du werdest suchen	du werdest antworten	du werdest bitten	du werdest fahren
er werde suchen	er werde antworten	er werde bitten	er werde fahren

wir werden suchen	wir werden antworten	wir werden bitten	wir werden fahren
ihr werdet suchen	ihr werdet antworten	ihr werdet bitten	ihr werdet fahren
sie werden suchen	sie werden antworten	sie werden bitten	sie werden fahren
Sie werden suchen	Sie werden antworten	Sie werden bitten	Sie werden fahren

B. PASSIVE VOICE

PRESENT INDICATIVE

ich werde gesucht	ich werde gebeten
du wirst gesucht	du wirst gebeten
er wird gesucht	er wird gebeten
wir werden gesucht	wir werden gebeten
ihr werdet gesucht	ihr werdet gebeten
sie werden gesucht	sie werden gebeten
Sie werden gesucht	Sie werden gebeten

PAST INDICATIVE

ich wurde gesucht	ich wurde gebeten
du wurdest gesucht	du wurdest gebeten
er wurde gesucht	er wurde gebeten
wir wurden gesucht	wir wurden gebeten
ihr wurdet gesucht	ihr wurdet gebeten
sie wurden gesucht	sie wurden gebeten
Sie wurden gesucht	Sie wurden gebeten

PRESENT PERFECT INDICATIVE

ich bin gesucht worden	ich bin gebeten worden
du bist gesucht worden	du bist gebeten worden
er ist gesucht worden	er ist gebeten worden
wir sind gesucht worden	wir sind gebeten worden
ihr seid gesucht worden	ihr seid gebeten worden
sie sind gesucht worden	sie sind gebeten worden
Sie sind gesucht worden	Sie sind gebeten worden

PAST PERFECT INDICATIVE

ich war gesucht worden	ich war gebeten worden
du warst gesucht worden	du warst gebeten worden
er war gesucht worden	er war gebeten worden
wir waren gesucht worden	wir waren gebeten worden
ihr wart gesucht worden	ihr wart gebeten worden
sie waren gesucht worden	sie waren gebeten worden
Sie waren gesucht worden	Sie waren gebeten worden

FUTURE INDICATIVE

ich werde gesucht werden	ich werde gebeten werden
du wirst gesucht werden	du wirst gebeten werden
er wird gesucht werden	er wird gebeten werden
wir werden gesucht werden	wir werden gebeten werden
ihr werdet gesucht werden	ihr werdet gebeten werden
sie werden gesucht werden	sie werden gebeten werden
Sie werden gesucht werden	Sie werden gebeten werden

IV. PRINCIPAL PARTS OF STRONG AND IRREGULAR VERBS

The following list is composed of all the strong and irregular verbs found in the individual lesson vocabularies of this textbook.

INFINITIVE	PRESENT	PAST	PAST PARTICIPLE	ENGLISH
	THIRD PERSON SINGULAR	*THIRD PERSON SINGULAR*		
abfahren	fährt . . . ab	fuhr . . . ab	ist abgefahren	*leave, depart*
abnehmen	nimmt . . . ab	nahm . . . ab	hat abgenommen	*reduce, lose weight*
anfangen	fängt . . . an	fing . . . an	hat angefangen	*begin*
angeben	gibt . . . an	gab . . . an	hat angegeben	*indicate*
anhaben	hat . . . an	hatte . . . an	hat angehabt	*have on, wear*
ankommen	kommt . . . an	kam . . . an	ist angekommen	*arrive*
anrufen	ruft . . . an	rief . . . an	hat angerufen	*call (phone)*
ansehen	sieht . . . an	sah . . . an	hat angesehen	*look at*
anspringen	springt . . . an	sprang . . . an	ist angesprungen	*start (car)*
aufgeben	gibt . . . auf	gab . . . auf	hat aufgegeben	*give up*
aushelfen	hilft . . . aus	half . . . aus	hat ausgeholfen	*help out*
beginnen	beginnt	begann	hat begonnen	*begin*
beschreiben	beschreibt	beschrieb	hat beschrieben	*describe*
besprechen	bespricht	besprach	hat besprochen	*discuss*
betrügen	betrügt	betrog	hat betrogen	*cheat*
bitten	bittet	bat	hat gebeten	*ask, request*
bleiben	bleibt	blieb	ist geblieben	*remain, stay*
denken	denkt	dachte	hat gedacht	*think*
dürfen	darf	durfte	hat gedurft	*be allowed to*
empfehlen	empfiehlt	empfahl	hat empfohlen	*recommend*
erfinden	erfindet	erfand	hat erfunden	*invent*
erkennen	erkennt	erkannte	hat erkannt	*recognize*
essen	ißt	aß	hat gegessen	*eat*
fahren	fährt	fuhr	ist gefahren	*drive, go*
fallen	fällt	fiel	ist gefallen	*fall*
fernsehen	sieht . . . fern	sah . . . fern	hat ferngesehen	*watch T.V.*
finden	findet	fand	hat gefunden	*find*
fliehen	flieht	floh	ist geflohen	*flee, escape*
fressen	frißt	fraß	hat gefressen	*eat (for animals)*
gefallen	gefällt	gefiel	hat gefallen	*like*
gehen	geht	ging	ist gegangen	*go*
gelingen	gelingt	gelang	ist gelungen	*succeed*
geschehen	geschieht	geschah	ist geschehen	*happen*
gewinnen	gewinnt	gewann	hat gewonnen	*win*
haben	hat	hatte	hat gehabt	*have*
halten	hält	hielt	hat gehalten	*stop*
heißen	heißt	hieß	hat geheißen	*be called*
helfen	hilft	half	hat geholfen	*help*
herausfinden	findet . . . heraus	fand . . . heraus	hat herausge-funden	*find out*
hingehen	geht . . . hin	ging . . . hin	ist hingegangen	*go there*
hinkommen	kommt . . . hin	kam . . . hin	ist hingekommen	*get there*

INFINITIVE	PRESENT THIRD PERSON SINGULAR	PAST THIRD PERSON SINGULAR	PAST PARTICIPLE	ENGLISH
kennen	kennt	kannte	hat gekannt	*know*
klingen	klingt	klang	hat geklungen	*sound*
kommen	kommt	kam	ist gekommen	*come*
können	kann	konnte	hat gekonnt	*be able to*
lassen	läßt	ließ	hat gelassen	*let, allow*
laufen	läuft	lief	ist gelaufen	*run*
leihen	leiht	lieh	hat geliehen	*borrow*
lesen	liest	las	hat gelesen	*read*
liegen	liegt	lag	hat gelegen	*lie*
mitnehmen	nimmt . . . mit	nahm . . . mit	hat mitgenom-men	*take along*
mögen	mag	mochte	hat gemocht	*like (to)*
müssen	muß	mußte	hat gemußt	*have to*
nehmen	nimmt	nahm	hat genommen	*take*
nennen	nennt	nannte	hat genannt	*name, call*
rennen	rennt	rannte	ist gerannt	*run*
scheinen	scheint	schien	hat geschienen	*shine*
schießen	schießt	schoß	hat geschossen	*shoot*
schlafen	schläft	schlief	hat geschlafen	*sleep*
schlagen	schlägt	schlug	hat geschlagen	*hit, beat*
schreiben	schreibt	schrieb	hat geschrieben	*write*
schreien	schreit	schrie	hat geschrieen	*scream*
schwimmen	schwimmt	schwamm	ist geschwommen	*swim*
sehen	sieht	sah	hat gesehen	*see*
sein	ist	war	ist gewesen	*be*
senden	sendet	sandte	hat gesandt	*send*
singen	singt	sang	hat gesungen	*sing*
sitzen	sitzt	saß	hat gesessen	*sit*
sollen	soll	sollte	hat gesollt	*is supposed to*
sprechen	spricht	sprach	hat gesprochen	*speak*
stattfinden	findet . . . statt	fand . . . statt	hat stattgefunden	*take place*
stehen	steht	stand	hat gestanden	*stand*
stehlen	stiehlt	stahl	hat gestohlen	*steal*
sterben	stirbt	starb	ist gestorben	*die*
stinken	stinkt	stank	hat gestunken	*stink*
streiten	streitet	stritt	hat gestritten	*quarrel*
teilnehmen	nimmt . . . teil	nahm . . . teil	hat teilgenom-men	*take part*
tragen	trägt	trug	hat getragen	*wear; carry*
treffen	trifft	traf	hat getroffen	*meet*
trinken	trinkt	trank	hat getrunken	*drink*
tun	tut	tat	hat getan	*do*
überziehen	überzieht	überzog	hat überzogen	*overdraw*
unterbrechen	unterbricht	unterbrach	hat unterbrochen	*interrupt*
sich unterhalten	unterhält	unterhielt	hat unterhalten	*talk, chat*
verbieten	verbietet	verbot	hat verboten	*forbid, prohibit*
vergessen	vergißt	vergaß	hat vergessen	*forget*
vergleichen	vergleicht	verglich	hat verglichen	*compare*
verlassen	verläßt	verließ	hat verlassen	*leave*

INFINITIVE	PRESENT *THIRD PERSON SINGULAR*	PAST *THIRD PERSON SINGULAR*	PAST PARTICIPLE	ENGLISH
verlieren	verliert	verlor	hat verloren	*lose*
verschwinden	verschwindet	verschwand	ist verschwunden	*disappear*
versprechen	verspricht	versprach	hat versprochen	*promise*
verstehen	versteht	verstand	hat verstanden	*understand*
vorkommen	kommt ... vor	kam ... vor	ist vorgekommen	*seem*
vorlesen	liest ... vor	las ... vor	hat vorgelesen	*read aloud*
sich vornehmen	nimmt ... vor	nahm ... vor	hat vorgenom-men	*plan, resolve*
vorschlagen	schlägt ... vor	schlug ... vor	hat vorgeschlagen	*suggest, propose*
waschen	wäscht	wusch	hat gewaschen	*wash*
weggehen	geht ... weg	ging ... weg	ist weggegangen	*go away*
weitergehen	geht ... weiter	ging ... weiter	ist weitergegan-gen	*go on, continue*
wenden	wendet	wandte	hat gewandt	*turn*
werden	wird	wurde	ist geworden	*become*
werfen	wirft	warf	hat geworfen	*throw*
widersprechen	widerspricht	widersprach	hat widerspro-chen	*contradict*
wissen	weiß	wußte	hat gewußt	*know*
wollen	will	wollte	hat gewollt	*want (to)*
zugehen	geht ... zu	ging ... zu	ist zugegangen	*go on, occur*
zunehmen	nimmt ... zu	nahm ... zu	hat zugenommen	*gain*
zurückkommen	kommt ... zurück	kam ... zurück	ist zurückgekom-men	*return*
sich zusammen-nehmen	nimmt ... zusam-men	nahm ... zusam-men	hat zusammen-genommen	*get hold of oneself*

Noun Declension

There are five main types of noun declensions, grouped according to the way the nouns form their plurals.

A. NO PLURAL ENDING; SOME TAKE UMLAUT

Includes:

1. masculine and neuter nouns ending in -el, -er, -en (der Bruder, die Brüder)
2. neuter nouns with diminutive suffixes -chen and -lein (das Mädchen, die Mädchen)
3. only two feminine nouns (die Mutter, die Mütter; die Tochter, die Töchter)

Sample declension:

	SINGULAR	PLURAL
NOMINATIVE	der Bruder	die Brüder
ACCUSATIVE	den Bruder	die Brüder
DATIVE	dem Bruder	den Brüdern
GENITIVE	des Bruders	der Brüder

B. PLURAL ENDING -*E;* SOME TAKE UMLAUT

Includes:

1. most monosyllabic masculine nouns (**der Platz, die Plätze**)
2. some monosyllabic feminine nouns (**die Nacht, die Nächte**)
3. a few monosyllabic neuter nouns (**das Stück, die Stücke**)
4. some polysyllabic masculine and neuter nouns (**das Problem, die Probleme; der Vortrag, die Vorträge**)

Sample declension:

	SINGULAR	PLURAL
NOMINATIVE	der Sohn	die Söhne
ACCUSATIVE	den Sohn	die Söhne
DATIVE	dem Sohn	den Söhnen
GENITIVE	des Sohnes	der Söhne

C. PLURAL ENDING -*ER;* UMLAUT WHENEVER POSSIBLE

Includes:

1. most monosyllabic neuter nouns (**das Haus, die Häuser**)
2. some monosyllabic masculine nouns (**der Mann, die Männer**)

Sample declension:

	SINGULAR	PLURAL
NOMINATIVE	das Buch	die Bücher
ACCUSATIVE	das Buch	die Bücher
DATIVE	dem Buch	den Büchern
GENITIVE	des Buches	der Bücher

D. PLURAL ENDING -*N* OR -*EN;* NO UMLAUT

Includes:

1. most feminine nouns (**die Prüfung, die Prüfungen; die Familie, die Familien**)
2. masculine nouns ending in -or (**der Professor, die Professoren**)
3. weak masculine nouns (**der Assistent, die Assistenten**)

Sample declensions:

	SINGULAR	PLURAL	SINGULAR *(WEAK NOUN)*	PLURAL *(WEAK NOUN)*
NOM.	die Prüfung	die Prüfungen	der Assistent	die Assistenten
ACC.	die Prüfung	die Prüfungen	den Assistenten	die Assistenten
DAT.	der Prüfung	den Prüfungen	dem Assistenten	den Assistenten
GEN.	der Prüfung	der Prüfungen	des Assistenten	der Assistenten

E. PLURAL ENDING -*S;* NO UMLAUT

Includes:

1. many foreign nouns (**das Büro, die Büros; die Kamera, die Kameras**)
2. family names (**die Schneiders**)

Sample declension:

	SINGULAR	PLURAL
NOMINATIVE	das Büro	die Büros
ACCUSATIVE	das Büro	die Büros
DATIVE	dem Büro	den Büros
GENITIVE	des Büros	der Büros

Declension of *der*-Words

The **der**-words are:

der	*(the)*
dieser	*(this)*
jeder	*(each, every;* pl. **alle**)
jener	*(that)*
mancher	*(man a;* pl. *some)*
solcher	*(such a;* pl. *such)*
welcher	*(which)*

	MASC.	FEM.	NEUT.	PL.	MASC.	FEM.	NEUT.	PL.
NOM.	der	die	das	die	dieser	diese	dieses	diese
ACC.	den	die	das	die	diesen	diese	dieses	diese
DAT.	dem	der	dem	den	diesem	dieser	diesem	diesen
GEN.	des	der	des	der	dieses	dieser	dieses	dieser

Declension of *ein*-Words

The **ein**-words are:

ein	*(a, an)*	**unser**	*(our)*
mein	*(my)*	**euer**	*(your* [pl. fam.])
dein	*(your* [sing. fam.])	**ihr**	*(their)*
sein	*(his, its)*	**Ihr**	*(your* [polite])
ihr	*(her, its)*	**kein**	*(no, not a, not any)*

	MASC.	FEM.	NEUT.	PL.	MASC.	FEM.	NEUT.	PL.
NOM.	ein	eine	ein	–	dein	deine	dein	deine
ACC.	einen	eine	ein	–	deinen	deine	dein	deine
DAT.	einem	einer	einem	–	deinem	deiner	deinem	deinen
GEN.	eines	einer	eines	–	deines	deiner	deines	deiner

	MASC.	FEM.	NEUT.	PL.
NOM.	unser	unsere	unser	unsere
ACC.	unseren	unsere	unser	unsere
DAT.	unserem	unserer	unserem	unseren
GEN.	unseres	unserer	unseres	unserer

Adjective Declension

AFTER A DEFINITE ARTICLE OR ANY *DER*-WORD

	MASCULINE	FEMININE	NEUTER	PLURAL
NOM.	der neue Stuhl	die alte Stadt	das große Schiff	die großen Schiffe
ACC.	den neuen Stuhl	die alte Stadt	das große Schiff	die großen Schiffe
DAT.	dem neuen Stuhl	der alten Stadt	dem großen Schiff	den großen Schiffen
GEN.	des neuen Stuhles	der alten Stadt	des großen Schiffes	der großen Schiffe

AFTER AN INDEFINITE ARTICLE OR ANY *EIN*-WORD

	MASCULINE	FEMININE	NEUTER	PLURAL
NOM.	ein neuer Stuhl	eine alte Stadt	ein großes Schiff	keine großen Schiffe
ACC.	einen neuen Stuhl	eine alte Stadt	ein großes Schiff	keine großen Schiffe
DAT.	einem neuen Stuhl	einer alten Stadt	einem großen Schiff	keinen großen Schiffen
GEN.	eines neuen Stuhles	einer alten Stadt	eines großen Schiffes	keiner großen Schiffe

NOT PRECEDED BY A *DER*-WORD OR AN *EIN*-WORD

	MASCULINE	FEMININE	NEUTER	PLURAL
NOM.	kalter Regen	unberührte Natur	schlechtes Wetter	alte Zeitungen
ACC.	kalten Regen	unberührte Natur	schlechtes Wetter	alte Zeitungen
DAT.	kaltem Regen	unberührter Natur	schlechtem Wetter	alten Zeitungen
GEN.	kalten Regens	unberührter Natur	schlechten Wetters	alter Zeitungen

Comparison of Adjectives and Adverbs

A. THE COMPARATIVE

The comparative of adjectives and adverbs is formed by adding **-er** to the stem.

> Diese Fabrik ist größer als die andere.
> Das ist die längere Strecke.
> Er fährt schneller als sein Bruder.

B. THE SUPERLATIVE

The superlative of attributive adjectives is formed by adding -(e)st to the stem.

> Das war der interessanteste Vortrag.

The superlative of predicate adjectives can be formed two ways:

> 1. If a noun is understood after it:
>   Dieser Vortrag war **der interessanteste.**
> 2. If no noun is understood after it:
>   Es wäre **am einfachsten,** mit dem Bus zu fahren.

The superlative of adverbs uses only one unchanging form: **am ... (e)sten:**

> Sie fährt **am schnellsten.**

ADJECTIVES USING UMLAUT IN THE COMPARATIVE AND SUPERLATIVE

alt, älter, ältest–	krank, kränker, kränkst–
arm, ärmer, ärmst–	kurz, kürzer, kürzest–
dumm, dümmer, dümmst–	lang, länger, längst–
gesund, gesünder, gesündest–	oft, öfter, öftest–
jung, jünger, jüngst–	scharf, schärfer, schärfst–
kalt, kälter, kältest–	warm, wärmer, wärmst–

ADJECTIVES AND ADVERBS WITH IRREGULAR COMPARATIVES AND SUPERLATIVES

gern, lieber, am liebsten	gut, besser, best–
groß, größer, größt–	viel, mehr, meist–

Pronouns

I. PERSONAL PRONOUNS

NOM.	ich	du	er	sie	es	wir	ihr	sie	Sie
ACC.	mich	dich	ihn	sie	es	uns	euch	sie	Sie
DAT.	mir	dir	ihm	ihr	ihm	uns	euch	ihnen	Ihnen
GEN.	(meiner)	(deiner)	(seiner)	(ihrer)	(seiner)	(unser)	(euer)	(ihrer)	(Ihrer)

Note: the genitive case personal pronouns are rarely used.

II. REFLEXIVE PRONOUNS

	1ST PERS. SING.	2ND PERS. SING.	3RD PERS. SING.	1ST PERS. PL.	2ND PERS. PL.	3RD PERS. PL.
ACC.	mich	dich	sich	uns	euch	sich
DAT.	mir	dir	sich	uns	euch	sich

III. INTERROGATIVE PRONOUNS: *WER* AND *WAS*

NOM.	wer	was
ACC.	wen	was
DAT.	wem	–
GEN.	wessen	–

IV. RELATIVE PRONOUNS

	M.	F.	N.	PL.
NOM.	der	die	das	die
ACC.	den	die	das	die
DAT.	dem	der	dem	denen
GEN.	dessen	deren	dessen	deren

Prepositions

REQUIRING ACCUSATIVE OBJECTS

durch *(through)* **ohne** *(without)*
für *(for)* **um** *(around)*
gegen *(against)*

REQUIRING DATIVE OBJECTS

aus *(out of, from)* **nach** *(after, to)*
außer *(besides)* **seit** *(since, for* [with time]*)*
bei *(at, with, near)* **von** *(from, of)*
mit *(with)* **zu** *(to)*

REQUIRING ACCUSATIVE OR DATIVE OBJECTS

an *(at, to, on)* **über** *(over, above, across)*
auf *(on, to, at)* **unter** *(under, among)*
hinter *(behind)* **vor** *(in front of)*
in *(in, into, to)* **zwischen** *(between)*
neben *(next to)*

REQUIRING GENITIVE OBJECTS

anstatt *(instead of)* **während** *(during)*
trotz *(in spite of)* **wegen** *(because of)*

CONTRACTIONS OF PREPOSITIONS WITH DEFINITE ARTICLES

with *das:* ans, aufs, durchs, fürs, ins, ums
        also colloquially: **gegens, hinters, nebens, übers, unters, vors, zwischens**
with *dem:* am, beim, im, vom, zum
        also colloquially: **hinterm, überm, unterm, vorm**
with *der:* zur

Conjunctions

COORDINATING CONJUNCTIONS (SELECTIVE LIST)

aber	*(but)*	**sondern**	*(but rather)*
denn	*(because, for)*	**und**	*(and)*
oder	*(or)*		

SUBORDINATING CONJUNCTIONS (SELECTIVE LIST)

als	*(when, as)*	**obwohl**	*(although)*
da	*(since)*	**während**	*(while)*
daß	*(that)*	**weil**	*(because)*
ob	*(whether)*	**wenn**	*(when, if, whenever)*
obgleich	*(although)*	**wie**	*(as)*

Word Order

VERB POSITION

INDEPENDENT CLAUSES

The inflected verb is always the second element.

        Sie **wohnt** schon seit Januar in Berlin.
        Schon seit Januar **wohnt** sie in Berlin.
        In Berlin **wohnt** sie schon seit Januar.

Infinitives and past participles are placed at the end of the clause.

        Er hat den Wagen vom seinem Onkel **geliehen**.
        Er will den Wagen von seinem Onkel **leihen**.

DEPENDENT CLAUSES

The inflected verb is placed at the end of the clause.

> Ich weiß, daß er sie **abholt.**
> Ich weiß, daß er sie abgeholt **hat.**
> Ich weiß, daß er sie abholen **will.**

QUESTIONS

The verb precedes the subject.

> **Holt er** sie am Bahnhof ab?
> Wann **holt er** sie am Bahnhof ab?

COMMANDS

The verb is in first position.

> **Fahr** die kürzere Strecke!
> **Fahrt** die kürzere Strecke!
> **Fahren** Sie die kürzere Strecke!
> **Fahren** wir die kürzere Strecke!

SEPARABLE PREFIXES

A separable prefix is always at the end of the clause.

> Sie findet es bestimmt **heraus.**

It is attached to its verb if the verb, too, is at the end of the clause.

> Sie hat es bestimmt **herausgefunden.**
> Sie wird es bestimmt **herausfinden.**

DIRECT AND INDIRECT OBJECTS

An indirect object comes before a direct object unless the direct object is a pronoun.

> Er gibt **seiner Frau die Zeitung.**
> Er gibt **ihr die Zeitung.**
> Er gibt **sie seiner Frau.**
> Er gibt **sie ihr.**

ADVERBS AND ADVERBIAL PHRASES

When several adverbs are used in the predicate of a sentence (after the subject-verb combination), the order in which they are used generally follows the rule: time, manner, place.

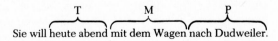

Sie will heute abend mit dem Wagen nach Dudweiler.

GERMAN-ENGLISH VOCABULARY

This listing includes all active and passive vocabulary in this book except pronouns, numbers and a few obvious cognates used only passively. The English meanings given are those that are appropriate to the context in which the words occur. A number after a vocabulary entry indicates the lesson in which the word or expression is used actively for the first time; two lesson numbers after an entry indicate the first active use for each of the two different meanings given: **früher** (9;15) *earlier, in former times; former.* This example shows that **früher** is used first in *Lektion 9* in the meaning of *earlier* or *in former times;* in *Lektion 15* it is used in the meaning of *former.*

Each noun is followed by its plural ending except where the plural does not exist or is rarely used. Weak nouns are indicated as: **der Assistent** *(wk.);* adjectival nouns are indicated as: **der Verwandte** *(adj. noun)*

Strong and irregular verbs are given with their principal parts. Verbs that use the auxiliary **sein** are indicated; weak verbs as: **passieren (ist);** strong verbs as: **sein, war, ist gewesen.** Verbs with separable prefixes are shown with a bullet between the prefix and the verb: **ab•nehmen.**

Adjectives and adverbs with umlaut or irregularities in the comparative and superlative are shown with an appropriate symbol in parentheses: **arm (ä); gut (besser, best-).**

Primary stress on a syllable other than the first is indicated by a dot under the stressed vowel.

ab (morgen) (15) starting (tomorrow)

der Abend, -e (11) evening

abends (10) in the evening

aber *(coord. conj.)* (1) but

ab•fahren (ä), fuhr ab, ist abgefahren (16) to leave, depart

abgemacht! (6) agreed!

ab•holen (3) to pick up, go and get

das Abitur (7) final examination in *Gymnasium*

ab•nehmen (i), nahm ab, abgenommen (15) to lose weight, reduce

ab•schaffen (12) to abolish, do away with

der Abschleppwagen, – (16) tow truck

die Abstammung extraction, descent

die Abteilung, -en (16) department

achten auf *(acc.)* (15) to look after, pay attention to

ähnlich similar

die Ahnung, -en notion

akademisch (7) academic

akzeptabel (8) acceptable

die Alarmvorrichtung, -en (10) alarm mechanism

all- (10) all

alles (6) everything

allgemein (13) general

der Alltag (16) daily life

die Alm, -en Alpine meadow

die Alpen *(pl.)* (10) the Alps

als (2) as (a)

als *(sub. conj.)* (9) when

also! (1) well!

na also! (18) you see!

alt (ä) (1) old

das Alter, – (15) age

im mittleren Alter (15) middle-aged

das Altersheim, -e (6) old-age home

altmodisch (18) old-fashioned

die Ameise, -n ant

(das) Amerika (1) America

der Amerikaner, – (1) American

amerikanisch (4) American *(adj.)*

das Amerikanische *(adj. noun)* American language

an *(acc./dat.)* (9) at, to, on *(vertical surface)*

ander- (11) other, different

die anderen (2) the others

ein andermal (11) some other time

jemand *(dat.)* **etwas anderes sagen** (14) to tell s.o. off

anders (15) different

der Anfang, ⸚e (7) beginning

an•fangen (ä), fing an, angefangen (7) to begin

anfangs (7) at the beginning

an•feuern (13) to cheer on, encourage

an•geben (i), gab an, angeben (15) to indicate

angenehm (8) pleasant

der Anglist *(wk.),* **-en** (7) student of English, English major

die Angst, ⸚e (11) fear

Angst bekommen (11) to get scared

Angst haben vor *(dat.)* (12) to be afraid of

an•haben, hatte an, angehabt (12) to be wearing, have on

an•kommen, kam an, ist angekommen (11) to arrive

der Anlasser, – (5) starter *(of car)*

der Anruf, -e (6) telephone call

an•rufen, rief an, angerufen (14) to call *(by phone)*

der Anschluß, *pl.* **Anschlüsse** annexation, political union

an•sehen (ie), sah an, angesehen (5) to look at, glance at

sich *(dat.)* **an•sehen (ie), sah an, angesehen** (15) to take a look at

an•sehen als (ie), sah an,

angesehen (17) to consider as

an•springen, sprang an, ist angesprungen (16) to start *(car)*

anstatt *(gen.)* (13) instead of

sich *(acc.)* **an•strengen** (15) to make an effort

antworten *(dat.)* (1) to answer

die Antwort, -en answer

die Anzeige, -n (8) advertisement

der Appetitzügler, – diet pill

der April (7) April

die Arbeit, -en (3; 11) work; term paper

arbeiten (1) to work

arbeiten an *(dat.)* (14) to work on

die Arbeitsbedingung, -en (8) working condition

die Arbeitslosigkeit (17) unemployment

arm (ä) (11) poor

der Arm, -e (12) arm

auf den Arm nehmen (12) to make fun of, pull *(s.o.'s)* leg

die Armut (17) poverty

der Artikel, – (10) article

der Arzt, ⸚e (9) medical doctor

der Aspekt, -e (17) aspect

der Assistent *(wk.),* **-en** (1) assistant

die Atombombe, -n (8) atom bomb

der Atommüll (12) nuclear waste

der Atomwissenschaftler, – nuclear scientist

die Atomzahl, -en atomic number

auch (1) also

auch nicht not either

auf *(acc./dat.)* (9) to, at, on *(horiz. surface)*

auf deutsch (englisch, etc.) (11) in German (English, etc.)

auf•geben (i), gab auf, aufgegeben (8) to give up

auf•hören (7) to stop *(doing s.th.)*

auf•passen (7) to pay attention

aufregend (17) exciting

auf•stehen, stand auf, ist aufgestanden (11) to get up

das Auge, -n eye

der August (7) August

aus *(dat.)* (1) from, out of

der Ausdruck, ⸚e expression

aus•drücken to express

ausführlich (14) detailed, in detail

der Ausgangspunkt, -e point of departure

ausgerechnet (16) of all places or things, people, etc.

aus•helfen (i) *(dat.),* **half aus, ausgeholfen** (9) to help out

das Ausland (7) foreign countries

im Ausland (7) abroad

ausländisch foreign

die Ausnahme, -n (15) exception

das Auspuffgas, -e (12) exhaust fume

die Ausrede, -n (3) excuse

außer *(dat.)* (4) besides

der Austauschstudent *(wk.),* **-en** (7) exchange student

aus•wandern (ist) (12) to emigrate

auswendig können (12) to know by heart

das Auto, -s (3) car

die Autobahn, -en (5) highway

das Autodach, ⸚er (9) car roof

die Autoschlange, -n (9) line of cars, bumper-to-bumper traffic

das Autowaschen (5) car washing

avantgardistisch (6) avant-garde

die Badewanne, -n (13) bathtub

bahnbrechend (8) epoch-making, trail-blazing

der Bahnhof, ‑e (3) railroad station

bald (2) soon

der Ball, ‑e (13) ball

das Ballungsgebiet, -e densely populated area

die Bank, -en (4) bank

der Bankier, -s (10) banker

die Barrikade, -n (12) barricade

der Bau construction

bauen (9) to build

der Bauer (*wk.*, *-n*) *-n* (18) farmer, peasant

die Bauernweisheit, -en (18) farmer's wise saying, wisdom

das Baugelände, – construction site

der Baum, ‑e (9) tree

bedeuten to mean

bedrücken to worry, depress

beeindrucken to impress

beenden (14) to finish

beginnen, begann, begonnen (10) to begin

behandeln (5) to treat

behaupten (9) to claim

behilflich helpful

die Behörde, -n (12) authority, agency

bei (*dat.*) (4) with, near, at

bei uns (7) back home, here at home, at our house

die beiden the two

beinahe (15) almost

das Beispiel, -e (6) example

zum Beispiel (z.B.) for example

bekannt (9) well-known

bekommen, bekam, bekommen (2) to get, receive

die Beleidigung, -en (5) insult

der Belgier, – Belgian

beliebt (5) popular

bemerken (10) to notice

sich (*acc.*) **bemühen** (17) to make an effort

benutzen (16) to use

das Benzin (5) gasoline

die Beobachtung, -en observation

bereit (17) ready, willing

der Berg, -e (9) mountain

der Bergsteiger, – (10) mountain climber, mountaineer

die Bergtour, -en (9) mountain hike

der Bergwald, ‑er (9) mountain forest

der Bericht, -e report

berichten (14) to report

der Beruf, -e (2) occupation, profession

von Beruf (14) by profession

die Berufsschule, -n (7) vocational school

beruhen auf (*dat.*) to be based on

die Beruhigung consolation, relief, calming down

berühren (10) to touch

beschäftigen (12) to occupy, concern

beschäftigt (18) busy

die Beschäftigung, -en (8) employment, occupation

beschreiben, beschrieb, beschrieben (2) to describe

besiegen to defeat

besonders (12) especially

etwas Besonderes something special

besprechen (i), besprach, besprochen (17) to discuss

bestätigen to confirm

das Beste (*adj. noun*) (15) the best thing

bestimmen (2) to determine, decide

bestimmt (2; 16) certainly, surely; certain

besuchen (5) to visit

eine Schule besuchen (7) to attend a school

betreffen (i), betraf, betroffen to concern, affect

betrügen (um), betrog, betrogen (14) to cheat (out of)

der Betrüger, – swindler, con-man

das Bett, -en (3) bed

bewundern (6) to admire

bezahlen (6) to pay (for)

die Bezahlung, -en (8) salary, pay

sich (*acc.*) **beziehen auf** (*acc.*), **bezog, bezogen** to refer to, relate to

die Bibel, -n (14) bible

die Bibliothek, -en (11) library

die Biene, -n bee

das Bier, -e (1) beer

der Bierkrug, ‑e (2) beer mug

der Big Mäc, -s (4) Big Mac

das Bild, -er (16) picture

die Bildersprache, -n (16) picture language

bis (*acc.*) (6) until, (up) to

bißchen: ein bißchen (8) a little

die Bitte, -n (5) request

bitte! (3) please!

bitten um, bat, gebeten (14) to ask for, request

die Blechtrommel, -n tin drum

bleiben, blieb, ist geblieben (2) to stay, remain

die Blockhütte, -n (9) log cabin

blöde (*coll.*) (18) stupid

der BMW, -s (5) BMW (*car of the Bayrische Motorenwerke*)

der Bohrer, – (9) drill

das Boot, -e (9) boat

böse (3) angry, mad

brauchen (10)   to need
die **Bremse, -n** (5)   brake
**brennen, brannte, ge-
brannt** (15)   to burn
der **Brief, -e** (13)   letter
die **Brieftasche, -n** (10)
wallet, billfold
die **Brille, -n** (12)   eye glasses
bringen, brachte, gebracht
(4)   to bring, take
(somewhere)
die **Brücke, -n** (11)   bridge
der **Bruder, ‥** (6)   brother
brüllen (13)   to roar, shout
das **Buch, ‥er** (3)   book
die **Bude, -n** (14)   *student
slang for* room, "pad"
der **Bulle** *(wk.),* **-n** *(coll.)* (3)
cop
der **Bundesbürger, –** (15)
West German, citizen
of Fed. Rep. of Ger-
many
die **Bundesrepublik Deutschland (BRD)**   Federal
Republic of Germany
(West Germany)
der **Bürger, –** (15)   citizen
die **Bürgerinitiative, -n**
citizens' action group
das **Büro, -s** (1)   office
der **Bus, -se** (3)   bus
die **Bushaltestelle, -n** (3)   bus
stop
der **Butt** (11)   flounder

das **Café, -s** (6)   café
die **Charterreise, -n** (9)
charter tour, trip
der **Computer, –** (2)
computer
die **Couch, -es** (15)   couch
der **Coup, -s** (6)   caper, coup

da (2)   there; then, at that
moment
da *(sub. conj.)* (16)   since,
because
das **Dach, ‥er** (9)   roof
damals (6)   at that time,
then
die **Dame, -n** (3)   lady

der **Dank** (1)   thanks
danke! (2)   thank you!
vielen Dank! (1)   thank
you very much!
danken *(dat.)* (4)   to thank
dann (1)   then
darum (18)   for that reason
das (1)   that
daß *(sub. conj.)* (5)   that
dasselbe   the same
die **Datenverarbeitung** (8)
data processing
der **Dauerlauf, ‥e** (15)
jogging, distance run-
ning
dauern (17)   to last, take
(time)
der **Daumen, –** (8)   thumb
die **Daumen drücken**
(8)   to keep one's fin-
gers crossed
dein (5)   your
dekadent (17)   decadent
der **Dekan, -e** (5)   dean
die **Demokratie, -n** (17)
democracy
die **Demonstration, -en** (12)
demonstration
denken (an + *acc.*)**, dachte,
gedacht** (8)   to think (of)
sich *(dat.)* **denken, dachte, gedacht** (15)   to think
(something), to imagine
denn *(coord. conj.)* (5)   for,
because
deponieren (10)   to deposit
deswegen (12)   for that
reason
deutsch (4)   German
(adj.)
auf deutsch (11)   in German
das **Deutschbuch, ‥er** (3)
German text book
der **Deutsche** *(adj. noun)* (1)
the German
die **Deutsche Demokratische
Republik (DDR)**   Ger-
man Democratic Re-
public (East Germany)

(das) **Deutschland** (2)   Germany
der **Dezember** (7)   December
der **Dialekt, -e** (4)   dialect
der **Dichter, –** (9)   poet, writer
dick (1)   thick; fat
der **Dieb, -e** (10)   thief
der **Dienstag, -e** (10)   Tuesday
dies- (10)   this
der **Dieselmotor, -en** (5)
diesel engine
die **Digitaluhr, -en** (4)   digital
clock, watch
das **Ding, -e** (4)   thing, object
direkt (3; 6)   direct; downright, really
die **Diskothek, -en** (1)
discotheque
der **Dissident** *(wk.),* **-en** (17)
dissident
doch (1)   surely, certainly
das **Dokument, -e** (14)
document
der **Donnerstag, -e** (10)
Thursday
das **Dorf, ‥er** (1)   village
dort (1)   there
draußen   outside
dringend (14)   urgent
der **Drink, -s** (6)   drink
das **Drogenproblem, -e** (17)
drug problem
drüben (7)   over there
der **Druck, -e** (14)   print
drucken (14)   to print
drücken (8) to press
die **Daumen drücken** (8)
to keep one's fingers
crossed
dumm (ü) (13)   stupid,
dumb
der **Dummkopf, ‥e** (10)
dope, dummy
durch *(acc.)* (2)   through
durchschnittlich (7)
average
**dürfen (darf), durfte, ge-
durft** (3)   to be al-
lowed, permitted to,
may
der **D-Zug (Durchgangszug),
‥e** (16)   express train

eben (17)   just; simply
die Ebene, -n   level, niveau
die Ecke, -n (2)   corner
ehemalig (15)   former
eigen- (14)   own
eilig: es eilig haben (11)   to be in a hurry
der Einbrecher, – (10)   burglar
der Einbruch, ̈e (13)   burglary
der Eindruck, ̈e   impression
einfach (2)   simple
der Einfluβ, *pl.* **Einflüsse**   influence
ein•führen (10)   to introduce
der Eingang, ̈e (13)   entrance
einige (7)   some, a few
die Einladung, -en (6)   invitation
einmal (11)   once
   es war einmal (11)   once upon a time
das Einmaleins (4)   multiplication tables
das Einparteiensystem, -e (17)   one-party system
ein•schlafen (ä), schlief ein, ist eingeschlafen (11)   to fall asleep
die Einwegflasche, -n (12)   disposable bottle
das Eiweiß, -e   protein
ekstatisch (13)   ecstatic
das Elektronenmikroskop, -e (4)   electron microscope
der Elfmeter, – (13)   penalty kick
die Eltern *(pl.)* (7)   parents
empfehlen (ie), empfahl, empfohlen (15)   to recommend
das Ende, -n (7)   end
enden (11)   to end
endlich   finally
die Energie, -n (12)   energy
englisch (4)   English *(adj.)*
entdecken (8)   to discover

entschuldigen (3)   to excuse
die Entsorgung   waste removal, disposal
entstehen, entstand, ist entstanden   to originate, be formed
entweder   either
die Entwicklung, -en (8)   development
das Ereignis, -se (13)   event
ereignisreich   eventful
erfahren (ä), erfuhr, erfahren (14)   to find out, learn
die Erfahrung, -en (8)   experience
erfinden, erfand, erfunden (14)   to invent
der Erfinder, – (5)   inventor
die Erfindung, -en (14)   invention
der Erfolg, -e (17)   success
erfolglos (10)   unsuccessful
erforderlich (8)   required
erfüllen (11)   to fulfill
sich *(acc.)* **erholen** (15)   to recover
sich *(acc.)* **erinnern (an** + *acc.*) (16)   to remember *(s.th.* or *s.o.)*
sich *(acc.)* **erkälten** (15)   to catch cold
erkennen, erkannte, erkannt (15)   to recognize
erklären (10)   to explain
die Erklärung, -en   explanation
erlauben (17)   to permit, allow
das Erlebnis, -se   experience
ermöglichen   to make possible
ernst   serious
erraten (ä), erriet, erraten   to guess (correctly)
erreichen (10)   to reach; attain
erscheinen, erschien, ist

erschienen (13)   to appear, show up
erst (4)   only, not until
ersticken (ist)   to suffocate
erwachen (ist) (11)   to wake up
erwähnen (6)   to mention
erwarten (17)   to expect
erzählen (8)   to tell, relate
der Esel, – (13)   donkey, ass
essen (i), aβ, gegessen (4)   to eat
   zu Abend (Mittag) essen (11)   to eat dinner (lunch)
das Essen, – (4)   meal
etwas (4; 17)   something; somewhat, a little
euer (5)   your
(das) Europa (9)   Europe
der Europäer, – (12)   European
ewig (18)   eternal, forever; very long
das Examen, – (3)   exam
das Exil (14)   exile
existieren (1)   to exist
experimentieren (8)   to experiment
die Explosion, -en (12)   explosion
der Export, -e (5)   export

die Fabrik, -en (12)   factory
das Fach, ̈er   subject *(school)*
die Fachhochschule, -n   polytechnical institute
die Fachoberschule, -n   senior technical high school
die Fachsprache, -n   technical language
die Fähigkeit, -en (8)   ability
fahren (ä), fuhr, ist gefahren (1)   to drive, ride, go
das Fahrrad, ̈er (5)   bicycle
der Fahrstuhl, ̈e (4)   elevator
der Fall, ̈e   case, instance
fallen (ä), fiel, ist gefallen (8)   to fall

fällig (11)   due
falsch (11)   wrong, false
die **Familie, -n** (2)   family
das **Familienmitglied, -er** (5)
    family member
der **Fan, -s** (13)   fan
fangen (ä), fing,
    gefangen   to catch
fast (5)   almost
der **Februar** (7)   February
der **Fehler, –** (8)   mistake
das **Fenster, –** (10)   window
die **Ferien** *(pl.)* (8)   vacation
fern•sehen (ie), sah fern,
    ferngesehen (10)   to
    watch television
das **Fernsehen** (4)   television
der **Fernseher, –** (13)   televi-
    sion set
fertig (11)   finished, done
das **Festival, -s** (6)   festival
fest•stellen (11)   to deter-
    mine, find out
das **Feuer, –** (18)   fire
der **Film, -e** (1)   film, movie
die **Filmkunst** (6)   art of film
    making
der **Filmliebhaber, –** (6)   film
    buff
finden, fand, gefunden (1)
    to find
die **Firma,** *pl.* **Firmen**   busi-
    ness concern, company
der **Fisch, -e** (11)   fish
der **Fischer, –** (11)   fisher-
    man
die **Flasche, -n** (12)   bottle
fliehen, floh, ist geflohen
    (8)   to flee, escape
der **Flüchtling, -e**   refugee
der **Flughafen, ⁼** (16)   airport
das **Flugzeug, -e** (9)   airplane
der **Fluß,** *pl.* **Flüsse** (12)   river
folgen *(dat.)* (ist) (18)   to
    follow, come after
das **Format**   stature, range,
    size
die **Forschung, -en** (16)
    research
die **Forschungsabteilung, -en**
    (16)   research depart-
    ment

der **Fortschritt, -e** (14)
    progress
fortschrittlich (10)
    progressive
der **Frachtcontainer, –** (16)
    freight container
die **Frage, -n** (11)   question
der **Fragebogen, –**   question-
    naire
fragen (1)   to ask
französisch (4)   French
    (adj.)
der **Französischlehrer, –** (8)
    French teacher
die **Frau, -en** (1)   woman; wife
    Frau ... (2)   Mrs. . . .
(das) **Fräulein ...** (4)   Miss . . .
die **Freiheit, -en** (17)   freedom
der **Freitag, -e** (6)   Friday
der **Fremde** *(adj. noun)*
    stranger
die **Fremdsprache, -n** (16)
    foreign language
fressen (i), fraß, gefressen
    (15)   to eat *(for ani-
    mals);* gobble, gorge
die **Freude (an + *dat.*), -n** (12)
    joy (in)
    Freude haben an *(dat.)*
    (12)   to enjoy
sich *(acc.)* **freuen (über + *acc.*)**
    (15)   to be happy, glad
    (about)
der **Freund, -e** (1)   friend
freundlich (1)   friendly,
    kind
früh (16)   early
früher (9; 15)   earlier, in
    former times; former
das **Frühjahr** (7)   spring
der **Frühling** (7)   spring
das **Frühstück, -e** (9)
    breakfast
führen (8)   to lead
der **Führerschein, -e** (5)
    driver's license
fünf (3)   five
die **fünfziger Jahre**   the Fif-
    ties
funktionieren (5)   to func-
    tion
für *(acc.)* (2)   for

der **Fußball, ⁼e** (13)   football
der **Fußballnarr,** *(wk.),* **-en**
    avid soccer fan
der **Fußballplatz, ⁼e** (13)
    football field

der **Gang: im Gange sein**   to
    be going on, to be in
    progress
die **Gangschaltung, -en** (5)
    gear shift
der **Gangster, –** (10)   gangster
ganz (5)   whole
gar nicht (6)   not at all
der **Garten, ⁼** (8)   garden
das **Gas, -e** (12)   gas, fumes
der **Gaul, ⁼e** *(arch. for* das
    Pferd, -e) (18)   horse
geben (i), gab, gegeben (3)
    to give
    es gibt *(acc.)* (4)   there is,
    there are
    was gibt's? (6)   what's
    going on?
das **Gebiet, -e**   field, area
das **Gebirge, –**   mountains,
    mountain range
geboren (8)   born
    ist geboren (8)   was born
    (s.o. still living)
    wurde geboren (8)   was
    born *(s.o. dead)*
gebrauchen (16)   to use
der **Geburtstag, -e** (3)
    birthday
    er hat Geburtstag (3)   it
    is his birthday
die **Geduld**   patience
die **Gefahr, -en**   danger
gefährlich (13)   danger-
    ous
gefallen (ä) *(dat.),* **gefiel,**
    gefallen (13)   to like
der **Gefallen, –** (14)   favor
das **Gefühl, -e**   feeling
gegen *(acc.)* (2)   against
der **Gegner, –** (12)   opponent
geheim   secret
    geheim halten vor *(dat.)*
    to keep secret from
der **Geheimagent** *(wk.),* **-en**
    (17)   secret agent

gehen, ging, ist gegangen (1) to go

es geht (nicht) (2) it is (not) possible; it will (won't) work

wie geht's? (2) how are you?

gehören zu (4) to belong to, be among, be part of

der Geizhals, ⸚e (6) cheapskate

das Geld (1) money

gelingen *(dat.)*, **gelang, ist gelungen (6; 13)** to succeed; manage to

gemäßigt moderate, temperate

gemeinsam in common, together

das Gemüse, – (12) vegetable

genau (1) exact

genauso (14) just as, exactly like

die Generation, -en (15) generation

das Genie, -s (10) genius

genug (2) enough

genügen (14) to be sufficient, be enough

gerade (2) just, right now

das Gerät, -e equipment, appliance

germanisch Germanic

der Germanist *(wk.)*, **-en (11)** German major

gern (1) gladly

das Geschäft, -e (2) store, business

Geschäfte machen (9) to do business

geschäftlich (17) business, on business

die Geschäftsreise, -n (18) business trip

geschehen (ie), geschah, ist geschehen (16) to happen

die Geschichte, -n (3) history; story

die Gesellschaft, -en (12) society

gespannt sein (16) to be curious, to wonder

das Gespräch, -e (6) conversation

gestern (6) yesterday

gesund (ü) (9) healthy; wholesome

die Gesundheit (4) health

Gesundheit! Bless you!

gewagt (5) hazardous, daring, bold

gewaltig (7) immense

gewinnen, gewann, gewonnen (6) to win

die Gier greed

giftig (12) poisonous, toxic

das Glas, ⸚er (14) glass

glauben *(dat. of persons)* **(11)** to believe, think

gleich (16) right away, immediately

das Glück (2) luck

glücklich (6) happy

der Goldschmied, -e (14) goldsmith

(der) Gott (11) God

Gottseidank! (14) Thank heavens!

um Gotteswillen! (16) for heaven's sake!

grammatisch grammatical

gratulieren *(dat.)* **(16)** to congratulate

grau (18) gray

(das) Griechenland Greece

groß (größer, größt-) (5) big; great

größer (14) larger, bigger

großartig (10) great, marvelous

die Großmutter, ⸚ (2) grandmother

die Großzügigkeit (6) generosity

die Grundschule, -n (7) primary school

grün green

im Grünen in the meadows

der Gruß, ⸚e (13) greeting

gut (besser, best-) (2) good; well

das Gymnasium, *pl.* **Gymnasien (7)** university prep. school

Gymnastik treiben, trieb, getrieben to do calisthenics

gutaussehend (16) good looking

haben, hatte, gehabt (1) to have

der Hahn, ⸚e rooster

die Halbzeit, -en (13) halftime

die Hälfte, -n (15) half

die Halsschmerzen *(pl.)* **(15)** sore throat

halt *(coll.)* **(18)** simply

halten (ä), hielt, gehalten (3) to stop; hold

die Haltestelle, -n (3) stop *(bus, streetcar)*

der Hamburger, – (4) hamburger; resident of Hamburg

die Hand, ⸚e (11) hand

der Handel trade

das Handeln action(s)

handeln von to deal with

der Handschuh, -e (17) glove

das Handschuhfach, ⸚er (17) glove compartment

das Handwerk (2) skilled trade

hauptsächlich (5) mainly

die Hauptschule, -n (7) upper grades of elementary school

das Haus, ⸚er (2) house

zu Hause (2) at home

nach Hause gehen (11) to go home

die Heimatstadt, ⸚e home town

heiraten (14) to marry, get married

heißen, hieß, geheißen (1) to be called, be named

helfen (i) *(dat.)*, half, geholfen (4)   to help

heraus•finden, fand heraus, herausgefunden (8)   to find out

heraus•klettern (ist) (10)   to climb out

der Herbst (7)   fall, autumn

der Herr *(wk. -n)*, -en (2)   gentleman

Herr . . . (2)   Mr. . . .

herrschen (13)   to reign, rule

herum•reisen (ist) (7)   to travel around

herum•wandern (ist) (9)   to walk (hike) around

der Herzinfarkt, -e   heart attack

herzlich (13)   hearty, sincere

herzliche Grüße (13)   best regards

heute (2)   today

heute abend (5)   tonight

heute morgen (8)   this morning

heutzutage (8)   nowadays, in this day and age

hier (1)   here

hilflos (6)   helpless

der Himmel (18)   sky; heaven

hin•gehen, ging hin, ist hingegangen (13)   to go there

hin•kommen, kam hin, ist hingekommen (13)   to get there

hinter *(acc./dat.)* (9)   behind

der Hinweis, -e (16)   hint, clue, direction

das Hochdeutsch (4)   High German, standard German

die Hochschule, -n (7)   university-level institute

der Hof, ⁼e   court

hoffentlich (1)   hopefully, I hope

höflich (15)   polite

die Holzbrücke, -n (11)   wooden bridge

hören (1)   to hear

der Hörsaal, *pl.* Hörsäle (1)   lecture hall

die Hose, -n   trousers

das Hotel, -s (4)   hotel

das Huhn, ⁼er (18)   chicken

der Hund, -e (16)   dog

der Hunger (4)   hunger

Hunger haben (4)   to be hungry

der Husten (15)   cough

der Hut, ⁼e (7)   hat

das Ich (8)   ego

der Idiot *(wk.)*, -en (13)   idiot

ihr (5)   her, its; their

Ihr (5)   your

immer (1)   always

immer noch (8)   still

der Import, -e (5)   import

importiert (4)   imported

in *(acc./dat.)* (1)   in, into, to

die Industrie, -n (12)   industry

die Inflation, -en (14)   inflation

die Information, -en (16)   information

der Ingenieur, -e (5)   engineer

der Intellektuelle *(adj. noun)* (17)   intellectual

die Intelligenz (8)   intelligence

der Intercity-Zug, ⁼e (16)   Inter-city (express) train

interessant (1)   interesting

interessieren (2)   to interest

sich *(acc.)* interessieren für (15)   to be interested in

interpretieren (16)   to interpret

das Interview, -s (7)   interview

interviewen (7)   to interview

irgendwie (15)   somehow

(das) Irland (4)   Ireland

ja (1)   yes

die Jacke, -n (12)   jacket

jagen (6)   to chase; hunt

das Jahr, -e (2)   year

das Jahrhundert, -e   century

das Jahrzehnt, -e   decade

-jährig (14)   . . . years old

der Januar (7)   January

die Jeans *(pl.)* (4)   blue jeans

jed- (3)   every, each

jedoch (10)   however

jemand (17)   someone

jen- (10)   that

jetzt (4)   now

der Job, -s (16)   job

jodeln (1)   to yodel

das Jodeln   yodelling

das Jogging (15)   jogging

der Journalist *(wk.)*, -en (17)   journalist

jüdisch   Jewish

die Jugend *(sing.)* (2)   young people; youth

der Jugendliche *(adj. noun)*   adolescent

der Juli (7)   July

jung (ü) (3)   young

der Juni (7)   June

der Käfer, – (5)   bug

der Kalender, – (4)   calendar

kalt (ä) (4)   cold

die Kamera, -s (4)   camera

der Kanister, – (16)   canister, container

kaputt (3)   broken

die Karikatur, -en (1)   caricature

die Kartoffel, -n (12)   potato

der Käse (10)   cheese

der Kassettenspieler, – (4)   cassette player

der Katholik *(wk.)*, -en (1)   Catholic

die Katze, -n (3)   cat

kaufen (4)   to buy

das Kaufhaus, ⁼er (4)   department store

kaum (16)   hardly

kein (2)   no, not a, not any

der Keller, – (14)   cellar

kennen, kannte, gekannt (2) to know, be acquainted with

kennen•lernen (7) to get to know, meet

die Kernphysik nuclear physics

der Kernreaktor, -en (8) nuclear reactor

die Kettenreaktion, -en (8) chain reaction

der Kilometer, – (15) kilometer

das Kind, -er (2) child

der Kindergarten, ‥ (7) nursery school

die Kindersprache, -n (16) children's language

das Kino, -s (1) movie theater

der Kiosk, -s (16) news-stand

klappen (coll.) (8) to work out, go well

die Klasse, -n (7) class

Klasse! (4) Great!

klein (5) small

der Klempner, – (2) plumber

klettern (ist) (9) to climb

das Klima climate

klingen, klang, geklungen (8) to sound

knacken (10) to crack

kochen to cook

der Koffer, – (3) suitcase

die Kohlen (pl.) (10) coals; coll.: money, "dough"

der Kombiwagen, – (5) station wagon

komisch (2) funny

kommen, kam, ist gekommen (1) to come

die Kommunikation, -en (16) communication

das Kommunikationsmittel, – (16) means of communication

konkurrieren (6) to compete

der König, -e king

können (kann), konnte, gekonnt (3; 7) to be able to, can; to know (language, etc.)

die Konstruktion, -en (5) construction

das Konto, pl. Konten (10) account

die Kontrolle, -n (17) control

das Konzert, -e (15) concert

die Kopfschmerzen (pl.) headache

der Korb, ‥e basket

das Korn, ‥er (18) kernel, seed

kosten (12) to cost

krähen to crow

krank (ä) (3) sick

die Krankenkasse, -n (15) health insurance

die Krankheit, -en (15) illness, disease

das Kreuzworträtsel, – (10) crossword puzzle

der Krieg, -e (12) war

kriegen (10) to get

die Kriminalität (17) criminality, crimes

die Kritik, -en criticism

kritisieren (6) to criticize

das Krokodil, -e (3) crocodile

der Kuchen, – cake

das Kuhglockengeläute cowbell sounds

der Kühlschrank, ‥e (13) refrigerator

die Kunst, ‥e (6) art

der Künstler, – (17) artist

die Kur, -en (15) treatment (health)

der Kurfürst (wk.), -en prince elector

das Kurkonzert, -e (15) concert in a spa

der Kurort, -e (15) spa

kurz (ü) (17) short; in short

das Laboratorium, pl. Laboratorien (8) laboratory

lachen (2) to laugh

lagern (12) to store

der Laie (wk.), -n layman

das Land, ‥er (9) country, land; state

landen (ist) (1) to land

das Länderspiel, -e (13) international game, match

die Landessprache, -n official language

die Landkarte, -n (17) map

die Landschaft, -en (17) landscape, countryside

die Landwirtschaft (18) agriculture

lang (ä) (17) long

lange (ä) (3) a long time

langweilig (1) boring

langsam (5) slow

lassen (ä), ließ, gelassen (11) to let, allow

ich kann es nicht lassen (15) I can't stop (doing it)

der Lastwagen, – (17) truck

laufen (äu), lief, ist gelaufen (14) to run

läuten (6) to ring

lauter (coll.) (18) nothing but, only

leben (11) to live

das Leben (2) life

das Lebensende life's end

die Lebenserfahrung (2) life experience

das Lebenswerk (14) life's work

die Lederhosen (pl.) (1) leather breeches

die Lederjacke, -n (12) leather jacket

der Lehrer, – (8) teacher

der Lehrling, -e (7) apprentice

leicht (15) easy

leider (1) unfortunately

leid tun: es tut mir leid (13) to be sorry: I am sorry

leihen, lieh, geliehen (5) to lend, borrow

die Leistung, -en (7) achievement

die Lektion, -en (1) lesson

der Lektor, -en (17) editor

lernen (4) to learn

lesen (ie), las, gelesen (1) to read; lecture

der **Lesesaal,** *pl.* **Lesesäle** (10) reading room

das **Lesestück, -e** reading selection

letzt- (13) last

das **letztemal (erstemal,** etc.) (18) the last time (first time, *etc.*)

letztesmal (6) last time

die **Leute** *(pl.)* (3) people

lieben (5) to love

der **Liebhaber, –** lover

liegen, lag, gelegen (3) to lie, be situated

die **Limousine, -n** (5) sedan, big car

die **Linie, -n** (15) line

die **schlanke Linie** (15) good figure

links (4) (to the) left

die **Liste, -n** list

die **Lobby, -s** (12) *(political)* lobby

die **Lockerungsübung, -en** warm-up exercise

lösen (10) to solve

los: was ist los? (5) what's wrong?

die **Luft** (12) air

der **Lungenkrebs** (15) lung cancer

die **Lust** (12) desire

Lust haben (12) to want (to)

der **Luxus** (17) luxury

der **Lyriker, –** (17) lyric poet

machen (1) to make

das macht nichts (1) that's no problem, that doesn't matter

Macht nichts! (17) That's O.K.! No trouble!

das **Mädchen, –** (1) girl

die **Magenschmerzen** *(pl.)* stomach ache

der **Mai** (7) May

malen (18) to paint

man (1) one

manch- (10) many a; *pl.* some

manchmal (2) sometimes

der **Mangel,** ⸚ lack, shortage

der **Mann,** ⸚**er** (1) man; husband

die **Mannschaft, -en** (13) team

der **Mantel,** ⸚ (14) overcoat

das **Märchen, –** (11) fairy tale

die **Mark, –** (10) German mark

marxistisch (17) Marxist

der **März** (7) March

die **Maschine, -n** (8) machine

die **Massenmedien** *(pl.)* (17) mass media

der **Materialismus** (17) materialism

die **Mathematik** (2) mathematics

die **Mauer, -n** (17) wall

das **Maul,** ⸚**er** (18) mouth *(animal)*

der **Mechaniker, –** (5) mechanic

meckern *(coll.)* (6) to complain, gripe

die **Medizin** (2) medical science, medicine

das **Meer, -e** (9) ocean, sea

mehr (als) (2) more (than)

mein (1) my

meinen (8) to say; mean

meist- (13) most

meistens usually

die **Mensa** (11) student cafeteria

der **Mensch** *(wk.),* **-en** (3) human being

Mensch! (3) Man! Boy!

menschenleer deserted

der **Mercedes, –** (5) Mercedes

merken to notice

die **Miete, -n** (10) rent

das **Mikroskop, -e** (4) microscope

die **Milliarde, -n** (8) billion

die **Million, -en** (8) million

der **Millionär, -e** (10) millionaire

das **Mineralwasser, –** (15) mineral water

die **Minute, -n** (3) minute

miserabel (13) miserable

der **Mist** dung (heap)

mit (1) along

mit *(dat.)* (1) with

mit•nehmen (i), nahm mit, mitgenommen (9) to take along

mit•schleppen (16) to lug, drag along

der **Mittag, -e** (4) noon

das **Mittagessen, –** (4) lunch

das **Mittelmeer** (9) Mediterranean Sea

der **Mittelstürmer, –** (13) center forward *(soccer)*

der **Mittwoch, -e** (10) Wednesday

mögen (mag), mochte, gemocht (3) to like (to)

möglich (8) possible

die **Möglichkeit, -en** (7) possibility

der **Moment, -e** (10) moment

Moment mal! (10) just a moment!

momentan (2) at the moment, for the time being

der **Monat, -e** (8) month

der **Montag, -e** (10) Monday

der **Morgen** (11) morning

eines Morgens (11) one morning

morgens (9) in the morning(s)

morgen (4) tomorrow

der **Motor, -en** (5) engine, motor

motorisiert (9) motorized

das **Motorrad,** ⸚**er** (12) motorcycle

die **Motorradbrille, -n** (12) goggles

müde (18) tired

die **Mühe, -n** effort

der **Müll** (12) garbage, refuse, waste

die **Mülldeponie, -n** (12) garbage dump, waste disposal site

mündlich (7) oral

die **Münze, -n** coin

das **Museum,** *pl.* **Museen** (5) museum

das **Museumsstück, -e** (5) museum piece

müssen, (muß), mußte, gemußt (3) to have to, must

die **Mutter,** ⸚ (3) mother

die **Muttersprache, -n** (16) mother tongue, native language

na! (2) well!

nach *(dat.)* (4) after; to; according to

der **Nachbar,** *(wk., -n)* **-n** (17) neighbor

nachdem *(sub. conj.)* (13) after

nachher (1) afterward

der **Nachmittag, -e** (9) afternoon

nächst- (2) next

die **Nacht,** ⸚**e** (10) night

der **Nachteil, -e** disadvantage

das **Nacktbad,** ⸚**er** (9) nudist beach

naiv (10) naive

der **Name** *(wk. irreg., genitive* **-ns), -n** (1) name

nämlich (1) namely; you see, you know, the fact is

die **Natur** (18) nature

natürlich (2) natural; of course

neben *(acc./dat.)* (9) next to, beside

nehmen (i), nahm, genommen (3) to take

nein (1) no

nennen, nannte, genannt (7) to call, name

nervös (5) nervous

nett (3) nice

neu (1) new

neugierig (6) curious

das **Neujahr** (15) New Year

die **Neutronenbeschießung** neutron bombardment

nicht (1) not

nicht einmal (nicht mal) (18) not even

nichts (1) nothing

nie (3) never

niemand no one

niesen to sneeze

noch (2) still

noch nicht (2) not yet

der **Norden** (9) north

die **Note, -n** (7) grade, mark

der **November** (7) November

der **Numerus clausus** (2) *numerous clausus,* "limited number"

die **Nummer, -n** (6) number

das **Nummernkonto,** *pl.* **Nummernkonten** (10) numbered account

nun (16) now

nur (1) only

ob *(sub. conj.)* (5) whether, if

obligatorisch (7) obligatory

obwohl *(sub. conj.)* although

oder *(coord. conj.)* (1) or

die **Öffentlichkeit** public

öffnen (1) to open

oft (ö) (5) often

ohne *(acc.)* (2) without

der **Oktober** (7) October

der **Olivenbaum,** ⸚**e** (9) olive tree

der **Onkel, –** (5) uncle

der **Opa, -s** (8) grandpa

die **Opposition, -en** (17) opposition

der **Optimist** *(wk.),* **-en** (12) optimist

ordentlich (2) respectable, decent

der **Ort, -e** (15) place, town

der **Osten** (17) East

(das) **Österreich** Austria

der **Österreicher, –** (4) Austrian

die **Ostsee** (9) Baltic Sea

die **Palme, -n** (9) palm tree

das **Pandämonium** (13) pandemonium

der **Papst,** ⸚**e** pope

die **Parallele, -n** (7) parallel

der **Park, -s** (9) park

parken (3) to park

der **Parkplatz,** ⸚**e** (3) parking space, parking lot

der **Partner, –** (14) partner

die **Party, -s** (4) party

passieren *(dat.)* **(ist)** (11) to happen (to)

der **Patrizier, –** (14) patrician

die **Pension, -en** (18) guest house

das **Penthaus,** ⸚**er** (10) penthouse

das **Personal** (8) personnel

persönlich (17) personal

der **Pessimist** *(wk.),* **-en** (12) pessimist

pessimistisch (8) pessimistic

pflanzen (12) to plant

pharmazeutisch (15) pharmazeutical

die **Physik** (8) physics

der **Physiker, –** (8) physicist

pikiert (8) piqued

das **Piktogramm, -e** (16) picture sign

die **Pille, -n** (15) pill

der **Plan,** ⸚**e** (8) plan

planen (6) to plan

die **Planwirtschaft** planned economy

das **Plastik** (12) plastic

plattdeutsch Low German

der **Platz,** ⸚**e** (2) place

platzen (ist) (16) to burst

pleite *(coll.)* (1) broke

plötzlich (10) suddenly

das **Pokalspiel, -e** (13) championship game

die **Polizei** *(sing.)* (10) police

der **Polizeiwagen, –** (3) police car

der **Polizist** *(wk.),* **-en** (3) policeman

der **Porsche, –** (5) Porsche

der **Preis**, -e (6) price; prize
die **Preisfrage**, -n (11) prize question
die **Prestigesache**, -en (5) matter of prestige
prima! (14) great!
das **Problem**, -e (2) problem
produzieren (6) to produce
der **Professor**, -en (1) professor
das **Projekt**, -e (14) project
Prost! (15) Cheers!
  Prost Neujahr! (15) Happy New Year!
protestieren (2) to protest
der **Prozeß**, *pl.* **Prozesse** (11) trial; process
die **Prüfung**, -en (7) test, exam
die **PS**, –(**Pferdestärke**, -n) (5) horse power
der **Psychiater**, – (13) psychiatrist
die **Psychologie** (2) psychology
das **Publikum** (6) audience
der **Punkt**, -e (2) point
das **Punktesystem**, -e (2) point system
pünktlich (3) punctual, on time
die **Pute**, -n (13) (hen) turkey
putzen to clean

qualifiziert (8) qualified
die **Qualität**, -en (5) quality

die **Rache** revenge
das **Radio**, -s (4) radio
die **Radioaktivität** (12) radioactivity
rar (14) rare
rassig racy, snappy
die **Raststätte**, -n (17) highway restaurant
raten (**rät**), **riet, geraten** to guess
der **Rauch** (18) smoke
rauchen (15) to smoke
das **Rauchen** (15) smoking

der **Raucher**, – (15) smoker
das **Raumschiff**, -e (4) space ship
reagieren (13) to react
die **Realschule**, -n (7) non-classical secondary school
rebellieren (17) to rebel
recht haben (12) to be right
rechts (4) (to the) right
der **Rechtsanwalt**, ⸚e (10) lawyer
der **Rechtsaußen**, – outside right *(soccer)*
die **Regel**, -n (18) rule
der **Regen** (18) rain
der **Regenmantel**, ⸚ (17) raincoat
regnen (18) to rain
die **Regierung**, -en (17) government
das **Regierungssystem**, -e (10) government system
der **Regisseur**, -e (6) director *(movie)*
reich (5) rich
die **Reise**, -n (9) trip
  eine Reise machen (9) to take a trip
das **Reisebüro**, -s (9) travel agency
die **Reklame**, -n (16) advertisement
die **Reklameagentur**, -en (16) advertising agency
rennen, rannte, ist gerannt (15) to run, race
der **Rennfahrer**, – (5) race driver, speeder
reparieren (5) to repair, fix
der **Reporter**, – (7) reporter
resigniert (16) resigned
das **Restaurant**, -s (4) restaurant
das **Resultat**, -e (2) result
revolutionieren (14) to revolutionize
das **Rezept**, -e (15) prescription; recipe

das **Rheuma** (9) rheumatism, arthritis
der **Richter**, – (13) judge
richtig (3) correct, right; real
riesig (16) huge, immense
das **Risiko**, *pl.* **Risiken** risk
das **Ritual**, -e (5) ritual
die **Rolle**, -n role, part
die **Rolltreppe**, -n (4) escalator
der **Roman**, -e (11) novel
der **Römer**, – (10) Roman
der **Rückblick** review
der **Rucksack**, ⸚e (7) back pack
der **Ruf** (6) reputation
rufen, rief, gerufen to call
ruhig (11) quiet
der **Ruhm** (14) fame
das **Ruhrgebiet** Ruhr district

die **Sache**, -n (16) thing, matter
die **Safari**, -s (9) safari
der **Safe**, -s (10) safe
sagen (2) to say
der **Samstag**, -e (10) Saturday
der **Sand** (9) sand
der **Sargnagel**, ⸚ *(coll.)* (15) cigarette, "coffin nail"
sarkastisch (18) sarcastic
der **Satz**, ⸚e (18) sentence; clause
der **Sauertopf** *(coll.)* (3) grouch
schade! (2) too bad!
die **Schallplatte**, -n (12) phonograph record
scharf (ä) (17) sharp; severe
schauen (3) to look
das **Schaufenster**, – (13) store window
der **Schauspieler**, – (6) actor
der **Scheck**, -s (6) check
sich *(acc.)* **scheiden lassen** (18) to get a divorce
scheinen, schien, geschienen (18) to shine

schenken (4)   to give *(as a gift)*

schick (14)   chic

schicken (6)   to send

die Schickeria (10)   jet set

der Schiedsrichter, – (13)   referee

schießen, schoß, geschossen (13)   to shoot

Schi fahren (ä), fuhr Schi, ist Schi gefahren (10)   to ski

der Schifahrer, – (10)   skier

das Schiff, -e (4)   ship

die Schiffsreise, -n (9)   boat trip, voyage

das Schild, -er (3)   sign

schimpfen (16)   to swear, complain

der Schirm, -e (9)   umbrella

schlafen (ä), schlief, geschlafen (9)   to sleep

der Schlafsack, ⸚e (7)   sleeping bag

die Schlaftablette, -n (15)   sleeping pill

schlagen (ä), schlug, geschlagen (11)   to hit, beat

das Schlammbad, ⸚er   mud bath

schlank (1)   slender, slim, thin

schlecht (13)   bad

schleppen *(coll.)* (16)   to drag, lug

schließlich (11)   finally

schlimmer (12)   worse

das Schloß, *pl.* Schlösser (11)   castle

der Schluß (3)   end

mach Schluß! (3)   enough! stop!

Schluß machen (13)   to close, come to an end

der Schlüssel, – (5)   key

schmecken (10)   to taste

schmieren (17)   to grease

schmutzig (12)   dirty

der Schnee (11)   snow

schnell (3)   fast, quick

der Schnupfen (15)   head cold, sniffles

schon (3)   already

schön (2)   nice, beautiful

der Schraubenschlüssel, – (10)   monkey wrench

schreiben, schrieb, geschrieben (10)   to write

die Schreibmaschine, -n (8)   typewriter

schreien, schrie, geschrieen (11)   to scream

schriftlich (7)   written, in writing

die Schriftsprache, -n   written language

die Schulbildung   formal education

die Schule, -n (4)   school

der Schüler, –   pupil

das Schuljahr, -e (7)   grade level

schulpflichtig   required to attend school

der Schutz   protection, defense

die Schwäche, -n   weakness

der Schwarzwald (18)   Black Forest

(das) Schweden (8)   Sweden

die Schweiz (9)   Switzerland

der Schweizer, – (4)   Swiss

der Schweizer Franken, – (10)   Swiss franc

schwer (2)   difficult, hard; heavy

es schwer haben (2)   to have a tough time

(etwas) schwer nehmen (13)   to take (something) hard

die Schwester, -n (4)   sister

die Schwierigkeit, -en (7)   difficulty

das Schwimmbad, ⸚er (13)   swimming pool

schwimmen, schwamm, ist geschwommen (9)   to swim

das Schwyzer Dütsch (10)   Swiss German *(language)*

die sechziger Jahre   the Sixties

der See, -n (9)   lake

seekrank (9)   seasick

das Seelenleben (2)   emotions, emotional life

das Segelboot, -e (9)   sailing boat

segeln (ist) (9)   to sail

sehen (ie), sah, gesehen (2)   to see

sehr (1)   very

sein (1)   his, its

sein (ist), war, ist gewesen (1)   to be

seit *(dat.)* (4)   since, for

die Seite, -n (4)   side; page

der Sekretär, -e (8)   secretary

die Selbstdisziplin (15)   self-discipline

selbstverständlich (5)   of course, naturally

selten   seldom; rare

das Semester, – (2)   semester

die Semesterarbeit, -en (11)   term paper

das Seminar, -e (1)   seminar

senden, sandte, gesandt (15)   to send

der September (7)   September

die Serviette, -n (4)   napkin

der Sessel, – (18)   armchair

sich *(acc.)* setzen (15)   to sit down

das Sexsymbol, -e (6)   sex symbol

sicher (8)   certainly

der Sicherheitsdienst, -e   secret service

sieben (4)   seven

der Silvester (15)   New Year's Eve

singen, sang, gesungen (1)   to sing

die Situation, -en (3)   situation

sitzen, saß, gesessen (1)   to sit

der Slum, -s (17)   slum

so (3)   so

so ein (10)   such a

so ... wie (16)   as ... as

sogar (5)   even

sogenannt so-called

der Sohn, ⸚**e** (2) son

solch- (10) such a; *pl.* such

solide solid; respectable

sollen (soll), sollte, gesollt (3) to be supposed to; be said to

der Sommer, – (7) summer

das Sonderangebot, -e (4) special sale

sondern (1) but rather

der Sonnabend, -e (10) Saturday

die Sonne (9) sun

der Sonnenschein (18) sunshine

der Sonnenschirm, -e (9) beach umbrella

der Sonntag, -e (10) Sunday

der Sonntagsspaziergang, ⸚**e** Sunday stroll

sonst (3; 6) otherwise; usually

sonst noch etwas? (4) anything else?

sowieso (17) anyhow

sozial (17) social

das Sozialprodukt (11) Gross National Product

spalten, spaltete, gespalten to split

das Sparbuch, ⸚**er** (10) bank book

sparsam (14) thrifty, economical

der Spaß (9) fun

es macht Spaß (9) it is fun

spät (3) late

später (7) later

spazieren (ist) (13) to walk, stroll

der Spaziergang, ⸚**e** (9) walk

einen Spaziergang machen (9) to take a walk

die Speise, -n food

die Spiegelreflexkamera, -s (4) reflex camera

spielen (1) to play

das Spiel, -e (13) game, match

das Spiel steht . . . (13) the score is . . .

spontan (13) spontaneous

der Sport (7) sport(s)

das Sportgeschäft, -e (13) sporting goods store

die Sprache, -n (10) language

die Sprachverwirrung confusion of tongues

der Sprechchor, ⸚**e** (13) cheering squad

sprechen (i), sprach, gesprochen (1) to talk, speak

sprechend talking

das Sprichwort, ⸚**er** proverb

sprichwörtlich proverbial

die Spritze, -n (9) injection, shot

die Spritztour, -en (12) short trip, spin

der Staat, -en (17) state

das Staatssystem, -e (17) state system

die Stadt, ⸚**e** (1) city, town

der Stadtrat, ⸚**e** (14) city council

stammen aus to come from (originally)

der Stammkunde *(wk.),* **-n** (5) regular customer

starren (18) to stare

statistisch (1) statistical

statt *(gen.)* (14) instead of

statt•finden, fand statt, stattgefunden (13) to take place

das Statussymbol, -e (5) status symbol

stehen, stand, gestanden (3; 8) to stand; to be, say *(in newspaper,* etc.)

stehlen (ie), stahl, gestohlen (10) to steal

steigend (12) rising

der Stein, -e (18) stone

die Stelle, -n (8) place; job

stellen (9) to put, place

die Stellung, -en (8) job

sterben (i) (an + *dat.),* **starb, ist gestorben** (14) to die (of)

die Steuer, -n (14) tax

die Steuerbehörde, -n (10) internal revenue service

stimmen (7) to be correct

stimmt! (18) right!

stinken, stank, gestunken (18) to stink

mir stinkt's! *(coll.)* (18) I'm fed up!

stinklangweilig *(coll.)* (1) very boring

der Stock, *pl.* **Stockwerke** (4) storey, floor

stolz (auf + *acc.)* (10) proud (of)

stoppen (13) to stop

stören (12) to disturb

der Strafzettel, – (3) traffic ticket

die Strahlenvergiftung radiation poisoning

der Strand (9) beach, seashore

die Straße, -n (9) street, road

die Strecke, -n (17) route

der Streit (18) argument, quarrel

Streit suchen (18) to pick a quarrel

streiten, stritt, gestritten (13) to quarrel

der Streß (15) stress

der Student *(wk.),* **-en** (1) student

der Studienbewerber, – (2) university (college) applicant

der Studienplatz, ⸚**e** (2) opening for student at university

studieren (2) to study

das Studium, *pl.* **Studien** (14) study

der Stuhl, ⸚**e** (8) chair

der Sturzhelm, -e (12) crash helmet

suchen (8) to look for

der Süden (9) south

der Supermarkt, ⸚**e** (13) supermarket

das System, -e (2) system

die **Tablette**, -n (15) pill, tablet

der **Tag**, -e (2) day
    Guten Tag! (2) Hello!
    täglich (15) daily

die **Tankstelle**, -n (5) filling station

die **Tante**, -n (3) aunt
    tanzen (1) to dance

die **Tasche**, -n (10) bag, pocket

der **Taschenrechner**, – (4) pocket calculator

der **Täter**, – (10) perpetrator

die **Tatsache**, -n fact

der **Taxifahrer**, – (2) taxi driver

    technisch (8) technical

der **Teenager**, – (4) teenager

der **Teil**, -e (4) part
    teil•nehmen (i) **an** (dat.), **nahm teil, teilgenommen** (12) to participate in

das **Telefon**, -e (6) telephone

das **Telefongespräch**, -e (6) telephone conversation
    teuer (5) expensive

der **Teufel**, – (18) devil

das **Thema**, pl. **Themen** (11) topic

die **Theorie**, -n (8) theory
    tief (11) deep
    tierliebend sein (8) to love animals
    tippen (8) to type

der **Tisch**, -e (11) table

der **Tischnachbar** (wk., -n), -n (17) table companion

der **Titel**, – (6) title

die **Tochter**, ¨ (2) daughter

die **Toilette**, -n (4) bathroom, toilet
    toll (coll.) (6) great

das **Tonbandgerät**, -e (4) tape recorder

das **Tor**, -e (13) goal; gate

der **Torwart**, -e (13) goalie
    tot (6) dead
    totsicher! (7) dead right!

der **Tourist** (wk.), -en (9) tourist

die **Touristik** tourist industry

tragen (ä), **trug, getragen** (4; 16) to wear; carry

die **Tragetasche**, -n (16) tote, shopping bag

der **Trainer**, – (13) coach
    trampen (ist) (7) to hitchhike

das **Transportmittel**, – (5) means of transportation

die **Traube**, -n grape
    trauen (dat.) (12) to trust

der **Traum**, ¨e (11) dream
    träumen (4) to dream
    treffen (i), **traf, getroffen** (2) to meet

das **Treffen**, – (17) meeting

die **Treppe**, -n (4) staircase, stairs

sich (acc.) **trimmen** (15) to get in shape, exercise

der **Trimm-Dich-Pfad**, -e (15) exercise path
    trinken, trank, getrunken (1) to drink
    trotz (gen.) (13) in spite of
    tschüß! (1) so long!

das **T-Shirt**, -s (4) T-shirt
    tun, tat, getan (1) to do

die **Tür**, -en (16) door
    turnen (13) to do gymnastics

die **Turnhalle**, -n (13) gymnasium
    typisch (1) typical

die **U-Bahn (Untergrundbahn)**, -en (16) subway
    über (acc./dat.) (8) about; over, above, across
    über (acc.) (17) via, by way of
    überein•stimmen (13) to agree
    überholen (5) to pass, overtake

das **Überholen** passing (a car)

das **Über-Ich** (8) super-ego

sich (dat.) **überlegen** (15) to think s.th. over, ponder
    übermorgen (6) day after tomorrow

    überqualifiziert (8) overqualified
    überrascht (11) surprised
    überreden (11) to persuade, talk s.o. into s.th.
    überwältigend (6) overwhelming
    überziehen, überzog, überzogen (14) to overdraw
    überzivilisiert (12) overcivilized
    übrigens (1) by the way

die **Übung**, -en exercise, practice

die **Uhr**, -en (4; 16) clock, watch; o'clock
    Wieviel Uhr ist es? (16) What time is it?
    um (acc.) (2) around
    um ... Uhr (16) at ... o'clock
    umgekehrt vice versa
    um ... zu (10) in order to ...

die **Umweltverschmutzung** (12) environmental pollution
    unabhängig independent
    unausstehlich (18) unbearable
    unbedingt (5) absolutely
    unberührt (18) untouched
    und (coord. conj.) (1) and

die **Unfreiheit** (17) lack of freedom
    ungeheuer (11) immense, huge, gigantic

die **Ungerechtigkeit**, -en (17) injustice
    ungeschickt (2) clumsy

das **Ungeziefer**, – (11) vermin
    ungut: nichts für ungut! (15) no offense!

die **Universität**, -en (1) university
    unrealistisch (2) unrealistic
    unrecht haben (18) to be wrong

unruhig (11) restless, uneasy

unser (5) our

unter *(acc./dat.)* (9) under; among

unterbrechen (i), unterbrach, unterbrochen (18) to interrupt

die **Unterdrückung** (17) suppression

sich *(acc.)* **unterhalten (ä), unterhielt, unterhalten** (17) to talk, chat, have a conversation

die **Unterhaltung, -en** (15) conversation; entertainment

untersuchen to investigate, study

das **Uran** uranium

der **Urankern** uranium nucleus

der **Urlaub** (2) vacation
  auf Urlaub (2) on vacation
  und so weiter (usw.) etcetera

variieren to vary

der **Vater, ⸚** (5) father

die **Verabredung, -en** (13) date, appointment

veraltet outdated

verändern to change

sich *(acc.)* **verändern** (15) to change *(in appearance)*

verbieten, verbot, verboten (17) to forbid, prohibit

verboten prohibited

verbrennen, verbrannte, verbrannt to burn

verdienen (2) to earn

verdient (14) deserved

die **Vereinigten Staaten** *(pl.)* (7) The United States

verfolgen (17) to persecute

vergessen (i), vergaß, vergessen (13) to forget

vergleichen, verglich, verglichen (16) to compare

das **Vergnügen, –** (14) pleasure

das **Verhalten** behavior

die **Verhältnisse** *(pl.)* conditions

verkaufen (5) to sell

der **Verkäufer –** (4) salesman

der **Verkehr** (5) traffic

verklagen (14) to sue

der **Verlag, -e** (17) publishing house, publisher

verlangen (10) to demand

verlängern (7) to extend

verlassen (ä), verließ, verlassen (14) to leave

verlieren, verlor, verloren (13) to lose

verlocken to lure

veröffentlichen to publish

verpacken to package

verpassen (16) to miss *(train, etc.)*

verpesten (12) to pollute

verreisen (ist) (6) to go on a trip

verrückt (7) crazy

verschieden different, various

verschlechtern to make worse, impair

verschmutzen (12) to pollute

verschwenderisch (14) wasteful, extravagant

die **Verschwendungssucht** wastefulness

verschwinden, verschwand, ist verschwunden (6) to disappear

versetzen (13) to stand *(s.o.)* up

die **Verspätung, -en** (16) delay
  Verspätung haben (16) to be delayed

versprechen (i), versprach, versprochen (14) to promise

das **Versprechen, –** (14) promise

sich *(acc.)* **verständigen** (16) to communicate

verständlich understandable

verständnisvoll (14) understanding

verstaubt (17) dusty, covered with dust

verstehen, verstand, verstanden (4) to understand

versuchen (10) to try, attempt

verurteilen to condemn

verwandeln (11) to change

die **Verwandlung, -en** (11) metamorphosis

verwandt (4) related

der **Verwandte** *(adj. noun)* (14) relative

verzaubert enchanted, bewitched

Verzeihung! (1) excuse me!

verzollen (16) to declare *(customs)*

viel (1) much, a lot

vielleicht (1) perhaps

vier (1) four

der **Viertaktmotor, -en** four-stroke engine

das **Visum,** *pl.* **Visa** or **Visas** (7) visa

das **Volk, ⸚er** people *(nation)*

die **Völkerwanderung** migration of the nations

von *(dat.)* (1) of, from

vor *(acc./dat.)* (3) in front of, before

vor *(dat.)* (18) ago

vor allem (10) above all, mainly

voraus•sagen (8) to predict

vorbereitet prepared

die **Vorbereitung, -en** (14) preparation

die **Vorbeugung** prevention

vorher (7) previously, beforehand

vorig- (16) previous, last

vor•kommen, kam vor, ist vorgekommen *(dat.)* (11)   to seem

vor•lesen (ie), las vor, vorgelesen (10)   to read aloud

die **Vorlesung, -en** (1)   lecture class

der **Vormittag, -e** (11)   forenoon, morning

sich *(dat.)* **vor•nehmen (i), nahm vor, vorgenommen** (15)   to resolve, plan

vor•schlagen (ä), schlug vor, vorgeschlagen (18)   to suggest, propose

die **Vorschule, -n** (7)   kindergarten

vorsichtig (5)   careful, cautious

sich *(dat.)* **vor•stellen** (15)   to imagine

die **Vorstufe, -n**   preliminary stage

der **Vortrag, ̈-e** (5)   lecture, speech

   einen Vortrag halten (5)   to give a lecture

wachsen (17)   to wax, polish

der **Wachtmeister, –** (3)   police officer

der **Wagen, –** (5)   car

wählen (6; 10)   to dial; choose; vote, elect

wahr (7)   true

während *(gen.)* (13)   during

die **Wahrheit, -en**   truth

wahrscheinlich (1)   probably

die **Währung, -en** (10)   currency

der **Wald, ̈-er** (9)   forest

die **Wand, ̈-e** (18)   wall

die **Wanderlust** (9)   urge to travel

wandern (ist) (9)   to walk, hike

die **Wanze, -n**   bug (hidden microphone)

warm (9) (ä)   warm, hot

die **Warnung, -en** (16)   warning

warten (3)   to wait

der **Wartesaal,** *pl.* **Wartesäle** (16)   *(large)* waiting room

die **Wartezeit**   waiting period

das **Wartezimmer, –** (9)   waiting room

warum (2)   why

was für (ein) (10)   what kind of (a)

was (1)   what

waschen (ä), wusch, gewaschen (17)   to wash

die **Wäsche**   laundry

das **Wasser** (2)   water

die **Wasserleitung** (2)   water-pipes, plumbing

der **Wecker, –** (3)   alarm clock

weg! (15)   away (with)!

wegen *(gen.)* (13)   because of

weg•gehen, ging weg, ist weggegangen (13)   to leave, go away

die **Wegwerfgesellschaft** (12)   throw-away society

wehe! woe! watch out!

weil *(sub. conj.)* (5)   because

die **Weile** (14)   while

der **Weinkeller, –** (14)   wine cellar

weiter•gehen, ging weiter, ist weitergegangen (14)   to go on

weiter•suchen (8)   to go on looking

welch- (10)   which

die **Welt** (5)   world

wenden, wandte, gewandt (15)   to turn

wenig   little

wenn *(sub. conj.)* (5)   when, if, whenever

wer (1)   who

werden (wird), wurde, ist geworden (2)   to become

werfen (i), warf, geworfen (11)   to throw

das **Werk, -e** (11)   work

die **Werkstatt, ̈-e** (5)   workshop

das **Werkzeug, -e**   tool

der **Westen** (17)   West

das **Wetter** (18)   weather

wichtig (5)   important

widersprechen (i) *(dat.)*, **widersprach, widersprochen** (11)   to contradict

wie (1)   how; as, like

wieder (3)   again

wieder•sehen: auf Wiedersehen! (1)   good-bye!

wieso (4)   in what way; how

wieviel (11)   how much

wieviele (7)   how many

die **Willenskraft** (15)   will power

der **Winter, –** (4)   winter

wirklich (1)   really

die **Wirtschaft** (5)   economy

der **Wirtschaftswissenschaftler, –** (11)   economist, economics major

wissen (weiß), wußte, gewußt (4)   to know *(as a fact)*

die **Wissenschaft, -en**   science

wo (1)   where

die **Woche, -n** (7)   week

das **Wochenende, -n** (18)   weekend

woher (1)   from where

wohin (4)   where (to)

wohl (10)   probably

wohnen (1)   to live

die **Wohnung, -en** (10)   apartment; dwelling

der **Wohnwagen, –** (9)   camper

wollen (will), wollte, gewollt (3)   to want (to), intend (to)

das **Wort, ̈-er** *and* **-e** (4)   word

das **Wörtchen**, – (18)   little word

der **Wortschatz**   vocabulary

das **Wörterbuch**, ̈er (13)   dictionary

das **Wunder**, – (2)   miracle **Wunder wirken** (15)   to work miracles

sich *(acc.)* **wundern** (über + acc.) (15)   to be surprised (about)

der **Wunsch**, ̈e (11)   wish **wünschen** (11)   to wish

der **Zahn**, ̈e (9)   tooth

der **Zahnarzt**, ̈e (9)   dentist

die **Zahnmedizin**   dentistry

die **Zahnschmerzen** *(pl.)* (9)   toothache

die **Zeichensprache**, -n (16)   language of symbols, sign language **zeigen** (5)   to show

die **Zeit**, -en (6)   time **zur gleichen Zeit**   at the same time

das **Zeitalter**, –   age, era **zeitlos**   timeless

die **Zeitschrift**, -en (16)   magazine, journal

die **Zeitung**, -en (7)   newspaper

das **Zelt**, -e (9)   tent **zerrissen** (3)   torn

das **Ziel**, -e   goal, target, destination

der **Zielpunkt**, -e   target point

die **Zielsprache**, -n   target language **ziemlich** (2)   quite, rather

die **Zigarette**, -n (15)   cigarette

das **Zimmer**, – (1)   room

das **Zitat**, -e (11)   quote

der **Zoll** (16)   customs

der **Zoo**, -s (8)   zoo

der **Zoologische Garten** (8)   zoological garden **zu** (2)   too **zu** *(dat.)* (4)   to **zuende sein** (12)   to be finished, over **zufrieden** (14)   satisfied, happy

der **Zug**, ̈e (3)   train **zu•gehen: es geht zu wie . . .**   it is like . . . **zugleich**   at the same time **zu•hören** *(dat.)* (11)   to listen (to)

die **Zukunft** (12)   future **zu•nehmen** (i), nahm zu, zugenommen (15)   to gain weight **zurück**   back **zurück•kehren** (ist) (7)   to return **zurück•kommen**, kam zurück, ist zurückgekommen (7)   to come back, return **zusammen** (6)   together

sich *(acc.)* **zusammen•nehmen** (i), nahm zusammen, zusammengenommen (15)   to get hold of oneself

die **Zusammenfassung**, -en   summary

der **Zuschauer**, – (6)   spectator

die **zwanziger Jahre** (6)   the Twenties **zwingen**, zwang, gezwungen   to force, coerce **zwischen** *(acc./dat.)* (9)   between

ENGLISH-GERMAN VOCABULARY

This vocabulary lists the words and expressions needed for English-German exercises. Pronouns, possessive adjectives, and numbers are omitted.

Nouns are listed with their plural endings: **das Fahrrad, ̈-er.** Weak nouns are indicated, and their plural endings are given: **der Student** *(wk.),* **-en.** Irregular plurals are given in full: **das Konto,** *pl.* **Konten.**

Strong and irregular verbs are given with their principal parts: **geben (i), gab, gegeben.** Verbs that take **sein** as their auxiliary in the perfect tenses are indicated; all others take **haben.** Verbs with separable prefixes are marked with a bullet: **an•fangen.**

Adjectives and adverbs with umlaut or irregularities in the comparative and superlative are shown: **alt (ä); gut (besser, best-).**

ability die Fähigkeit, -en
about über *(acc./dat.)*
account das Konto, *pl.* Konten
actor der Schauspieler, –
ad die Anzeige, -n
to admire bewundern
to be afraid of Angst haben vor *(dat.)*
after nach *(dat.)*
afterwards nachher
against gegen *(acc.)*
to agree überein•stimmen
all all-
to be allowed to dürfen (darf), durfte, gedurft
almost fast, beinahe
along mit
already schon
also auch
always immer
American der Amerikaner, –; die Amerikanerin, -nen
angry böse
animal: to like animals tierliebend sein
not anything nichts
to argue streiten, stritt, gestritten

around um *(acc.)*
to arrive an•kommen, kam an, ist angekommen
article der Artikel, –
as wie
to ask fragen
to ask for bitten um *(acc.),* bat, gebeten
Australia (das) Australien
Austria (das) Österreich
Austrian der Österreicher, –; die Österreicherin, -nen
automobile export der Automobilexport, -e

bad schlimm
bank die Bank, -en
banker der Bankier, -s
bathroom die Toilette, -n
to be sein (ist), war, ist gewesen
beach der Strand
beautiful schön
because weil *(sub. conj.)*
because of wegen *(gen.)*
to become werden (wird), wurde, ist geworden
bed das Bett, -en
  to go to bed zu Bett gehen

beer das Bier
before vor *(acc./dat.)*
beginning der Anfang, ̈-e
Berlin Wall die Berliner Mauer
better besser
big groß (größer, größt-)
bike das Fahrrad, ̈-er
birthday der Geburtstag, -e
birthday party die Geburtstagsparty, -s
Black Forest der Schwarzwald
boring langweilig
born: was born wurde . . . geboren
to bother stören
bottle die Flasche, -n
breakfast das Frühstück, -e
bridge die Brücke, -n
broke pleite
broken kaputt
brother der Bruder, ̈
bug (beetle) der Käfer, –
bus der Bus, -se
business trip die Geschäftsreise, -n
bus stop die Bushaltestelle, -n
busy beschäftigt
but aber *(coord. conj.)*

to buy   kaufen
bye!   auf Wiedersehen!
by the way   übrigens

café   das Café, -s
to call   rufen, rief, gerufen
to call by phone   an•rufen, rief
   an, angerufen
camera   die Kamera, -s
camper   der Wohnwagen, –
can   können (kann), konnte,
   gekonnt
car   das Auto, -s; der Wagen, –
car key   der Autoschlüssel, –
cat   die Katze, -n
center forward   der Mittelstürmer, –
chain reaction   die Kettenreaktion, -en
to chase   jagen
check   der Scheck, -s
chic   schick
citizen   der Bürger, –
city   die Stadt, ⸚e
to claim   behaupten
class   die Klasse, -n
to climb   klettern auf *(acc.)* (ist)
at ... o'clock   um ... Uhr
clumsy   ungeschickt
coach   der Trainer, –
coat   der Mantel, ⸚
cold   kalt (ä)
to come   kommen, kam, ist gekommen
to come along   mit•kommen,
   kam mit, ist mitgekommen
computer   der Computer, –
to contradict   widersprechen (i)
   (dat.), widersprach, widersprochen
corner   die Ecke, -n
correct(ly)   richtig
to cost   kosten
couch   die Couch, -es
country   das Land, ⸚er
of course   natürlich
crazy   verrückt
   to drive *(s.o.)* crazy   verrückt
      machen
to criticize   kritisieren
crossword puzzle   das Kreuzworträtsel, –

to dance   tanzen
dangerous   gefährlich
data processing   die Datenverarbeitung
date   die Verabredung, -en
dead   tot
deep   tief
to be delayed   Verspätung haben
dentist   der Zahnarzt, ⸚e
department store   das Kaufhaus, ⸚er
dictionary   das Wörterbuch, ⸚er
to die   sterben (i), starb, ist gestorben
difficult   schwer
directly   direkt
dirty   schmutzig
discotheque   die Diskothek, -en
to discover   entdecken
to disturb   stören
doctor   der Arzt, ⸚e
to dream   träumen
dream   der Traum, ⸚e
to drink   trinken, trank, getrunken
to drive   fahren (ä), fuhr, ist gefahren
driver's license   der Führerschein, -e
drug problem   das Drogenproblem, -e
due   fällig
during   während *(gen.)*

early   früh
to earn   verdienen
to eat   essen (i), aß, gegessen
   to eat lunch   zu Mittag essen
   to eat dinner   zu Abend essen
economics   die Wirtschaftswis-
   senschaft
economy   die Wirtschaft, -en
either: not either   auch nicht
elevator   der Fahrstuhl, ⸚e
to emigrate   aus•wandern (ist)
end   das Ende
English   englisch; (das) Englisch
enjoy: I enjoy   es macht mir
   Spaß
enough   genug
   to be enough   genügen

entrance   der Eingang, ⸚e
escalator   die Rolltreppe, -n
Europe   (das) Europa
even   sogar
every   jed–; *pl.* all-
everything   alles
exam   das Examen, –; die
   Prüfung, -en
exchange student   der Austauschstudent *(wk.)*, -en
to excuse   entschuldigen
   excuse me!   Verzeihung!
excuse   die Ausrede, -n
to exercise   sich *(acc.)* trimmen
to expect   erwarten
expensive   teuer
experience   die Erfahrung, -en
to explain   erklären
to extend   verlängern
eye glasses   die Brille, -n

factory   die Fabrik, -en
fairytale   das Märchen, –
to fall (off)   fallen (ä) (von), fiel,
   ist gefallen
to fall asleep   ein•schlafen (ä),
   schlief ein, ist eingeschlafen
familiar   bekannt
family   die Familie, -n
fast   schnell
fat   dick
father   der Vater, ⸚
favor   der Gefallen, –
filling station   die Tankstelle,
   -n
film   der Film -e
to find   finden, fand, gefunden
to fix   reparieren
to flee   fliehen, floh, ist geflohen
football field   der Fußballplatz,
   ⸚e
for   für *(acc.)*
to forbid   verbieten, verbot,
   verboten
to forget   vergessen (i), vergaß,
   vergessen
former   ehemalig
French   französisch; (das) Französisch
friend   der Freund, -e; die
   Freundin, -nen
friendly   freundlich

from   aus *(dat.)*; von *(dat.)*
to be fun   Spaß machen
future   die Zukunft

to gain weight   zu•nehmen (i), nahm zu, zugenommen
game   das Spiel, -e
gangster   der Gangster, –
garbage dump   die Müllde-ponie, -n
gas(oline)   das Benzin
gas station   die Tankstelle, -n
GDR (German Democratic Republic)   die DDR (Deutsche Demokratische Republik)
German   deutsch; (das) Deutsch
Germany   (das) Deutschland
to get (receive)   bekommen, bekam, bekommen
to get (become)   werden (wird), wurde, ist geworden
to get up   auf•stehen, stand auf, ist aufgestanden
to get hold of oneself   sich *(acc.)* zusammen•nehmen (i), nahm zusammen, zusammenge-nommen
to give   geben (i), gab, gegeben
to be glad   sich *(acc.)* freuen
glove compartment   das Hand-schuhfach, ̈-er
to go   gehen, ging, ist gegangen
to go by *(vehicle)*   fahren (ä) (mit), fuhr, ist gefahren
to go on a trip   verreisen (ist)
goal   das Tor, -e
goalie   der Torwart, -e
good   gut (besser, best-)
government   die Regierung, -en
great!   großartig!
to gripe   meckern
gym   die Turnhalle, -n

hamburger   der Hamburger, –
to happen   passieren (ist)
to be happy about   sich *(acc.)* freuen über *(acc.)*
to have   haben (hat), hatte, gehabt
to have to   müssen (muß), mußte, gemußt
health   die Gesundheit

healthy   gesund (ü)
to hear   hören
heavy   schwer
to help   helfen (i) *(dat.)*, half, geholfen
here   hier
history   (die) Geschichte
home: at home   zu Hause
  to go home   nach Hause gehen
hold: to get hold of oneself   sich *(acc.)* zusammen•nehmen (i), nahm zusammen, zusam-mengenommen
homework   die Hausaufgaben *(pl.)*
hope: I hope   hoffentlich
hopefully   hoffentlich
horsepower   die PS, –
hotel   das Hotel, -s
house   das Haus, ̈-er
how   wie
to be hungry   Hunger haben
hurry: in a hurry   es eilig haben

idiot   der Idiot *(wk.)*, -en
if   wenn *(sub. conj.)*
if (whether)   ob *(sub. conj.)*
to imagine   sich *(dat.)* vor•stel-len
important   wichtig
instead of   anstatt, statt *(gen.)*
insult   die Beleidigung, -en
intelligent   intelligent
to interest   interessieren
interesting   interessant
to interrupt   unterbrechen (i), unterbrach, unterbrochen
interview   das Interview, -s
to interview   interviewen
invitation   die Einladung, -en

jeans   die Jeans *(pl.)*
job   die Stelle, -n; der Job, -s
July   der Juli
just   gerade
kilometer   der Kilometer, –
to know *(a fact)*   wissen (weiß), wußte, gewußt
to know *(by acquaintance)*   kennen, kannte, gekannt

to know *(language)*   können (kann), konnte, gekonnt

laboratory   das Laboratorium, *pl.* Laboratorien
to land   landen (ist)
language   die Sprache, -n
last   letzt-
late   spät
to laugh   lachen
to learn   lernen
leather jacket   die Lederjacke, -n
to leave *(train, etc.)*   ab•fahren (ä), fuhr ab, ist abgefahren
to leave *(country, etc.)*   verlas-sen (ä), verließ, verlassen
lecture   der Vortrag, ̈-e; die Vorlesung, -en
to lecture   lesen (ie), las, gelesen
(to the) left   links
to lend   leihen, lieh, geliehen
letter   der Brief, -e
library   die Bibliothek, -en
to like to *(plus verb)*   gern *(plus verb)* (lieber, am liebsten)
to like   gefallen (ä) *(dat.)*, gefiel, gefallen
to like   mögen (mag), mochte, gemocht
to live   wohnen; leben
long   lang (ä)
  a long time   lange
to lose   verlieren, verlor, verlo-ren
to lose weight   ab•nehmen (i), nahm ab, abgenommen
a lot (of), lots of   viel
to love   lieben
to lug along   mit•schleppen

mad   böse
man   der Mann, ̈-er
map   die Landkarte, -n
math class   die Mathematik-klasse, -n, die Mathema-tikvorlesung, -en
matter: What's the matter?   Was ist los?
mechanic   der Mechaniker, –
medicine   die Medizin

to meet treffen (i), traf, getroffen

to mention erwähnen

Mercedes der Mercedes, –

mineral water das Mineralwasser

minute die Minute, -n

miserable miserabel

(on) Mondays montags

money das Geld

month der Monat, -e

more mehr

morning der Morgen, –
  this morning heute morgen
  in the morning morgens

mother die Mutter, ⸚

mountain der Berg, -e

mountain climber der Bergsteiger, –

movie der Film, -e

movie theater das Kino, -s
  at the movies im Kino

much viel

museum piece das Museumsstück, -e

must müssen (muß), mußte, gemußt

name der Name (*wk. irreg.; gen.* -ns), -n
  what is . . . name? wie heißt . . . ?

napkin die Serviette, -n

to need brauchen

nervous nervös

never nie

new neu

newspaper die Zeitung, -en

next *(adj.)* nächst-

next to neben *(acc./dat.)*

nice nett

no (not any) kein

not nicht
  not . . . at all gar nicht . . .

nothing nichts

novel der Roman, -e

now jetzt

nowadays heutzutage

number die Nummer, -n

numbered account das Nummernkonto, *pl.* Nummernkonten

of von *(dat.)*

office das Büro, -s

officer *(police)* der Wachtmeister, –

often oft (ö)

old alt (ä)

only nur

to open öffnen

optimist der Optimist *(wk.)*, -en

or oder *(coord. conj.)*

other ander-

otherwise sonst

out of aus *(dat.)*

over there dort drüben

to overdraw überziehen, überzog, überzogen

paper (term paper) Arbeit, -en

parents die Eltern

park der Park, -s

to park parken

parking lot der Parkplatz, ⸚e

party die Party, -s

to pass *(car)* überholen

to pay bezahlen

to pay attention auf•passen

penalty kick der Elfmeter, –

people die Leute *(pl.)*

perhaps vielleicht

person der Mensch *(wk.)*, -en

personnel office das Personalbüro, -s

phone das Telefon, -e

phone number die Telefonnummer, -n

physicist der Physiker, –; die Physikerin, -nen

to pick up ab•holen

plane das Flugzeug, -e

to play spielen

to play tennis Tennis spielen

please bitte

plumber der Klempner, –

pocket calculator der Taschenrechner, –

poet der Dichter, –

police die Polizei *(sing.)*

police car der Polizeiwagen, –

policeman der Polizist *(wk.)*, -en

polite höflich

pollution die Verschmutzung

poor arm (ä)

Porsche der Porsche, –

possible möglich

practically fast

to predict voraus•sagen

probably wahrscheinlich

problem das Problem, -e

professor der Professor, -en

to protest protestieren

proud (of) stolz (auf + *acc.*)

psychiatrist der Psychiater, –

publishing house der Verlag, -e

to pull s.o.'s leg jemand *(acc.)* auf den Arm nehmen

to be put somewhere hin•kommen, kam hin, ist hingekommen

question die Frage, -n

radio das Radio, -s

to read lesen (ie), łas, gelesen

really wirklich

to recognize erkennen, erkannte, erkannt

record die Schallplatte, -n

refrigerator der Kühlschrank, ⸚e

regular customer der Stammkunde *(wk.)*, -n

relative der Verwandte *(adj. noun)*

to remember sich *(acc.)* erinnern

to repair reparieren

to resolve sich *(dat.)* vor•nehmen (i), nahm vor, vorgenommen

restaurant das Restaurant, -s

restless unruhig

to return zurück•kommen, kam zurück, ist zurückgekommen; zurück•kehren (ist)

rheumatism das Rheuma

right: to be right recht haben

to ring läuten

river der Fluß, *pl.* Flüsse

roof das Dach, ⸚er

room das Zimmer, –

route   die Strecke, -n
to run   rennen, rannte, ist gerannt

safari   die Safari, -s
safe   der Safe, -s
to sail   segeln (ist)
salary   die Bezahlung, -en
salesman   der Verkäufer, –
sarcastic   sarkastisch
to say   sagen
secret agent   der Geheimagent (wk.), -en; die Geheimagentin, -nen
to see   sehen (ie), sah, gesehen
to sell   verkaufen
semester   das Semester, –
seminar   das Seminar, -e
to send   schicken
sentence   der Satz, ̈-e
September   der September
to shoot   schießen, schoß, geschossen
shop   das Geschäft, -e
short   kurz (ü)
to shout   brüllen
to show   zeigen
sick   krank (ä)
simple   einfach
since   seit (dat.)
to sit   sitzen, saß, gesessen
to sit down   sich (acc.) setzen
skier   der Schifahrer, –
to sleep   schlafen (ä), schlief, geschlafen
slow(ly)   langsam
small   klein
to smoke   rauchen
sniffles   der Schnupfen
snow   der Schnee
to solve   lösen
some   manch-
something   etwas
sometimes   manchmal
soon   bald
sorry: I am sorry   es tut mir leid
to speak   sprechen (i), sprach, gesprochen
special (sale)   das Sonderangebot, -e
spin   die Spritztour, -en

sporting goods store   das Sportgeschäft, -e
to stand   stehen, stand, gestanden
to start   an•fangen (ä), fing an, angefangen
to start (car)   an•springen, sprang an, ist angesprungen
station (railroad)   der Bahnhof, ̈-e
station wagon   der Kombiwagen, –
to stay   bleiben, blieb, ist geblieben
to steal   stehlen (ie), stahl, gestohlen
to stop (ball)   stoppen
to stop   auf•hören
  I can't stop ...   ich kann ... nicht lassen
store   das Geschäft, -e
story   die Geschichte, -n
student dining hall   die Mensa
student   der Student (wk.), -en; die Studentin, -nen
to study   studieren
to succeed   gelingen (dat.), gelang, ist gelungen
suddenly   plötzlich
to suggest   vor•schlagen (ä), schlug vor, vorgeschlagen
suitcase   der Koffer, –
summer   der Sommer, –
sunshine   der Sonnenschein
to be supposed to   sollen (soll), sollte, gesollt
to be surprised at   sich (acc.) wundern über (acc.)
Sweden   (das) Schweden
to swim   schwimmen, schwamm, ist geschwommen
Swiss   der Schweizer, –
Swiss cheese   der Schweizer Käse
Switzerland   die Schweiz
system   das System, -e

to take   nehmen (nimmt), nahm, genommen
to take (last)   dauern
to take (trip, tour)   machen

to talk (to)   sprechen (i) (mit), sprach, gesprochen
tape recorder   das Tonbandgerät, -e
to taste   schmecken
taxi driver   der Taxifahrer, –
team   die Mannschaft, -en
technical   technisch
telephone   das Telefon, -e
to tell   sagen
to tell (relate)   erzählen
tennis   das Tennis
tent   das Zelt, -e
term paper   die Semesterarbeit, -en
test   die Prüfung, -en
than   als
to thank   danken (dat.)
thanks!   vielen Dank!
that (demon. pro.)   das
that (conjunction)   daß (sub. conj.)
theme   das Thema, pl. Themen
there   da, dort
there is, are   es gibt
thief   der Dieb, -e
to think (believe)   glauben (dat. of persons)
to think (of)   denken (an + acc.), dachte, gedacht
to think, imagine   sich (dat.) denken, dachte, gedacht
third   dritt-
in the Thirties   in den dreißiger Jahren
this   dies-
thrifty   sparsam
through   durch (acc.)
ticket (traffic)   der Strafzettel, –
time: last time   letztesmal
  on time   pünktlich
  at that time   damals
to (prep.)   zu (dat.)
today   heute
tomorrow   morgen
tonight   heute abend
too (also)   auch
too (much, etc.)   zu
toothache   die Zahnschmerzen (pl.)
train   der Zug, ̈-e

travel agency   das Reisebüro, -s
to travel around   herum•reisen (ist)
trip   die Reise, -n
  Have a good trip!   Gute Reise!
  to take a trip   eine Reise machen
no trouble!   macht nichts!
to try   versuchen
T-shirt   das T-Shirt, -s
to type   tippen
typewriter   die Schreibmaschine, -n

unbearable   unausstehlich
to understand   verstehen, verstand, verstanden
understanding *(adj.)*   verständnisvoll
unfortunately   leider
the United States   die Vereinigten Staaten *(pl.)*
university   die Universität, -en
until   bis
urge to travel   die Wanderlust

vacation   der Urlaub, -e; die Ferien *(pl.) (school)*
vermin   das Ungeziefer, –
very   sehr
via   über *(acc.)*
visa   das Visum
to visit   besuchen
visitor   der Besucher, –
to vote   wählen

to wait   warten
to walk   spazieren (ist)
wall   die Mauer, -n
wallet   die Brieftasche, -n
to want (to)   wollen (will), wollte, gewollt
warm   warm (ä)
to wash   waschen (ä), wusch, gewaschen
wasteful   verschwenderisch
watch   die Uhr, -en
to watch T.V.   fern•sehen (ie), sah fern, ferngesehen
water   das Wasser
water pipe   die Wasserleitung, -en
to wear   tragen (ä), trug, getragen
well   gut (besser, am besten)
well-known   bekannt
what (which)   welch-
what?   was?
what kind of (a)   was für (ein)
when *(question)*   wann
when *(conjunction)*   wenn, als *(sub. conj.)*
where   wo
whether   ob *(sub. conj.)*
which   welch-
which is the way to . . .   wo geht's zu . . .
who   wer
whole   ganz
why   warum
willpower   die Willenskraft

to win   gewinnen, gewann, gewonnen
winter   der Winter, –
to wish   wollen (will), wollte, gewollt; wünschen
with   mit *(dat.)*
without   ohne *(acc.)*
woman   die Frau, -en
word   das Wort, ̈-er
to work (on)   arbeiten (an + *dat.*)
world   die Welt
worse   schlimmer
would like:
  I would like   ich möchte
  we would like   wir möchten
  they would like   sie möchten
to write   schreiben, schrieb, geschrieben
wrong   falsch

yes   ja
yesterday   gestern
yet: not yet   noch nicht
young   jung (ü)
young people   die Jugend *(sing.)*

zoo   der Zoo, -s

INDEX